novum pro

AF114589

Met mij …

Mimi Giltaij

novum pro

© 2023 novum publishing

ISBN 978-3-99146-290-3
Geredigeerd door: Ine van Gerwe
Omslagfoto, foto's binnendeel:
Mimi Giltaij
Ontwerp omslag, lay-out & typografie:
novum publishing

Alle rechten op verspreiding, met inbegrip van film, broadcast, fotomechanische weergave, geluidsopnames, electronische gegevensdragers, uittreksels & reproductie, zijn voorbehouden

Gedrukt in de Europese Unie op gerecycleerd, chloor- en zuurvrij papier.

De door de auteur beschikbaar gestelde afbeeldingen werden in de bestmogelijke kwaliteit gedrukt.

www.novumpublishing.nl

Met mij ...

"Ik heb een trieste mededeling:
mijn vrouw is de belofte die ik haar
ontfutseld heb niet vergeten."

Een belofte die ik maar al te graag eindelijk nakom. Alleen in een andere vorm dan Jaap toen voor ogen stond, maar net zo goed, zo niet beter aansluit bij wat hij ermee hoopte te bereiken: begrip en een steen in de vijver van de psychiatrie.
Zijn levensgeschiedenis is daar bij uitstek geschikt voor. Helaas voor u kan ik ten ene male niet tippen aan hoe Jaap het zelf kon verwoorden – door pater Van Kilsdonk zo treffend omschreven als: "Het was in de mond van Jaap een bezwaard levensverhaal. Maar toch, er waren ogenblikken dat ik, mede door de literaire vormkracht van zijn vertelling, eigenlijk begon te genieten van zijn biografie."
U zult het helaas met mijn versie van zijn levensverhaal moeten doen.

Mimi

voor Jaap

voor zijn ouders

een poging

Inhoud

Voorwoord 11

– 1962 Het gezin en de kindertijd van Jaap 14
1962–1965 20
1966–1969 De ziekte van Scheuermann 29
26 februari 1970 Het ongeluk 40
1970–1973 47
1973 Mijn eerste herinneringen aan Jaap 55
De aanloop 62
1974 Ons leven samen 67
1975 92
1976 107
1977 We trouwen 117
1978 We verhuizen 129
1979 146
1980 169
1981 197
1982 227
1983 281
Het afscheid 301
Daarna 307
Een laatste vraag 329
Een laatste opmerking 330
Kanttekeningen 333
   Hoogbegaafd/hoog-intelligent 334
   De problemen waar hoogbegaafden
   tegenaan kunnen lopen 338
   De valkuilen en typerende problemen
   nader bekeken 340
   Hoogsensitief 345
   Misdiagnosen bij hoogbegaafdheid 350

Verslaving 352
Therapie suggesties 353
Ziekte van Scheuermann 354
Suïcide en de weg ernaartoe 356
Conclusies 359

Literatuur 362

Bijlage 1
De berichten van pater Van Kilsdonk 366

Bijlage 2
Het letterlijke transcript van de droom,
zoals ik hem die nacht opgeschreven heb 378

Voorwoord

Het verslag dat ik u voorleg, gaat over het leven van Jaap: wie Jaap was, hoe zijn geest werkte en hoe hij in 1983 aan depressies ten onder is gegaan. Het is een iets verkorte en chronologisch beter kloppende versie geworden van alles wat ik niet lang na zijn zelfgekozen dood min of meer lukraak op ben gaan schrijven: de verhalen van Jaap en van zijn ouders over zijn jeugd – hoe ons leven samen eruit heeft gezien, de vele vrienden, de ups en downs en al die keren dat we samen al balancerend op de rand van de afgrond blauw hebben gelegen van de lach, omdat Jaap het toch weer had weten te relativeren – onze rondgang door het hulpverlenerscircuit, waar wij slechts bij een enkeling gehoor kregen en niet met een smoes afgescheept werden – wat Jaap bezig heeft gehouden, waar hij mee geworsteld heeft – wat zijn overwegingen zijn geweest op zijn zware weg naar het einde, want ook op die weg hield hij mij daarvan op de hoogte en ben ik niet van zijn zijde geweken.

De aanleiding om dat toentertijd op te gaan schrijven, was dat Jaap, nadat ik mijn studie psychologie had afgerond, min of meer voor de grap het idee had geopperd dat, mocht hij het onverhoopt toch niet redden, ik op zijn casus maar moest gaan promoveren. De gedachte dat hij daarmee zelfs postuum nog steeds de luis in de pels van de psychiatrie zou zijn, sprak hem wel aan. Het verslag leverde genoeg gegevens op om op voort te bouwen, maar de volgende stap, terug naar de universiteit, werd mij van alle kanten sterk ontraden. Het verslag zelf borg ik veilig op. Geen haar op mijn hoofd dacht er toen aan om daarmee naar buiten te treden. Dat zou alle pogingen van Jaap om mij, onze honden en zijn ouders zo goed en zo veilig mogelijk achter te laten, op slag teniet hebben gedaan.

Vele jaren later kwam het onderwerp zelfdoding meer in de belangstelling te staan, maar het begrip ervoor bleef nog altijd ver achter bij het uit alle macht voorkomen ervan. Enkelen vatten de moed op om openhartig te zijn, niet meer te verbloemen dat zij iemand hadden bijgestaan die niet verder wilde leven. Zij werden neergesabeld. Dat als zij geen helpende hand hadden toegestoken het enige alternatief voor diegene dan een eenzame en misschien zelfs gruwelijke dood zou zijn geweest, deed niet ter zake. Voor hen niet. Maar het doet weldegelijk ter zake en niet alleen voor degene die uit het leven stapt; ook voor de achterblijvers kan het een groot verschil maken en ik voelde me aangesproken om op mijn beurt naar buiten te treden met hoe Jaap en ik dat hele proces samen hebben doorgemaakt.

Ook de noodkreten over het steeds verder afkalven van de geestelijke gezondheidszorg werden luider. Weer waren het de zwaardere, complexere gevallen die vrijwel overal afgewezen werden. De redenen waarom zijn nu wellicht anders, maar het effect is hetzelfde en sluit naadloos aan bij wat ik bijna veertig jaar geleden op papier had gezet over hoe het Jaap is vergaan. Een reden temeer om er nu echt werk van te gaan maken.

Ergens halverwege het in een betere vorm gieten van het originele manuscript, stuitte ik op een artikel over hoogbegaafdheid en bij een eerste vluchtige doorlezing ervan, herkende ik het een en ander, met name de typerende problemen waar mensen met een hoge intelligentie last van konden hebben. Jaap was ontegenzeggelijk behoorlijk intelligent geweest. Tot nu toe was dat door iedereen, mezelf inclus, hooguit als een gegeven gezien en nooit in verband gebracht met de problemen waar Jaap tegenaan liep. Hier moest ik meer van weten, maar niet tijdens het schrijfproces, dat moest zuiver blijven.

Toen de uiteindelijke versie van de levensgeschiedenis van Jaap zo goed als rond was, ben ik me daar verder in gaan verdiepen en kwam daarbij ook terecht in het aanpalende gebied, hoogsensitiviteit. Beide waren een eyeopener. Vrijwel alles viel op z'n plek. De op fobieën lijkende angsten van Jaap, zijn denken wat nooit stilstond, zijn vrijwel niet bij te houden tempo van leven, zijn kwetsbaarheid, zijn depressies die niet pasten in het gebruikelijke beeld.

Het werd het leeuwendeel van de kanttekeningen, naast wat ik in de loop der jaren al verzameld had over onder andere zelfdoding, wat mijn eerste invalshoek was geweest. Chronologisch gezien kwamen de kanttekeningen als laatste aan bod en mede vanwege de vele verwijzingen erin naar de levensgeschiedenis van Jaap, heb ik dat zo gelaten.

Misschien is het achteraf gezien maar goed dat het 'er iets mee gaan doen' voortijdig is gestrand. Het draait niet om theorieën of onderzoeken, het draait om mensen. Om de mensen voor wie het leven een ondraaglijke last is geworden en wie een waardig einde ontzegd wordt. Om hun naasten, die hen dat willen besparen, hen de helpende hand willen toesteken en daarvoor gemangeld worden. Om de intelligente en gevoelige, vaak nog heel jonge mensen, die men nog steeds in de kou laat staan.

Met deze inkijk in zowel de zware geestelijke strijd voorafgaand aan een zelfdoding, als in wat er omgaat in zo'n rijke geest als daar ergens een kink in de kabel komt, hoop ik een bijdrage te leveren tot meer begrip en meer bereidheid om waar nodig af te wijken van de gebaande wegen. Nieuwe inzichten en theorieën zijn er al. De paden die zij uitstippelen hoeven alleen nog maar geplaveid te worden. Door de levensgeschiedenis van Jaap te koppelen aan deze nieuwe inzichten en theorieën – en er zo alsnog een kleine case study van te maken – hoop ik ook daar een steentje aan bij te dragen.

– 1962
Het gezin en de kindertijd van Jaap

De vader van Jaap kwam uit een arbeidersgezin en was een nakomertje. Zijn vader werkte in een fabriek als stoker. Het was een heel hecht gezin en na het vroegtijdig overlijden van zijn moeder, hebben zijn twee broers hem grotendeels opgevoed. Z'n vader had alles voor z'n kinderen over, maar om het gezin te kunnen blijven onderhouden, moest hij zelf lange dagen maken. Door het zware werk is ook hij niet oud geworden.

Als enige van de kinderen kon Jaaps vader weinig met z'n handen, maar des te meer met z'n hoofd. Hij mocht naar de mulo en daarna door naar de kweekschool. Vanwege z'n onhandigheid bracht hij weinig terecht van de opdrachten voor handenarbeid en als het maar enigszins mogelijk was, ruilde hij die met vriendjes tegen hun huiswerk voor vakken waar zíj slecht in waren. Niet dat dat veel hielp, hij kreeg er alsnog steevast een 1 voor en daarbij, ook steevast, de opmerking: "Het is weer niks, Stam" – een later gevleugeld geworden opmerking in z'n eigen gezin. Zelfs dat ene, wel door hemzelf gemaakte, en perfect gelukte werkstuk – wat hij en na hem ik nog steeds koester – was aan diezelfde beoordeling niet ontkomen.

Al vanaf jongs af aan was Jaaps vader zoekende naar meer diepgang en hij trad al vroeg toe tot de Vrijmetselarij.

De moeder van Jaap kwam uit een traditioneel onderwijzersgezin. Haar vader was hoofd van een lagere school en haar moeder zorgde voor het huishouden. Van de zes kinderen was zij het enige meisje en ze werd dus geacht mee te helpen in de huishouding, terwijl haar broers hiervan waren vrijgesteld en zij zelf zich veel liever met een goed boek verschanste in een stil hoekje. Het feministische zaadje werd hierdoor al vroeg geplant.

Na de mulo mocht ze van haar ouders doorleren, op voorwaarde dat ze eerst naar de huishoudschool ging: in de ogen van haar ouders de noodzakelijke basis om later een goede echtgenote en moeder te worden. Ze haatte het daar, maar stak er genoeg van op om zo efficiënt mogelijk een huisgezin te kunnen bestieren en zoveel mogelijk tijd over te houden voor al die andere zaken waar ze zich veel liever mee bezighield. Daarna ging ze door naar de kweekschool. Daar leerden Jaaps ouders elkaar kennen en werden ze een stel.

Na de kweekschool vonden ze beiden een baan in het onderwijs. Zij vond haar draai in het lager onderwijs. Hem lag dat niet zo; hij begon aan een avondstudie Engels en stapte al gauw over naar het middelbaar onderwijs.

Vlak na de oorlog zijn ze getrouwd. Een hecht stel, dat sindsdien letterlijk en figuurlijk gearmd door het leven is gegaan. En een opmerkelijk stel, ofwel in Jaaps vader eigen woorden: "De zware jongen en de lichte vrouw." Hij: groot, stevig, onhandig, kalm, heel trouw en consciëntieus, met een soms naar het vileine neigende humor en altijd met z'n neus in de boeken. Zij: klein, tenger, handig op velerlei gebied, een opstandje, boordevol humor, een groot verhalenvertelster en muzikaal; ze speelde piano en viool.

Zoals gebruikelijk in die tijd, verloor Jaaps moeder na hun huwelijk automatisch haar baan in het onderwijs. Haar inzet om het beste in haar leerlingen omhoog te halen, richtte ze vanaf dat moment op haar man, die ze volop stimuleerde om verder te studeren, en later op hun kinderen.

Zo'n anderhalf jaar later werden ze de trotse ouders van Corrie. Een dochter, Jaaps moeders grootste wens, eindelijk een medestander en haar man werd daar al gauw de dupe van, getuige het volgende, vaak vertelde verhaal:

Jenever was lange tijd niet verkrijgbaar geweest. Jaaps vader had ernaar gesnakt. De eerste flessen lagen weer in de winkel en met de benodigde bonnen mocht eenieder één fles komen kopen. Dat was een uitje waard en met Corrie in de kinderwagen gingen ze samen het goddelijke goedje halen. De kostbare fles werd naast Corrie in de kinderwagen gezet. Blijkbaar had Corrie genoeg opgevangen van de gesprekken tussen haar ouders om door te hebben wat er in die fles zat. Met een vies gezicht gooide ze hem op straat. Stuk natuurlijk. Jaaps vader kon wel huilen, maar niet boos op haar worden, Corrie had gelijk. Een helaas iets minder geslaagde consequentie van een goede opvoeding.

Vijf jaar later kwam Jaap ter wereld. Een zware bevalling, een bijna te grote baby – ruim 8 pond – voor zo'n kleine vrouw. Jaap kwam klem te zitten, maar de dokter vond dat de natuur z'n werk moest doen en had haar niet willen inknippen. Het enige waar ze toen nog aan kon denken was: als mijn kind dit maar overleeft. Dat angstige moment is haar altijd bijgebleven.

Jaap ontwikkelde zich voorspoedig en had al heel vroeg een goed voorstellingsvermogen en een goed gevoel voor taal. Een mooi voorbeeld hiervan: "Ommer aan dichter" in antwoord op de vraag waar z'n jas was. **(nr.1)**

Een ander voorbeeld hiervan en tevens één van Jaaps eerste herinneringen: zijn moeder zat achter de piano en speelde voor hem het liedje: "Jaapje kleen ging heel alleen door de wijde wereld heen." Hij zag zichzelf daar lopen, het joeg hem de stuipen op het lijf en hij begon hard te huilen. Z'n moeder dacht dat de melodie hem zo raakte; het kwam niet bij haar op dat het om de tekst ging. Trots dat hij naar haar idee zo muzikaal was, speelde en zong ze het vaak voor hem en om te pronken met zijn muzikaliteit, natuurlijk ook als er bezoek was. En iedere keer weer begon hij te huilen. Haar onbegrip in dezen heeft hem lang achtervolgd. **(nr.2)**

In die tijd was leuke en modieuze kleding nog steeds een schaars en duur artikel en wilde je als vrouw een beetje goedgekleed voor de dag komen, dan moest je het zelf maken. Jaaps moeder was daar erg handig in. Helaas voor haar had ze een man die hier ziende blind voor was. Hij vond haar prachtig, punt. Vissen naar complimenten werkte niet. Al die moeite helemaal voor niets? Daar kreeg ze schoon genoeg van. Op een zondag – dan gingen ze met de kinderen altijd een stuk fietsen – stapte ze in haar ochtendjas en met de krulspelden in haar haar de deur uit en op de fiets. Hij zag het niet. Halverwege hun fietstochtje werd het haar te veel. Ze stapte af, woedend. En nog zag hij het niet. Pas na haar tirade begreep hij dat een vrouw, en de zijne in het bijzonder, af en toe een complimentje over haar uiterlijk op prijs stelde. Hij heeft het daarna altijd braaf gedaan, al viel hij wel eens door de mand met een compliment over een tot op de draad versleten jurk met een schort eroverheen, wat ze hem grootmoedig vergaf. Ze telde haar zegeningen.

Als de naaimachine tevoorschijn kwam, betekende dat voor Jaap verhaaltjestijd. Zittend op de kap van de naaimachine kon hij urenlang genietend zitten luisteren naar haar vertellingen, onderwijl kijkend naar haar nijvere handen.

Jaaps vader bleef in de avonduren verder studeren en kreeg een aanstelling als docent Engels aan de Gemeente Universiteit (de huidige UvA) in Amsterdam. Het eerste jaar ging hij daar op kamers en het gezin bleef nog in Den Briel wonen. Alleen in de weekenden was hij thuis. Jaaps vader herinnerde zich nog goed, dat in die periode elke keer als hij ook maar iets te luid sprak, Jaap van schrik onder de tafel dook. Na dat jaar, Jaap was toen drie, verhuisden ze naar Amsterdam, naar een bovenwoning in de Deurloostraat. Daar ging Jaap al gauw op onderzoek uit en vond op de bel-etage een ouder echtpaar; zij werden z'n eerste nieuwe vrienden.

Vlak na de verhuizing moesten Jaaps amandelen geknipt worden. Een draak van een verpleegster trok hem vrijwel letterlijk uit de armen van z'n moeder: geen ouders bij de behandeling, daar konden ze niet aan beginnen. Het gevolg was, dat Jaap daarna een week lang op het matje voor de slaapkamerdeur van z'n ouders heeft geslapen. Terug in bed leggen hielp niet, binnen de kortste keren lag hij weer op het matje.

Niet lang daarna was een buurmeisje komen spelen. Na een uurtje wilde ze weer naar huis en Jaap liep met haar mee naar de trap. Hij bleef zo lang weg, dat z'n moeder het niet meer vertrouwde en naar hem op zoek ging. Jaap had het meisje niet willen laten gaan en versperde de trap. Van beide voorvallen kon Jaap zich later niets meer herinneren.

Ook kon Jaap zich weinig tot niets meer herinneren van wat er gebeurd was in de week dat z'n ouders voor het eerst samen op vakantie waren gegaan. Ze hadden hem en Corrie onder de hoede van een verpleegster achtergelaten. Over die oppas hadden ze heel goede verhalen gehoord, onder andere dat ze zo goed uitkwam met haar geld. Dat interesseerde ze niet, wel dat ze blijkbaar goed was. Had het ze maar wel geïnteresseerd, want het bleek achteraf bepaald geen pre te zijn. Om het geld voor de tram uit te sparen, had zij Corrie en Jaap gedwongen eindeloze afstanden te lopen. Ze was zó gebrand geweest op het maken van een goede indruk, dat ze geen middel had geschuwd, zelfs een pak slaag niet, om bij terugkomst van de ouders modelkinderen af te leveren. Vooral Corrie had hiervan te lijden gehad en was ertegen in verzet gekomen. De oppas had de kinderen nadrukkelijk verboden hierover iets tegen hun ouders te zeggen. Maar Jaaps ouders hadden zelf al gauw door dat er wat mis was en kregen Corrie gelukkig aan de praat. Het enige wat Jaap zich er nog wel van kon herinneren was het eindeloze lopen, tegen bijna omvallen van vermoeidheid aan toe. Een mooi excuus dat Jaap wanneer het hem te pas kwam, later inzette om het niet meer dan strikt noodzakelijk te hoeven doen.

Waar Jaap wel een levendige herinnering aan had, was dat wanneer hij op straat speelde en z'n ouders hun dagelijkse ommetje gingen maken, ze hem altijd vroegen ze of hij mee wilde. Hij was dan al met iets anders bezig en wilde dat nooit, ondanks dat hij wist dat hij in tranen uit zou barsten op het moment dat ze de hoek omsloegen en dan zou blijven huilen tot ze weer in zicht kwamen. Hij wilde zich echter niet laten kennen en heeft het ze nooit laten merken.

En eveneens aan die keer dat hij over wilde steken en er een auto aankwam. Hij rende verder over de stoep, stak toen over en kwam alsnog bijna onder die auto. Hij had niet bedacht dat die auto sneller reed dan hij kon lopen. Zó stom vond hij dat van zichzelf, dat hij ook daar thuis met geen woord over had gerept. (nr.3)

De kinderen overleveren aan een oppas was eens en nooit meer. Een auto hadden Jaaps ouders al – Jaaps vader was namelijk gek op auto's en één van de eerste auto's in de straat was dan ook de zijne geweest – en om voortaan zonder veel gedoe met het hele gezin op vakantie te kunnen gaan, en ook om 's zomers de drukte van de stad te kunnen ontvluchten, kochten ze er een caravan bij. Die kreeg in Zeeland een vast plekje, dicht bij de familie.

De schooltijd brak aan en zowel op de kleuterschool als op de lagere school – beide in de buurt van de Deurloostraat – voelde Jaap zich prima op z'n gemak.

Terugdenkend aan de tijd in Den Briel en in de Deurloostraat, typeerden z'n ouders Jaap als een erg gevoelig kind, goedlachs, maar ook gauw in tranen. Heel lief, volgzaam en begaan met anderen. Anders dan Corrie, die wat moeilijker en kwetsbaarder was. Jaap leek probleemloos. De enige kanttekening hierbij kwam van Jaaps vader die zich maar al te goed herinnerde dat Jaap als klein kind al, bij elke keuze die hij moest maken, hele redenaties opzette over de diverse mogelijkheden die het hem bood. Vaak met gevolg dat hij al doende, overal te veel bezwaren aan vond kleven, niet meer kon kiezen en ook niet meer bereid was om een andere redenatie te accepteren. En kiezen zonder er dieper op in te gaan, daar deed Jaap absoluut niet aan.

1962–1965

In Jaaps vierde schooljaar verhuisde het gezin naar een eengezinswoning in een nieuwbouwwijk in Buitenveldert. Ze woonden er nog maar amper, of Jaap had alweer nieuwe vriendjes gevonden en een volgend ouder echtpaar dat hem op handen droeg. Jaap werd zelfstandiger en een echte jongen. Vlotten en hutten bouwen, op de bouwplaatsen schooien, in en op in aanbouw zijnde woningen klimmen en eruit lazeren. Z'n grootvader en kennissen die zelf geen zoons hadden, vroegen altijd – bij voorbaat al genietend – naar nieuwe ontwikkelingen op het gebied van kattenkwaad. Jaaps moeder vond die ontwikkelingen minder leuk, maar kon er wel sappig over vertellen en al net zo sappig over de angsten die ze daardoor uitstond. En dan wist ze de helft nog niet van wat hij allemaal uithaalde. Maar goed ook, gezien de verhalen die Jaap me er later zelf over vertelde:

Dat hij, beducht voor instortingen, bij het bouwen van hutten altijd heel zorgvuldig te werk was gegaan. Zijn trots was dan ook dat op één van zijn hutten op een gegeven moment zelfs een dragline stond en de boel nog steeds niet inzakte.

Dat hij zomaar voor de grap een keer een ketting over de weg had gespannen. Er kwam een auto aan en de bestuurder dacht dat hij die ketting wel zou laten zakken. Dat had hij zelf ook gedacht, maar tot zijn eigen verbijstering deed hij dat niet en heeft dit nooit van zichzelf kunnen snappen.

Dat hij een keer aan een vriendje had laten zien hoe je een rolletje drop kon stelen. Het vriendje had daardoor de smaak te pakken gekregen en kwam daarna steeds trots z'n buit aan hem laten zien. Dat hij hier de aanzet toe had gegeven, had hij zich zo erg aangetrokken dat hij nooit meer iets gestolen heeft. Behalve dan hout en spijkers op de bouwplaatsen, waarvan hij zeker wist dat die bleven liggen om weggegooid te worden.

Dat hij op school een keer met een speels bedoelde tik per ongeluk de voortanden van een vriendje eruit geslagen had en dat waren nog diens blijvende tanden ook. Toen had hij pas beseft hoe sterk hij was en was daar zelf bang van geworden. Als hij met een speelse tik al zoveel schade aan kon richten, hoe hard zou het dan wel niet aankomen als hij voor menens zou gaan slaan. De eerste klap mag dan een daalder waard zijn, maar niet meer voor hem, daar heeft hij zich nooit meer toe laten verleiden.

Een groep schoolvriendjes had Jaap zo gek gekregen om samen met hen de avondvierdaagse voor kinderen te gaan lopen. Er was hem beloofd dat z'n moeder bij de finish zou staan. Daar ging iets mis. Corrie zat inmiddels op het gymnasium en uitgerekend op die dag had haar leraar Nederlands haar weer eens op de korrel genomen. Haar moeder had al eens bij hem aan de bel getrokken dat hij Corrie veel te lage cijfers gaf, maar nu was de maat vol en ze ontstak in woede. Ze stapte er direct op af, maar in haar boosheid vergat ze volledig de tijd en kwam veel te laat bij de finish aan, waar Jaap als één van de laatsten nog stond te wachten. Zij heeft het zichzelf altijd kwalijk genomen.

Omdat Corrie op vioolles ging, vonden z'n ouders dat Jaap niet overgeslagen mocht worden. Hun gedachten gingen uit naar een club. Hij mocht kiezen en omdat ze zo aandrongen, koos hij dan nog het liefst voor de knutselclub. Aangezien z'n ouders echter dachten dat hij net als z'n vader twee linkerhanden had, leek ze dat niets voor hem en het werd judo. (Pas veel later kregen ze in de gaten dat hij wel degelijk iets met zijn handen kon, maar ze zijn dat altijd wat verbazingwekkend blijven vinden.) Judo was geen goede keus. Na de eerste de beste zware val wilde hij er niet meer heen. Het waarom bleef voor z'n ouders een vraagteken: kleinzerigheid kon het niet zijn; dat was hij totaal niet gezien de vele verwondingen die hij al spelend in de nieuwbouw opliep en nooit over kikte.[1]

---

[1] Zou hij er misschien, net zoals na die onbedoeld te hard aangekomen klap, bang voor zijn geworden om een ander zo'n zware val te moeten laten maken?

Samen met een vriendje, beiden ongeveer 10 jaar oud, had Jaap doktertje gespeeld en de ouders van dat vriendje waren daarachter gekomen. Zij gaven hun zoon straf en eisten dat ook Jaap gestraft zou worden. Jaaps vader nam die taak op zich. Hij nam hem op schoot – een zeldzaamheid, want z'n vader was een stuntel met kleine kinderen – legde hem uit dat hij het zelf heel normaal vond dat kinderen zoiets deden en helemaal niet boos op hem was. Maar hij moest hem helaas wel iets geven wat op een straf leek, omdat de ouders van z'n vriendje dat geëist hadden. Jaap had daar geen enkele moeite mee, zelfs een zwaardere straf had hij zonder meer geaccepteerd. Voor Jaap een dierbare herinnering.

Een eveneens dierbare herinnering had Jaap aan de elektrische trein, waar z'n vader de hele Sinterklaasavond vruchteloos mee bezig was geweest om die voor hem in elkaar te zetten. Hij probeerde het, dat was voor Jaap genoeg.

Jaap heeft z'n vader ook nooit iets kwalijk genomen. Hij was ervan overtuigd dat hij wel wilde, maar het gewoon niet kon.

Met hun nieuwe buren hadden ze het niet zo goed getroffen. Zij vonden vrijwel iedereen te min – een houding waar Jaap al vroeg een hartgrondige hekel aan had – en ze hadden twee dochters die Jaap er steeds van beschuldigden dat hij ze pestte. Hun eigen ouders geloofden hen op hun woord en waren al eens verhaal komen halen bij de ouders van Jaap. Die geloofden het al niet zo, maar om een fikse burenruzie te voorkomen, beloofden ze beter op te letten en Jaap er zo nodig zelf op aan te spreken. Dat beter opletten, betaalde zich uit, maar niet ten gunste van de klagende buren. In de tuin had Jaap een tentje opgezet en de meisjes stonden hem te roepen en te treiteren. Helaas voor hen, de tent was leeg en z'n moeder zag het gebeuren. Een grijnsje, een kort gesprek met hun ouders en het gevit op Jaap was over. Maar inmiddels was bij Jaap het kwaad al geschied en konden de zusjes en ook hun ouders geen goed meer bij hem doen. [nr.4]

Over 'vrouwenzaken' werd met Jaap niet gesproken. Hoefde ook niet, hij had het zelf onmiddellijk door toen Corrie voor de eerste keer ongesteld werd. Haar slechte humeur en de geur zeiden hem genoeg.

De tweede in huis die daar last van had, dat werd Jaap te veel en hij kwam in opstand. Midden in de winter liep hij in een kwade bui zonder jas naar buiten en weigerde naar binnen te komen. Uren bleef hij buiten, in het zicht, maar ver genoeg weg om niet gepakt te kunnen worden, ook niet door Corrie die haar moeder te hulp was geschoten. Toen Jaap uiteindelijk binnenkwam, lag z'n moeder – zij had in die tijd last van hartkloppingen, wat hij wist – zogenaamd gevloerd op bed, om hem duidelijk te laten voelen wat hij aangericht had.

Jaap kreeg een hekel aan vrouwen, zeker als ze ongesteld waren. Vond het maar onberekenbare krengen die hun sores op anderen botvierden. Daarbij opgeteld dat de verstandhouding tussen broer en zus toch al niet best was én dat z'n moeder Corrie – terecht of onterecht – altijd al tegenover hem in bescherming nam. Zij was ervan overtuigd dat vrouwen in een slechtere positie zaten en dat alles in het werk gesteld moest worden om een gelijkwaardiger positie voor haar dochter te veroveren. Wel begrijpelijk. Zij had zelf moeten opboksen tegen vijf broers die wel van een plagerijtje hielden en zelfs een 'bond tot het pesten van de meid' hadden opgericht. Daar had Jaap zich graag bij aangesloten, maar helaas voor hem hadden de ooms de bond inmiddels opgeheven.

Door de verhuizing naar Buitenveldert was Jaap op een andere lagere school terechtgekomen. Volgens z'n ouders was die overstap probleemloos verlopen, niet volgens Jaap zelf. Hij kwam vanuit het ouderwetse leersysteem – recht toe recht aan – in een modern systeem terecht. Bij de eerste de beste rekenles was de opdracht om blokjes in te kleuren. Hij begreep er niets van, alleen vakjes inkleuren? Als het echt zo stompzinnig was als het leek, waar was het dan goed voor? Hij vroeg het aan de jongen naast hem, maar die vond het stom dat hij het niet snapte. Jaap ging aan zichzelf twijfelen, waren de sommen zo dom, of was hijzelf nou zo dom om het niet te kunnen snappen. **(nr.5)**

Dat kwam niet meer goed. Met gevolg dat de onderwijzer geen hoge dunk van Jaaps kunnen had en hij voor Jaap de mulo het hoogst haalbare vond. Jaaps moeder was een andere mening toegedaan en bracht het leuk: "Tot mijn spijt is het gymnasium het enige wat hij kan." Het werd het lyceum en niet het gymnasium waar zijn zusje op zat; dat was voor haar inmiddels meer op een rasecht tuchtcollege gaan lijken.

Op het lyceum voelde Jaap zich gelijk thuis en hij rolde gladjes door het eerste jaar heen. Aan het eind van dat jaar kwam de volgende keuze aan bod en z'n moeder vond dat hij de alfa-kant op moest. Jaap leek niet zo goed in de exacte vakken en ze vond hem veel te gevoelig om iets met handel te gaan doen. Een goede keus en ook het tweede jaar verliep probleemloos; Jaap genoot van de oude talen. Als het echter ging om huiswerk maken voor de andere vakken, dan las hij liever stiekem de boeken van Karl May. Z'n moeder vond hier een sluwe oplossing voor. Ze kocht alleen nog de originele Duitse uitgaven voor hem. Jaap kon die tactiek wel waarderen, al had hij moeite met het Duits.

Met Corrie ging het niet goed. Ze zat inmiddels in de vierde klas en kon het met moeite bijbenen. Haar moeder zat er bovenop. Eerst naar de schoolarts, die kon geen lichamelijke oorzaak vinden. Door naar het Medisch Opvoedkundig Bureau. Zij overwoog zelfs om Corrie over te laten stappen naar de mms, maar die weigerde dat. In de vijfde klas bleef Corrie zitten en is toen overgestapt naar 5 gym op het lyceum waar Jaap ook naartoe zou gaan.

Jaaps moeder was zo druk met Corrie dat zelfs Jaaps vader, die zijn vrouw anders nooit afviel, haar verweet nauwelijks nog oog voor Jaap te hebben. En hij was niet de enige, ook haar schoonzussen spraken haar hier wel eens op aan. Ze ging er toch mee door, want met Jaap leek alles goed te gaan en Corrie moest eindexamen doen. Ze was er ook echt van overtuigd dat Corrie meer hulp nodig had. Corrie was erg verlegen en vond weinig aansluiting bij anderen, terwijl Jaap overal vrienden had. Het was dan ook een hele opluchting voor haar toen Corrie in de zesde klas eindelijk een vriendje kreeg dat haar op sleeptouw nam. De relatie hield geen stand, de vriendschap wel.

Terugkijkend op deze periode dachten Jaaps ouders dat Jaap, meemakend hoe z'n moeder Corrie opjutte en de wrijving die daardoor tussen moeder en dochter ontstond, er toen vermoedelijk bang voor is geworden dat ook hém dit te wachten stond [nr.6]. Tevens vermoedden ze dat Corrie in die periode aan eenzelfde soort aandoening heeft geleden die Jaap enkele jaren later velde. Niet in haar rug, zoals bij Jaap, maar in haar knieën. Die bleken na haar puberteit naar binnen gegroeid te zijn.

Dat beide kinderen een groeiziekte kregen, heeft Jaaps moeder later mede toegeschreven aan hun toenmalige voedingspatroon. Zoals zovelen vlak na de oorlog en de hongerwinter, had zij gedacht er goed aan te doen haar gezin veel vlees voor te schotelen. Vlees, wat in die tijd hoogstwaarschijnlijk bomvol hormonen zat.

Na jaren met de caravan in Zeeland te hebben gestaan, hebben ze er nog één zomer mee in Zandvoort gestaan, waar Jaap en Corrie vele dagen in het nabijgelegen openluchtzwembad op het strand doorbrachten. Het kan zomaar zijn dat zij en ik elkaar daar tegen zijn gekomen, want ik woonde in Zandvoort en in diezelfde tijd was ook ik daar vrijwel dagelijks te vinden.

Omdat het steeds lastiger was geworden om een goede stalling voor de caravan te vinden, gingen Jaaps ouders daarna op zoek naar andere mogelijkheden. Ze vonden een ideaal vakantiehuisje, een klein boerderijtje met een behoorlijke lap grond, in een piepklein gehucht vlakbij Drachten. Door zich meteen aan te passen aan de mores van het dorp, was de eerste scepsis over die nieuwkomers al gauw over en hoorden ze er helemaal bij. In ruil voor oppas van het huisje in de tijd dat zij er niet waren, kreeg de boer naast hen een groot deel van het land in bruikleen voor z'n koeien. Het boerderijtje werd een warm nest, waar ze zich alle vier helemaal thuis voelden.

Het werd grotendeels ingericht met eigen, overtollig geworden meubels. Het enige wat nog ontbrak was een goede kast. Laten z'n ouders in een rommelwinkel er nou eentje op de kop tikken van massief palissander. De kinderen lagen gelijk in een deuk en hun vader was de klos. Was de definitie van een snob niet dat de plank voor diens voorhoofd van palissander is?

Uit vrees hun kinderen tekort te doen, zijn ze één keer op vakantie naar Italië geweest. Dat was geen succes, de kinderen waren veel liever naar het boerderijtje gegaan. Daar konden ze spelen, zeilen en meehelpen op de boerderij. Buiten zicht van z'n moeder liet de boer Jaap zelfs op de tractor rijden.

Het boerderijtje had nog een groot voordeel, net zoals in de caravan was er geen telefoon. In Amsterdam rinkelde die voortdurend en het kwam maar zelden voor dat Jaaps vader de hele avondmaaltijd aan tafel door kon brengen. Studenten, collega's, zijn werk, het stopte nooit en kende geen tijd. Dat nog buiten de vrienden gerekend, die hem eveneens met regelmaat, en lang, belden.

De ouders van Jaaps moeder begonnen hulpbehoevend te worden. Traditiegetrouw, mede volgens haar broers, was de dochter degene die voor ze moest zorgen en bij wie ze konden gaan wonen. Jaaps vader had er een zwaar hoofd in of het in huis halen van z'n schoonouders wel zo'n goed idee was. Echter, de druk op z'n vrouw vanuit haar familie werd zó groot, dat hij omwille van haar zwichtte. Hun huis in Buitenveldert was hiervoor niet geschikt. In Amsterdam Nieuw-West vonden ze een passender woning, met drie woonlagen. Het souterrain omvatte twee kamers, een terras aan het water en een eigen voordeur. Hier konden de grootouders, los van het gezin, min of meer hun eigen bedoeninkje houden.

Ondanks dat en ondanks goede afspraken vooraf was de inbreuk die de grootouders, en met name opa, op hun eigen gezinsleven maakten groot en kwam dat de sfeer zeker niet ten goede. Opa was behoorlijk autoritair. Hij stelde zich op als zijnde de baas in huis en bemoeide zich overal mee. Wederom omwille van z'n vrouw liet Jaaps vader het zoveel mogelijk over z'n kant gaan en als het hem te gortig werd, trok hij zich schielijk terug in z'n studeerkamer. Jaap kon het slecht aanzien hoe z'n vader zich gedwongen voelde zich dit allemaal te moeten laten welgevallen in z'n eigen huis.

Uit die tijd stamt ook de uitspraak: "De zonden van de vader zetten zich voort tot in het derde geslacht."; vaak gebezigd door de naar hun opa vernoemde neefjes om elkaar de pin op de neus te zetten. En daar bedoelden ze bepaald niet alleen in naam mee.

In tegenstelling tot Jaap, die de judo vlot de rug had toegekeerd, was Corrie ijverig doorgegaan met de vioollessen. In het nieuwe huis had ze de gang ontdekt als de ideale klankkast en Jaap werd tureluurs van haar eindeloze oefeningen en valse noten. Zij en haar moeder speelden steeds vaker samen, Corrie op de viool en haar moeder achter de piano. Vanwege haar lengte ging de altviool beter bij Corrie passen en ze stapte daarop over. Vanaf die tijd speelden moeder en dochter vaker samen vioolduetten. Corrie speelde zó goed, dat ze op les mocht bij de eerste violist van het Concertgebouw Orkest.

Zelf wilde Jaap geen instrument leren bespelen en zeker geen viool, maar de druk werd groot en in arren moede koos hij voor het in zijn ogen minst erge, de gitaar. Hij begon met privélessen en ging daarna naar het muzieklyceum. De leraar daar vond dat hij er erg geschikt voor was met de juiste handen en een absoluut gehoor, maar Jaap oefende nauwelijks en de lessen stopten.

De belofte dat Jaap in het nieuwe huis een huisdier zou krijgen, werd ingelost. Het werden twee marmotten, vader en zoon. Als hij huiswerk aan het maken was, lagen ze gezellig bij hem op tafel te dutten en iedere vogel die het waagde om met z'n gezang hun rust te verstoren, kon op commentaar rekenen.

Met pa marmot liep het heel vervelend af. Hij had vergiftigd gras gegeten, gilde van pijn, maar bij de dierenarts wilde niemand ze voor laten gaan; Jaaps moeder kon daar nog steeds boos over worden. Jaap en z'n moeder, samen in tranen over z'n dood, samen lachen als er eentje begon over hoe stom pa marmot bezig was geweest. Hij had z'n zoon niets gegund, had hem op alle mogelijke en lachwekkende manieren de weg versperd en zelf het grootste deel van het vergiftigde gras naar binnen gewerkt.

Iedereen wilde ook graag een hond, het werd Pasja, een collie voor wie een ander huis werd gezocht. Vanaf de eerste de beste dag ging hij de hoofdrol spelen in vele anekdotes. Na eerst het gezin afgezet te hebben op het boerderijtje, ging Jaaps vader Pasja ophalen. Op de weg terug, de hond nog niet kennend, heeft hij met een hijgende hond in z'n nek verstijfd van angst achter het stuur gezeten. Aangekomen bij het boerderijtje rukte Pasja zich los en stoof recht op Jaaps moeder af. Jaaps vader vreesde voor een bloedbad, maar niets van dat alles. Pasja begroette haar zo uitbundig dat ze bijna van de sokken werd gegooid en hij begon haar onmiddellijk grondig te 'wassen'. Enig gezag heeft zij nooit meer over Pascha gehad. Hij was stapelgek op haar, zou haar te vuur en te zwaard verdedigen, maar, tot grote hilariteit van iedereen, haarzelf incluis, nam hij alle loopjes met haar die hij maar kon verzinnen. Toen ze jaren later Pasja moesten laten inslapen, hebben Jaap en z'n vader hem samen weggebracht en samen om hem zitten huilen. Voor z'n vader een zeldzaamheid, Jaap had het hem nog nooit eerder zien doen. Jaap wilde daarna nooit meer een collie, de herinnering aan Pasja bleef te veel pijn doen.

1966–1969
De ziekte van Scheuermann

Het begon – eind tweede klas – met een ongelukkige val tegen het wandrek, waarbij Jaap een kneuzing in z'n rug opliep. Dat bleef een pijnlijke plek. Volgens de huisarts was het een beledigd bot, wat lang pijn kon blijven doen. Jaap bleef klagen, maar zijn ouders besteedden daar verder geen aandacht meer aan. Het stak Jaap dat ze hem blijkbaar kinderachtig en kleinzerig vonden. Dat was hij nog nooit geweest en hij vond dat z'n ouders beter hadden kunnen én moeten weten.

Uiteindelijk namen ze hem wel serieus en Jaap werd doorverwezen naar een orthopeed. Toen bleek dat hij al maanden, zo niet langer, leed aan de ziekte van Scheuermann: een groeistoornis in de wervelkolom. Gezien zijn behoorlijk stevige bouw, oordeelde de orthopeed dat heilgymnastiek in zijn geval voldoende moest zijn. Dat pakte niet goed uit. Jaap was constant zo moe dat hij na het fietstochtje naar de heilgymnastiek tijdens de oefeningen al bijna in slaap viel. Van thuis oefenen kwam daarna ook niet veel meer terecht. Hij groeide zó krom, dat hij uiteindelijk een hoek van 90 graden in zijn rug had.

Z'n ouders zochten en vonden een andere orthopeed. In Leiden. Een wachtkamer vol kreupele mensen, uren wachten op keiharde banken en dan veroordeeld worden tot een korset. Die orthopeed heeft nog iets gemompeld over afname van geestelijke vermogens door de ziekte en eventuele sterke achteruitgang van schoolprestaties [nr.7]. Die informatie ging langs ze heen. Pas veel later bleek hoe belangrijk die terloopse opmerking was geweest.

Na thuiskomst ging Jaap direct de hort op, kocht z'n eerste pakje sigaretten en was vanaf dat moment kettingroker.

Het naar school gaan werd zwaar. Jaap kwam volledig uitgeput thuis en moest eerst een paar uur gaan liggen. Huiswerk maken schoot er daardoor meestal bij in. Z'n moeder ging hierover in gesprek met school. Er was haar alles aan gelegen dat Jaap in ieder geval de lessen nog kon bijwonen. Met een vrijstelling voor de sportlessen, die Jaap helemaal niet meer trok, en begrip van z'n leraren voor het niet af hebben van z'n huiswerk, zou dat mogelijk moeten zijn. De school ging hiermee akkoord en tevens kreeg Jaap toestemming om eventueel te laat te komen, als het fietsen naar school hem moeilijk afging. Vóór die tijd kwam hij nooit te laat, nu het mocht, altijd. Vrijstelling van sport betekende echter niet vrij van school. Die uren moest hij in de aula doorbrengen, waar de conrector hem keer op keer kwam vragen wat hij daar deed. De leraren waren op de hoogte gesteld. De wiskundeleraar was de enige die er geen rekening mee wenste te houden. Ten overstaan van de hele klas noemde hij Jaap zelfs een keer een luie aansteller. Ondanks dat z'n klasgenoten hem steunden en dit een rotstreek vonden, werd Jaap door dit soort akkefietjes steeds onzekerder.

Zijn pech was dat hij nog liep. Een andere leerlinge die dezelfde ziekte kreeg, moest maanden in een gipsbed liggen en werd wél heel erg zielig gevonden. Bijna jaloersmakend. Bijna, want zielig gevonden worden, hoefde van Jaap nou ook weer niet, slechts een beetje meer begrip, dat zou fijn geweest zijn.

Het eerste jaar in het korset kon Jaap het geestelijk op school nog bolwerken, al bleef hij wel zitten. Het tweede jaar in het korset en opnieuw in de derde klas ging het steeds slechter. Het fietsen werd een te grote opgave en z'n vader probeerde bij de politie een vrijstelling voor Jaap te krijgen, om onder de 16 toch op een brommer te mogen rijden. De politie weigerde. Dan maar zonder toestemming en Jaap kreeg een brommer. Een opmerkelijke actie van een anders zo gezagsgetrouwe man.

En de angst om te falen begon hard toe te slaan. Proefwerken werden een crime. Of Jaap werd van tevoren al ziek, soms met hoge koorts, óf hij begon vlak voor aanvang van het proefwerk over te geven en moest dan alsnog ziek naar huis. In alle vakanties werd hij ziek en was daarvan pas net een beetje opgeknapt tegen de tijd dat de school weer begon. **(nr.8)**

Zijn ouders wisten zich er geen raad meer mee. Via hun huisarts kwamen ze eind 1967 – Jaap was toen 15 – bij een psychiater terecht. Deze schreef Jaap Melleril en Largactil (beide een antipsychoticum) voor. De vervolgconsulten gingen meestal per telefoon en draaiden veelal uit op een verhoging van de doseringen. Verhogingen, die de psychiater net zo makkelijk aan Jaap doorgaf als hij hem per ongeluk zelf aan de lijn kreeg. Twijfels over de hoogte van de doseringen kwamen nog even niet bij z'n ouders op. Ondertussen deed z'n moeder alle mogelijke moeite Jaap nog zoveel mogelijk schoolopdrachten te laten doen. Eenmaal stijf onder de pillen, maakte hij als een robot braaf al z'n huiswerk met haar. Zij kon op die periode met een onnavolgbare mengeling van trots en verbazing terugkijken.

In die tijd raakte Jaap gek van brommers en van het sleutelen eraan. In het begin had hij niet veel meer dan een schroevendraaier en een hamer tot z'n beschikking en liep daarbij regelmatig forse wonden op, waar hij nooit over piepte, er zelfs prat op ging. Hij werd zó bedreven in het opvoeren van brommers, dat leeftijdsgenoten uit de buurt hem steeds vaker wisten te vinden. Deze nieuwe vrienden pasten qua achtergrond en opleiding niet echt bij hem, maar bij hen hoefde hij z'n stand niet op te houden en in hun gezelschap voelde hij zich beter op z'n gemak. Sommigen van hen waren er niet vies van om onderdelen te stelen. Daar heeft Jaap nooit aan meegedaan en hij nam ook geen spullen van ze over als hij er maar het geringste vermoeden van had, dat het om gestolen waar ging. Niet alle jongens die Jaap wisten te vinden, of Jaap hen, waren zo. Met één in het bijzonder kon Jaap het op muziekgebied, en later ook op vele andere gebieden heel goed vinden. Ze zijn altijd vrienden gebleven.

Ongelukken met die opgevoerde brommertjes konden niet uitblijven. Het werden er vele. Eén keer zo erg, dat een automobilist die het had zien gebeuren, dacht dat Jaap de klap niet overleefd kon hebben en ging eerst naar het meisje toe waar Jaap bovenop was geknald. Dankzij z'n beschermengeltje, dat volgens Jaap altijd op z'n schouder meereed, liep het ook voor hem, op een paar gekneusde ribben na, met een sisser af.

    Misschien geen slecht idee om een helm te gaan dragen. De eerste de beste keer dat Jaap dat uit ging proberen viel er een steen van een flat af en op zijn hoofd. Jaap gaf de schuld aan de helm die had z'n beschermengeltje verjaagd en dit over hem afgeroepen. Hij heeft dat ding nooit meer opgezet.

Op een avond zei z'n moeder voor de grap tegen haar bezoek dat ze elk moment een telefoontje van het ziekenhuis kon verwachten, doelend op het op-brommertjes-scheuren van Jaap. Laat de telefoon nou gaan en laat dat inderdaad het ziekenhuis zijn. Niet de brommer, maar de medicijnen hadden Jaap geveld, een black-out, maar hij was wel weer bij kennis. Of ze hem op kon komen halen. De alarmbellen gingen nog steeds niet rinkelen. Dat gebeurde pas toen Jaap z'n hoofd helemaal scheef ging staan en hij het niet meer recht kon krijgen. Jaaps moeder belde meteen de psychiater. Pas na veel aandringen mochten ze na het spreekuur langskomen. Hij gaf Jaap een tegen-injectie en zette ze daarna meteen de deur uit, met de botte mededeling dat hij weigerde Jaap verder nog te behandelen.

    Abrupt zonder medicatie kon eigenlijk niet en er werd een consult aangevraagd bij een psychiater in één van de nabijgelegen ziekenhuizen. Deze wilde Jaap alleen behandelen als hij zich liet opnemen op de gesloten afdeling, wat zowel Jaap als z'n ouders weigerden. Jaaps vader ondernam een poging bij de GGD, eveneens met nul op het rekest. Daar behandelden ze alleen ziekenfondspatiënten en geen particulier verzekerden.

    Eén van de broers van Jaaps moeder, oom Geert, was psychiater en raadde hun aan om het hogerop te zoeken. Met het dreigement anders de veelschrijverij van één van zijn collega's openbaar te maken, wist Jaaps moeder een consult bij een professor in de kinderpsychiatrie los te peuteren. Ze kon heel fel uit de hoek komen, zeker als het om haar kinderen ging.² Het bleef niet bij één consult. De professor twijfelde over oorzaak en gevolg. Dat er een verband was tussen de rugziekte en de psychische klachten was hem wel duidelijk. Hij dacht echter eerder dat de psychische klachten de oorzaak waren van de rugziekte en niet andersom. **(nr.9)** Het slotadvies van de professor was, dat tegen de tijd dat Jaap ging studeren hij het beste in analyse kon gaan. Toen leek het er nog op dat dat in de toekomst wel zou gaan gebeuren.

De professor had ook een EEG-onderzoek laten doen. Op grond daarvan leek het er in eerste instantie op dat Jaap epilepsie had. Hij kreeg daarvoor medicijnen mee. Een half jaar later, tijdens een controleonderzoek, was er in het EEG van Jaap geen spoor van epilepsie meer terug te vinden. Hoogstwaarschijnlijk was de eerder gevonden afwijking in het EEG een na-effect van de medicijnvergiftiging geweest. De professor gaf zijn verkeerde inschatting ruiterlijk toe, met excuses dat Jaap voor niets medicijnen had moeten slikken.

Op grond van deze uitkomst en de gegevens die de huisarts aan haar had doorgespeeld, heeft Jaaps moeder even overwogen om alsnog een aanklacht tegen die psychiater in te dienen. Ze heeft dit uiteindelijk niet gedaan. Ze vond het risico te groot dat Jaap daardoor op termijn misschien elders geweigerd zou worden.

Deze keer haalde Jaap het derde jaar wel en ging over naar de vierde. In de zomervakantie ging het verder bergafwaarts. Jaap voelde dat hij helemaal niet in de vierde klas thuishoorde, dat

---

2 De in het klad op schrift gestelde noodkreten van Jaaps ouders aan artsen vond ik na hun dood ergens achter in een la. Ik heb ze meegenomen, maar tot nu toe niet aangedurfd ze te lezen. Eén van die noodkreten van Jaaps moeder werpt een nog veel kwalijker beeld op deze psychiater, waar Jaap onkundig van was. In de door hem aan de huisarts gerapporteerde en daarna aan de professor doorgegeven gegevens, stond alleen dat hij Jaap een lichte dosis valium had voorgeschreven, dat hij daarnaast ook Largactil en Melleril had voorgeschreven, stond er niet bij.

hij dat niet aankon. Het liefst was hij nog een keer blijven zitten. Hij had het gevoel intellectueel niets meer te kunnen, zelfs 1 + 1 bij elkaar optellen ging niet meer. Z'n slaapproblemen werden steeds erger. Als hij te lang wakker lag begon hij te hallucineren. Hij werd hier zó bang voor dat hij pas naar bed durfde als hij óf volkomen op was, óf dronken.

Om bij aanvang van het nieuwe schooljaar zijn rooster op te kunnen halen, had Jaap zich eerst behoorlijk moed ingedronken. Het was niet genoeg, eenmaal op school vlogen het gebouw en al die mensen om hem heen hem zo erg aan, dat hij ervandoor ging en weigerde daar nog één stap binnen te zetten. (nr.10)

Z'n ouders hadden van alles geprobeerd om hem op school te houden en nu hij dat pertinent weigerde, waren ze helemaal van de kaart. Het was voor hen onbegrijpelijk, gefocust als ze altijd waren geweest op het lichamelijk herstel van Jaap. Ze hadden nog steeds niet ten volle beseft hoe de ziekte van Scheuermann Jaap geestelijk volledig gesloopt had. Zij zelf leerden graag, Corrie leerde graag en Jaap ook. Tot hij ziek werd en zij het spoor bijster raakten.

Onderwijs was hun leven. Al hun vrienden waren hoger opgeleid en de meesten van hen waren, net als Jaaps vader, verbonden aan een universiteit of hogeschool. Onderwijs was dan ook meestal hét onderwerp van gesprek in huis. Achteraf waren ze het er roerend over eens dat deze voedingsbodem niet goed is geweest voor Jaap. Dat hij daardoor het gevoel had gekregen dat je zonder een voor hem nu onhaalbare, hoge opleiding niets voorstelde.

Tijdens een korte vakantie met zijn ouders op het boerderijtje, deed Jaap een poging om te stoppen met roken. Hij werd hierdoor zó ongenietbaar dat z'n vader hem bijna letterlijk de deur uit sloeg met de opdracht om als de donder sigaretten te gaan kopen.

Corrie studeerde al en was die keer niet meegegaan. Ze had inmiddels een nieuwe vriend en die had ze, buiten medeweten van haar ouders, uitgenodigd om haar gezelschap te komen houden. Corrie en haar vriend zaten in ochtendjas nog rustig in de keuken te ontbijten, toen haar ouders, door het gedoe met Jaap veel vroeger dan voorzien, binnenstapten. Zonder enig commentaar te geven, gingen ze gezamenlijk aan de thee. Haar vader begon echter steeds roder aan te lopen en spurtte opeens naar boven. Haar moeder snelde achter hem aan en kwam even later hikkend van de lach de trap weer af. Hij was geploft: "Dat die jongen met míjn dochter in míjn bed slaapt, tot daaraan toe; dat die jongen in míjn ochtendjas in míjn keuken zit, ook nog tot daaraantoe; maar dat die jongen thee uit míjn kopje drinkt, dát doet de deur dicht." Een hilarisch einde van een rottige vakantie.

Naast faalangst, werd Jaaps angst voor openbare gebouwen, grote winkels, drukke plekken en het openbare vervoer steeds heviger. Gedragstherapie leek een goede optie om hiermee aan de slag te gaan en Jaap kwam terecht bij een gerenommeerde gedragstherapeut, verbonden aan de universiteit. De gedragstherapie sloeg niet aan, evenmin als de hypnosetherapie, waarmee de therapeut het vervolgens probeerde. Jammer, want Jaap kon goed met hem overweg. Op één van de laatste zittingen en ondanks dat de therapeut wist dat Jaap op de brommer was en daar als een gek mee door het verkeer schoot, vroeg hij aan Jaap of hij tijd en zin had om te wachten tot de volgende cliënt klaar was en die naar huis te brengen. Pas toen Jaap de jongen had afgezet en zag hoe hij eraan toe was, kwam hij erachter dat die jongen aan een ernstige vorm van straatvrees leed. Die had er onderweg zomaar af kunnen springen. Wat de therapeut wél goed had ingeschat was dat Jaap die jongen aankon en op kon vangen, alleen om Jaap daar blind op af te sturen, was geen slimme zet geweest en dat was het enige wat Jaap hem ooit kwalijk heeft genomen.[3]

---

[3] Uit één van de andere noodkreten van Jaaps moeder bleek dat de therapeut Jaap ooit voor de keus heeft gesteld of om zich open te stellen voor en mee te werken aan de behandeling, of anders moest hij maar zelfmoord plegen. Zij weet daar Jaaps eerste zelfmoordpoging aan, waarvan Jaap zelf altijd zei dat z'n moeder die door een uit de hand gelopen ruzie uitgelokt had. Over dat ultimatum had Jaap me nooit iets verteld.

In deze jaren was Jaap liefst zo min mogelijk thuis. Vooral op de vrije middagen, als z'n vader er niet was, konden de ruzies tussen hem en z'n moeder vaak hoog oplopen. Zodra haar man thuiskwam, verwachtte zij van hem dat hij de straf uitdeelde. Het liep zelfs zo uit de hand, dat z'n moeder er soms bij voorbaat al van uitging dat ze ruzie zouden krijgen, ter verdediging alvast de stoffer erbij pakte en zei: "Nu kan je weer lekker gaan pesten." Vaak genoeg had Jaap zich speciaal op die dagen voorgenomen het nu eens niet op ruzie te laten uitdraaien, maar zo'n opmerking sloeg dan alle goede voornemens weer de bodem in. Hij vond dat uitlokken en heel gemeen.

Een eerste zelfmoordpoging met een lading pillen volgde. Een poging, die z'n moeder altijd is blijven zien als pure pesterij, want Jaap slikte de hele handel in waar ze bij stond. Zij was er zó van overtuigd dat hij bewust niet genoeg genomen had om echt in de gevarenzone te komen, dat ze gewoon wegliep. Z'n vader onderkende het gevaar gelukkig wel en trapte de deur in die Jaap achter z'n moeder op slot had gedaan. De arts die erbij geroepen werd, kon alleen nog maar aanraden Jaap in beweging te houden en er veel koffie in te gieten. Voor het leegpompen van z'n maag was het toen al te laat. Jaap kwam erdoorheen en nam zich voor zoiets nooit meer te doen, behalve als hij er zeker van kon zijn dat het zou lukken. Wel bleef hij met zijn roekeloze rijgedrag bewust de dood uitdagen. Zijn idee erachter was dat als hij op die manier aan zijn einde kwam, niemand hem dat aan zou kunnen rekenen.

Z'n vader wist zich geen raad met de situatie. Hij wilde helpen, maar het lukte hem niet om contact met Jaap te krijgen. Jaap van zijn kant voelde zich onbegrepen, zat met gevoelens waar hij geen weg mee wist en hoopte dat door z'n muziek keihard aan te zetten, iemand hem zou vragen wat er met hem aan de hand was. Ze werden alleen maar boos, zó boos dat z'n vader hem uiteindelijk de radio naar z'n hoofd gooide. Dat ging zo niet langer en opa stelde voor dat Jaap hun kleine voorkamer in het souterrain kon krijgen, die gebruikten ze toch niet meer. Een goed idee. Jaap vond er een vluchtplaats waar hij niet voortdurend door z'n ouders op z'n lip werd gezeten en waar hij naar hartenlust en zonder commentaar popmuziek kon draaien en met het bouwen en testen van gitaarversterkers bezig kon zijn. Z'n grootouders zeiden er geen last van te hebben, wat Jaap zeer op prijs heeft gesteld.

Enerzijds was in die tijd, althans volgens z'n vader, z'n grootvader de enige die Jaap af en toe nog kon bepraten. Anderzijds hadden beide ouders het sterke gevoel, dat het in huis halen van de grootouders het stomste was wat ze ooit hadden kunnen doen. Z'n vader heeft het zichzelf eigenlijk nooit kunnen vergeven dat hij voor de druk is gezwicht en z'n kinderen hier niet voor heeft behoed. In Buitenveldert had iedereen zich op z'n plek gevoeld. Een fijn huis in een rustige buurt. Hoe anders in het drukkere Nieuw-West. Genoeg vriendjes voor Jaap, maar naar zijn idee met iets te veel verleidingen naar de verkeerde kant, en een gezinsleven wat behoorlijk onder druk was komen te staan.

Degene bij wie Jaap altijd terecht kon, was meneer Schoonenbeek, een goede vriend van z'n vader. Diens zoon Huub was een paar jaar jonger dan Jaap en hun wederzijdse ouders hadden van het begin af aan al het gevoel dat de jongens qua ontwikkeling sterk op elkaar leken. Vanaf de zijlijn had de familie Schoonenbeek meegemaakt hoe het Jaap verging. Toen Huub ook de ziekte van Scheuermann kreeg, waren ze er daardoor vlugger bij en beter voorbereid. Door van meet af aan geen enkele druk op Huub te leggen om z'n best te blijven doen op school, én te benadrukken dat zittenblijven vanwege z'n ziekte volkomen begrijpelijk zou zijn, lukte het Huub zelfs om zonder te doubleren z'n school af te maken. Meneer Schoonenbeek voelde zich hierdoor en mede om z'n vriend iets te ontlasten, geroepen zich meer met Jaap te gaan bemoeien. Het klikte heel goed tussen hen. Zo goed zelfs, dat Jaap weleens de indruk had dat z'n moeder hier wat jaloers op was. Meneer Schoonenbeek had een subtiel gevoel voor humor dat Jaap erg aansprak en waar hijzelf ook niet van gespeend was. De training thuis dienaangaande begon z'n vruchten af te werpen.

Jaap kon alles met hem bespreken, ook zijn problemen met z'n ouders, al was daar het geijkte antwoord van Meneer Schoonenbeek op: "Zij bedoelen het niet slecht, je moet het ze niet kwalijk nemen, ze deden het voor je bestwil."
Als Jaap het gevoel had door iemand gepakt te zijn en daar zó agressief en wraakzuchtig door werd dat z'n ouders er geen weg meer mee wisten, vluchtte hij naar meneer Schoonenbeek. Die hield hem dan steeds weer voor dat hij dat anders moest bekijken. Die mensen waren in wezen zielig dat ze het nodig dachten te hebben om iemand te pakken. Zolang je je dat maar voor ogen hield, kon je niet boos op ze blijven. Al gaf hij daarbij meteen ook eerlijk toe, dat hij er zelf ook vaak genoeg moeite mee had en soms pas na dagen van woede in staat was het anders te bekijken.

Nadat Corrie in 1966 Nederlands was gaan studeren en een jaar later op kamers was gegaan, ging het steeds beter met haar. Ze werd lid van een studentenvereniging, werd aangenomen als altvioliste in het studentenorkest, kreeg een grote vriendenkring, vond de liefde en ging samenwonen. Op een vaste middag in de week nam ze een groepje orkestleden mee naar huis om daar te musiceren, waarbij haar moeder maar al te graag de pianopartij voor haar rekening nam.
Het loskomen van thuis en vooral van haar moeder, viel Corrie niet makkelijk. Ze dacht er zelfs over om hiervoor in analyse te gaan. Met haar vader lag dat anders, daar had ze een goed en volwassen contact mee. Iets wat Jaap tot zijn verdriet en frustratie, nooit is gelukt.

De verstandhouding tussen Jaap en zijn zus was altijd ronduit slecht geweest, met ondergronds heel wat wederzijds gepest en getreiter. De moeilijkheden waar Jaap thuis tegenaan liep, begon Corrie nu beter te begrijpen. Ze ging Jaap daarin steeds meer bijstaan en gaandeweg ontstond er een hechte vriendschapsband tussen hen beiden. Een leuke bijkomstigheid was dat ze op de rug gezien zoveel op elkaar leken – vrijwel even groot en vrijwel hetzelfde lange blonde haar –, dat zelfs vrienden ze dan weleens door elkaar haalden.

Corrie nam Jaap mee op haar eigen tocht door de moderne literatuur, de moderne klassieke muziek en de aan klassiek grenzende popmuziek, zoals bijvoorbeeld Jethro Tull. Ze introduceerde Jaap in haar steeds verder uitdijende vriendenkring en door de vele gesprekken met die vrienden, meest studenten, werd Jaap gepokt en gemazeld in het opzetten van redeneringen waar geen speld meer tussen te krijgen viel. Hij ging het een leuke sport vinden om discussies uit te lokken en te proberen iemand op z'n eigen woorden te vangen. Helemaal leuk met iemand die dacht slimmer te zijn en die hij toch al niet zo mocht. In dat soort gesprekken kon Jaap tot het uiterste gaan en hij was er trots op als hij zo'n discussie won, vooral als ze zo dom waren geweest de keurig bedekte gaten in z'n eigen redenering over het hoofd te zien.

Na drie jaar in het korset gelopen te hebben, mocht het begin 1969 eindelijk de kast in. Jaaps rug was weer helemaal recht gegroeid op een kleine knik in z'n nek na – achteraf gezien had hij er misschien toch beter tevens een kinband bij moeten hebben. Het kraakbeen tussen z'n ruggenwervels was echter zover ingedrukt dat hij z'n rug blijvend moest ontzien – vooral tillen was uit den boze – om niet uiteindelijk alsnog in een rolstoel terecht te komen. Forse pijn bij een vergissing hielp om dit advies zoveel mogelijk op te blijven volgen.

26 februari 1970
Het ongeluk

Het studentenorkest ging in Duitsland op tournee en Corrie zou meegaan. Een paar dagen ervoor was ze jarig geweest en 23 jaar geworden. Jaap was 17. Op de avond voor vertrek kwam ze langs en wipte bij iedereen even binnen om gedag te zeggen. Meestal controleerde Jaap haar fietsverlichting wanneer ze in het donker naar huis moest. Dit keer kwam het er niet van. Hij heeft nog aangeboden haar weg te brengen, maar dat vond ze niet nodig.

Zij vertrok, haar ouders gingen naar bed en alleen Jaap was nog op toen de telefoon ging. Het Wilhelmina Gasthuis, z'n zusje had een ongeluk gehad en of ze meteen konden komen. [4] Bijzonderheden werden verder niet gegeven, maar de manier waarop het gezegd werd, zei hem genoeg: Corrie had het niet overleefd. Jaap maakte zijn ouders wakker, zei alleen dat Corrie een ongeluk had gehad en dat ze zo snel mogelijk naar het ziekenhuis moesten. Zonder het te beseffen, namen ze dezelfde weg die Corrie genomen had en kwamen in de De Clerckstraat langs de plek van het ongeluk. Er stonden veel mensen, dat was Jaap wel opgevallen.

In het ziekenhuis werden ze botweg gelijk doorgestuurd naar het mortuarium. Het gezicht van Corrie was gelukkig nog helemaal gaaf en niets wees erop dat ze ook maar iets van het ongeluk had meegekregen. De rest van haar lichaam lag volledig in puin. Jaap keek verder dan z'n ouders en zag haar botten door het laken steken.

Z'n ouders waren volledig van de kaart en in tranen. De dienstdoende verpleegster maande Jaaps vader zich als kerel

---

4 In de noodkreet van Jaaps vader stond hierover deze opmerking: "Het was Jaap, die het bericht in de meest ijskoude bewoordingen gesteld, in ontvangst nam."

te gedragen en te stoppen met janken. Jaap werd woedend, maar hield zijn mond en vluchtte naar buiten. God vervloekend, waarom zij en niet hij. Híj vroeg erom met zijn roekeloze rijden. Hij zwoer dat als hij God ooit in een donker straatje tegen zou komen, hij hem eens flink de waarheid zou vertellen, maar had gelijk al het sterke vermoeden dat God daar te laf voor zou zijn. Na de eerste schok werd Jaap ook kwaad op Corrie. Ze had hem in de steek gelaten, was onaantastbaar geworden en nooit meer te evenaren. Jaap zei later weleens: "Zij kneep er mooi tussenuit en ik mocht de brokken opruimen."

De vriend van Corrie moest natuurlijk zo snel mogelijk ingelicht worden. Aangezien z'n ouders nergens meer toe in staat waren, was het aan Jaap om naar hem toe te gaan en hem te vertellen wat Corrie was overkomen. Toen hij zag hoe hard die klap ook bij hem aankwam, nam Jaap zich heilig voor zich nooit aan iemand te binden. Beter alleen, dan het risico lopen om zo'n dreun te moeten incasseren.

Thuisgekomen werd z'n moeder met een lading kalmeringsmiddelen in bed gestopt. Jaap en z'n vader bleven samen op en voor het eerst schonk z'n vader ook voor Jaap een whisky in. Jaap dronk al, vrij veel zelfs, maar alleen buitenshuis en stiekem, wat z'n ouders natuurlijk allang doorhadden. Niets deed er meer toe, alleen misschien nog wie de meeste drank op kon. Deze gezamenlijk doorwaakte nacht en de in die nacht gevoerde gesprekken tussen hem en z'n vader zijn Jaap altijd helder bijgebleven. Ook de waarschuwing van z'n vader dat er voor hem financieel niets zou veranderen. Blijkbaar voorvoelde z'n vader al dat er ergens iets helemaal de mist in zou gaan. Hij kende z'n vrouw en wist ook dat ze de kinderen regelmatig onderhands iets toestopte.

De volgende dag kwam de familie toeschieten om te helpen. De oudste broer van z'n moeder ontfermde zich over Jaap. Hij nam hem mee naar huis, liet hem in alle rust wat op adem komen en bracht hem 's avonds weer terug. Zo ook de volgende dag. Een behoorlijke rit, want hij woonde bepaald niet naast de deur. Jaap is hem daar altijd dankbaar voor gebleven. Voor zijn gevoel was hij de enige die oog voor hem had.

Zijn moeder was compleet van de wereld. Ze herkende nauwelijks nog iemand en was tot niets meer in staat. De vrouw van oom Geert bleef logeren om het gezin met ook nog opa en oma erbij, enigszins draaiende te houden.

Zij heeft Corrie de dag na het ongeluk gezien. Het verval in Corries gezicht was toen al schokkend. Haar achterhoofd was waarschijnlijk toch geraakt. Na twee dagen heeft Jaap zijn zusje nog één keer opgebaard gezien. Het verval was nog groter geworden en het haar in die staat zien, is bij hem als een mokerslag aangekomen.

Omdat Jaap zelf aanvoelde dat hij hier helemaal niet tegenop kon, zocht hij wederom hulp bij de psychiater van het nabijgelegen ziekenhuis. Hij vertelde hem wat er was gebeurd en vroeg om kalmeringsmiddelen. Om z'n hoofd boven water te kunnen houden, bracht hij het waarschijnlijk te nuchter en te onderkoeld, want hij werd naar huis gestuurd met een recept voor een heel licht middel waar hij, gezien het ook aan deze psychiater bekende eerdere medicijngebruik, niets aan had. **(nr.11)**

Bij de regelingen rond de uitvaart werd Jaap niet gezien, niet gehoord. Het werd een crematie en verstrooiing. Geen graf, geen plek om naar toe te gaan. Voor Jaap werd dat een blijvend gemis.

De crematie zelf was een verwarrende dag. De treinen naar Driehuis-Westerveld zaten afgeladen vol en nóg kon niet iedereen mee. Vrienden, kennissen, studiegenoten, leden van de studentenvereniging en het bijna voltallige studentenorkest. Jaap memoreerde vaak aan die enorme stroom mensen waar geen eind aan leek te komen, dat hij het bijna niet had kunnen bevatten dat die allemaal voor zijn zusje kwamen.

Tijdens het condoleren hoorde Jaap een vriend van zijn vader tegen zijn ouders zeggen: "Waarom moest juist zíj het zijn." Bij Jaap kwam dat over als: "Waarom niet hij, daar was niets aan verloren geweest." Ondanks alle moeite van zijn ouders om dit naderhand recht te zetten, bleef Jaap vasthouden aan zijn eigen interpretatie.

Oom Geert kwam na twee weken z'n vrouw ophalen en ze namen Jaap mee. Om z'n zus en zwager te ontlasten, zou Jaap een paar weken bij ze komen logeren. Tijdens die logeerpartij kreeg Jaap een steeds terugkerende droom over Corrie. In die droom beklom hij een lange steile trap, met in z'n kielzog z'n vader en daarachter z'n moeder, die helemaal buiten adem was en hen bijna niet bij kon houden. Boven aangekomen zag hij een ziekenhuiszaaltje waar Corrie bezig was de bedden op te maken.

Vanwege de hallucinaties was Jaap al bang om te gaan slapen. Nu durfde hij het helemaal niet meer zonder iemand dicht bij zich te weten. Zijn tante vertelde me vele jaren later dat ze erg met hem te doen had gehad. Hij was zo angstig geweest. Ze had toen maar een bed voor hem op de overloop gezet, tussen de openstaande deuren van de slaapkamers van haar zoons. Dat hielp iets.

Met de allerbeste bedoelingen heeft ze een keer met hardere hand geprobeerd die neerwaartse spiraal bij Jaap te doorbreken. "Wordt een kerel, laat zien wat je kan." Dat is bij Jaap toen jammer genoeg helemaal verkeerd gevallen.

Eenmaal terug thuis, waren z'n ouders nog steeds nauwelijks bereikbaar voor Jaap. Van de oude sfeer, waar humoristische relativeringen, spitsvondigheden, woordspelletjes- en spelingen de boventoon voerden, was niets meer over. Z'n moeder had zich opgesloten met allerlei boeken over het leven na de dood en liet zich verleiden tot deelname aan een godsdienstige gesprekskring en aan spirituele bijeenkomsten. Ook de Jehova's getuigen deden een poging. In een eerste gesprekje aan de deur waren ze erachter gekomen wat er gebeurd was en ze kwamen terug in gezelschap van een meisje in de leeftijd van Corrie. Door haar aanwezigheid was z'n moeder niet in staat geweest hen weg te sturen, maar had nog net wel een volgend bezoek weten te voorkomen.

Waar z'n moeder op dat moment in geloofde, moesten Jaap en z'n vader ook per se in geloven. Totdat ze weer iets nieuws ontdekte, het vorige volledig afzwoer en het nieuw gevondene aan ze ging opdringen. Zo ondergedompeld in haar eigen verdriet en zo verstrikt geraakt in haar eigen zoektocht naar troost, dat ze haar man en zoon er volledig mee overspoelde. Dat ook zíj een enorm verlies hadden geleden, drong niet meer tot haar door en daar was ook geen enkele ruimte meer voor.

Jaaps vader verbeet alles, liet het gelaten over zich heen komen en vluchtte in zijn werk. Voordat Corrie overleed was hij met z'n proefschrift bezig geweest, daar heeft hij een punt achter gezet, studeren ging niet meer. Jaap zat zoveel mogelijk in z'n kamer beneden, of ging de hort op. Als hij 's avonds laat thuiskwam en toch nog even met zijn moeder wilde praten, had ze geen tijd, te druk met haar boeken. Ze scheepte hem af met geld, zolang hij haar maar met rust liet. Waar z'n vader gelijk al bang voor was geweest en Jaap voor gewaarschuwd had, gebeurde alsnog en erger dan z'n vader ooit had kunnen voorzien. Jaap ging geld eisen en bleef dat doen. Hij vond het zijn recht; die verplichting aan hem hadden zij, in zijn ogen, zelf gecreëerd.

Na een paar weken dook een nichtje van Jaap – het andere kind in de familie dat stukliep op de gebaande paden – opeens op en bleef een paar dagen plakken. Jaaps moeder was hier niet echt blij mee, bang dat zij Jaap op het slechte pad zou brengen. Voor Jaap was z'n nichtje echter een zeer welkome gast. Zij begrepen elkaar in hun verdriet om Corrie en brachten vele uren samen door.

De boeken en de eerste elpee van Jethro Tull, 'Stand Up', die Corrie hem gegeven had, werden door Jaap gekoesterd. De boeken werden echter nooit meer gelezen. Gemis aan haar versperde vrijwel het hele pad van de literatuur. Alleen detectives, het liefst Havank, en stripboeken las hij nog. Slechts een heel enkele keer kon een Ollie B. Bommel – van oudsher de absolute favoriet binnen de hele familie, waaruit graag en veel geciteerd werd – hem nog bekoren.

Corrie had ooit aan één van haar beste vrienden gevraagd een oogje op Jaap te houden als zij dat zelf onverhoopt niet kon. Hij deed zijn belofte gestand en nam Jaap op sleeptouw. Jaaps vader was hier heel blij mee. Als blijk van zijn waardering nam hij de beide jongens een paar dagen mee naar Londen. Tot z'n verbazing had Jaap in Londen het Engels en het juiste accent rap onder de knie. Een echt papegaaieninstinct noemde z'n vader dat later, met een wat naar afgunst neigend grijnsje.

Er waren weinig foto's terug te vinden waar Corrie op stond en daar zaten slechts twee meer recente foto's bij. De ene was een gelikt portret gemaakt door een fotograaf, het andere portret was een uitsnede uit een groepsfoto, beter gelijkend maar korrelig. Jaap nam zich heilig voor dat hem dat geen tweede keer zou overkomen en stortte zich op de fotografie.

Na met de zeer eenvoudige instant-camera van z'n vader bewezen te hebben dat fotografie een blijvertje werd, kreeg Jaap een echte camera. Het ontwikkelen en afdrukken kwam erbij en om daarin wat meer ervaring op te doen, mocht hij een tijdje als manusje van alles meelopen bij het fotobureau van de buren. Dat werd een fijne én verwarrende ervaring. Fijn omdat ze hem alle ruimte lieten veel van hen te leren. Verwarrend vanwege hun nonchalante manier van werken, zoals het vergeten de dop van de lens te halen tijdens een trouwplechtigheid en vervolgens het zwaar gemankeerde trouwalbum met een stalen gezicht af te leveren. Het was voor Jaap onbegrijpelijk dat iemand zich durfde presenteren als beroepsfotograaf en dan zulk slecht werk afleverde.

Degene die het ongeluk veroorzaakt had, moest voor de rechter verschijnen en de vraag kwam of haar ouders daarbij wilden zijn. Nee. Ze wilden zelfs niet weten welke straf hij had gekregen. Hun standpunt was: 'Als je door eigen schuld iemand doodrijdt en je hebt daar geen wroeging over, dan helpt een straf dat niet veranderen; heb je wel wroeging, dan is dat erger dan de zwaarste straf en is die in dat geval alleen voor de vorm nog nodig.'

Ergens hadden ze medelijden met hem. Vanwege een ruzie met z'n vrouw had hij te veel gedronken en was zelf helemaal kapot van het ongeluk. Ooit heeft hij hun nog een keer per brief gevraagd of hij ze mocht ontmoeten. Daar zijn Jaaps ouders niet op ingegaan, dat ging te ver.

1970–1973

Af en toe pikte Jaap de auto van z'n vader die dat oogluikend toeliet. Totdat Jaap er een aanrijding mee had. Ondanks dat Jaap zelf de auto door een vriendje had laten oplappen, mocht hij er daarna niet meer in rijden.

Op een dag wilde Jaap in de garage aan zijn brommertje werken en de auto stond in de weg. Z'n vader had geen tijd, maar wilde hem ook de sleutels niet geven. Dan maar duwen. Helaas stonden de wielen verkeerd en de auto knalde tegen de garagedeur. Jaap ging dit rustigjes melden met de mededeling erbij, dat het z'n vaders eigen schuld was: had hij hem de sleutels maar moeten geven. Knarsetandend moest z'n vader toegeven dat Jaap een punt had en slikte z'n verlies.

De brommertijd hadden z'n ouders een verschrikking gevonden en zodra Jaap 18 werd, mocht hij dan ook gelijk rijlessen gaan nemen. Hij haalde in één keer z'n rijbewijs. Z'n moeder had hem gebracht en had er een hard hoofd in gehad, want Jaap stond stijf van de zenuwen en de kalmeringsmiddelen.

De auto van z'n vader stond toch al op de nominatie om vervangen te worden; een goed moment om een nieuwe te kopen en de oude aan Jaap te geven. Liet hij tenminste de brommer staan en hoefden zij zich minder ongerust te maken. Die auto kon wel tegen een stootje.

In die tijd bestond de actieve dienstplicht nog en tot ieders stomme verbazing werd Jaap tot drie keer toe goedgekeurd. Later bleek dat de orthopeed hierachter had gezeten. Aannemende dat het voor Jaaps psyche beter zou zijn om wel in dienst te gaan, had hij een positief rapport doorgestuurd. Een veel te groot risico, vond Jaap, en hij niet alleen. Uiteindelijk lukte het hem om op S5 – dan mankeerde er geestelijk iets aan je – alsnog afgekeurd te worden. Omdat Jaap geen enkele interesse in meisjes had getoond, was de psychiater ervan uitgegaan dat Jaap homofiel was en dat viel in diezelfde categorie. Zolang hij maar niet in dienst hoefde, vond Jaap alles best. Dan deed een afwijkinkje meer of minder er niet toe.

Indachtig het ooit gegeven advies om in analyse te gaan tegen de tijd dat hij zou gaan studeren, en die leeftijd had hij nu bijna, meldde Jaap zich daar zelf voor aan bij een groepspraktijk. Er volgden een aantal intakegesprekken met een vrouwelijke psychiater met wie Jaap goed overweg kon. Helaas, de analyse ging niet door, ze vonden hem nog te jong.

Wat de gesprekken wel hadden opgeleverd, was dat Jaap minder angstig tegenover een opname kwam te staan en dat hij daar gelijk, begin januari 1971, twee pogingen toe deed bij een neurosekliniek. Bij de eerste kon hij op gesprek komen. Tijdens dat gesprek, wat maar een half uurtje duurde, had Jaap onder andere aangegeven dat hij wat benauwd was voor het gebrek aan privacy als hij op een slaapzaal terecht zou komen. Na enige tijd kreeg Jaap bericht dat hij afgewezen was en ze verwezen hem door naar een stichting voor ambulante therapie. Redenen voor die afwijzing werden er niet bij vermeld. Pas jaren later vertelde de huisarts hem wat die redenen waren geweest. Men had hem te arrogant en te veeleisend gevonden en zijn problemen zouden niet erg genoeg zijn geweest voor een opname. Naar Jaaps eigen idee had hij zich puur beleefd en meegaand opgesteld, maar hij had wel, zoals altijd, heel bedachtzaam en nuchter over zijn problemen gesproken. (nr.12)

Na deze afwijzing en ter voorkoming van een volgend, misschien eveneens zinloos en slopend gesprek, meldde Jaap zich deze keer per brief aan bij de volgende. Daar werd hij, eveneens per brief, op voorhand al afgewezen.

Als enige mogelijkheid bleef nu die stichting over. In april volgde een eerste gesprek. Ze wilden Jaap aannemen, op voorwaarde dat ook het gezin als geheel bij hen in therapie zou gaan. Jaap en z'n ouders stemden daarmee in.

Jaap wilde al een tijdje op zichzelf gaan wonen en voordat de beide therapieën startten, vond hij een kamer.

De gezinstherapie liep van meet af aan niet lekker. Met name Jaap kon slecht met de gezinstherapeut overweg. Hij vond de zittingen erg gênant voor z'n vader die in de sessies behoorlijk hard werd aangepakt. Jaap was zelf van mening dat z'n vader zijn uiterste best deed en dat je in zo'n geval iemand niet kan en mag verwijten iets niet te kunnen. Na driekwart jaar werd die therapie beëindigd. Ongeveer tezelfdertijd werd de eenzaamheid van het op kamers wonen en daarnaast het afhankelijk zijn van een huisbaas voor een veilig dak boven je hoofd, Jaap te veel. Hij keerde weer terug naar huis.

Met zijn eigen therapeut kon Jaap heel goed overweg. Die begreep hem en stelde oprecht belang in hem. Hij is zelfs een keer midden in de nacht naar Jaap toegekomen, toen die helemaal in de klem zat. Z'n therapeut waarschuwde Jaap er herhaaldelijk voor, dat hij door het niet kunnen uiten van z'n verdriet om Corrie, op een tijdbom leefde en hoe langer het duurde voor die barstte, hoe kleiner de kans werd dat de brokstukken daarna nog te lijmen waren.

Die bom is gebarsten. Voor het eerst na het overlijden van Corrie kreeg Jaap een niet te stuiten huilbui. In de hoop op hulp, reed hij huilend naar de stichting. Z'n therapeut was er helaas niet, was ook niet bereikbaar en de dienstdoende psychiater kon hem pas na een half uur ontvangen. Die was bot, vond dat Jaap zich maar een beetje moest beheersen en nog geen tien minuten later stond hij alweer buiten. Zo'n reactie, terwijl zijn eigen therapeut er alles aan gelegen was geweest hem zover te krijgen. Nu kwam er eindelijk iets uit en werd het afgekapt. Jaap nam zich heilig voor dit nooit meer te laten gebeuren. Het risico was te groot gebleken, eerst die botte reactie van de verpleegster in het ziekenhuis, nu dit.

Het is de enige en gelijk ook de laatste keer geweest dat Jaap na het overlijden van Corrie ooit nog heeft kunnen huilen.

Omdat ze bij de stichting van mening waren dat er geen sprake was van een zichtbare verbetering, stelden ze Jaap voor de keus:

óf een uitkering aanvragen en financieel onafhankelijk worden van z'n ouders, óf ze zouden verder ieder contact tussen Jaap en z'n therapeut verbieden. Jaaps ouders waren er sterk op tegen. Zij voorzagen dat Jaap dat helemaal niet aan zou kunnen en nog verder de put in zou raken. Wat voor hen, meer ideologisch gezien, ook meespeelde, was dat zij de sociale voorzieningen niet wilden misbruiken zolang ze het zelf nog konden betalen. Zij gingen met de stichting in gesprek en die gaven volmondig toe dat het aanvragen van een uitkering Jaap letterlijk de nek kon kosten, maar hielden desondanks vast aan hun eis.

Jaap raakte in paniek. Het aanvragen van een uitkering voelde voor hem als definitief afgeschreven worden, nooit meer terug kunnen naar school. En hoe dachten zij dat hij dat voor elkaar kon krijgen, met z'n fobische angst voor openbare gebouwen? Door wanhoop en onmacht gedreven, gooide Jaap een baksteen door de telefooncentrale van de stichting. Dat daar nooit een klacht over is ingediend, was voor Jaap hét bewijs dat zij wisten dat ze fout zaten.

Omdat er geen gehoor werd gegeven aan hun eis, werd de therapie van Jaap stopgezet en werd het Jaap verboden om nog contact met z'n therapeut op te nemen. Over deze gang van zaken heeft z'n therapeut nooit een uitspraak willen doen, maar hij zocht zelf nog wel af en toe contact met Jaap.

Jaaps moeder had ondertussen niet stilgezeten. In haar zoektocht had ze een magnetiseur gevonden en Jaap er onder enorme druk mee naartoe gesleept. Na twee sessies had Jaap het helemaal gehad met die man en hij weigerde er verder nog naar toe te gaan. Z'n moeder bleef echter stug verder zoeken en vond een waarzegster. Ze wist haar man over te halen er samen naar toe te gaan. De waarzegster kon ze niet veel vertellen over de toekomst van Jaap. Na veel aandringen wilde zij alleen loslaten dat het hem uiteindelijk goed zou gaan, maar het kwam er vreemd uit en stond op de een of andere manier los van hen. Zij gaf ze mee dat haar deur voor Jaap openstond.

Omdat z'n vader erbij was geweest en zich er niet negatief over uitliet, liet Jaap zich overhalen ook te gaan. Tot zijn verbazing bleek dit eindelijk iemand uit de koker van z'n moeder te zijn, waar hij wel een beter gevoel bij had. De waarzegster vertelde hem dat het goed zou komen, maar anders. Net als in het eerdere gesprek met zijn ouders kwam het er vreemd uit, bijna alsof dat 'anders' niet in deze wereld was. Over de nabije toekomst vertelde zij hem dat hij op een woonboot zou gaan wonen. Verder in het verschiet zag zij hem een menigte toespreken waar allen, ook hijzelf, in het wit gekleed waren. Zij gokte op iets in het oosten, maar Jaap zag zichzelf dat niet doen, zeker niet in het oosten, en is zich altijd blijven afvragen waar dit op zou kunnen slaan.

Ze vertelde hem ook dat hij wel eens vreemde dingen kon merken, maar daar niet bang voor hoefde te zijn. Zij kon voelen dat hij gevoelig was voor het buitenzintuigelijke en bood aan hem te helpen als hij daarmee in de knoop zou komen. Jaap herkende dat wel. Vaak wist hij van tevoren wie er op bezoek zou komen en in sommige huizen ging hij zich heel rot voelen en dat lag, dat wist hij zeker, niet aan de mensen of de inrichting. Bij navraag bleek er meestal iets in zo'n huis gebeurd te zijn, of er had iets aan de vroegere bewoners gemankeerd. Zoals het huis in Nieuw-West. Dat had van begin af aan voor hem niet goed gevoeld. Jaap had altijd getracht die gevoelens te onderdrukken. Ze drong erop aan dat niet meer te doen en het toe te laten.

Tot slot vertelde de waarzegster hem dat ze ergens bij hem een meisje zag dat iets met haar huid had, wat dat was kon ze niet zien, maar wel dat het niets met huidskleur van doen had.

Een bijzonder gesprek, dat Jaap heel wat stof tot nadenken gaf en zeker geen gesprek was om te delen met z'n ouders. Z'n moeder zou er geheid mee aan de haal gaan.

Genoeg hebbend van alle debacles besloot Jaap het heft nu in eigen handen te nemen en geen hulp meer te zoeken. Hij krabbelde wat overeind, wilde weer op zichzelf gaan wonen en ging terug naar school.[5]

In september 1972 begon Jaap aan de vierde klas gymnasium op een avondschool voor volwassenen. Tezelfdertijd kochten z'n ouders een benedenetage voor hem, een eigen en veilig dak boven z'n hoofd. Geen woonboot, maar de waarzegster had er niet zo ver naast gezeten, want qua straatnaam kwam het hierbij heel dicht in de buurt.

Inmiddels waren beide grootouders overleden en had Jaaps moeder een baan aangeboden gekregen op een school voor slechtzienden. Het weer voor de klas staan, deed haar erg goed. Het enige bittere voor haar was dat ze merkte meer voor haar leerlingen te kunnen betekenen dan voor haar eigen zoon.

Op het avondgymnasium ging het een tijdje goed. De eerste hobbel kwam door die stomme magnetiseur waar zijn moeder hem naartoe had gesleept. Jaap was even bij z'n ouders op bezoek en bij toeval kreeg hij die man aan de telefoon. Die vroeg hoe het nu met hem ging en naar waarheid vertelde Jaap dat hij weer op school zat en dat het wel goed ging. Waarop de magnetiseur antwoordde: "Dat kan wel kloppen, want ik heb op afstand aan je gewerkt." Daar bleek hij nog voor betaald te krijgen ook. Jaap was des duivels. Een ander moest niet met de eer gaan strijken van iets wat hij zelf, zonder hulp, voor elkaar had gekregen. Gevolg, een knallende ruzie met z'n moeder.

Daarna sloeg in zijn klas het democratiseringsvirus toe, en dat terwijl de leerlingen al heel veel invloed hadden, alleen niet officieel. De aanstichtster hiervan presteerde het om hun leraar oude talen in tranen te krijgen met het verwijt dat hij soms teruggreep op kerk-Latijn. Zij vond kerk-Latijn op een openbare

---

5 In diezelfde noodkreet van Jaaps vader stond daarover het volgende: "Waar waren zijn fobieën? Wij stonden voor een (overigens toen aangenaam) raadsel." **(nr.13)**

school uit den boze. Een volkomen onterechte aanval en Jaap was woedend. De beste man had het slechts puur ter illustratie aangehaald en van indoctrinatie was geen enkele sprake geweest. Zij en haar volgelingen dramden het zover door dat leraren van de oude garde van school verdwenen en de sfeer op school er bepaald niet beter op werd. Jaap wenste hier part noch deel aan te hebben en dat werd hem behoorlijk kwalijk genomen. Het ergste vond Jaap nog wel dat de aanstichtster na er eerst zelf een grote puinhoop van te hebben gemaakt, het vervolgens zo'n rotzooi vond geworden dat ze naar een andere school vertrok.

Het laatste zetje was dat Jaap een vriendin kreeg. Niet dat hij op een relatie zat te wachten, maar zij had net zo lang achter hem aangelopen, tot hij overstag ging. Z'n moeder was bepaald niet gecharmeerd van haar. Ze vond haar geestelijk labiel en ook anderszins totaal ongeschikt voor Jaap. Helaas schreef ze dat op en liet het Jaap lezen. Ze had beter het advies van Sonneveld op kunnen volgen en haar de grond in moeten prijzen. Dan had ze misschien een kans gemaakt. Nu zette Jaap z'n stekels op en z'n eigen sterke twijfels over haar kieperde hij overboord. De relatie bleef aan.

Z'n vriendin had een eigen onderkomen, maar was meestal bij Jaap. Zij had een baan, moest dus op tijd naar bed, maar vanwege z'n slaapproblemen lukte Jaap dat niet. Die bleef met één of meerdere flessen wijn tot in de vroege uurtjes op. Ondanks die korte nachten voelde hij zich verplicht altijd gelijk met haar op te staan, voor het ontbijt te zorgen en haar de deur uit te helpen. De rest van de dag besteedde hij grotendeels aan het huishouden en aan hun avondmaal. Wat ook niet meehielp, was dat zijn vriendin niet goed overweg kon met de mensen die bij Jaap over de vloer kwamen. Hij was al moe en het dan nog voortdurend moeten schipperen tussen hen werd hem soms te veel. Dat liep voor haar niet altijd goed af.

Geen gezonde basis voor een relatie. Tot die conclusie kwam ze zelf ook en zette er een punt achter.

Door het korte slapen had Jaap het op school nog maar net vol kunnen houden. Nu de relatie stukgelopen was, hield hij het vlak voor het eind van het schooljaar voor gezien en kapte ermee. Hij was aan het eind van zijn latijn en greep naast veel drinken en hasjroken, naar de speed.

Een aantal van de mensen die hij in het studentenwereldje van Corrie had leren kennen waren homoseksueel en lid van het COC. Jaap trok nu vrijwel dagelijks met ze op en ging mee naar het COC. Een gevalletje: "Als de psychiater het zegt, zal het wel zo zijn en dan moesten we dat maar eens gaan proberen." Die scene en de uitdaging om je in dat wereldje staande weten te houden, beviel hem wel. Op de speed haalde hij daar de nachten door en sliep overdag.

Vooral z'n vader had weinig op met deze nieuwe vrienden, ondanks dat de meesten van hen óf student waren, óf een goede baan hadden. Toch een heel verschil met z'n vriendjes uit de brommertijd, waar z'n ouders ook zo hun bedenkingen bij hadden gehad. Jaap trok zich er dan ook niets van aan. Het duurde even voordat hij zelf ook begon in te zien dat zij vriendschap alleen met de mond beleden, maar er van echte betrokkenheid bij de ander geen sprake was. Na een laatste incident kon Jaap het voor zichzelf niet meer goedpraten dat hij daar zo lang in was meegegaan en veel te weinig had gedaan voor degenen die daar het slachtoffer van waren geworden. Jaap brak met hen. De kater was groot, zijn schuldgevoel des groter.

Het kon niet uitblijven dat Jaaps vader achter het speedgebruik kwam en zijn ouders waren daar behoorlijk mee aan. Nadat Jaap na een knallende, nachtelijke ruzie over z'n toeren naar huis was gegaan, gingen bij hen alle alarmbellen af en wilden ze hem meteen laten opnemen. De huisarts weigerde echter hieraan mee te werken en was van mening dat het van Jaap zelf uit moest gaan. Zij vonden uiteindelijk toch een psychiater die hiertoe wel bereid was. Samen met hem gingen ze naar het huis van Jaap. Jaap werd wakker, zag een vreemde man aan het voeteneind van z'n bed zitten en was gelijk helder. Hij kwam zo beheerst en welbespraakt over, dat de psychiater onverrichterzake weer vertrok. [nr.14]

1973
Mijn eerste herinneringen aan Jaap

Om niet helemaal uit de lucht te komen vallen, zal ik nu eerst een kort overzicht geven van mijn achtergrond en leven voordat Jaap en ik elkaar leerden kennen.

Mijn vader was cartoonist, een aimabele zachtaardige man, van gegoede maar inmiddels verarmde huize. Hij was een buitenechtelijk kind en totdat z'n moeder een jaar of wat later trouwde en hij door z'n stiefvader geëcht werd, had hij z'n moeders naam gedragen. Hij kreeg een halfzusje waar hij stapelgek op was. Ze was drie jaar oud toen ze voor zijn ogen verongelukte. Jaren later kwam er nog een halfbroertje, maar daar moest hij weinig van hebben en ook de verstandhouding tussen hem en z'n stiefvader was, zeker na het overlijden van z'n moeder, ronduit slecht. Zijn tekenwerk publiceerde hij dan ook onder de naam van z'n moeder.

Mijn moeder was onderwijzeres, bevlogen als het om 'haar' kinderen ging, maar buiten die setting onzeker, bangelijk bijna. Zij kwam uit een zeer problematisch arbeidersgezin, waaruit haar moeder samen met de kinderen uiteindelijk is weggevlucht. Mijn ouders zijn eind 1944 getrouwd. Vanwege de oorlogsomstandigheden kon m'n moeder na haar huwelijk les blijven geven totdat ze eind 1945 zwanger werd: dat betekende wél einde baan. Met een kind op komst hebben ze nog geprobeerd om de naam van m'n vader officieel te laten veranderen. Dat is niet gelukt, het was toentertijd nog vrijwel onmogelijk en ook heel kostbaar.

Begin 1952 – m'n broer Dirk was vijf en ik twee – werd m'n vader opgeslokt door een andere vrouw, Margje. Een flamboyant type, in werkelijk alles ver over de top. Van de ene op de andere dag sleurde ze hem mee naar het buitenland.

Van meestal thuiswerkend en volop aandacht voor ons en met name voor m'n broer, naar een zeldzame keer per jaar elkaar een uurtje zien met altijd en eeuwig die alle aandacht opeisende Margje erbij, kwam hard aan. Helemaal bij Dirk; zijn luiken gingen dicht, hij liet zich niets meer aanpraten en werd voor m'n moeder vrijwel onbereikbaar. Met een overdaad aan begrip heeft ze daar doorheen proberen te breken en is daar altijd mee doorgegaan. Als jongste en in haar ogen sterkste van ons tweeën, verwachtte ze, eiste bijna, dat ik me daarnaar zou voegen en ook anderszins niet moeilijk zou gaan doen. Ik werd haar uitlaatklep, ook op vele andere gebieden. Het heeft het me niet makkelijk gemaakt om me in de buitenwereld staande te houden, maar het heeft me zeker ook veel geleerd.

Er zullen wel ruzies geweest zijn tussen onze ouders. Daar hebben Dirk en ik weinig van meegekregen. Helaas des te meer van de jaloerse scheldpartijen van Margje, die haar pijlen ook op ons, en met name op mij richtte. Veel hoefden we daar niet voor te doen. Soms volstond mijn aanwezigheid op zich al [6] en anders ging het wel mis omdat we iets te vaak het woord 'papa' in de mond namen – hij was van haar en zelfs bij hem proefden we ongemak als we hem zo noemden. Of als we niet zoals ieder ander voor haar overdreven complimenten en liefdesbetuigingen in katzwijm wilden vallen. Van dat overdreven gedoe moesten wij niets hebben en we zijn er beiden altijd allergisch voor gebleven.

Meteen nadat m'n vader bij ons was weggegaan, ging hij ook in het dagelijks leven de achternaam van z'n moeder gebruiken en ook mijn moeder nam gelijk haar meisjesnaam weer aan waardoor m'n broer en ik nog de enigen in het gezin waren met

---

6 Pas toen Margje dement, en als gevolg daarvan eindelijk een beetje normaal was geworden, biechtte ze me op dat vanwege mijn haardos waar de hare niet aan kon tippen, zij me nauwelijks in hun buurt had kunnen velen. Ik had het in Israël kort laten knippen, maar van de weeromstuit heb ik het toen weer laten groeien.

de achternaam van een ons wildvreemde familie. Dat gaf vaak verwarring en mij soms een wat ontheemd gevoel.

Van het begin af aan heeft m'n moeder er alles aan gedaan om het beeld van onze vader in tact te houden. Ze sprak nooit een kwaad woord over hem – zelfs niet over Margje – zonder ons echter ooit buiten te sluiten van wat er allemaal qua regelingen speelde. De tegenstelling tussen haar en 'die nieuwe vrouw' kon niet groter zijn.

M'n moeder nam, noodgedwongen, maar met volle inzet, haar oude beroep weer op. Niet makkelijk in de jaren vijftig, waarin nog op een gescheiden vrouw werd neergekeken. We werden een min of meer wat wereldvreemde, besloten drie-eenheid. Alles draaide om school, het huishouden en het gezin, waarin m'n moeder de 'vadermoeder' was en waarin wij al vroeg meedraaiden als vrijwel gelijkwaardige partners.

Veel vrienden en familie had m'n moeder niet, grootouders waren er ook niet – drie waren er al jong overleden, de vierde was uit beeld – en wij woonden te ver van school af om daar zelf vriendjes te maken. Dirk en ik waren dan ook meestal samen van alles aan het doen en aan het ondernemen. Daarin gaf onze moeder ons de vrije hand, zolang het huis maar schoon bleef – daar was ze een pietje precies in – en we niets lieten slingeren. Ze greep alleen in als zij vond dat we ergens beter ons best op hadden moeten doen. Ook in de buitenwereld gaf ze ons de vrije hand en vertrouwde ze erop dat wij ook daar onze eigen verantwoordelijkheid konden dragen. Dat was misschien iets te vroeg, enige bescherming daartegen en enige notie van de daar heersende normen en waarden, hadden m'n broer en ik goed kunnen gebruiken.

Voor de 'meisjesdingen' viel er bij m'n moeder weinig af te kijken, daar had ze weinig kaas van gegeten. Net zomin als onze buurvrouw. Een stoere vrouw die van aanpakken wist en altijd voor ons klaar stond. Niet zo vreemd dat ik van meisjes en vrouwelijke vrouwen weinig begreep: waar hadden ze het in godsnaam allemaal over? En als ze dan ook nog eens in de overdrijvende trap schoten, hield ik het helemaal voor gezien. Voor de 'jongensdingen' had ik m'n broer. Hij was daar goed in en dat kon ik van hem afkijken. Bij jongens voelde ik me sowieso beter op m'n gemak. Die deden niet zo overdreven en waren tenminste te volgen in hun grapjes en in waarmee ze bezig waren.

Vaders waren als het ware voor mij van een andere diersoort. Strikt en streng, om bang van te worden. De enkeling die aardiger was en als vader wel geschikt leek, bleek helaas veelal iets anders in mij te zien en werd daardoor voor mij bijna net zo angstaanjagend. Huwelijken en complete gezinnen hadden blijkbaar hun eigen regels. Wat die waren, bleef voor mij vooralsnog een raadsel.

We bleven buitenbeentjes, ook later op de middelbare school. Dirk ging naar de mulo, waar hij ooit van een leraar een kwartje voor de kapper kreeg omdat die vond dat zijn haar te lang was. Dat was bij lange na nog geen mode, maar zo ging dat bij ons. Ik ging naar de hbs, kreeg meer vrije middagen en mocht eindelijk een hond. Daar had ik al jaren om gezeurd. Het werd Trix, een roze, bollig, kaalgeschoren lijfje en een wit koppie met staande oortjes. Ze zag er niet uit. Bepaald iets anders dan de schattige pups die ik twee weken daarvoor op de markt had gezien. Zij was de enige die er nu zat. Zo'n kans, m'n moeder mee én in de juiste stemming zou ik niet gauw weer krijgen, dan moest je uiterlijk maar voor lief nemen en hopen dat haar haar weer snel aan zou groeien.

Het duurde tot de vierde klas eer ik op school vrienden kreeg bij wie ik me op mijn gemak voelde en ik bleef dat jaar prompt zitten. We waren een klein groepje, allemaal net als ik opgegroeid met één ouder. Ik wilde graag biologie gaan studeren, maar mijn biologielerares – zij nam alle buitenbeentjes onder haar hoede en gelukkig mij ook – leek dat niet de juiste keuze en ze stuurde mij naar een testbureau. Daar waren ze van mening dat ik psychologie moest gaan studeren. Dat heb ik toen maar gedaan, want ik wilde per se naar de universiteit. Het werd de Gemeente Universiteit in Amsterdam. M'n broer woonde al op kamers en het eerste jaar bleef ik thuis wonen, té moeilijk om m'n moeder alleen achter te laten. Aan het begin van het tweede jaar – Trix was die zomer overleden – scheurde ik me los en vertrok hals over kop naar Amsterdam met alleen een stoel onder m'n arm. Eerst naar mijn toenmalige vriend, daarna op kamers bij iemand van de universiteit, waar ik gelijk weer een hond nam, Stoffel. Een warrig grijs geval, niet al te groot, slim en een tikje uitgekookt. Waar ik was, was Stoffel ook. Dat kon toen nog.

Van degene bij wie ik op kamers woonde, mocht ik in het leegstaande huis van z'n vader trekken. Niet lang daarna haalde ik m'n kandidaatsexamen. Meteen daarna ben ik met een volgende – zeer tijdelijke – vlam naar Israël vertrokken om in een kibboets te gaan werken. Hij had dat al eens gedaan en kende daar een beetje de weg. M'n broer paste op m'n huis en Stoffel vond een warm plekje bij m'n moeder. In Israël vond mijn vriend een kibboets waar je naast het werk ook naar school ging om Hebreeuws te leren, wat ik ondanks het pittige lesprogramma nauwelijks onder de knie heb gekregen. We waren namelijk terechtgekomen in een kibboets waar merendeels Hongaren woonden die voornamelijk Jiddisch spraken. En dan kom je met Duits en de vele Jiddische woorden in onze eigen taal, een heel eind. Het werk kon je zo leuk maken als je zelf wilde, diploma's telden niet en vaardigheden gingen er pas toe doen, als je zelfs de rotste klussen met overgave deed. Ik ben er zeven maanden gebleven. Een onvergetelijke ervaring.

Terug in Nederland bleef Dirk bij me wonen. Zijn vriendin Ria kwam erbij en twee vrienden van hen, die ze via hun werk hadden leren kennen. Ook voor Stoffel kwam er een vriendinnetje bij, Lotje. Een aandoenlijke, domme zwart-witte boerenfok, die Dirk op één van z'n zeiltochten op een weiland had gevonden. Helaas gingen de buren klagen over zoveel mensen boven hun hoofd en moesten wij eruit. Iedereen had al elders een kamer gevonden, voordat ook ik op het laatste nippertje een volledig uitgewoond huisje in de Pijp wist te bemachtigen.

Buiten werkgroepen en colleges om, had ik weinig contact met m'n studiegenoten. Zij leken zoveel slimmer dan ik, hun woordenschat – die had ik van huis uit niet meegekregen – zoveel groter. Totdat ik tijdens een werkcollege een medestudent om enige uitleg vroeg omdat ik zijn terminologie niet begreep. Hij moest me het antwoord schuldig blijven. Hij kromp, ik groeide en begon me gaandeweg beter op m'n plaats te voelen op de universiteit.
Het gebruik van nieuwgeleerde moeilijke woorden werd door m'n moeder altijd onmiddellijk afgestraft. Té intimiderend, bijna kleinerend, soms zelfs angstaanjagend als je, zoals zij, die woordenschat niet meester was. Daar plukte ik de toch wat zure vruchten van, toen ik een voordracht moest houden over een onderwerp binnen de gedragstherapie. Gewoontegetrouw had ik een paar Engelse termen overgezet naar goed Nederlands. Helaas in het verkeerde kamp. Ik kreeg twee boze en onderwijl met elkaar kiftende professoren over me heen.

Af en toe liep ik in mijn studie stuk op hoe je geacht werd met patiënten/cliënten om te gaan. Zo strikt volgens de vaste regels van die ene therapie en zo niet naar de mens die je voor je kreeg. Dat had m'n moeder mij anders bijgebracht. Die vond dat je je open moest stellen en begrip moest opbrengen voor de méns die voor je stond, zelfs als diegene naar jouw idee de fout in was gegaan.
De eerste keer dat ik hierover struikelde, was tijdens een verplichte stage in de psychiatrische kliniek 'Duin en Bosch'. De tweede keer dat ik struikelde, was toen we gedragstherapeutische handelingen moesten gaan oefenen op echte cliënten. De hiervoor gebruikelijke cliënten met eenduidige fobieën waren 'op'. Ik kreeg iemand met een behoorlijk groot trauma toegewezen. Dan kom je niet ver met ontspanningsoefeningen. We begonnen er braaf mee, maar het werkte totaal niet. Daarover waren we het al heel gauw roerend eens. Wat wel werkte, was praten over

de dagelijkse dingen waar zij steeds tegenaan liep, zoals buiten ramen lappen, boodschappen doen. Daar zou ze een steuntje in de rug bij kunnen gebruiken. Vandaar mijn voorstel aan haar om dat op gezette tijden samen te gaan doen. Een voorstel dat zij met beide handen aannam en door de professor meteen weer werd afgeschoten. Ik moest tot haar en mijn grote spijt gelijk de therapie afronden.

Tijdens deze zittingen had ik me vreselijk onthand gevoeld. Kon je als beginnend gedragspsycholoog, net als een beginnend psychotherapeut/psychoanalyticus niet beter eerst zelf in therapie gaan, alvorens cliënten te gaan behandelen? Met die vraag ging ik naar mijn lector en ik werd door hem met gezwinde spoed naar een therapeut gestuurd, bij wie ik een jaar onder behandeling ben geweest. Dat gaf me iets meer inzicht in de kreupelheid van het gezin waar ik uit voortkwam, maar hielp niet om me beter te kunnen voegen in de mores van de gekozen studierichting. Na m'n overstap naar de sociale psychologie lukte dat beter.

De studie was het echte werk, daarnaast was ik ook graag met mijn handen bezig, het huis opknappen, kleding maken en nog zowat.

Ondanks de twee serieuze relaties die ik had gehad en – het waren per slot de jaren 60/70, vrijheid blijheid, en nee zeggen ging me sowieso slecht af – een stuk of wat losse relaties, had ik er nog steeds weinig benul van hoe dat binnen een relatie werkte. Ik modderde dus maar wat aan.

De aanloop

Begin 1973 kwam ik Jaap voor het eerst tegen bij een wederzijdse kennis van mijn toenmalige vriendje. Voor mij was Jaap een afknapper. Hij was chique gekleed – zo anders dan de mensen waar ik normaal gesproken mee omging – en kwam heel zelfverzekerd, bijna intimiderend over. Jaap vroeg om wijn, die was op en hij vond het vanzelfsprekend dat die kennis dan maar een nieuwe fles voor hem moest gaan halen. En dat deed hij nog ook.

Vele maanden later – ik woonde al lang en breed in de Pijp – vroeg diezelfde kennis me of hij Jaap een keer mee mocht nemen. Omdat Jaap had lopen sputteren over de suggestie van z'n moeder om een hond te nemen, had hij hem over mijn hondjes verteld en dat het hem een goed idee leek dat hij daarover eens met mij van gedachten zou wisselen. Waarom niet en Jaap kwam mee. Die kennis had mijn hondjes blijkbaar nogal opgehemeld. Aan het eind van het bezoek was Jaap zo eerlijk om te zeggen dat nu hij ze zelf had meegemaakt, hij er weinig bijzonders aan kon ontdekken. Wel aan de manier waarop ik over ze vertelde en met ze leefde. Blijkbaar had ik daarmee een snaar geraakt, want na dat eerste bezoek wipte hij af en toe 's avonds laat nog even binnen, waarna hij rond 4 uur in de ochtend doorging naar het COC.

Het waren nachten met diepgaande gesprekken. Alsof we reizigers waren, die even samen optrokken om daarna weer ieder zijns weegs te gaan. Geen plichtplegingen, geen spanningsveld. Hoe anders dan die ene keer dat ik op zijn verzoek overdag bij hém langsging. Als van een geheel andere orde.

De moeder van Jaap had haar zin gekregen: er kwam een hond. In het asiel was niets van enig formaat te vinden geweest en zij had een adres gevonden waar binnenkort een nest Duitse herders geboren zou worden. Jaap had al een naam voor hem, Argus. Oftewel: het altijd wakende oog, daar hoopte Jaap op.

Kort daarop vertelde die kennis me dat Jaap liever geen contact meer met me wilde hebben. Dat Jaap bang was voor relaties, zich tot me aangetrokken voelde en dit wilde vermijden. Waar kwam dat opeens vandaan? Daar was nooit enige aanleiding toe geweest, onze werelden lagen veel te ver uit elkaar. Een onmogelijke combinatie en juist daarom konden we het in de nachtelijke uren zo het goed met elkaar vinden. Nog helemaal los daarvan, ik woonde weliswaar alleen, maar had nog steeds een los-vaste relatie met datzelfde vriendje waardoor ik hen had leren kennen.

Ik kon dan wel afstand bewaren, maar Jaap zelf bleef regelmatig langskomen. Onze nachtelijke gesprekken werden steeds persoonlijker en hij gaf daar zelf de aanzet toe, door over zijn gesprek met de waarzegster te beginnen. Dat ze hem verteld had dat ze ergens bij hem een meisje zag die iets met haar huid had. Voor Jaap was het duidelijk dat ze mij bedoeld moest hebben. Lupus had nogal wat sporen op de huid van mijn gezicht achtergelaten en ik moest de zon mijden. Daarna werd hij steeds openhartiger over waar hij mee worstelde en de moeite die het hem kostte om door te gaan met leven.

Zo vertelde Jaap me ook over het debacle met de eerste magnetiseur. Z'n moeder had er nu weer één gevonden en hem zodanig onder druk gezet, dat hij met haar mee was gegaan. Hij moest er al niets van hebben en het werd dan ook een zoveelste fiasco, waar hij tijdens de eerste sessie al uit wegliep. Dat liep op een knallende ruzie met z'n moeder uit en Jaap kwam, nog steeds kokend van woede, bij mij binnenstormen. Z'n grootste grief tegen die man was dat hij zo onbeschaafd en zo dom was.

De pups waren pas vier weken oud, toen de baas van de moederhond eiste dat ze opgehaald zouden worden. Zo niet, dan verkocht hij ze aan een ander, want de moederhond werd door de pups gesloopt. Mooie smoes om ze nog net als zuivere Duitse herderpups te kunnen verkopen, hij wist wel degelijk dat de moederhond een slippertje had gemaakt.

Argusje was met recht een sloper waar niets veilig voor was en waar geen land mee te bezeilen viel. 's Nachts had hij nog de warmte van een 'moeder' nodig, in dit geval Jaap. Arme Jaap, z'n oksels werden helemaal stukgebeten, want iedere keer als Argusje even wakker werd, beet hij in Jaap om daarna, gerustgesteld, weer verder te slapen. Ook overdag liet hij Jaap geen moment met rust. Om een paar uur van hem verlost te zijn, liet Jaap hem in arren moede af en toe alleen thuis en hij ging wat vaker bij z'n ouders eten, omdat z'n vader dan even de zorg voor Argusje van hem overnam.

De verhalen van Jaap over Argusje werden met de dag hilarischer en wanhopiger. Het is echter nooit bij hem opgekomen om het op te geven en Argusje weer weg te doen is.

Zodra Argusje ingeënt was, kwam Jaap met hem langs. Die kleine opdonder begon onmiddellijk overal zijn tanden in te zetten. In de meubels, in het touwgordijn –hij gebruikte dat als slinger – in mijn honden, van wie hij geen grom of beet serieus nam, zelfs niet toen Lotje bijna moordneigingen kreeg, en in mij. Hem verbieden of wegduwen deed hem alleen maar feller aanvallen.

Op oudejaarsavond was het een komen en gaan van mensen geweest. Er was nog iemand blijven plakken en toen stapte Jaap met Argusje binnen. Automatisch gaf ik Jaap een nieuwjaarszoen, op z'n wang en gelukkig voor hem was één zoen toen nog gebruikelijk. Later biechtte hij me op dat hij daar behoorlijk van in de war was geraakt. Hij kende het van huis uit niet, zoende nooit iemand en moest daar ook niets van hebben. Degene die was blijven plakken, had niet zoveel op met dieren en Argusje koos uitgerekend hém uit om mee te spelen, oftewel in te bijten en aan te vallen. Hij vroeg Jaap, geheel terecht, om in te grijpen en z'n hond bij zich te houden, waarop Jaap, naar later bleek in de war van die zoen en zelf al doodmoe van Argusje, een tikje vals reageerde met: "Goh, kan je niet eens tegen zo'n klein hondje op?" Normaal was mijn andere bezoeker heel flegmatiek, maar dit ging hem te ver en hij liep boos de deur uit. Pijnlijk, maar achteraf wel komisch. Met uitleg is het dan ook helemaal goed gekomen tussen die twee.

Twee dagen later begon Jaap over z'n speedgebruik, dat hij eraan vast zat en dat, als hij zo doorging, het zijn einde zou betekenen. Het voelde als een bedekte vraag om hulp. Al piekerend hoe hem daarmee te kunnen helpen, kwam ik niet veel verder dan, heel praktisch, Argusje af en toe mee te nemen voor een langere wandeling. Verder dan een blokje om kwamen Jaap, en ook z'n vader niet. Die kleine barstte van de energie; als hij dat buiten kwijt kon, zou hij binnen hopelijk wat handelbaarder worden.

    Dat weekend was ik bij m'n moeder, vertelde haar over Jaap en vroeg of ze het goed vond, dat ik af en toe met hem en de honden naar haar toe kwam. Jaap kon dan bij haar blijven, terwijl ik met de honden naar het strand ging. Ze was hier, zoals ik al verwacht had, direct voor. Haar huis en hart stonden altijd open voor haar leerlingen en onze vrienden als die in de problemen zaten. Alleen moesten die laatsten niet ons vriendje/vriendinnetje zijn, dan lag het anders. Daar had ik toen nog even geen rekening mee gehouden.

    Op de terugweg ging ik eerst even bij m'n broer langs en daarna door naar Jaap, om hem dit hondenuitlaatvoorstel te gaan doen. Jaap al een beetje kennend mocht het niet te veel rieken naar het aanbieden van hulp en ik omkleedde het ongeveer zo: "Jij rijdt, ik loop, waarmee we zelfs drie vliegen in één klap kunnen slaan. Jij krijgt er een uitgeraasd en moe Argusje voor terug, ik zie m'n moeder wat vaker en mijn honden zijn dan ook gelijk goed uitgelaten." Dat werkte en Jaap vond het een prima voorstel.

    Door alle drukte van die dag ontwikkelde ik een forse hoofdpijn en Jaap bood aan me met de auto naar huis te brengen. Helaas, het was 6-1-1974, één van de laatste autoloze zondagen en pas na middernacht mocht er weer gereden worden. Al pratend werd het echter steeds later en Jaap stelde voor dat ik maar bij hem op de bank moest blijven slapen. Hij begon met het halen van een kussen, bleef daarmee staan treuzelen in de deuropening van zijn slaapkamer en vond het goedbeschouwd te veel moeite de bank naar bed om te bouwen. "Mijn eigen bed is groot genoeg voor twee, toch?"

Deze onverhoedse actie overviel ons allebei. Jaap schrok van zichzelf dat hij dat er zomaar had uitflapt. Z'n verstand had hem even in de steek gelaten. Een relatie aangaan vond hij al een zeer hachelijke zaak en vanwege mijn levensstijl en de vele vriendjes die ik al had gehad, had hij een relatie met mij voor zichzelf al helemááál uitgesloten.

En ik schrok van zijn vraag. Er flitste van alles door me heen: wat zijn vriend me had verteld; de honden die elkaar nog steeds naar het leven stonden; dat dit voor altijd zou zijn; dat Jaap bij de minste of geringste aarzeling mijnerzijds zijn eigen voorstel weg zou lachen, er nooit meer op terug zou komen en ik hem daarmee een mogelijk laatste kans om te overleven zou ontnemen; en als ik erop inging, ik hem nooit zou mogen en kunnen vragen om voor mij te blijven leven.

Een sprong in het diepe, het kussen heeft de bank niet gehaald.

1974
Ons leven samen

Voor even was de rest van de wereld mijlenver weg. We moesten eerst zelf bekomen van de schrik. En praten, heel veel praten over al die zaken waar je het als kennissen met elkaar niet over hebt, of niet te diep op ingaat. Eén van de eerste dingen waar Jaap mee kwam, was dat hij in wezen nogal puriteins was als het op relaties aankwam, maar dat hij zich erbij neergelegd had dat in de huidige tijd het vinden van een maagd een utopie was. Daarnaast vond Jaap dat hij mij niets kon verwijten, want hij was zelf ook niet brandschoon. Hij was daar open over, althans voor zover het de meisjes betrof. Dat waren er overigens maar twee geweest, want zijn eerste poging tot seksueel contact was op een zodanig fiasco uitgelopen, dat hij niet meer naar meisjes had omgekeken en jarenlang gedacht had impotent te zijn. Totdat z'n vriendin hem er overheen had geholpen. Hoe problematisch hun relatie ook geweest was, daar was hij haar wel dankbaar voor.

    Tot m'n eigen verbazing had ik er nog geen seconde bij stilgestaan dat Jaap weleens homoseksueel kon zijn. Behalve een klein grijnsje liet hij echter, ook later niet, nooit iets los over in hoeverre hij dat was en of hij ooit zulke relaties had gehad. Over die scene wel en dat waren zeer smakelijke verhalen. Eén van de mooiste was die over een huis vol jongens in paniek. Het koffiezetapparaat weigerde dienst. Jaap verving, hoe eenvoudig kan het zijn, de stop, wat één van hen deed verzuchtten: "Finally a man around the house."

    De nicht uithangen kon Jaap uitstekend. Hij vond het prachtig als mannen verliefd op hem werden. Qua kledingstijl had hij zich daar helemaal aan aangepast. Heel modieus en met een uitstekende pasvorm. Slordig gekleed gaan was voor hem uit den boze, zelfs als hij aan het klussen was. Ikzelf was meer van het zelf maken uit oude lapjes stof en van het opleuken van 'gevonden' kleding; mode zei me niet veel.

Tussen al het praten en vertellen door maakten we kennis met elkaar in ons dagelijkse doen en laten, en, hoe verschillend ook, dat paste naadloos.

Pas na vier dagen kon ik me ertoe zetten m'n moeder te bellen, wat ik normaal gesproken vrijwel dagelijks deed. Laat nou iedereen in paniek zijn en zich over mij de wildste dingen in het hoofd hebben gehaald. Ook moest ik zo langzamerhand weer even terug naar mijn eigen huis. Mijn weekendtasje met schone kleding was leeg en hoe los-vast de relatie ook was geweest, ik was hem wel een uitleg verschuldigd over mijn keuze voor Jaap.

Na anderhalve dag hield ik het daar voor gezien. Ik wilde naar Jaap die al met smart op me zat te wachten. Ondanks alle moeite die het me had gekost om mijn huis te veroveren, heb ik het nog geen maand later aan één van mijn vroegere huisgenoten doorgegeven. Jaap vond het nogal een stap: wist ik dat zeker? Ja. Die achterdeur moest definitief op slot. Ik had het van het begin af aan niet meer nodig gehad en het bleef bij Jaap storen in het 'ons'.

Toen die wederzijdse kennis mij bij Jaap aantrof, was hij daar bepaald niet gelukkig mee en dat liet hij blijken ook. Die houding plaatste zijn 'het beste met Jaap voorhebbende' gesprek en zijn voorheen zo vriendschappelijke omgang met mij in een ander daglicht en gaf me een onbestemd gevoel van dreiging. Hoe vaker hij mij z'n afkeuring liet voelen, hoe meer me dat dwars ging zitten en ik heb het bij Jaap aangekaart. Hij kende z'n vriend goed genoeg om te weten dat hij een hele scherpe tong had en dat mijn onbestemde gevoel van dreiging reëel was. Hij had hem inderdaad verteld over zijn gevoelens in mijn richting en hoe moeilijk hij dat vond, maar zeker niet dat hij me daarom uit de weg had willen gaan. Maar omdat hij veel voor z'n vriend gedaan had, had hij gedacht dat veilig met hem te kunnen bespreken. Jaap nam het zichzelf nog het meest kwalijk. Hij had beter op moeten letten en wetend hoe zijn vriend te werk kon gaan, had hij hem niet zo dicht bij mij in de buurt moeten laten komen. Het enige wat Jaap míj kwalijk nam, was dat ik zo naïef was geweest hem niet eerder te hebben doorzien. Sindsdien heeft Jaap dan ook alle mogelijke moeite gedaan die naïviteit van mij in wat betere banen te leiden.

Omdat Jaap, zoals hij over zichzelf wel eens schertsend zei, zelfs meer tertiair dan secundair reagerend was, wilde hij zeker bij zo'n geduchte tegenstander, zeer beslagen ten ijs komen. Dat koste de nodige voorbereiding, maar wierp wel z'n vruchten af. Ieder weerwoord wist Jaap gladjes onderuit te halen en we hebben nooit meer iets van hem gehoord of gezien.

De eerste keer dat we mijn voorstel 'jij rijdt, ik loop' ten uitvoer brachten, was geen succes. Ik had m'n moeder verteld over het speedgebruik van Jaap, maar nu hoorde zij pas dat ik bij hem ingetrokken was. Ze was nog maar net bekomen van dat nieuws, toen door de speed Jaaps hart op hol sloeg. Hij had een hartslag van om en nabij de tweehonderd. We probeerden hem op bed te leggen, maar Jaap schokte zo onbeheerst, dat hij daar tot twee keer toe vanaf rolde.

Logischerwijs was m'n moeder niet zo verguld met deze nieuwe vriend van mij. Zodra Jaap iets begon bij te komen, zijn we zo gauw mogelijk naar een dokter gegaan. We vonden een dienstdoende arts, maar die wilde hem alleen maar Librium (kalmeringsmiddel bij afkicken) in een lage dosering geven, wat veel te weinig was. Jaap dorst nog niet naar huis te gaan en wilde dat we doorreden naar meneer Schoonenbeek, in de hoop om op die veilige plek voldoende tot rust te kunnen komen. Dat werd mijn eerste ontmoeting met deze bijzondere en sympathieke man.

De buren van Jaap hadden natuurlijk al gauw door dat er iemand bij hem was komen wonen. Het lesbische stel op de eerste verdieping had er blijkbaar even wat moeite mee, want ze vroegen Jaap een beetje zurig of hij van z'n geloof was afgevallen. Jaap vond dat wel een goeie. De buren op de bovenste etage feliciteerden Jaap ermee. Naast Jaap woonde een ouder echtpaar dat nogal op zichzelf was. Jaap mocht ze graag en ging er regelmatig op de koffie. Alleen aan hen heeft hij mij officieel voorgesteld. [7]

Jaap bleef meestal tot diep in de nacht op. Soms redde ik dat niet en dan ging hij nog even door naar het COC. Op een gegeven moment kwam ik in een laatje make-upspullen tegen. Die konden niet anders dan van Jaap zijn, wat hij grif toegaf: "Dat oogt soms wat beter in het COC." En mij had hij met de boender bedreigd als ik het ooit zou wagen me op te maken? Dat vroeg om commentaar. "Waarom jij wel en ik niet?" Plagerig grijnzend antwoorde hij: "Quod licet iovi, non licet bovi." (wat Jupiter mag, mag het rund nog niet). Eén keer heeft Jaap me meegenomen naar het COC. Daar zag ik een heel andere Jaap, zelfverzekerd swingend op de dansvloer. Daar dorst hij het, ergens anders niet. Jammer, hij kon het zo goed.

Voordat ik bij Jaap ging wonen, was ik betrokken bij een promotieonderzoek en zou daar tevens mijn afsluitende werkstuk aan wijden. Al na twee weken moest ik voor dat onderzoek vier dagen van huis, om in een uithoek van het land interviews af te gaan nemen. Stoffel en Lotje konden gelukkig mee. Met alleen Argusje om voor te zorgen, dacht Jaap het wel te redden en er was daar vast wel een telefoon in de buurt. Die vond ik en ik heb zo vaak mogelijk gebeld, al was het alleen maar om even z'n stem te horen; laag, vol en warm.

    Meteen daarna wilde Jaap graag een paar dagen naar Friesland, naar het vakantieboerderijtje van zijn ouders. Onderweg vertelde Jaap me over die andere eerste keer met z'n vorige vriendin. Op de heenweg had ze hem iets opgebiecht wat ze beter niet tijdens het rijden had kunnen doen. Hij had plankgas gegeven en bij een woeste inhaalmanoeuvre een tankwagen over het hoofd gezien. Ternauwernood had hij een frontale botsing weten te

---

[7] Zij waren ook een van de weinigen uit de buurt met wie Jaap altijd contact is blijven houden.

voorkomen. Zelf was hij niet in paniek geraakt, had alleen gedacht 'nou, dat was het dan'. Zij was gaan gillen en onder het dashboard gedoken. Behoorlijk laf, en dat vond hij nog steeds.

Dat die nuchtere houding geen grootspraak was geweest, bewees Jaap nog geen uur later in het boerderijtje. Daar was in een openstaande kast een schaaltje met arsenicum voor de muizen – tégen eigenlijk – blijven staan. Argusje ontdekte dat als eerste. A la pa cavia blokkeerde hij Stoffel en Lotje, en schrokte alles op. Jaap raakte geen seconde in paniek, greep hem bij z'n lurven, gooide hem in de auto en reed met gierende banden naar een dierenarts. Die gaf Argusje gelijk een injectie en in spanning wachtten we af of we op tijd waren geweest en hij alles nog uit kon kotsen.

Die kleine, hebzuchtige etterbuil, bij binnenkomst nog vol vuur op zoek naar iets om z'n tanden in te zetten, begon figuurlijk groen en letterlijk zo ziek als een hond te worden, zelfs zijn oren dropen naar beneden van ellende. Jaap kon zijn lachen niet meer houden. Voor wie Argusje kende, begon het hele gebeuren inderdaad aardig op een slapstick te lijken. De dierenarts had dat 'genoegen' nog niet mogen smaken en keek niet bepaald vriendelijk in Jaaps richting. Een lachsalvo was wel het laatste wat hij had verwacht. Argusje hield er gelukkig verder niets aan over.

De eerste maanden bleef Argusje een groot probleem. Hij beet in alles wat voor zijn bek kwam, zelfs een aai over z'n bol beantwoordde hij met een beet. Hij deed z'n uiterste best al z'n behoeftes binnen te doen, met gevolg iedere ochtend een urine- en diarreezee in de gang. Argusje zal een maand of vijf zijn geweest toen hij op een ochtend, nog duf van de slaap tegen mijn been aanleunde en ik, al bijna net zo duf als hij, hem een aai over z'n bol gaf, niet gebeten werd en er dus maar mee doorging. Op slag werd hij helemaal zindelijk en bereikbaar. De verstandhouding tussen de honden onderling was al eerder verbeterd. Vooral met Lotje kon Argusje het nu goed vinden en hij liep voortdurend op haar oor te sabbelen, wat ze gelaten toeliet. Helaas keek hij van haar het bedelen af en verhief het tot kunst. Dat had slechter gekund. Met Stoffel was het meer een gewapende vrede geworden. Argusje probeerde hem in alles na te doen, vermoeiend, en kon het niet laten hem af en toe lekker op de kast te jagen, irritant. Maar er moest geen andere hond aan Stoffel komen, dan had die hond een kwaaie aan hem.

Vooral in het begin moest iedere stap in z'n opvoeding bevochten worden voordat Argusje eraan wilde voldoen, maar dan was het ook voor eeuwig. Gelukkig vocht Jaap handiger en won hij altijd, maar wel steeds met de gedachte in zijn achterhoofd: als Argus echt wil, dan kan hij me slopen. Dat Argus dat niet deed, kon Jaap zeer in hem waarderen.

Niet dat Jaap nou zo veel van hem vroeg of een modelhond van hem wilde maken, verre van. Maar iets simpels als hem onder de douche afspoelen als hij in een moddersloot was gesprongen moest toch kunnen. Dat gevecht duurde en duurde, zelfs met alleen z'n staart nog buiten de douchedeur wist Argusje zich er weer uit te werken. Het muurtje naast de douche moest daarna nodig gewit worden. De keer erop liet hij zich, weliswaar balend, als een lammetje de douche in dirigeren.

Nog zoiets simpels als 'zit' en 'lig' was Argusje niet aan z'n verstand te brengen. Dachten wij. Tot Jaap een keer heel boos op hem werd over iets wat hij had gesloopt en hem commandeerde te gaan liggen. Tot z'n stomme verbazing deed Argusje dat. Jaap was acuut niet meer boos, liet dat natuurlijk nog even niet blijken en probeerde 'zit' uit. Laat Argusje dat nu ook keurig doen. De stinkerd kende die woorden dus allang. De eerstvolgende keer dat Jaap hem vriendelijk vroeg te gaan zitten, voldeed hij daar zuchtend aan. Je zag hem bijna denken: "Shit, daar heb ik me vies mee in m'n kaart laten kijken." Want slim was hij ontegenzeggelijk ook. Nadat hij er met ietwat grof geweld – de schoenen die er stonden hebben het niet overleefd – achter was gekomen dat ook in de kast achter de spiegel echt geen hond verstopt zat, ontdekte hij dat hij met die spiegel om een hoekje kon kijken en zo kon zien of er in de keuken iets te halen viel.

In vergelijking met Argusje waren mijn honden een makkie. Lotje was binnen de kortste keren helemaal idolaat van Jaap en dat ging ver. Op straat kon ze soms zo zwijmelend en smachtend achter hem aanlopen dat ze zelfs een lantaarnpaal over het hoofd zag. Ook Stoffel kon het met Jaap goed vinden, al bleef die toch meer mijn schoothond.

Veel aanloop hadden we de eerste maanden niet. De vrienden van Jaap waren er nog niet aan gewend dat hij vaker thuis was en mijn vrienden hadden de weg naar het huis van Jaap nog niet helemaal gevonden. Alle tijd voor elkaar, gevuld met eindeloze gesprekken, genieten van de honden en heel veel lachen want Jaap was een meester in spitsvondigheden. In het begin had ik er moeite mee om Jaap in zijn redeneringen bij te benen en in discussies legde ik het helemaal tegen hem af. Jaap wist het gelijk altijd aan zijn kant te krijgen. Hij had een ijzersterk geheugen, waarin hij vrijwel woordelijk een hele discussie op kon slaan en in kon 'terugbladeren'. Misschien een tikje vals, maar het was een genot om Jaap iemand die nog wel de illusie had het van hem te kunnen winnen, helemaal klem te horen zetten met diens eerder gedane uitspraken. Soms maakte Jaap gebruik van argumenten, die, zoals hij me dan later grinnikend opbiechtte, kant noch wal hadden geraakt, maar wel gewerkt hadden omdat de ander even niet goed had opgelet. **(nr.15)**

Door de speed was Jaap lichamelijk behoorlijk ver heen. Hij woog nog maar 49 kilo, een schijntje gezien zijn lengte (1,89 m) en ook z'n gebit en z'n haar hadden ervan te lijden gehad. Nog een geluk dat hij het nooit had gespoten. Daar was hij altijd, en gelukkig maar, wat bang voor geweest.

Nu ik bij hem woonde, werd er weer normaal gegeten. De eerste week had Jaap zich nog een beetje de gastheer gevoeld en elke dag gekookt. Kon ik mooi gelijk bij hem afkijken hoe je vlees moest braden. Daar had mijn moeder nooit aan gedaan, dan werd de keuken vet. Na die week vond Jaap het welletjes en schoof het koken door naar mij. Zo onschuldig mogelijk kijkend en erop hopend dat ik erin zou trappen, hoorde daar volgens hem ook het halen van de dagelijkse boodschappen bij.

We hebben er geen seconde bij stilgestaan dat Jaap feitelijk ondervoed was en dat het voorzichtig opgebouwd had moeten worden. Jaap begon eten weer lekker te vinden en voelde nu dat goed eten echt wel noodzakelijk was. Zelfs als hij door de speed geen trek had, stampte hij het toch naar binnen. Maathouden was er niet bij en aan restjes deed Jaap niet, alles moest en zou op. Met gevolg dat z'n ingewanden volledig van streek raakten. Jaap had nooit vel over been getoond, maar in feite had hij vrijwel geen spiermassa meer over gehad. Gestaag aan bouwde dat zich weer op. Zijn schouders werden breder en hij scheurde bijna uit z'n jas. Daar was ik best een beetje trots op.

Zowel thuis als in de auto had Jaap een goede geluidsinstallatie en hij had een uitgebreide platencollectie. Van Eric Clapton, Pink Floyd, Focus en Santana, tot Isaac Hayes, The Temptations en Curtis Mayfield, en nog wat ertussenin. Jaap leerde me anders naar muziek luisteren en attendeerde me op de kleine nuances, die in zijn ogen een nummer zo goed maakten.

Van klassieke muziek moest Jaap echt niets hebben. Het had hem al nooit erg aangesproken en na het overlijden van Corrie was het helemaal over en sluiten geweest. De vele en diverse emoties die klassieke muziek voor anderen zo mooi maakten, waren voor hem een oncontroleerbare, zelfs angstaanjagende brij geworden. Bij de pop en de soul lag dat anders. Daar appelleerde een nummer slechts aan één emotie, waar je bewust voor kon kiezen.

De paar klassieke elpees die ik had mochten nog nét bij de anderen in de kast staan, zolang ze er maar nooit meer uitkwamen. Mijn elpees van Bob Dylan troffen hetzelfde lot. Naar Jaaps smaak te veel boodschap en te weinig muzikaal. Mijn elpee van de Eagles viel wel in de smaak. Zozeer zelfs, dat de collectie zich gestaag in die richting uitbreidde.

In onze vroegere, nachtelijke gesprekken had Jaap me al iets verteld over de problemen waar hij mee kampte. Nu ik deel uitmaakte van zijn dagelijkse realiteit, ondervond ik aan den lijve hoe beklemmend die problemen voor hem waren.

Eén van z'n grootste angsten en een zo afschuwelijk reëel gebleken mogelijkheid was dat zijn ouders iets zou overkomen. Jaap had het er weleens over dat hij niet zou weten hoe dat te overleven. Dat hij daarnaast ook nog financieel afhankelijk van ze was, had hier niets mee van doen. Dat dacht hij wel het hoofd te kunnen bieden.

Bij ieder ander probeerde Jaap zo'n verlies in te calculeren. Bij mij lukte het hem niet, hoeveel moeite hij er ook voor deed. Daar speelde nog iets in mee. Hij wilde de relatie graag, maar schrok ervoor terug dat hij, als het hem teveel werd, dan voor z'n gevoel niet meer uit het leven zou kunnen stappen. Dat op tafel durven leggen en, ook naar zichzelf toe, durven bekennen dat hij er steeds banger voor werd als ik alleen de deur uitging, duurde even.

Natuurlijk wilde ik dolgraag voor hem een reden zijn om te blijven leven, maar ik wilde en kon geen verplichting daartoe zijn. Dat had ik van het begin af aan al beseft, maar nu moest het ook gezegd worden. Ik beloofde Jaap dat als het leven voor hem ondraaglijk werd, ik hem nooit zou vragen voor mij te blijven leven. Dat stelde hem wat geruster en hij van zijn kant beloofde mij dat als hij het niet vol kon houden, hij me dat altijd van zou laten weten. Door deze belofte heb ik me daar jarenlang helemaal geen zorgen over gemaakt.

Bleef over zijn angst dat mij iets zou overkomen. Daar vonden we, zoals Jaap dat uitdrukte, een prima werkende modus vivendi voor. Als ik ergens op bezoek ging, belde ik bij aankomst en bij vertrek Jaap even op. Was er daar geen telefoon, of ging ik boodschappen doen, dan spraken we een 'ongeveer'-tijd af waarop hij me terug kon verwachten. Dat was namelijk per ongeluk een keer nogal uitgelopen en Jaap was bijna in paniek geraakt. Omgekeerd belde Jaap me ook altijd even om me te melden waar hij was en wanneer hij dacht thuis te komen. Tot zijn grote opluchting werd al vlot mijn fiets gestolen en van vervanging wilde hij niets weten. Hij gaf me nog liever de auto mee. De tram kon er ook wel mee door, zolang hij er zelf maar niet in hoefde te stappen.

Dit, en dat Jaap alleen naar de hem bekende winkels wilde, waren in de eerste maanden de enige dingen waarin iets van zijn fobieën doorschemerde. Voor mij bleef het daardoor vooralsnog een theoretisch iets en dus vond ik het de normaalste zaak van de wereld dat Jaap voorstelde om naar de film te gaan. Op het Leidseplein draaide 'Young Frankenstein' met Gene Wilder in de hoofdrol, één van Jaaps favoriete acteurs. Zonder een vuiltje aan de lucht hebben we in de bioscoop beiden blauw gelegen van de lach.

Later werden Jaaps fobieën duidelijker zichtbaar. De eerste keer dat het fout ging was in de tram, we moesten de auto op gaan halen bij de garage. Jaap trok akelig wit weg en het zweet parelde op z'n voorhoofd. Hij probeerde het nog vol te houden, maar het lukte hem niet en we zijn zo gauw mogelijk uitgestapt. Eenmaal thuis en een beetje bijgekomen, probeerde Jaap me uit te leggen wat er was gebeurd. Dat hij in zo'n drukte een teveel aan vibraties van anderen opving, waar hij zich niet voor kon afsluiten. Als er dan één verkeerde tussen zat, ging het blijkbaar mis.

Om er toch enig grip op te krijgen, heeft Jaap nog dagenlang het hele voorval steeds opnieuw met me doorgenomen. Een methode die hij altijd bleek toe te passen bij de problemen waar hij tegenaan liep.

Waarom het de ene keer wel en de andere keer niet goed ging, bleef voor Jaap iets onverklaarbaars houden. Er klopte iets niet met die fobieën, of althans met wat ervoor doorging. Daar had Jaap zo z'n twijfels over en het was voor hem een dankbaar onderwerp om vaak, en vaak ook lichtvoetig, diep op in te gaan. Wat mij eraan verbaasde, was dat hij wel, en nog wel in z'n eentje, naar het altijd bomvolle COC dorst te gaan. Daar had Jaap z'n antwoord op klaar: "Dat is aan de speed te danken en aan m'n façade." Een façade – tiptop gekleed, donkere brillenglazen en lang, half voor z'n gezicht vallend haar – die hem ook bij andere gelegenheden goede diensten bewees.

Jaap kon ook diep ingaan op de vraag waar zijn faalangst op gebaseerd was. Oftewel, had hij nou last van een minderwaardigheidscomplex of een meerderwaardigheidscomplex. Voor beide viel wat te zeggen en hij kon dat nog onderbouwen ook.

De manier waarop Jaap met z'n problemen omging: nooit klagend, altijd bereid tot een volgende poging, en de manier waarop hij erover sprak: open, eerlijk, volkomen volgbaar en invoelbaar, relativerend en met een grote dosis, soms inktzwarte humor, maakten dat de aanpassingen om het voor hem hanteerbaar te houden, geen opgave waren. Het klinkt misschien vreemd, maar juist dit soort gesprekken, de kracht die Jaap dan uitstraalde, z'n hoge morele standaarden die erin doorklonken, gaven mij het veilige gevoel dat ik volledig op hem kon vertrouwen. Een luxe die ik nog nooit had gekend.

Vanaf het moment dat we samenwoonden, probeerde Jaap zelfstandig van de speed af te komen. Als hij een terugval had was hij daar meestal heel eerlijk over en daardoor voor mij volledig acceptabel. Ik was allang blij dat Jaap het probeerde, iedere dag zonder speed was winst. Het enige waar ik ooit over gevallen ben, was toen hij het een paar keer stiekem had genomen. Het leek bijna alsof Jaap opgelucht was dát ik er iets van zei, want hij stak meteen van wal. Over wat speed met hem deed. Over waar hij tegenaan liep in zijn pogingen ermee te stoppen. Over hoe hij zelf het gebruik ervan zag als een verkapte strijd met de dood, zoals hij dat vroeger met zijn roekeloze rijden op de brommer had gedaan. Over dat hij die strijd aan het verliezen was geweest, zichzelf een laatste kans had willen geven en mij doelbewust over z'n speedgebruik had verteld. Hij kwam er nu ook openlijk voor uit dat ik niet veel later had moeten komen, of het eerst rustig aan had willen opbouwen, daar had hij de tijd niet meer voor gehad. En dat hij in die bewuste nacht bij de minste aarzeling mijnerzijds zou hebben afgehaakt en dat hij er dan nu niet meer was geweest. Wat er in die nacht door me heen geschoten was, bleek dus helemaal te kloppen.

We gingen er nu samen tegenaan. Als Jaap het moeilijk kreeg, liet hij me dat op tijd weten en dan gingen we samen op zoek naar afleiding. Dat mislukte weliswaar alsnog regelmatig, maar ik bleef ervan overtuigd dat het morgen vast beter zou gaan. Uiteindelijk Jaap ook, en hij is er nooit moedeloos van geworden.

De eerste keer dat ik het plan opvatte om zelf met de auto naar het Amsterdamse Bos te gaan en daar de honden uit te laten, vond Jaap het té laf van zichzelf om niet mee te gaan. Het lopen kostte hem behoorlijk veel moeite en we hielden het bij een zeer kort rondje. Voor Jaap blijkbaar toch lang genoeg om de smaak te pakken te krijgen van het vrijuit wandelen met de honden. Onze rondes werden daarna steeds langer en we gingen nu zo'n 2 à 3 keer per week met ze naar het bos. Jaap had geen moeite meer met lopen, althans, met de honden in het bos. Verder deed hij alles per auto. Na een paar maanden kreeg Jaap tijdens die wandelingen last van hyperventilatie. Na uitleg van de huisarts maakte hij zich daar niet druk meer over en vroeg me hooguit zijn hand even vast te houden als hij dreigde om te vallen.

Jaaps ouders hadden er al zo'n vermoeden van dat er iemand bij hem was komen wonen, maar Jaap wilde ze er voorlopig nog even buiten houden. Dat gedoe van z'n moeder rond z'n vorige vriendin wilde hij geen tweede keer meemaken. Tevens vreesde hij de scherpe tong van z'n vader, waarvan hij wist dat ik daar niet tegen opgewassen zou zijn. Pas in maart vond Jaap dat het er nu maar van moest komen. Die eerste ontmoeting viel honderd procent mee. Het was alvast een goede binnenkomer dat z'n moeder en ik allebei graag met allerlei handwerken en kleding maken bezig waren. Zij heette me van harte welkom en liet meteen al doorschemeren dat ze hoopte in de toekomst met mij te kunnen gaan winkelen, zoals ze dat vroeger vaak met Corrie had gedaan. Helaas voor haar, ik was niet zo'n shopper en het is er dan ook maar zelden van gekomen. Tot Jaaps opluchting viel ik blijkbaar ook bij z'n vader in de smaak. Jaap vertelde me later dat het hem verbaasd had hoe voorzichtig z'n vader met mij was omgesprongen.

 De tweede keer dat ik meeging kreeg ook ik m'n eigen kopje toegewezen. En nam Jaaps moeder me apart. Ze voelde het als haar plicht mij erop voor te bereiden dat ik het niet makkelijk zou krijgen met Jaap en sprak heel openlijk over zijn moeilijkheden, voor zover zij die kende. Ze liet echter ook duidelijk blijken dat zij van harte hoopte dat ik daar niet voor weg zou lopen.

Van studeren kwam voorlopig niet veel terecht. Gelukkig waren de interviews even achter de rug en was er niets dat per se moest. Pas na drie maanden begon ik de draad voorzichtig weer op te pakken. Voor Jaap lastig. Hijzelf had niets en ik studeerde en dan ook nog eens psychologie waar hij, alleszins begrijpelijk, geen hoge pet van op had. De dagen dat ik op het psychologisch lab moest zijn, trof ik Jaap tussen de middag in de kantine. Het brak voor hem een beetje de dag en de lunch was daar uitstekend én goedkoop.

Stoffel en Lotje hadden hun eigen plan getrokken en op 10 april beviel Lotje van twee zwarte pups. Argusje voelde zich helemaal de trotse vader en greep iedere gelegenheid aan om ze rondom schoon te likken. In een onbewaakt ogenblik zag hij z'n kans schoon en stapte in de mand. Uiterst voorzichtig liet hij z'n grote, onhandige lijf stukje bij beetje zakken, een piepje, iets omhoog, weer zakken en uiteindelijk zat hij verzaligd kijkend tussen de jongen. Tot Lotje terugkwam en hem eruit bonjourde. We hadden in Argus bijna nog meer plezier dan in de pups zelf. Eén van de pups konden we in Amsterdam kwijt, de andere in Friesland, bij kennissen van kennissen. Een stel waar we ons direct bij thuis voelden. Sjoerd, een fanatieke amateurfotograaf; Tessa, lief en recht door zee. Toen we ze leerden kennen, hadden ze één kind en één kat. Hun nieuwe huisgenoot doopten ze Berber. Sjoerd en Tessa hadden hun kat met de fles grootgebracht en hij betekende voor Sjoerd evenveel als Argusje voor Jaap.

Pas veel later vertelden ze dat zij in het begin raar tegen ons aangekeken hadden. Amsterdammers, drugsgebruik. Maar ze wilden niemand op voorhand afwijzen en ze waren er ook wel nieuwsgierig naar geweest.

Als we op het boerderijtje waren – dat was vrijwel om de zes weken – gingen we nu steevast bij Sjoerd en Tessa langs. Jaap en Sjoerd konden heerlijk met elkaar in de clinch liggen over de vraag of fotografie een kunst of een kunde was. Dat ze dan in het heetst van hun strijd onbewust van positie wisselden, maakte het voor Tessa en mij des te grappiger. Jaap stelde veel prijs op hun mening, vooral op die van Tessa. Als Jaap ergens zwaar over liep te dubben, kon hij bijna niet wachten om naar het boerderijtje te gaan, dan kon hij naar Sjoerd en Tessa en het met hen doorspreken. De ritten naar hen toe, in het donker zoevend over de uitgestorven Friese binnenwegen met 'Masterpiece' van The Temptations in de recorder en de volumeknop open. Jaap haalde het meestal binnen de tijd van dat nummer. Genieten.

Meestentijds had Jaap nu genoeg aan drank – voornamelijk rode wijn – en hasj, slechts af en toe nam hij nog wat speed. Dat bleef echter maar doorwoekeren en eind april ging Jaap zelf op zoek naar hulp. Hij vond het bij een instelling die hierin gespecialiseerd was.

Naar wat hij me erover vertelde, was de ontvangst bijzonder relaxed geweest en was hem een joint aangeboden. Degene met wie hij had gesproken, had ronduit gezegd dat er tegen problemen met speed weinig te doen viel. Of je ging eraan onderdoor, of je wist er op eigen kracht vanaf te komen. Een tijdelijk hulpmiddel ter vervanging was er niet en zij waren ervan overtuigd dat speed één van de gevaarlijkste verslavingen was. Het was vooral de geestelijke verslaving die het zo lastig maakte ervanaf te komen. Want omdat de lichamelijke verslaving vrij makkelijk te overwinnen was, gaf dat je al gauw de illusie dat je het veilig weer een keer kon gebruiken en dan stak de geestelijke verslaving meteen de kop weer op. De beste remedie tegen een terugval was volgens hen het hebben van bezigheden en daar konden zij bij helpen.

Ze brachten Jaap in contact met een stel jongens, die bezig waren met een protest tegen de Bijlmer Bajes en een fotograaf zochten. Jaap was hier erg verguld mee en heeft een aantal reproducties voor ze gemaakt. Degene met wie Jaap het van meet af aan goed had kunnen vinden, richtte niet lang daarna een rockband op en schakelde Jaap in voor de reproducties van het promotiemateriaal en voor het fotograferen van de band in actie. Altijd als de band oefende of ergens optrad was Jaap erbij om foto's te maken, of gewoon zomaar voor de gezelligheid.

Gedurende de naweeën van de speed, ging Jaap steeds meer hasj roken. Al vlot leerde ik betere joints draaien dan hij, ook onderweg. En Jaap wás precies: de hasj goed verdeeld, keurig taps, niet te strak – niet te los en een mooi plat hoedje erop. Onderweg stak ik ze ook voor hem aan. Ik vond de geur en de smaak lekker en nam op een keer nog een trekje. Dat had ik beter niet kunnen doen, want daarna moest ik in het boerderijtje de bedstee nog opmaken. Daar leek geen eind aan te komen en Jaap vroeg plagend of ik m'n lunchpakketje had meegenomen. Dat was voor mij gelijk de laatste keer dat ik meegerookt heb. Jaap rookte het overal. Bij bekenden vond hij dat ze dat maar moesten slikken, bij vreemden vroeg hij het eerst en accepteerde zonder meer een 'liever niet'.

Mijn moeder en Jaap waren inmiddels wat aan elkaar gewend geraakt en in juli namen we haar mee naar Friesland. Een week later kwam ook Jaaps moeder een paar dagen over. Onze ouders hadden al kennis gemaakt met elkaar en het klikte wel tussen hen. Per slot allemaal in het onderwijs en met een gelijksoortige kijk daarop. De sfeer was goed. Overdag lekker buiten rondhangen of eropuit, en 's avonds uitzakken voor de televisie. Totdat er op een avond een programma was over ouders die een kind verloren waren. Voordat Jaap kans zag van zender te wisselen, was het kwaad al geschied. Z'n moeder was in tranen en Jaap schoot daarover finaal uit z'n slof. Ik wist van het waarom, voelde hun beider pijn, maar kon niet tussenbeide komen zonder nog ergere schade aan te richten. Mijn moeder kende die voorgeschiedenis niet en keurde Jaaps houding af. Toch wist ze hem tot bedaren te brengen, zelfs wat te troosten en ook z'n moeder te troosten. Zo hard kon het dus bij Jaap aankomen. Iets om terdege rekening mee te gaan houden in mijn eigen uitingen van emoties.

Begin augustus overviel Jaap me met het voorstel om in ondertrouw te gaan. Verloven vond hij maar niks, dat was alleen voor de show. Gelukkig maar, want verloven was voor mij iets uit een vooroorlogs boek. Een enorme stap voor Jaap om zich zo openlijk uit te durven spreken en natuurlijk nam ik zijn voorstel met beide handen aan. Ik wist toch al zeker dat ik nooit meer bij hem weg wilde. Voor Jaap stond het al vast dat, mochten we ooit de volgende stap gaan zetten, hij meneer Schoonenbeek als zijn getuige wilde. Voor mij was die keuze ook makkelijk: m'n broer. Die stond mij het meest na en ook Jaap was erg op hem gesteld. Niet dat het er nu al iets toe deed, maar onze eerste stap richting ondertrouw was aan hen allebei vragen of ze daartoe bereid waren. Vanzelfsprekend zouden zijn vader en mijn moeder onze andere twee getuigen zijn. Die zouden daar vast geen bezwaar tegen hebben en konden we het tegen die tijd wel vragen, mocht het ooit zover komen. Want die slag om de arm hield Jaap wel, met opmerkingen in de trant van dat hij hooguit onder bedreiging van een geweer met iemand zoals ik daadwerkelijk zou gaan trouwen.

Tegen het officiële gedeelte van de ondertrouw zag Jaap behoorlijk op. Gelukkig bleek dat een fluitje van een cent en ook de reacties uit onze omgeving waren meer dan positief. Zelfs één van Jaaps oudste vrienden kwam langs – wat hij zelden of nooit deed – om ons te feliciteren. Hij vond het zó dapper van Jaap dat hij eindelijk z'n nek had durven uitsteken en een vaste relatie was aangegaan, dat hij hem dat persoonlijk wilde komen vertellen.

Na deze spannende dagen wilde Jaap graag een paar weken naar het boerderijtje. Een mooie gelegenheid om Sjoerd en Tessa uit te nodigen een dagje langs te komen. Ze hadden zelf geen auto en Jaap zou ze halen en brengen. Het was gezellig en het werd laat. Het zat Jaap al niet lekker dat hij alleen en in het donker terug moest rijden. Dat ging helaas even niet anders, de auto zat vol. Aan Sjoerd en Tessa had Jaap niets laten blijken, maar onderweg had Tessa toch iets aan Jaap gemerkt, want bij het afscheid nemen, had ze hem nadrukkelijk op het hart gedrukt om vooral voorzichtig te rijden.

Vroeger had Jaap de auto soms gebruikt om het noodlot te tarten en op de terugweg keerde dat zich nu onverhoeds tegen hem. Hij kwam helemaal overstuur thuis. Onderweg hadden alle bomen een bijna magische aantrekkingskracht op hem gehad en hij had sterk het gevoel gekregen door een bijna niet te bevechten hogere macht naar de dood gedreven te worden. Alleen door z'n gedachten zoveel mogelijk op mij te richten, had hij de auto, soms ternauwernood, op de weg weten te houden. Waar hij nog het meest overstuur van was, was dat hij op dat moment helemaal geen doodswens had. Hij was blij met het leven met mij en met de honden.

Jaap had niets gedronken, heel weinig stuff gerookt, dus daar kwam het niet door. Aan mij heeft hij het direct na thuiskomst verteld, daarna heeft hij het er met niemand, ook met mij niet, ooit nog over gehad. Normaal gesproken zou Jaap op zoiets nog dagenlang zijn teruggekomen. Doordat hij dat nu niet deed, besefte ik eens te meer welke enorme angsten hij had uitgestaan. Het enige wat daarna veranderde, was dat Jaap het voortaan aangaf als hij zichzelf niet dorst te vertrouwen en me dan vroeg om mee te rijden.

Als we op het boerderijtje waren, gingen we vrijwel dagelijks naar Drachten voor wat boodschappen en een telefoon. We hadden er namelijk allebei een handje van – Jaap nog veel meer dan ik – om vaak met onze ouders te bellen. De sfeer in Drachten was vele malen vriendelijker en relaxter dan in Amsterdam. Hier had Jaap er weinig tot geen moeite mee om zomaar een hem onbekende zaak binnen te stappen. Langzamerhand begon zich dat te vertalen naar Amsterdam. De grote zaken, zoals de Bijenkorf bijvoorbeeld, bleven een no-go area, daar had ook ik trouwens weinig tot niks te zoeken. De kleine zaakjes gingen bij wijze van spreken open voor Jaap. Hij begon er plezier in te krijgen om ook in Amsterdam af en toe met mij ergens koffie te gaan drinken, of ergens een keer uit eten te gaan. Hij vond zelfs een rustige bioscoop in West, waar we zonder veel risico de nieuwste films konden gaan zien. Het is nog maar zelden fout gegaan. **(nr.16)**

Eén van onze kennissen had van iemand een leuk klein sportautootje gekregen. Een model van Fiat dat in Nederland vrijwel onbekend was. Hij had zelf geen rijbewijs en de auto moest verkocht worden. Helaas was het voorspatbord behoorlijk doorgeroest en in die staat zou de auto vrijwel niets meer opleveren. Jaap vond het een leuke uitdaging om die auto voor hem op te lappen. Sleutelen aan brommers kon hij als de beste, maar aan plaatwerk had hij zich nog nooit gewaagd. Plamuur bleek zeer geduldig. Onder Jaaps handen kreeg het spatbord stukje bij beetje z'n originele vorm terug. Nu de lak er nog op. Spuiten zag Jaap niet zitten, te veel waar je dan rekening mee moest houden. Het werd de kwast. Als gespoten, en dat voor een eerste keer. De garage om de hoek handelde in tweedehands auto's. Een beetje louche bedrijf, zo eentje dat alleen garantie tot de hoek geeft. Als die erin stonk, hoefden ze er geen gewetenswroeging over te hebben en daar boden zij dan ook de auto te koop aan. De garagehouder liep er even omheen en bood er gelijk een mooi bedrag voor. Een dubbel succes. Geld in de knip en die garagehouder had een koekje van eigen deeg gekregen. Hij was blijkbaar zelf niet eens voorbij z'n eigen hoek kunnen komen en had niet gezien dat Jaap daar, open en bloot en voor iedereen zichtbaar, die auto op had staan knappen.

Door dit klusje leerde Jaap meer buurtbewoners kennen. Eén van hen had vaak staan toekijken, duidelijk verlegen om een praatje. Zij woonde noodgedwongen nog bij haar moeder en om aan een betaalbare huurwoning te kunnen komen, moest ze zich laten inschrijven bij Herhuisvesting, maar durfde er niet op af te stappen. Bezoeken aan grote instanties waren voor Jaap normaal gesproken absoluut vele stappen te ver. Tot mijn stomme verbazing bood hij nu uit zichzelf aan om met haar mee te gaan en wist hij direct en adequaat alle zaken voor haar te regelen. Zijn verklaring: "Het was niet voor mezelf, want dan had je me er met geen stok naar binnen gekregen."

Schuin aan de overkant van de straat zat een kleine kroeg. Het was de stamkroeg van het buurmeisje en wat hij zelfs samen met mij dat tot dan toe nog niet had aangedurfd, lukte haar wel. Ze troonde hem mee naar binnen. Tegenover haar had Jaap zich niet willen laten kennen. Hij raakte er al snel wat ingeburgerd en ging nu liever af en toe daarnaartoe dan naar het COC, waar hij toch al niet vaak meer kwam. Wat het voor hem nog aantrekkelijker maakte, was dat de auto kon blijven staan en dat ik makkelijker mee kon en ook makkelijk later aan kon schuiven.

Met zijn dolenthousiaste begroetingen kreeg Argus eveneens nieuwe vrienden in de buurt. Voor mannen kon dat nogal eens pijnlijk zijn en het leverde hem algauw de bijnaam 'klotenstamper' op. Op een middag belde een buurjongetje aan en vroeg of Argusje buiten mocht komen spelen. "Waarom dat?" "Ze plagen me," kwam er bedremmeld uit. Sneu voor hem, maar dat leek ons toch niet zo'n goed plan. Overigens wel een groot compliment voor Argusje én voor z'n reputatie.

Met zoveel nieuwe mensen erbij, begon het bij ons geleidelijk aan een zoete inval te worden en Jaap werd steeds minder uithuizig. De weinige keren dat er geen bezoek was, kon hij met de koptelefoon op urenlang naar muziek zitten luisteren en hij had zelfs de gitaar weer ter hand genomen. Ook ik was graag thuis en zat vaak stilletjes in een hoekje iets in elkaar te fröbelen, onderwijl genietend van alles wat er om me heen gaande was. Jaap van zijn kant genoot van en vond een rustpunt in mijn aanwezigheid op de achtergrond. Eén van zijn oude speedvriendjes bepaald niet. Toen zij samen even de deur uit waren gegaan, had hij ietwat chagrijnig aan Jaap gevraagd: "Word jij niet gek van die chick man?" Jaap kwam hikkend van de lach terug. Het leukste vond hij nog, dat die jongen er geen flauw benul van had gehad dat hij die negatief bedoelde opmerking als groot compliment had opgevat. In dit heterogene gezelschap voelde Jaap zich als een vis in het water. Een sociale alleskunner, die iedereen in z'n waarde liet zonder echter zichzelf daarmee geweld aan te doen.

Zelfs het huis veranderde en verhuiselijkte. Van steriel wit, weinig meubels, twee posters aan de muur en één plant, naar donkerbruine posten, her en der enkele van mijn ouderwetse meubels – waar Jaap geen al te grote weerstand tegen had, oftewel die voor zijn gevoel geen beladen verleden hadden – en na veel geaarzel van zijn kant, mijn zelfgemaakt, heel zacht-lichtgevend lampje in de gang. Het werd z'n trots, 'zijn stuff lampje'.

Die ene plant die er stond was een verhaal apart. Jaap had een hekel aan planten, het groeide, het leefde en als je even niet oplette, ging het nog dood ook. Kennissen hadden hem er ooit toe weten te bewegen deze in huis te halen, met als argument dat dit een soort was die je vrijwel niet doodgeknuppeld kreeg.[8]

Op de momenten dat we met z'n tweeën waren, kwam Jaap vaak met allerhande zaken waar hij over had lopen denken. Het bevreemdde me dat hij blijkbaar altijd wel ergens over liep te denken en ik merkte een keer op dat ik zelf nooit bewust dacht, hooguit over praktische problemen. Op deze terloopse opmerking viel Jaap me hard aan. Daar begreep hij niets van. Op mijn beurt begreep ik daar weer niets van en hij liet zich ertoe verleiden uit te leggen hoe het bij hem werkte: dat hij altijd bewust op meerdere denkniveaus tegelijk bezig was met heel verschillende vraagstukken, dat hij daar vaak doodmoe van werd en diverse strategieën ontwikkeld had om in z'n hoofd wat rust te krijgen. **(nr.17)**

Autorijden was er één van. Door zich te moeten concentreren op het rijden, bleef er daarnaast alleen ruimte over voor de meest dringende vraagstelling. Bij mij begon een lichtje op te gaan, vandaar onze vele nachtelijke ritten naar Schiphol. De stille snelwegen met de repeterende lantaarnpalen, de aankomsthal, ruim, hel verlicht en vrijwel uitgestorven, waren voor hem een verademing. Het was dus slechts een excuus geweest, nou ja vooruit, een half excuus dan, dat de kiosk daar dag en nacht open was en bij tijd en wijle een nieuw fotoboek van de Playboy Press had, waar hij nieuwe ideeën uit op kon doen voor de naaktfotografie.

De speed was er ook één van geweest. Die had hem geholpen om dag en nacht sterke afleiding voor zijn eigen gedachten te

---

8 Dat is inderdaad nooit gelukt, die plant leeft nog steeds.

blijven zoeken. Volgens Jaap was daarvoor de hasj een goede vervanger gebleken. Een probaat middel, waardoor z'n denken tot minder niveaus werd beperkt en hij zich in alle rust op één vraagstuk kon concentreren. Soms gaf het hem zelfs de luxe om gedachteloos van muziek te genieten. Met name een nummer als 'Rock your baby' van George McGrae met z'n eindeloos repeterende drumbeat – life, geen machine, hét perfecte excuus voor Jaap om een verder nietszeggend nummer toch goed te vinden – kon hem, als hij stoned was, tot een innig tevreden rust brengen. Voor zichzelf had Jaap het niet te verantwoorden gevonden om voor één nummer een hele LP te kopen, maar toen ik er als cadeautje mee aan kwam zetten, was hij er wel heel blij mee.

Dat andere gebruikers hasj een geestverruimend middel noemden, vond Jaap dom gepraat. Weliswaar kon je dan intensiever op iets ingaan en daarmee de illusie hebben dat het geestverruimend werkte, maar volgens hem kwam dat alleen, omdat de andere denkniveaus uitgeschakeld werden door de hasj en was het dus juist geestbeperkend.

De speed was nu echt verleden tijd. Jaap dronk nog wel fors. Maar hoeveel hij ook op had, hij werd nooit dronken, hooguit iets breedsprakeriger, iets sneller geprikkeld en iets vasthoudender in zijn standpunten. Aan zijn goede kwaliteiten als chauffeur deed het al evenmin iets af. Omdat drank zo weinig merkbaar effect op hem had, was er voor mij geen aanleiding, anders dan om gezondheidsredenen, om daar iets van te zeggen. Dat hoefde ook niet. Uit zichzelf begon Jaap ook dit wat te minderen en beter af te stemmen op hoeveel hij op dat moment nodig had om in balans te blijven.

Tot op een avond: Jaap voelde zich goed, het was gezellig, de whisky smaakte naar meer en hij ging letterlijk onderuit. Dat was hem nog nooit gebeurd. Jaap had het, voor zover hij zich kon herinneren, dan ook nog nooit zomaar voor de lol op een zuipen gezet. Altijd alleen uit noodzaak om zichzelf te verdoven. Dit wilde hij niet nog eens meemaken en stopte abrupt. Het kostte hem moeite, maar minder dan gevreesd. Na de eerste paar weken beviel het Jaap prima zonder alcohol en dronk in plaats daarvan liters thee. Een paar maanden lang rookte hij zelfs geen sigaretten meer, alleen joints. Helaas werd dat op den duur te kostbaar. ^(nr.18)

Ook hasj had weinig merkbaar effect op Jaap, buiten dat hij er relaxter en nog humoristischer door werd. Net als met de drank, is hij slechts één keer knetterstoned geworden. We waren in Den Haag op bezoek bij vrienden. Jaap voelde zich goed; zij lustten ook wel een jointje en het werden er iets te veel. Ik moest terugrijden, dat lukte Jaap niet meer, en graag heel rustig aan, de lantaarnpalen flitsten anders te snel voorbij. In beide opzichten was dit een unicum te noemen.

Van de vroegere nachtmerrieachtige hallucinaties had Jaap geen last meer, maar de angst om wakker te liggen, had hij nooit helemaal van zich af kunnen schudden. Daar waren eerst drank en slaapmiddelen goed voor geweest. Nu Jaap zowel geestelijk als lichamelijk steeds meer tot rust kwam, werden tevens de slaapproblemen wat minder. Het lukte hem zelfs om met hulp van hasj en yoga ook de Mogadon (inslaper) te laten staan.

Op die yoga was Jaap gekomen door Peter Sellers, een acteur die hij hoog had zitten. In de krant had een interview met hem gestaan, waarin hij uitgebreid ingegaan was op de Hatha Yoga en welke grote plaats die innam in zijn leven. Jaap had er meer van willen weten en Theunis – een ver familielid van mij waar ik pas sinds kort wat meer contact mee had – was daar de aangewezen persoon voor. Hij had een antiquariaat en was gespecialiseerd in alles rond esoterie. Zijn winkel lag bij wijze van spreken om de hoek en ik hielp hem af en toe met de administratie. Theunis had zo z'n eigenaardigheden, maar Jaap kon het goed met hem vinden. Bij hem vond Jaap de boeken die hij zocht en aan de hand daarvan heeft hij zichzelf de benodigde ontspannings- en ademhalingsoefeningen aangeleerd.

Zo kabbelde het leven tevreden verder. Onze relatie werd steeds hechter, we gingen vrijwel overal samen naar toe en anders was de telefoon zeer geduldig. Dit klinkt misschien als klef, maar dat was het niet en heeft ook nooit zo gevoeld.

Misschien iets te tevreden, want toen ik weer eens een keer hoofdpijn kreeg, ontaardde dat voor het eerst in een uit de pan vliegende migraineaanval. Jaap vertrouwde het niet en sleurde me prompt mee naar de dichtstbijzijnde eerste hulp.

In de wachtkamer zat een jongen van onze leeftijd en Jaap knoopte een gesprek met hem aan. Volkomen kalm vertelde die jongen dat hij lange tijd op een brug had gestaan en toen bedacht had, dat het misschien toch verstandiger zou zijn om hulp te gaan zoeken. Ik was aan de beurt en het bleef bij een kort gesprek. Eenmaal thuis, kwam Jaap erop terug. Hij had meteen aangevoeld dat dit bloedserieus was en hij hoopte voor die jongen dat de dienstdoende arts dit eveneens zou onderkennen en hem niet weer aan zichzelf zou uitleveren. Hij vreesde echter dat de kans daarop zeer klein was, want als je er geen theater van maakte, dachten artsen al gauw dat het zo'n vaart niet zou lopen en stuurden je weg. Degenen die hun emoties volledig de vrije loop lieten, werden wel meteen geloofd en kregen alle mogelijke hulp. Het deed Jaap weleens boos verzuchten: "Kon ik dat maar, zoveel stampij maken."

De volgende dag was dankzij de in het ziekenhuis gekregen medicatie de migraine gelukkig ietsje gezakt. Maar nog niet genoeg naar Jaaps zin en hij wilde dat ik naar zijn huisarts ging. Hij vond het een veilig idee als ook ik patiënt bij hem zou worden. Jaap had geen betere huisarts kunnen treffen. Hij had begrip voor de problemen waar Jaap tegenaan liep en had altijd tijd voor hem, ook als de wachtkamer vol zat. Tevens hield hij nauwgezet alle publicaties bij over verdovende middelen en psychofarmaca. Als daar iets nieuws over te melden viel, gaf hij dat bij een eerstvolgend bezoek meteen aan Jaap door.

Het promotieonderzoek had een tijdje stilgelegen. In september pakte de promovendus de draad weer op en we begonnen bij hem thuis met het uitwerken van de tot dan toe afgenomen interviews. Op een avond had ik daar nog wat werk te doen. Er was iemand bij ons blijven eten en Jaap en hij zouden samen naar de bioscoop gaan. Onderweg hadden ze LSD aangeboden gekregen en Jaap dat ook wel eens willen proberen. Dat ging niet goed. Hij kreeg beangstigende hallucinaties, maar gelukkig bleef hij bij de tijd genoeg om naar mij toe te komen en, ook gelukkig, bleef hij beseffen dat hij te weinig had genomen om echt in gevaar te komen. Dat was eens en nooit weer.

Het laatste deel van de interviews was in november gepland. Weer in een piepklein dorpje en weer akelig ver weg. Dat werd opnieuw drie dagen doorbijten, maar deze keer meer voor mij dan voor Jaap. Die had dankzij de vele bezoekers en de op handen zijnde verhuizing van z'n ouders, nauwelijks de tijd gehad om me al te veel te gaan missen.

Het was namelijk inderdaad bijna zover dat ook Jaaps ouders het huis in Nieuw-West eindelijk zouden gaan verlaten. Alleen vanwege opa en oma waren ze er na het ongeluk van Corrie nog blijven wonen. Na hun overlijden waren ze meteen op zoek gegaan naar een andere woning. Alleen in de nieuwbouw was er toen nog wat keus geweest en ze hadden zich ingeschreven voor een project in een klein dorp boven Amsterdam. Half december zou hun nieuwe huis opgeleverd worden en zowel voor Jaaps ouders als voor Jaap was het een grote opluchting dat de periode Nieuw-West bijna ten einde was. De voorbereidingen van de verhuizing werden dan ook voortvarend aangepakt en zetten eveneens ons eigen huis op z'n kop. Jaaps moeder kreeg haar eigen muziekkamertje en wilde de piano terug. Na Corrie had ze hem uit zicht willen hebben en hij was tijdelijk bij Jaap gestald. Dat werd een 'even niet kijken, meneer' in omgekeerde volgorde. Met een beetje boel grof geweld hadden ze hem door één van de voorramen naar binnen geperst en zo moest hij er ook weer uit. Tot Jaaps grote verbazing is die piano daar nooit door ontstemd geraakt. Wij kregen er de grote, op maat gemaakte boekenkasten uit de oude studeerkamer van Jaaps vader voor terug.

In het nieuwe huis waren er heel wat klusjes die Jaap voor z'n ouders op kon knappen. Zeer dankbaar werk. Z'n moeder bleef zich erover verbazen dat Jaap het kon – "Waar haalt hij het vandaan?" – en overlaadde hem met complimenten, die natuurlijk door Jaap fanatiek afgezwakt dienden te worden. Hij bleef ervan overtuigd dat hij maar wat aan prutste en niet kon tippen aan vakmensen **(nr.19)**. Anders lag het als het ging om het opvoeren van brommertjes of om elektra. Op die gebieden was Jaap zeker van z'n zaak en deed dat zonder meer voor eenieder die het hem maar vroeg.

Ondanks de nog gebrekkige inrichting en een nog niet helemaal op orde zijnde keuken, wilden Jaaps ouders graag vasthouden aan hun traditie van een gezamenlijk kerstdiner en nodigden ook m'n moeder uit. Met wat kunst en vliegwerk – daar was zij goed in en ze schuwde daarbij blikjes en instant producten niet – wist Jaaps moeder ons een prima diner voor te zetten. Zij genoot er volop van, wij niet veel minder en we vonden allemaal dat we dit maar in ere moesten houden.

1975

Dat klussen smaakte naar meer en Jaap ging andere dingen aanpakken. In onze net verkregen enorme boekenkasten construeerde hij een tafel van een paar overtollig geworden boekenplanken. Daarna stortte hij zich op de bouw van grotere geluidsboxen. Dat werden boxen met een geluid om te zoenen.[9] Als rasechte perfectionist was alles wat Jaap maakte voor de 'eeuwigheid'; niet grof, maar gewoon niet stuk te krijgen.

Voordat Jaap aan zo'n project begon, liep hij dagen te broeden over een plan van aanpak. Pas als hij daar helemaal uit was ging hij aan de slag en dan klopte het altijd. Bijkomend voordeel van zo'n lange planning was dat daarmee de andere gedachtestromen in zijn hoofd op een wat lager pitje kwamen te staan.

Het werd voor mij zó vanzelfsprekend dat Jaap in huis de elektra en het technisch onderhoud voor zijn rekening nam, dat toen een keer een lamp het begaf, ik rustig in het halfdonker bleef zitten wachten tot Jaap thuiskwam om er een nieuwe lamp in te draaien. Het was gewoon even niet meer bij me opgekomen dat ik dat natuurlijk ook zelf kon. Dat kwartje viel pas toen het licht weer aanging. Anderzijds, de dingen waar Jaap meer moeite mee had, schoof hij stiekem door naar mij. Daar werden geen woorden aan vuil gemaakt, behalve af en toe een tevreden constatering dat we aardig quitte stonden.

Ook op andere gebieden hadden we zelden een meningsverschil. In de meeste gevallen ging het dan zelfs nog om iets van buitenaf, wat mij dwars zat. In plaats dat ik Jaap dat gelijk vertelde, wat hijzelf in zo'n geval altijd wel deed, had ik eerder de neiging het op degene die mij het meest na stond, Jaap dus,

---

9 45 jaar later en nog steeds geen betere boxen te vinden, behalve misschien in het allerduurste segment.

te botvieren. Meestal begreep hij het waarom wel, maar eerlijk vond hij het niet. Daar had hij natuurlijk gelijk in en dat kreeg hij dan ook van mij.

Wat de aanleiding ook was, uit de hand liep het nooit en we waren er op een gegeven moment zelf verbaasd over dat we eigenlijk nooit echt ruzie hadden. Jaap: "Daar moesten we dan maar eens iets aan gaan doen."

Het 'samen' begon een zo stevige basis te worden, dat Jaap er steeds meer lol in kreeg om mensen ermee op het verkeerde been te zetten. De buurtkroeg was daar de ideale plek voor. Als hij er met het buurmeisje alvast naar toe was gegaan, zat hij zich bij voorbaat al te verkneuteren op de besmuikte blikken die ons ten deel zouden vallen als ik later bij hen aan zou schuiven.

Jaap vond het ook grappig als iemand mij in de kroeg probeerde te versieren en was er stiekem een beetje trots op. Als ik het zelf nog niet doorhad, attendeerde hij me er wel op. Meestal liet hij het rustig op zijn beloop. Werden ze echt vervelend, dan sneed hij ze de pas af met een opmerking in de trant van: "Pech gehad jong, ik heb haar al, maar tel je zegeningen, want zo makkelijk is ze ook weer niet."

Op een keer probeerde iemand Jaap op de kast te krijgen door steeds maar aan mij te blijven zitten. Jaap wist dat het gozertje dronken was en sloeg hem dood met de opmerking: "Als ze er genoeg van heeft, zegt ze dat zelf wel." Het gozertje taaide af. Tot Jaaps spijt is er, althans voor zover hij wist, nooit iemand verliefd op hém geworden. Hij had zelf ook wel eens willen ervaren hoe dat voelde.

Het gebeurde zelden dat Jaap z'n fototoestel niet bij de hand en startklaar had. Naast natuurlijk de honden was, op een paar kleine uitstapjes na, zijn belangrijkste onderwerp de mens. Jaap had daarin een eigen stijl ontwikkeld. Meestal alleen gewapend met een flitser, bleef hij net zolang kletsen en gebbetjes maken tot z'n 'slachtoffer' de camera vergeten was en schoot dan pas z'n rol vol. Aan poseren of aan het toepassen van trucjes bij het afdrukken in de tot doka omgebouwde trapkast, deed hij bij die portretseries niet.

Zelf had Jaap het idee dat het maken van een goed en karakteristiek portret hem het beste lukte als hij diegene vrij goed, maar ook weer niet al te goed kende. Hij baseerde dat op het feit dat het hem maar niet wilde lukken goede portretten van z'n ouders en van meneer Schoonenbeek te maken. [nr. 20]

Ook bij kinderen nam Jaap altijd ruim de tijd voordat hij daadwerkelijk begon met fotograferen. Soms kreeg ik er de kriebels van dat hij daardoor naar mijn idee zoveel mooie momenten verloren liet gaan. Totdat ik later de resultaten zag. Tja, korte en lange termijn denken.

Alleen bij het maken van naaktfoto's nam Jaap zelf de totale regie in handen. Er werden lampen opgesteld en qua poses liet hij weinig aan het toeval over. Een heel gedoe en veel voorbereiding. Echter al die moeite ten spijt, waren de foto's die hij als proef voor de volgende sessie in de pauzes schoot vaak de mooiste, althans, naar mijn mening.

De eerste keer dat Jaap een vriendin zover had gekregen om bij haar thuis naakt voor hem te poseren, was hij nog wat behoedzaam geweest en had me verzekerd dat hij hooguit buitenshuis trek kon krijgen, maar altijd thuis zou komen eten. Lief, maar niet nodig. Hij deed altijd uitgebreid verslag van z'n wederwaardigheden en ik wist allang dat hij er de grootst mogelijke moeite mee had om iets voor me achter te houden.

Jaap begon er een sport van te maken om eerst mij de afdrukken te laten beoordelen, voordat hij er z'n eigen mening over gaf. Als onze meningen gelijkluidend waren, was ik 'door hem al aardig goed getraind' en de zeldzame keren dat we verschilden van mening: "Je leert het nog wel eens." Z'n moeder vond alles mooi, dat stoorde hem vreselijk en schoof ieder oordeel van haar dan ook kriegelig terzijde.

We hebben heel wat discussies gevoerd over de vraag: waren z'n foto's goed of gewoon plaatjes. Jaap vond zelf het laatste. Het moment van de goede opname was in zijn visie iets wat hij niet helemaal zelf in de hand had. Een gelukstreffer dus in zijn ogen, die hem niet aangerekend kon worden. Dat je dat ook kon beschouwen als een gave, ging er bij hem niet in. Jaap ontkende ten stelligste dat hij ook maar enige vorm van creativiteit had. Waar ik weer tegenover stelde dat hij minimaal enige vorm van creativiteit moest hebben om, zoals hij me zelf had verteld, goede vertalingen van teksten en gezegden vanuit de oude talen te maken. Punt voor mij, dat moest hij toegeven. Dat hij daarvan ook, veilig verscholen achter z'n camera, een glimp liet zien in dat niet te beredeneren moment van de daadwerkelijke opname, heeft hij nooit willen toegeven.

Door de naaktfotografie zijn we een keer in een schitterende toestand verzeild geraakt. Eén van mijn minder geslaagde kennissen van vroeger stond op de stoep met een Israëlisch jongetje rond 18 jaar oud. Hij was hem ergens in de stad tegengekomen, het jongetje was hier op vakantie, bijna door z'n geld heen en wilde proberen in de porno iets bij te verdienen. Daar had hij naaktfoto's voor nodig en die kennis van mij had aan Jaap gedacht. Hij wist dat hij bij ons eigenlijk niet meer welkom was, maar had tegenover het jongetje interessant willen doen en de gok genomen. In eerste instantie zag Jaap het helemaal niet zitten. Wij zouden de volgende ochtend naar Friesland gaan, het geheel zou dus in één avond af moeten zijn en hij had op het eerste gezicht al een hekel aan dat jongetje. Anderzijds, de kans op het vinden van een mannelijk naaktmodel was nihil en hier bood iemand zich vrijwillig aan. Daarmee wist ik Jaap over te halen. Mopperend begon hij in de slaapkamer met het opstellen van de lampen.

    Tot een nog uit de brommertijd stammende goede vriend van Jaap onverwacht langskwam. Nu werd het leuk en Jaap nodigde hem prompt uit om erbij te komen zitten. Het jongetje had toch nog enig gevoel van schaamte en wilde mij er per se niet bij hebben. Ze gingen aan de slag. Na een aantal opnames wilde het jongetje ook foto's van zichzelf hebben met een stijve, wat natuurlijk niet lukte met drie toeschouwers, en hij trok zich even terug op het toilet. Het duurde en duurde. Wat bleek, Argusje stond heel nieuwsgierig voor de deur van het toilet te wachten en het jongetje, bang voor zijn edele delen, dorst er niet meer uit te komen. Jaap bleef volkomen stoïcijns, heeft hem ontzet en de fotoserie afgemaakt.

Terwijl Jaap de negatieven ging ontwikkelen, kwamen de anderen bij mij in de voorkamer zitten. Jaaps vriend was lichtelijk verwezen: die dacht in een gekkenhuis terecht te zijn gekomen. Hij vertelde me fluisterend dat Jaap de hele tijd werkelijk geen spier had vertrokken en beleefd op afstand was gebleven. Hij begreep echt niet hoe Jaap dat voor elkaar had gekregen, die moest toch dubbel hebben gelegen van de lach. Later beaamde Jaap dat, en dat het voor hem nog het lastigste onderdeel van de hele sessie was geweest.

De film was droog en Jaap ging de doka in. Het jongetje was nieuwsgierig naar hoe dat werkte en Jaap nodigde hem, helaas, uit om te komen kijken. Eenmaal klaar liet Jaap waar iedereen bij was, uitgebreid aan mij alle afdrukken zien, nog steeds geen spier vertrekkend.

Vooraf had Jaap heel duidelijk gesteld dat hij z'n negatieven nooit uit handen gaf. Dat was toen geen probleem, maar meekijkend in de doka was er bij het jongetje een lichtje opgegaan over hoe het werkte en hij eiste nu de negatieven op. Een zware tegenvaller en Jaap was woest op zichzelf dat hij die consequentie van zijn uitnodiging om in de doka mee te kijken over het hoofd had gezien. Het jongetje bleef zo doordrammen dat Jaap er genoeg van kreeg en de negatieven in zijn bijzijn verbrandde. Met bloedend hart, want er zat één opname tussen van handen op billen, waar hij heel verguld mee was geweest en die was hij nu ook kwijt. Zonder een onvertogen woord te zeggen, werd Jaap zó sarcastisch, dat beiden daarna vlot de deur uit waren.

Van een geheel andere orde, maar vrijwel net zo lachwekkend, verliep pal hier overheen Jaaps eerste – en enige – ontmoeting met mijn vader en Margje. Zij waren voor het eerst sinds lange tijd een paar weken in Nederland en vereerden ons met een bezoek. Van tevoren had Jaap me uit zitten horen over wat hij kon verwachten. Van m'n vader kon ik een aardig beeld schetsen, maar bij Margje lukte het me gewoon niet. Jaap vond dat raar, tot ze vertrokken waren. Jaap, die zelf nooit om een woord verlegen zat, moest toegeven dat ik in dit geval gelijk had gehad: Zij viel niet te beschrijven. Ze was flamboyant gekleed naar binnen komen zeilen en had een niet aflatende stroom 'over de top'-complimenten over ons, ons huis en over een uitgerekend op dat moment aangewaaid jong buurmeisje uitgestort. Arme meid, zo verbouwereerd heb ik zelden iemand zien kijken. Jaap had dat, met moeite, net iets beter kunnen camoufleren.

In de wiet die Jaap een enkele keer haalde, zaten zaadjes en het hebben van een eigen wietplantage begon te lonken. We hadden per slot van rekening een tuin, waar nu vrijwel alleen de honden volop gebruik van maakten. Het lukte Jaap om aardig wat zaad tot kiemen te krijgen en verder op te kweken. Het was komisch om te zien hoe Jaap, die altijd verkondigde een bloedhekel aan planten te hebben, zijn borelingen koesterde. In mei waren ze groot genoeg om buiten uit te planten en onder het wakend oog van Jaap groeiden ze daar als kool.

Ook op een ander vlak begon er iets te bewegen. Omdat Jaap ondanks de alcoholstop last bleef houden van z'n ingewanden, waren we al overgestapt op cafeïnevrije koffie. Dat had iets geholpen, maar niet genoeg en ik opperde voorzichtig om het eens met een Bircher-Benner dieet te proberen. In het antiquariaat van Theunis was ik daarop gestuit. Als Hatha Yoga hielp, zou misschien een alternatief dieet ook weleens het proberen waard zijn. Jaap vond dat wel een steekhoudend argument en zolang het verre bleef van al die andere alternatieve zaken waar z'n moeder zich nog steeds fanatiek mee bezighield, was hij bereid het te gaan uitproberen. Ruim een maand heeft Jaap het dieet vol weten te houden en het bracht inderdaad zijn ingewanden enigszins verder tot rust.

Jaap was altijd oprecht geïnteresseerd in wat een ander bezighield. Hij was zorgzaam voor, en voorzichtig met zwakkere broeders en zusters. Daarentegen was hij plagerig en speels met degenen waarvan hij dacht, dat ze er wel tegen konden en die hij dan ook graag tot discussies verleidde. Alleen de uitgesproken profiteurs hadden het slecht bij Jaap: die werden net zolang met stekeligheden bewerkt tot ze uit zichzelf voorgoed vertrokken.

En Jaap had een neus voor probleemgevallen. Voor hun sores had hij altijd een luisterend oor, zonder het ooit te bagatelliseren of in vergelijkingen te vervallen. Het helpen van mensen, praktisch of geestelijk, zat Jaap blijkbaar ingebakken en hij ging daar erg ver in. 'Nee' verkopen deed hij eigenlijk nooit, en dacht hij het niet alleen af te kunnen, dan schakelde hij mij erbij in.

Zo hebben we een tijdje een jongen uit de buurt opgevangen, die na een periode opgenomen te zijn geweest in Santpoort af en toe nog zo erg in paniek raakte, dat hij midden in de nacht om hulp kwam vragen. Het was dan nog een hele kunst om hem te kalmeren zonder dat hij eindeloos allerlei hulpdiensten ging bellen.

En de overbuurtjes klopten, soms om beurten, ook regelmatig bij ons aan als ze weer eens slaande ruzie hadden gehad. Ze waren nog heel jong, wat kinderlijk en om het minste of geringste vlogen ze elkaar in de haren. Bij een uitgebreid verslag over wie wie en met wat te lijf was gegaan – de aanleiding was dan allang vergeten – was het soms moeilijk serieus en meelevend te blijven. Het verslag over hoe het eropuit was gedraaid dat hij had staan dansen op hun trouwfoto, haalde Jaap net. Het schuchtere: "Ben ik nu misschien iets te ver gegaan?" haalde hij niet. Hij nam het Jaap gelukkig niet kwalijk. Ook bij hem kon er weer een lachje af en hij ging deemoedig de scherven lijmen.

Bij Jaap kon veel in een lach eindigen. Soms zelfs zonder dat hij er moeite voor hoefde te doen. Recht achter ons was brand uitgebroken en de bewoners op driehoog zaten klem. Ze moesten langs een touw naar beneden en via de daken kwamen ze in onze achtertuin terecht. Na hen met een kop koffie in een stoel te hebben gepoot, gaf Jaap aan de politie door dat ze veilig en wel bij ons zaten. Hij zat net een joint te draaien toen er aangebeld werd. Omdat we iemand anders verwachtten, ging Jaap daar rustig mee door. Er stonden echter twee agenten op de stoep, die kwamen melden dat iedereen z'n huis weer in kon. Zonder nadenken nodigde ik hen binnen en bood ze ook een kop koffie aan. Jaap liet niet blijken dat hij schrok van dit onverwachte bezoek. Z'n half klare joint lag open en bloot op tafel. De jongste van de twee nam de eerste de beste vrije stoel; de andere agent, beduidend ouder, belandde daardoor naast Jaap. De tafel was klein en uitgerekend zijn kop koffie kon nergens anders meer staan dan pal naast die joint. Iedere keer als hij zijn kopje pakte, keek hij de andere kant op, nog een wonder dat hij niet een keer misgegrepen heeft. Het zat die agent helemaal niet lekker, maar hij kon er moeilijk iets van zeggen, want wij hadden per slot van rekening wel die mensen opgevangen. Z'n jongere collega kreeg het ook door en ik zag dat hij alle mogelijke moeite deed om niet te gaan lachen.

Dat te hulp schieten lokte soms echter ook minder leuke reacties uit. We hadden een vrouw, die in de kroeg onderuit was gegaan, naar huis gebracht. De volgende dag informeerde Jaap in de kroeg of iemand wist hoe het nu met haar ging en hij kreeg het verwijt: "Waar bemoei je je mee?" Dat kwam hard aan bij Jaap. Gelukkig kwamen we een paar dagen later het desbetreffende echtpaar op straat tegen en zij lieten duidelijk blijken dat ze onze hulp op prijs hadden gesteld.

Door het zeer gemêleerde gezelschap dat bij ons over de vloer kwam, was het Jaap op gaan vallen dat ik me in m'n taalgebruik zo makkelijk aan anderen aanpaste en was daar zelfs een tikje jaloers op. Tot z'n ergernis en ondanks zijn veel betere papegaaieninstinct, lukte het hem nog steeds niet om qua woord- en taalgebruik z'n afkomst helemaal af te schudden. Het was dat hij erover begon, ik deed dat niet bewust en het zou me anders nooit opgevallen zijn. Was die training van m'n moeder om m'n taalgebruik aan haar aan te passen toch nog ergens goed voor geweest.

Nu we het er toch over hadden: het was hem ook opgevallen dat mensen op mij duidelijk anders reageerden dan op hem. Als ze míj in eerste instantie niet zagen zitten, ging dat meestal over als ze me beter leerden kennen, zonder dat ik daar, voor zover hij het zag, enige moeite voor hoefde te doen. Terwijl ze hém op het eerste gezicht óf meteen graag mochten, óf helemaal niets van hem moesten hebben. Aan dat laatste viel volgens Jaap, ook op termijn, nooit meer iets te veranderen. Natuurlijk wist ik onderhand dat Jaap iemand was waar je nauwelijks omheen kon, maar storend, nee, daar had ik althans weinig van gemerkt. Eerder het tegendeel, hij trok juist mensen naar zich toe. Alleen niet degenen die vreesden voor hun haantjespositie. Die bleven hem niet moeten, daar waren we het over eens én over het feit dat je daar eigenlijk niet rouwig om hoefde te zijn. Dankbare onderwerpen, die Jaap daarna af en toe weer uit de kast haalde om er met mij verder over van gedachten te wisselen.

Gaandeweg waren we een steeds beter geolied team geworden en ongemerkt was er een soort van taakverdeling ontstaan. Jaap legde de contacten en onderhield die ook, daar was ik bepaald geen ster in. Hij hield de gesprekken gaande – ook daar was ik geen ster in – en zorgde voor de koude drankjes en de muziek. Ik van mijn kant zorgde voor de warme drankjes, de hapjes en een warme maaltijd voor wie bleef plakken. Daarnaast deed ik dienst als praatpaal voor eenieder die door Jaap naar mij werd doorverwezen. Verder hield ik me meestal op de achtergrond, van waaruit Jaap en ik oogcontact hielden bij leuke of lastige situaties. Iets wat we ook in de kroeg deden.

Jaap ging zo lekker, dat hij eraan toe begon te raken bezigheden buitenshuis te zoeken. De voorraad klusjes raakte uitgeput en hij wilde meer. Hij dorst nog niet echt op zoek te gaan, maar hield beide oren open voor een mogelijke kans. Zelf bekeek hij kritisch wat hij wel en niet zou kunnen. Met slechts vier jaar gymnasium kwam je niet ver in die tijd, werkeloosheid stak weer eens de kop op en voor iedere baan vroegen ze een papiertje. Met bluf gewoon ergens op afstappen bood wellicht nog een kans, maar zoveel lef had Jaap niet; hij vond toch al dat hij zeer weinig te bieden had [nr.21]. Een ander punt dat Jaap zich maar al te goed realiseerde, was dat hij na jaren thuis gezeten te hebben, niet zomaar in een baan van negen tot vijf kon stappen. Vrijwilligerswerk was jammer genoeg toen nog vrijwel onbekend: als start zou dat ideaal zijn geweest.

In de zomer zat het wat tegen. Het was bloedheet en ik vluchtte overdag vaak naar het psychologisch lab. Daar was het koel en stonden de grote rekenmachines waarmee ik de resultaten van de enquêtes verder uit kon werken. Om in de uren dat ik weg was toch wat gezelschap te hebben, week Jaap wat vaker uit naar de kroeg en dronk weer eens een pilsje. De eerste leverde hem een forse hoofdpijn op, maar het wende snel en binnen korte tijd dronk hij opnieuw stevig.

Eén van de nieuwe kennissen die Jaap had opgeduikeld, reed rond in een Scaldia, een Russische auto naar een oud model Opel. Zijn verhalen over die auto waren hilarisch en dat wekte Jaaps belangstelling. De Simca van Jaap was een rasecht maandagochtendexemplaar, met 'nog nooit vertoonde' mankementen – hoe kon het ook anders, in alles wat Jaap kocht zaten dat soort idiote fabrieksfouten – en was al met al onbetrouwbaar en knap duur in het onderhoud. Jaap wilde ervanaf en voor een Scaldia gaan. Hij wist z'n vader hierin mee te krijgen en in oktober had de garage een goeie tweedehandse voor ons. Met rondom dubbel plaatstaal was de Scaldia een ware tank op wielen. Volgens de verhalen legde zelfs een tram het tegen die auto af. Zowel de auto als het meegeleverde gereedschap waren volledig afgestemd op de uitgestrekte en slechte Russische wegen. In het westerse- en met name in het stadsverkeer, voelde de Scaldia zich een stuk minder op z'n gemak. Z'n versnellingsbak was er niet op berekend, dat werd dubbel klutsen – nog een hele kunst bij stoplichten op de helling van een brug – en bij het filerijden, dreigde de motor te gaan koken. Kou daarentegen kon hij met z'n van binnenuit bedienbare radiatorbescherming uitstekend aan. Die winter reden wij fluitend over de Afsluitdijk langs vele met een bevroren radiateur gestrande auto's. Door de korte ritten in de stad raakte de motor snel ontregeld en moest bijna iedere 1000 km weer 'op tijd' worden gezet met het fameuze sleuteltje 13. In de bochten waggelde de Scaldia net als de 'lelijke eend', waar Jaap na z'n brommertijd al graag mee had willen stoeien. Maar z'n ouders hadden daar toen hun veto over uitgesproken. Te blikkerig. Nu had hij alsnog zoiets, in iets andere vorm dan.

Voor Jaap was het een absolute voorwaarde dat er in zijn auto goede geluidsapparatuur zat. Eveneens té westers voor de Scaldia. Het heeft Jaap heel wat hoofdbrekens gekost, voordat hij z'n autoradio-cassettedeck min of meer ontstoord kreeg.

Kortom, de Scaldia was een auto met karakter en de ideale auto voor ons. Je kon om en met hem lachen en, zolang je hem maar met respect behandelde, speels uitdagen. En dat deed Jaap, echte waaghalzerij haalde hij niet met hem uit. Voor mij was z'n stevigheid een verademing: in de Scaldia dorst ik alles en leerde toen pas echt autorijden in Amsterdam.

De verkoop van de Simca ging van een leien dakje. Een simpel briefje 'Te Koop' erop en binnen de kortste keren meldde er zich al iemand voor. Een vader met z'n zoon. Jaap kreeg zelfs niet de kans om de motorkap open te trekken, ze kochten hem gelijk. Een tikje verbouwereerd vroeg Jaap of ze dat wel zeker wisten. Het bleek dat ze net bij die beruchte garage om de hoek vandaan kwamen. Daar hadden ze een leuke auto gezien, maar waren erop afgeknapt omdat de garagehouder niet eens de deuren van de auto open had willen doen, laat staan de motorkap. Op de weg terug hadden ze het briefje op de Simca zien staan. Het aanbod van Jaap om de auto eerst grondig te inspecteren en er een proefrit mee te maken, was in vergelijking met die ervaring een dusdanige verademing geweest, dat ze er niet aan twijfelden dat dit een goede koop was. Voor de tweede keer had Jaap, nu per ongeluk, die garage een oor aangenaaid.

Ondanks dat Jaap van zichzelf zei dat hij tertiair reageerde, had hij over alles gelijk een mening. In zijn ogen een noodzaak om niet door anderen omvergepraat te worden en volgens hem een overblijfsel van de veelvuldige omgang met de studentenvrienden van Corrie. Daar had hij ervaren dat als je niet direct een pasklaar en gefundeerd antwoord wist te geven, je gepakt werd. Hij had ze steeds voor willen zijn, even over het hoofd ziend dat hijzelf toen pas zestien was en de meesten van hen al in de twintig waren.

Daar stond tegenover, dat na het vormen van die eerste mening Jaap sterk de neiging had om die daarna te toetsen aan de mening van anderen. Dat toetsen kwam bij mij soms nogal eenzijdig over. Jaap hoorde de ander wel aan, maar voor zover ik kon merken, stelde hij op grond daarvan zelden of nooit zijn eigen mening bij. Jaap zag dat anders, door het vele toetsen paste hij z'n eigen mening soms wel degelijk aan, in ieder geval onderbouwde hij hem beter.

Voor de mening die anderen over hém hadden, was Jaap heel gevoelig. Een enkel onvriendelijk woord kon hem finaal uit het lood slaan en de andere kant op lag het al net zo lastig. Hij had geen hoge dunk van zichzelf en van zijn kunnen. Als anderen dat wel hadden, wantrouwde hij dat eerder dan dat hij zich erdoor gevleid voelde en haalde hij allerlei argumenten aan om het tegendeel te bewijzen. Hij kon er behoorlijk in doorschieten en daar te veel tegen ingaan was helemaal de achterdeur uit.

Ik had inmiddels ontdekt dat het beter werkte om samen de positieve én negatieve kanten uitgebreid door te nemen. De punten waar Jaap dacht zwak in te zijn en de te verwachten moeilijkheden daarmee voerden de boventoon, vertrouwen in zijn kunnen de ondertoon. Gesprekken die heel open bleven. Jaap zelf trok de conclusies. Bij de keren dat ik dat eerder deed dan hij, werden die van de hand gewezen, hoewel die soms gelijk waren aan waar hij zelf uren later op uitkwam. Het was echt balanceren op het scherpst van de snede. Iets te positief en het was over. Soms werkte iets te negatief zelfs beter. Meestal hield ik het echter bij het zoveel mogelijk alleen maar benoemen van de verschillende kanten van de zaak. Jaap kwam er later meestal zelf uitgebreid op terug en had er ondertussen voldoende vastere en positievere ideeën over gekregen om een poging te gaan wagen. In alle gevallen was sturen uit den boze, of het moest zó subtiel gebeuren, dat hij het eerder leuk dan storend vond.

Met een lachje en een waarschuwend vingertje: "Als je maar niet denkt dat ik het niet doorhad," ging hij er dan in mee. (nr.22)

Helaas begreep Jaaps moeder er niets van als hij zo'n negatieve afslag nam en zij ging er wel volop tegenin. Vaak heb ik er met kromme tenen bijgezeten als dat gebeurde. Jaaps vader probeerde het soms te stoppen, maar als die twee op zo'n manier samen bezig waren, was er geen houden meer aan. Liet de één het erbij zitten, begon de ander er weer over. Een totale communicatiestoring, waarin beiden koste wat kost hun gelijk wilden halen.

De zoektocht naar werk had nog steeds niets opgeleverd en Jaap knapte langzaam maar zeker af. Het gevoel dat ze hem niet moesten, dat hij nergens goed voor was, begon hem te verlammen. Tijd voor een andere actie, en indachtig z'n vrolijke verhalen over pa en zoon cavia, stelde ik voor er weer eentje te nemen. Daar hoefde Jaap niet lang over na te denken en met een dierenwinkel om de hoek was dat vlot geregeld. Het werden er twee. Ze zaten daar saampjes zo lief, té sneu om ze uit elkaar te halen. Ze waren voor Jaap bedoeld, maar daar dacht Argusje anders over. Ze waren voor hem en hij vond ze prachtig.

Het hielp iets, maar te weinig. Jaap ging gestaag verder achteruit en werd steeds moedelozer. Om in slaap te kunnen vallen, was hij noodgedwongen al teruggevallen op de Mogadon. We waren het erover eens dat er iets moest gebeuren. Niet zozeer een volgende therapie, eerder hulp bij het vinden van bezigheden.

Ik trok de stoute schoenen aan en stapte begin december naar mijn lector. We hoopten dat hij vanuit zijn positie bij de universiteit beter op de hoogte was van de diverse mogelijkheden. Dat was hij en hij gaf me het adres van een beroepskeuzebureau dat gelieerd was aan de universiteit. Daar zijn we gelijk op afgestapt.

De gesprekken met de begeleider die Jaap daar toegewezen had gekregen, deden hem zichtbaar goed. Hij mocht z'n begeleider graag en vond het heel plezierig dat de gesprekken niet therapeutisch waren en hij niet in een hulpvragers positie werd gedrongen. De gesprekken gingen met name over Jaaps interesses en hoe daarbij passende bezigheden te vinden. Zijn begeleider kende een werkelozenproject waar ze fietsen repareerden. Het leek hem wel wat voor Jaap en hij gaf hem als opdracht mee daar te gaan kijken. Jaap dubde en dubde, hij dorst niet. Met veel moeite kreeg ik hem zover om alleen even te gaan kijken waar het was. We konden het niet meteen vinden en Jaap werd kwaad toen ik verder wilde zoeken. Thuisgekomen gaf hij ronduit toe dat hij heel opgelucht was dat we het niet hadden kunnen vinden. Hij had nooit naar binnen durven gaan en was er bang voor geweest dat ik zou hebben aangedrongen dat toch te doen. Daar had hij zich dan alleen nog door middel van een forse ruzie aan kunnen onttrekken.

Het tochtje had Jaap toch iets opgeleverd. Naar eer en geweten kon hij nu zonder te hoeven opbiechten dat hij het gewoon niet had aangedurfd, aan zijn begeleider gaan melden dat het adres onvindbaar was en dat daardoor de opdracht was mislukt. [nr. 23]

Een ander idee sloeg beter aan. Het voor de bibliotheek van het bureau in beeld brengen van diverse beroepen, zodat zij hun cliënten een wat beter beeld konden geven over wat die beroepen inhielden. Jaap dacht gelijk aan twee kennissen, beiden medisch analist en prima proefpersonen voor zoiets. Dat pakte goed uit en zijn begeleider beloofde contact op te nemen zodra zijn plan vastere vormen had aangenomen.

Dat is nooit gebeurd. Na eerst heel enthousiast te zijn en boordevol ideeën te zitten over hoe zoiets aangepakt kon worden, begon Jaap steeds meer problemen te zien bij de uitvoering ervan. Net zo lang totdat hij zichzelf ervan overtuigd had dat het niet mogelijk was om beroepen goed in beeld te brengen. De teleurstelling en, naar ik aanneem, het gevoel weer gefaald te hebben, werkte hij voor zichzelf zó vakkundig onder tafel, dat hij er zelfs blij om kon zijn dat het uiteindelijk niet doorging en het voor zijn begeleider sneu kon vinden dat zijn project blijkbaar afgewezen was.

Jaap is ook getest – dat hoorde per slot bij het geheel van de beroepskeuze – en hij vond het wel komisch dat testen gebaseerd op snelheid in zijn geval onbruikbaar waren. De hasj was daar debet aan; dat was het eerste waar hij 's morgens naar greep. Voor zover meetbaar met de overgebleven testen was zijn IQ meer dan hoog genoeg om met gemak iedere studie aan te kunnen. Een kleine opsteker voor Jaap, die zijn ouders nooit had willen geloven als ze zeiden dat hij de briljantste van hun twee kinderen was en dat, waar Corrie hard voor had moeten werken, hem gewoon was komen aanwaaien. Welke richting het beste bij Jaap zou passen kon met de testen helaas niet bepaald worden en daar ging het nu juist om.

1976

Argus – inmiddels uitgegroeid tot een stevig gebouwde, wat vierkante hond, met pronte, staande oren en al net zo pront omhoog staande staart – was een hoofdstuk apart in ons leven. Hij was altijd vlak in de buurt, bemoeide zich overal mee en was het baken in huis geworden waar niet alleen wij, maar ook onze vrienden en kennissen op terug konden vallen als het leven even te zwaar werd. Argus voelde haarfijn aan wat dan het beste werkte, je troosten of je aan het lachen maken.

Naar mens en dier toe was Argus uiterst voorzichtig met jong en/of zwak. Wie echter wel een stootje kon hebben mocht hij graag plagen. Hij was altijd wel in voor een wedstrijdje en kon hij op z'n sloffen niet winnen, dan zette hij gewoon een tandje bij qua botte kracht en won alsnog.

Argus was een echte 'heer'. Geheel in lijn daarmee haalde hij z'n knuffels bij mij en vond dat 'mannen onder elkaar' zoiets niet doen, die geven elkaar klopjes. Met hen knuffel je hooguit stiekem als ze óf dronken óf heel slaperig zijn (of zich zo houden). Echter, als Jaap in de put zat, was Argus er voor hem en drong dan wel aan op een knuffel en een arm om hem heen.

Op liefdesgebied was Argus niet voorlijk. Hij is slechts één keer op vrijersvoeten gegaan en het kostte hem drie dagen om uit te vinden hoe dat werkte. Niet lang na die escapade van hem waren we op bezoek bij Sjoerd en Tessa. Berber pakte Argus helemaal in, een likje hier, een likje daar, en Argus raakte tot over z'n oren verliefd. Een feest om te aanschouwen. Argus had de liefde van z'n leven gevonden en is haar altijd trouw gebleven.

Door z'n ongelooflijke rechtlijnigheid was Argus heel betrouwbaar. Echter, Jaap had een aantal keer van Argus gewonnen en was daardoor in diens ogen sterker dan hij. De verdediging van huis en haard liet Argus dan ook geheel aan Jaap over. Daar hadden we weinig op tegen. Iedereen kon binnen komen en werd door Argus hartelijk begroet. Wat Jaap echter wel zorgen baarde, was wat er zou gebeuren als hijzelf onverhoopt en waar Argus bij was door iemand gevloerd zou worden. Zou hij dan vluchten of met doodsverachting aanvallen? Dat laatste zou voor de tegenpartij slecht kunnen aflopen. De kaken van Argus waren door het overal op knagen en het eindeloze 'kauwgom'-kauwen op stukjes rubber van gesloopte ballen, ijzersterk geworden. Hij beet met gemak de dikste takken doormidden en liep ook zo weg met een heipaal. Een arm, been of strot zou daarbij vergeleken kinderspel voor hem zijn. Als Argus mij zou moeten verdedigen, wat hij zeker zou doen, lag dat anders. Dan zou hij niet uit angst aanvallen en Jaap maakte zich daar veel minder druk over. Laat juist dat nu een keer bijna fout afgelopen zijn. We waren op het boerderijtje, Jaap was even weg en toen stapte de boer, schoongewassen en in z'n nette pak door de openstaande staldeuren naar binnen. De honden kenden hem niet anders dan in z'n naar koeien stinkende overall en zij herkenden hem dus niet meteen. Argus nam een sprong richting z'n keel en Lotje mikte achterlangs op z'n billen. Net op tijd kon ik met een brul hun aanval stoppen. Toen pas kregen ze in de gaten wie het was en waren zelf wat beduusd van hun actie. Ik ook. Wat een dodelijk duo was dat.

Al met al, zo baas zo hond in optima forma. Ze hadden het niet beter met elkaar kunnen treffen.

Met de fotografie liep het lekker. Onderwerpen genoeg en ook steeds meer kinderen dienden zich aan. Jaap was nog steeds nauw betrokken bij de band en toen één van hen begin maart vader werd, vroeg hij aan Jaap of hij de eerste foto's van z'n pasgeboren zoontje wilde maken. Jaap voelde zich vereerd en vond het ook spannend. Het moest in één keer goed gaan, een eerste dag op aarde valt niet over te doen. Het ging goed en leverde een paar prachtige foto's op.

De volgende opdracht liet niet lang op zich wachten. Een stel bij wie Jaap al vele jaren over de vloer kwam, legde hem de vraag voor of hij voor de crèche waar hun zoontje op zat, de jaarlijkse schoolfoto's wilde maken. De vaste fotograaf had dat jaar verstek laten gaan en omdat Jaap mooie portretten van hun eigen kinderen had gemaakt, hadden ze aan hem gedacht. Een leuk aanbod, maar bij Jaap rezen gelijk de vragen op. Zou hij in staat zijn acceptabele foto's af te leveren? Hoe moest hij dat aanpakken met de betalingen en de nabestellingen? Met het vooruitzicht dat hij er meerdere dagen rond zou mogen lopen en daardoor alle kans zou krijgen om eventuele missers te herstellen, en met het aanbod om de nabestellingen voor hem te regelen, wisten ze hem over te halen.

De eerste dag op de crèche had Jaap de pech dat het licht was uitgevallen, wat het scherpstellen knap lastig maakte. Hij is er in totaal vier dagen bezig geweest en bijna alle opnames waren goed, zelfs die van de eerste dag. Iedere avond zat hij in de doka en het tempo van afdrukken lag formidabel hoog. Het opvallende aan de hele serie was, hoe serieus die kleintjes 'school' namen.

Jaap genoot van de reuring op de crèche. Iedere dag kwam hij thuis met armen vol sappige verhalen over de rare streken die de kinderen nu weer uitgehaald hadden. Vooral de onderlinge gemenigheidjes vond hij prachtig. Het leukste daaraan vond hij nog wel, dat de leidsters het meestal niet in de gaten hadden gehad.

De foto's werden grif verkocht, de ouders waren er helemaal weg van. Met de nabestellingen ging het echter faliekant mis. De voorzorgen die Jaap altijd nam om zo snel mogelijk in te schatten hoever hij met iemand kon gaan, hoe persoonlijk hij kon worden – in zijn ogen een noodzaak om niet te kwetsbaar te worden voor mensen die hem zouden kunnen schaden – werkten goed bij de los-vaste contacten, maar als de band hechter werd, zoals bij dit stel, werd het een ander verhaal. Jaap van zijn kant was wel rekening blijven houden met hun zwakke punten en had van hen eenzelfde opstelling verwacht. Daar had hij zich danig in vergist en hij kreeg zelfs geen kans meer om de nabestellingen alsnog zelf te regelen. De zeer reële kans dat hij het jaar daarop weer gevraagd zou worden, was hiermee verkeken en zijn dagdromen over de mogelijkheid om als fotograaf aan de slag te kunnen op crèches en scholen, waren aan gruzelementen.

Dit was eindelijk iets waar hij zelf helemaal tevreden over was geweest en dat was uitzonderlijk; z'n zelfkritiek was meestal meedogenloos. Dit hele gebeuren, het gevoel door toedoen van anderen een kans gemist te hebben en daar machteloos tegenover te staan omdat er niet meer over te praten viel, heeft hem nooit meer losgelaten en hij is het ze dan ook altijd blijven nadragen.

Niet lang daarna kwam Jaap opnieuw hard in botsing met iemand waar het niet mee uit te praten viel. Van een vriendelijk, zich wat op afstand houdend kennisje veranderde zij na haar opname in een neurosekliniek – één van de klinieken waar Jaap ooit afgewezen was – in iemand die met niemand meer rekening wenste te houden, maar wel vond dat iedereen rekening met haar moest houden. Hopend dat het van tijdelijke aard zou zijn, slikte Jaap dat een paar keer. Totdat ze het tijdens een gesprek te bont maakte. Er kwam een onderwerp ter sprake waarvan zij aangaf het er liever niet over te willen hebben, te pijnlijk. Natuurlijk, alle begrip, ander onderwerp. Pal daaroverheen bracht zij Corrie ter sprake, waarop Jaap op zijn beurt te kennen gaf dat een te pijnlijk onderwerp te vinden. Dat vond ze grote flauwekul en bleef erover doorgaan.

Ze belde nog een keer, maar Jaap wimpelde haar bot af. Zoals gewoonlijk duurde het nog iets langer voordat hij echt boos werd. Daarna was voor Jaap alleen al het horen van haar naam genoeg om te fulmineren tegen hoe zij dacht met mensen om te kunnen gaan, en in het verlengde daarvan, te fulmineren tegen de therapeuten van de kliniek, die volgens hem hier debet aan waren geweest. Dat ze hun patiënten leerden beter voor zichzelf op te komen, prima, maar leer ze dan ook dat ze daarbij niet over lijken hoeven te gaan. Ze waren, ofwel volledig blind voor de desastreuze effecten van hun therapie, ofwel ze vergaten dat gemakshalve liever om niet aan de 'heiligheid' van hun therapie te hoeven tornen.

Wijzer geworden door deze ervaring, was Jaap blij dat hij toentertijd afgewezen was bij de neurosenklinieken. Hij hield het liever bij z'n eigen normen over wat je wel en niet kon maken ten opzichte van anderen; waar je jezelf moest verdedigen en waar je de ander in zijn waarde moest laten.

Een prima gesprekspartner voor dit soort onderwerpen was meneer Schoonenbeek. Die trachtte te leven naar een zuiver christelijke moraal, maar gaf volmondig toe dat ook híj af en toe de mist inging. Meneer Schoonenbeek begreep Jaaps frustraties en mislukkingen op dat gebied en heeft hem meer dan eens geholpen deze teleurstellingen te verwerken en toch het oordeel mild te houden.

Verder hield Jaap dit soort fricties met anderen grotendeels binnenskamers. Hij sprak er uitgebreid met mij over, een enkele keer met z'n ouders – en dan meestal alleen nog als het om familie ging – en een heel enkele keer met een wederzijdse vriend. Jaap kon er zich soms volledig in vastbijten, tot er 'onbesmet' bezoek binnenstapte, dan pakte hij meteen en met verve z'n rol als gastheer op en daarna was de lucht weer enigszins geklaard.

Wanneer er onenigheid was met één van onze ouders, dan lag de onuitgesproken grens bij het elkaar er alleen uitgebreid van op de hoogte houden, zonder ons daarin ooit daadwerkelijk te mengen, of er een oordeel over te hebben. Dat was uitsluitend aan degene over wiens ouder het ging.

Als er tussen ons iets niet helemaal lekker liep, bleef dat strikt onder ons, daar had verder niemand iets mee te maken.

Bij Sjoerd en Tessa had zich een klein drama voltrokken. Hun kat was in huis altijd al een 'waakkat' geweest, die als Tessa alleen thuis was een vreemde man niet binnen liet komen. De laatste tijd was hij echter ook op straat zomaar mensen gaan aanvallen. Dat werd te gevaarlijk en ze hadden hem moeten laten inslapen. Sjoerd had het er erg moeilijk mee en kon daardoor ook Berber niet meer om zich heen velen. Jaap had daar alle begrip voor en tot grote vreugde van Argus kwam ze in mei weer bij ons wonen. Helaas hadden Sjoerd en Tessa Berber nooit helemaal zindelijk gekregen en ze bleek bovendien weer zwanger te zijn. Het werden er twee. Acht weken lang heerlijk speelgoed voor iedereen zonder je druk te hoeven maken over opvoeden, een mooi klusje voor hun nieuwe bazen. Eén van de kleintjes ging naar een stel dat ook helemaal gek van Berber zelf was. Een paar maanden later en ondanks dat ze wisten dat Berber niet helemaal zindelijk was, wilden ze haar er dolgraag bij hebben. Wij waren er zelf nog niet over uit of het hebben van vier honden in een kleine Amsterdamse benedenwoning wel zo'n goed idee was en stemden ermee in. Na een maand of vier hielden zij het dweilen voor gezien en brachten Berber terug. Deze keer waren we er wel uit, een goed idee of niet, Berber werd ónze hond. Ons 'overzeese rijksgenootje', zoals Jaap haar liefkozend noemde, of – iets minder ons – 'urinamertje' als ze weer eens in huis had geplast.[10]

Ik had nog één groot mondeling tentamen te gaan. In de voorbereiding daarop was ik op de boeken van Watzlawick gestuit. Zijn kijk op intermenselijke communicatie op zich, de rol van de paradox daarin en hoe hij daar de toepassingsmogelijkheden van zag in de psychotherapie, vond ik machtig interessant. Omdat Jaap zo taalgericht was, nam ik aan dat dit iets was wat hem ook zou interesseren en voor deze ene keer liet ik me ertoe verleiden er Jaap iets meer over te vertellen. Blijkbaar klonk ik iets te enthousiast, Jaap werd fel. De ideeën van Watzlawick vond hij stuitend en manipulatief. Het was hooguit een gave, waar je heel voorzichtig mee om diende te gaan. Niet iets wat je aan kon leren en je moest wel van hele goede huize komen, wilde je met die werkwijze niet binnen de kortste keren vervallen in een puur manipulatief spel, zonder nog enig oog te hebben voor de mens die voor je zat. In zijn visie schreeuwde dat om vergaande beroepsdeformatie. Iets waar hijzelf altijd heel erg alert op was en eenieder die hij erop betrapte, meteen op aansprak. Ik had

---

10 Bijnamen die, vrees ik, nu absoluut niet meer door de beugel zouden kunnen.

kunnen weten dat Jaap het gevaar ervan zag. Hij had zelf die gave, alleen ontkende hij dat – zeker nu – ten stelligste.

Als sluitstuk van de studie moest ik eind juni mijn werkstukbespreking houden. Het was voor Jaap verre van makkelijk om zo rechtstreeks bij mijn studie betrokken te worden. Zolang ik mijn studie wat bagatelliseerde en er niet te opvallend mee bezig was, hadden we het tot nu toe wat onder tafel weten te vegen en was Jaap er zelfs trots op als ik een tentamen had gehaald. Maar die werkstukbespreking was andere koek en hij zag er erg tegenop. Ik wilde toch graag dat hij meeging en dat wilde Jaap zelf ook. Het gaf hem het gevoel dat het niet alleen iets van mij was en hij er weldegelijk zijn steentje aan had bijgedragen. Jaap heeft het gered. Ikzelf had het geheel al vreselijk gevonden en ik wist dat het voor hem nog vele malen erger moest zijn geweest. Ik was trots op hem en trots dat we samen zover gekomen waren.

Na afloop moest Jaap op de één of andere manier zijn spanningen kwijt en het enige commentaar dat hij kon verzinnen, was dat ik te zacht had gesproken en hij me maar met moeite had kunnen verstaan. "Kritiek moet er zijn toch? Anders raakt ze over het paard getild." De rest kon blijkbaar zijn goedkeuring wegdragen en ik was blij met z'n verkapte compliment. Mijn moeder, die ik ook had uitgenodigd, nam die opmerking natuurlijk weer eens letterlijk en nam het Jaap nogal kwalijk. Een volgende deuk in hun toch al wat moeizame verstandhouding.

Begin juli ben ik afgestudeerd. Jaaps ouders waren zó opgelucht en zó blij dat we hier samen heelhuids doorheen waren gerold, dat ze dat met beide families wilden vieren met een groots diner. Jaap had zijn eigen manier gevonden om er goed mee om te kunnen gaan dat ik wel en hij niet een papiertje bemachtigd had. Liefkozend bedoeld, en begrepen, was ik het domste doctorandusje ooit en de universiteit was vér in zijn achting gedaald, nu ze zelfs iemand als mijn persoontje een papiertje hadden gegeven. Eerlijk gezegd had ik zelf ook zo mijn twijfels over de universiteit, over de studie en bovenal over mezelf in dat plaatje. Jaap ging nog een stapje verder. Ter vervolmaking van hun afgang moest ik ooit maar eens gaan promoveren op zijn geschiedenis. Het idee alleen al dat ze mij dan een doctorstitel zouden geven voor een geschrift waar hun eigen falen in het opleiden van goede psychologen en psychiaters aan ten grondslag lag, deed hem spinnen van genoegen.

Om even te bekomen van al dit gedoe, leek het me een goed plan het boerderijtje een opfrisbeurt te gaan geven. We waren er vaak en namen er regelmatig vrienden mee naartoe. We mochten weleens iets terug doen. Dat pakte goed uit, zowel voor het boerderijtje als voor ons. De rust, de weidsheid, de eenvoud van het bestaan op het boerderijtje zelf en in de ruime omtrek, waar we bij iedereen ten alle tijden welkom waren en op wiens hulp we altijd konden rekenen. Een omgeving waar Jaap heel goed in gedijde. Het was niet voor niets dat Jaaps moeder meermaals met spijt in haar stem heeft verzucht dat het voor Jaap veel beter zou zijn geweest als ze in den Briel waren blijven wonen.

Jaap had al eens een voorhoofdsholteontsteking gehad en dat kwam steeds vaker terug. Zelf had Jaap het idee dat het door het speedgebruik kwam en dat dit zijn slijmvliezen te veel had aangetast. De geëigende medicatie hielp niet meer afdoende en de huisarts stuurde hem door naar een KNO-arts. De verkeerde dus. Wel goed in zijn vak, maar verder …

Op één van de afspraken was vóór Jaap een meisje van even in de twintig aan de beurt geweest. Terwijl Jaap alvast in de behandelstoel ging zitten, belde de arts met een collega dat hij zojuist een patiënte naar hem had doorgestuurd, dat dit slechts pro forma was en alleen om haar nog even in de waan te laten. Ze had keelkanker en daar was niets meer aan te doen. De vrouw van de arts was tevens z'n assistente. Zij maande hem nog dat hij dit niet kon doen waar een andere patiënt bij zat, maar daar trok hij zich niets van aan.

Ethisch totaal onverantwoord, al helemaal de manier waarop. De huisarts was dit volledig met Jaap eens en verwees hem gelijk door naar een andere KNO-arts. Diens remedie was: doorspoelen van de holtes. De eerste keer ging ik mee. Jaap kwam 'fluitend' naar buiten en vond dat hij dat verder wel alleen aankon. Ondanks mijn bezwaren is hij zelfs een keer in z'n eentje vanuit Friesland op en neer geweest. Kleinzerig was Jaap totaal niet. De bijbehorende hoofdpijn vond hij wel vervelend, maar was stomverbaasd dat de specialist aannam dat hij met zo'n forse ontsteking moest duizelen van de hoofdpijn. In vergelijking met de oude vertrouwde pijn in z'n rug, vond hij dit niets. Het leek er bijna op, zo bedachten wij, alsof z'n pijnregistratie erdoor wat laks was geworden.

En pijn in z'n rug had Jaap nog regelmatig en vrijwel altijd zonder aanwijsbare aanleiding. Hij omschreef die pijn als een soort branden en inderdaad voelde het rond z'n ruggengraat dan kokend heet aan. Als hij pijn in zijn rug had, klaagde Jaap dáár niet over, maar wel steen en been over allerlei andere kleine ongemakken. Zozeer zelfs, dat anderen er soms iebel van werden. Als ik dat merkte en het ging om vrienden, dan probeerde ik dat wel aan hen uit te leggen, maar alleen als Jaap even buiten gehoorsafstand was.

Had hij eenmaal pijn in zijn rug, dan was hij er ook niet meer voorzichtig mee en uitgerekend toen kwamen we in Friesland vast te zitten op een zanderige afslag. Om weer grip te krijgen moest de auto vanachter opgetild en iets verplaatst worden. Natuurlijk was er in geen velden of wegen iemand te bekennen die zou kunnen helpen. Jaap liet zich door mij niet tegenhouden: "Ik heb toch al pijn in m'n rug, dat beetje meer maakt ook niet uit." Hij kreeg het in z'n eentje voor elkaar, over sterk zijn en niet piepen gesproken.

Normaliter probeerde ik zoveel mogelijk te vermijden dat Jaap zware dingen tilde. Hij vond het al niet makkelijk mij te zien sjouwen en het commentaar van buitenstaanders maakte dat er bepaald niet beter op. Aan vrienden legde Jaap het soms wel uit, maar zelfs zíj lieten zich af en toe verleiden tot commentaar. Het zag er ook zo onlogisch uit. Jaap groot en schijnbaar sterk, stond erbij en keek ernaar hoe ik, fragiel ogend, met zware dingen liep te zeulen. Jaap deed alle commentaar meestal af met de opmerking: "Ik heb daar zo mijn personeel voor." Maar het zat hem helemaal niet lekker. Het bleef voor hem moeilijk te verteren dat het gezonde en sterke lichaam dat hij ooit had gehad, na de rugziekte verworden was tot een zeer bedrieglijke uiterlijke schijn, waar hij nog steeds op afgerekend werd. Alsof hij zelfs fysiek niet meer meetelde.

Qua ziek en zeer was het hebben van koorts het enige waar Jaap echt niet tegen kon. Bij een ietsepietsie verhoging was hij al volslagen 'ziek, zielig en nooddruftig', maar nog steeds zeer goed te genieten. Alleen met het 'nooddruftig' zijn, verloor hij helaas steevast uit het oog dat je nogal inboet op je lichamelijke aantrekkelijkheid als je zwetend in bed ligt en voortdurend vertroeteld wilt worden met lekkere hapjes en drankjes.

Jaap had nog iets anders aan die rugziekte overgehouden. Door het jarenlang dragen van het korset was vooral op dat gedeelte zijn huid erg gevoelig geworden [nr.24]. Een lastig kwaaltje, want naast dat iedere aanhaling van mij kriebelde, kon hij alleen katoen nog goed velen en die spoeling was dun. Mijn eigen kleding maakte ik al grotendeels zelf en aangezien de keuze aan katoenen stoffen aan de meter veel groter was, wilde ik dat ook graag voor Jaap gaan doen. Dat vooruitzicht stond Jaap wel aan en in september begon ik op de Rotterdamse Snijschool aan de tweejarige coupeuseopleiding voor zowel dames- als herenkleding. Op enkele bijzondere kledingstukken na, hebben we daarna nooit meer bovenkleding hoeven kopen. Dat had nog twee grote voordelen: het spaarde geld uit en winkelen was geen noodzaak meer.

Dat ik aan een cursus was begonnen, stak Jaap aan om ook zoiets te gaan doen. Ooit had hij van Sjoerd zijn schriftelijke cursus fotografie mogen lenen. Die had hij helemaal doorgewerkt en grote gedeeltes ervan overgetypt op mijn oude schrijfmachine. "Twee vliegen in één klap, ik leer gelijk typen." De vervolgcursus had Sjoerd nooit gedaan. Die wilde Jaap er nu graag bij hebben en in oktober schreef hij zich ervoor in. Met grote belangstelling heeft hij alle lessen doorgenomen, maar nooit de opgaven gemaakt, laat staan ingestuurd. Dat was de opzet ook niet geweest, het was bedoeld voor zelfstudie en als naslagwerk.

1977
We trouwen

Zoals gebruikelijk hadden we de dagen rond Oud en Nieuw in het boerderijtje doorgebracht. Geen vuurwerk, geen beste-wensen-gedoe, oftewel de honden rust en wij rust. Wij waren nog geen dag terug in Amsterdam, toen de boer Jaaps ouders belde met het bericht dat de boerderij van de buren even verderop volledig was afgebrand. Het gezin was er gelukkig heelhuids van afgekomen en ook de stallen en het vee waren gespaard gebleven. Hun hond had helaas minder geluk gehad en had als enige de brand niet overleefd. Ervan uitgaande dat 'Stam' dat wel goed zou vinden, had de boer het getroffen gezin tijdelijk in het boerderijtje ondergebracht. Zijn vraag was of ze daar konden blijven totdat ze een noodvoorziening op hun eigen erf hadden geregeld. Vanzelfsprekend vond 'Stam' dat goed, maar hield het daar even bij. Indachtig een akkefietje met iemand uit de familie, die het een paar maanden eerder als winterstalling annex werkplaats had willen gebruiken en waar Jaap zich met hand en tand tegen had verzet, wilden ze eerst met hem overleggen of ze aan zouden bieden dat het gezin er kon blijven wonen tot hun huis weer opgebouwd was. Jaap was verbaasd dat z'n ouders ook maar één seconde hadden gedacht dat hij daar bezwaar tegen zou hebben. Dit lag zo totaal anders. De volgende ochtend reed Jaap gelijk terug naar Friesland om ze in het huisje wat wegwijs te maken en de boel zodanig te reorganiseren dat ze er voor langere tijd konden blijven wonen.

De ondertrouw hadden we al twee keer verlengd. Haast om daadwerkelijk te gaan trouwen hadden we niet. Het kwam wel eens ter sprake, maar Jaap tilde nogal zwaar aan de verantwoordelijkheden die daar naar zijn idee aan verbonden waren. Het liefst zou hij deze stap pas willen zetten als hij minimaal zelf in ons onderhoud zou kunnen voorzien. En, ook niet onbelangrijk, hoe zeker was zeker, want scheiden mocht dan voor ieder ander inmiddels de gewoonste zaak van de wereld zijn, voor Jaap was dat iets onvoorstelbaars.

Echter, de plannen van de familie Schoonenbeek om ooit te gaan emigreren werden eind april opeens concreet en ze zouden op korte termijn vertrekken. Nu moesten we wel. Het dan maar van de humoristische kant bekijken en alle schuld op je getuige schuiven. "Hoe stom van mij om me zó te laten strikken en dan nog wel door iemand zoals jij. Maar ja, wat moet je anders als je beste getuige ervandoor gaat?" Op andere momenten kon Jaap genietend zeggen: "Zo vangt een koe een haas." Het aan de ander latend te raden wie hier de koe en wie de haas was.

In korte tijd moest alles geregeld worden. Het meest urgente was een gang naar het gemeentehuis voor het maken van de afspraak en naar de notaris voor de huwelijkse voorwaarden. Daar stond Jaap op en ik gaf hem daarin groot gelijk. Het voelde voor mij bijna onfatsoenlijk om dat niet te doen. Financieel had ik nauwelijks iets ingebracht en op dat wat Jaap via z'n ouders ingebracht had, had ik toch geen enkel recht. Jaaps vader was het hier helemaal niet mee eens, in een huwelijk hoorde je alles samen te delen. Na onze argumenten aangehoord te hebben, ging hij er, weliswaar nog steeds met grote tegenzin en onder protest, mee akkoord.

Qua kleding hielden we het simpel. Omdat ik niet alles op zo'n korte termijn zelf kon maken, moesten we er af en toe op uit en daarbij was een goede vriendin van Jaap een enorme steun. Daarna gingen we, eveneens gedrieën, op jacht naar een geschikt restaurant voor het diner, waar natuurlijk ook het eten geproefd moest worden. We hadden zoveel lol onderweg, dat Jaap al die voor hem zo enge zaken zelfs leuk ging vinden.

Ergens tussendoor gingen Jaap en ik op zoek naar onopvallende ringen en vervolmaakten we onze trouwkaart met pootafdrukken van de honden. Die wilden bepaald niet meewerken en dat werd een zeer vrolijke nacht met de nodige gevolgen voor de keukenvloer.

Jaap vond het maar niks om zo openlijk voor het voetlicht te moeten gaan staan: hoe minder bekijks daarbij hoe beter. Dat kwam ook mij heel goed uit en we hielden het bij onze vier getuigen, de twee vrienden die alles op foto vast zouden leggen, hun aller aanhang en natuurlijk Jaaps hulpvaardige vriendin. Het enige wat ons zorgen bleef baren was mijn moeder. Niet alleen dat ze nog steeds wat moeite had met Jaap, maar het ging ook op andere vlakken al een tijd niet goed met haar. Tijdens de overgang was ze op haar werk en bij de huisarts – dezelfde die ik in m'n eindexamenjaar om de pil had gevraagd, waar hij me blozend en zonder verder te vragen een doorlopend recept voor had gegeven – op een muur van onbegrip gestuit. Ze was daardoor langzaam maar zeker 'verdronken' in haar werk op school en in het daarnaast bijhouden van haar huis, en was door de controlearts met langdurig ziekteverlof gestuurd. De controlearts nam z'n taak serieus en had m'n moeder onder z'n hoede genomen. Ook had ze nog steeds wat moeite met Jaap. We moesten er maar het beste van hopen.

Op 1 juni was het zover. We troffen het met de trouwambtenaar. Hij was van onze leeftijd en al bijna net zo nerveus als Jaap, want ook hij deed het voor het eerst. Jaap maakte prompt een grapje om hem wat op z'n gemak te stellen. Dat werden er vele en echt plechtig is de hele ceremonie niet meer geworden. Een goed begin van de dag, op naar het huis van Jaaps ouders waar de hapjes en de drankjes al klaar stonden.

Mijn kersverse schoonvader keek zoals gebruikelijk het hele gedoe welwillend aan. Hij gunde ons en z'n vrouw het feestje, sprong alleen in waar nodig en nam mijn moeder, wier moeite met ons huwelijk hij onderkende en waar hij begrip voor had, een beetje onder z'n hoede. Op een kleine wanklank na – om het ijs een beetje te breken had Jaap aan m'n moeder gevraagd hoe ze het vond er een schoonzoon bij te hebben, haar bitse antwoord was geweest: "Dat zegt me niets." – was het een ontspannen en vrolijke middag.

Mijn kersverse schoonmoeder had de hele dag al volop lopen genieten. Tijdens het afsluitende diner gooide ze de laatste remmen los en diste de ene na de andere komische anekdote op over Jaap. Mijn moeder trok zich echter steeds verder terug.

Ik wist hoezeer Jaaps moeder had uitgekeken naar de bruiloft van Corrie en hoe zwaar het haar soms nog viel om naar de bruiloft van andermans dochter te moeten gaan. We hadden het er niet om gedaan, maar haar zo met een van puur genoegen stralend gezicht bezig te zien en te horen, leek het erop dat we met onze bruiloft dat gemis voor haar iets hebben kunnen verzachten. Voor mij gaf dat een extra gouden randje aan deze dag.

Idealere schoonouders kon ik me niet wensen. Vreemd genoeg is het me echter nooit gelukt ze anders dan met meneer en mevrouw aan te spreken: ze lieten het aan mij over, hun aanbod lag er. Mijn grote respect voor hen heeft me waarschijnlijk en jammer genoeg, hierin geblokkeerd. Na het bitse antwoord van m'n moeder op Jaaps vraag, was het wel duidelijk dat zij in ieder geval niet anders dan voorheen aangesproken wenste te worden.

Eindelijk thuis wilde Jaap nog even aftaaien naar de kroeg om onze nieuwe status gelijk 'wereldkundig' te maken. Ongeloof viel ons ten deel, de kleur en vorm van onze ringen maakten dat er niet veel beter op.

Onze trouwkaart, Jaaps trots, kon nu op de bus en iedereen werd uitgenodigd een borrel te komen halen. Daar werd volop gehoor aan gegeven en het feest ging nog dagenlang door.

Vanaf ons trouwen – en Jaap stond daar helemaal achter – nam ik zijn achternaam aan en waar dat maar enigszins mogelijk was liet ik mijn meisjesnaam schrappen. Jaap had me opgenomen in zijn familie en naar hen mocht en wilde ik heten.

De familie Schoonenbeek vertrok naar Amerika en wij kregen hun auto, een metallic blauwgroene Toyota Carina. Met spijt in het hart namen we afscheid van de Scaldia. We kregen er wel een hele mooie auto voor terug, waar Jaap al net zo zuinig op was als op de Scaldia.

De nasleep van ons huwelijk was minder geslaagd. Na onze bruiloft had m'n moeder zich onderweg naar huis niet meer in kunnen houden. M'n broer was zo wijs geweest het zonder commentaar over zich heen te laten komen; z'n vriendin helaas niet en die had het zwaar te verduren gehad. Niets had in m'n moeders ogen nog gedeugd aan haar, aan Jaap en aan mij mankeerde ook van alles. Haar meest vreemde verwijt was nog wel geweest, dat niet ik, maar Dirk als eerste had moeten trouwen. En dat voor iemand die niets met trouwerijen ophad. Ze hadden ons daar niet mee lastig willen vallen, maar na een paar weken had Dirk er niets meer over willen horen en kwam Ria haar nood alsnog bij ons klagen.

Jaap was des duivels over de onredelijkheid van m'n moeder. Hij vond het heel unfair dat ze daar een ander voor had gepakt en het hem niet zelf recht in z'n gezicht had gezegd. Hoeveel ik ook van mijn moeder hield en het gezien haar huidige problemen, haar eigen moeilijke jeugd en mislukte huwelijk misschien begrijpelijk was, maar dit kon ze niet maken. Een paar keer m'n moeder afvallen en Ria volledig gelijk geven, natuurlijk. Maar zij wist van geen ophouden. Dat werd me te veel en ik schoot in de verdediging, wat Jaap mij weer erg kwalijk nam.

Een poging van mij om er met m'n moeder over te praten, mislukte faliekant. Dat zij zich die dag aan onze normale taakverdeling had gestoord, viel te verwachten en ook dat ze er ziende blind en horende doof voor bleef wat Jaap daar allemaal tegenoverstelde waar ik volop van genoot en, ook niet onbelangrijk, dat we domweg gelukkig waren met elkaar. In haar ogen werd ik in de positie van sloof gedrukt. Daar was geen praten tegen.

Maar tot m'n verbijstering waren nu ook de ouders van Jaap de gebeten hond. M'n moeder had zich enorm gepakt gevoeld door de vele vrolijke anekdotes over Jaaps kinderstreken, terwijl er over mij niets werd gezegd – dat dit voorbehouden was aan de familie van de bruid, heb ik maar niet gezegd. Weer geen woord over Jaaps problemen, terwijl zij zich juist dáár grote zorgen over maakte en mij m'n ongeluk tegemoet zag gaan. Hun spontane, ons nooit ter ore gekomen kennismakingsbezoek na onze aankondiging dat we in ondertrouw wilden gaan, plaatste ze nu in een totaal ander daglicht. Dat was vast alleen maar geweest om zich ervan te vergewissen of ik wel goed genoeg was voor hun zoon. Over de problemen waar hun eigen zoon mee kampte, hadden ze volgens haar toen ook al nauwelijks gerept.

Dit ging allemaal zoveel te ver, dat het me beter leek er bij Jaap maar niets over los te laten. Stom genoeg dacht ik er wel met Theunis over te kunnen praten; laat die nou ook uit de bocht vliegen en eveneens Jaap af gaan kraken. Eerst m'n moeder, nu Theunis. Totaal overbluft wist ik er geen eind meer aan en ik klapte er thuis alles uit. Niet in een goede vorm, zelfs Jaap dacht heel even dat z'n ouders echt hadden willen weten of ik goed genoeg voor hem was. Een houding die hij bij ieder ander altijd verafschuwd had. Tot overmaat van ramp belde op dat moment z'n moeder en Jaap, aangeslagen door mijn verhaal, gaf haar de volle laag. Goddank kreeg hij al heel snel door dat dit verhaal nooit of te nimmer waar kon zijn en belde meteen terug om excuses te maken en de ontstane verwarring aan z'n moeder uit te leggen. Tekenend voor Jaaps ouders, ze hebben het mijn moeder nooit kwalijk genomen.

Met deze escalatie erbij groeide het me finaal boven het hoofd, ik ging door het lint en in pure machteloosheid smeet ik alles wat voor mijn handen kwam kapot. Jaren later kon Jaap zich er nog over verbazen dat ik tot zoiets in staat kon zijn – waar ikzelf trouwens toen ook pas achter kwam. Even was er complete paniek, maar Jaap herpakte zich vlot en nam rustig en zelfverzekerd de leiding. Hij zou zelf met m'n moeder en Theunis gaan praten.

Eerst ging hij naar Theunis en ze hebben wederzijds de lucht iets weten te klaren. Ergens begreep Jaap de reactie van Theunis wel en nam het hem niet zo kwalijk. Theunis had zo zijn eigen problemen en was voor zichzelf en voor anderen geen makkelijk iemand. Jaap wilde zo'n risico echter geen tweede keer lopen en vond het beter het contact met Theunis op een heel laag pitje te zetten. Een beetje jammer vond hij het wel. Hij had de gesprekken met Theunis altijd op prijs gesteld en het meehelpen inrichten van het nieuwe huis van Theunis boven de winkel, had hij met plezier gedaan. Hij vond het ook triest voor Theunis, die was ons als vrienden eigenlijk kwijt. Beetje door eigen schuld, maar dan nog.

Daarna ging Jaap naar m'n moeder. Het was de eerste keer dat hij daar alleen naar toe ging en tevens de eerste keer dat één van ons zich mengde in de relatie die wij ieder voor zich met onze ouders hadden. Jaaps bezoek leverde weinig op. Tot z'n verbazing opende ze niet de aanval op hem, maar op mij, dat ik haar in de steek liet.

Een enkele keer ging ik in m'n eentje even bij één van m'n oude vrienden buurten. Ergens in september trof ik daar bij toeval iemand die goed ingewijd bleek te zijn in alles rond arbeid. Jaap kwam ter sprake en hoe lastig het voor hem was om bezigheden te vinden. Hij bleek in Amsterdam een instituut te kennen waar ze naast lichamelijke revalidatie, ook een project hadden lopen voor psychosociale revalidatie. Wat hij erover vertelde, klonk heel goed. Het was zeker geen sociale werkplaats. In het begin mocht je komen wanneer je wilde om te wennen aan de omgeving en de mensen. Pas als je er zelf aan toe was, viel er altijd wel iets voor je te doen, in je eigen tempo en zo lang of kort als je zelf aankon. Op die manier kon je langzaam het werkproces in groeien. Ging dat goed, dan konden ze je helpen bij het vinden van een baan. Het klonk als geknipt voor Jaap en voor zover hij wist was het enige wat Jaap ervoor nodig had, een verwijzing van de huisarts en een inschrijfkaart van het arbeidsbureau. En die laatste kon hij wel versieren, zodat deze voor Jaap vrijwel niet te nemen hobbel, alvast genomen was.

Jaap zag het, weliswaar met angst en beven, helemaal zitten, maar was er verre van rouwig om dat de plotselinge komst van een logé hem enig uitstel gaf om er daadwerkelijk mee aan de slag te hoeven gaan. Een goede vriend van ons was met hem aan komen zetten. In een grijs verleden had hij les van Koos gehad en ze waren bevriend gebleven. Koos had huwelijksproblemen en moest elders een maandje onderdak zien te vinden. Wetend hoe we waren, hoopte hij dat Koos bij ons kon logeren. Waarom niet, de bank was geduldig en zo geschiedde. Tot onze schrik was het eerste wat Koos uitpakte een trompet. Veel kon hij er nog niet op spelen, maar wel de reveille. Het leek hem wel wat om ons daar 's morgens een keer op te vergasten. Jaap verschoot en bedreigde hem met alles wat hij zo gauw bedenken kon, mocht hij dát ooit in z'n hoofd halen.

Ondanks dat we wel wat gewend waren, spande deze situatie toch aardig de kroon. Onze logé was rond de 45, een keurig in het pak gestoken docent met twee goede banen, die vanuit een grote chique woning 'gedumpt' werd in een tweekamerwoning, bij een stel dat altijd thuis was, meer 's nachts dan overdag leefde, waar vier honden rondliepen en het geregeld een zoete inval was.

We hadden er wel een beetje een hard hoofd in of dit lang goed zou gaan, want ook qua opvattingen paste Koos eigenlijk totaal niet bij ons en was hij daarbij ook nog eens een uitgesproken 'B'-man, waar Jaap over het algemeen minder goed mee overweg kon. Koos wist zich echter wonderwel aan te passen en als er al meningsverschillen waren, voornamelijk tussen hem en Jaap, dan werden die speels uitgevochten. Hij werd de makkelijkste en leukste huisgenoot die we ooit hebben gehad.[11]

Koos hield ervan mensen met woordspelletjes op het verkeerde been te zetten. Zijn verhalen over de onverwachte effecten die hij daar soms mee bereikte, deden me sterk denken aan de boeken van Watzlawick en ik gaf ze hem te lezen. Dat was tegen het zere been van Jaap. Volgens hem was Koos de rationele component ervan allang meester, maar de daarvoor eveneens noodzakelijke emotionele component ontbeerde hij ten ene male en door lezing van die boeken zou hij alleen nog maar meer gespitst raken op de lol van het manipuleren.

Op de laatste ochtend van z'n logeerpartij kon Koos het toch niet laten. Hij blies ons met de reveille uit bed en vluchtte daarna gauw de deur uit. 's Middags kwam hij met een zoenoffer aanzetten, twee Hema-taarten en een fles Jägermeister – oftewel: zijn

---

[11] In 2020 had ik Koos aan de lijn en kwam de logeerpartij ter sprake. Hoe hij dat ervaren had, verwoordde hij als volgt: "Sindsdien besef ik pas dat het leven niet te begrijpen valt."

eigen 'guilty pleasures'. Het werd op tafel uitgestald en de heren schoven aan. Ze deden zich volop tegoed aan beide heerlijkheden en begonnen al aardig aangeschoten te raken. Hét teken voor Argus om zich bij hen te voegen. Gedecideerd gebruikte hij eerst Koos als opstap om diens stuk taart te verorberen en haalde daarna dezelfde truc bij Jaap uit. En inderdaad, het enige verweer van de heren waren slapjes wapperende handen en een "Ja maar Argusje, dat gaat toch niet." Van mij hoefden ze geen hulp te verwachten, ik lag dubbel van de lach.

Als bedankje voor de logeerpartij wilde Koos ons meenemen naar een concert. Heel lief aangeboden en we wilden hem niet voor het hoofd stoten, maar Jaap zag dat helemaal niet zitten. We vonden de ideale tussenoplossing. Mijn moeder was gek op klassieke muziek en als hij haar uit zou nodigen om mee te gaan naar een concert, zou hij haar daar veel meer plezier mee doen. Koos vond het een prima idee. Hij heeft haar opgehaald en weer thuisgebracht, en m'n moeder heeft genoten. Bijna schoorvoetend vertelde hij me later dat hij overvallen was door de eenzaamheid die in haar huis hing en dat hij de sterke neiging had gehad eruit weg te vluchten. Hij kon het moeilijk plaatsen, zo kende hij zichzelf niet. Dat zelfs Koos dit gevoeld had, raakte me hard.

Uitstel werd geen afstel en nadat Koos vertrokken was – het was inmiddels november – zetten we de eerste stap en gingen samen naar de huisarts voor een verwijzing. Die wilde hij met alle liefde geven, maar hij had nog nooit van die afdeling op dat instituut gehoord en betwijfelde of zijn verwijzing van enig nut zou zijn. Vervolgens belde ik dat instituut. Na ettelijke vergeefse pogingen kreeg ik eindelijk iemand van de desbetreffende afdeling aan de lijn. Degene die me op hun spoor had gezet, was niet goed geïnformeerd geweest. De te volgen procedure om daarvoor in aanmerking te komen was dat je een uitkering moest hebben. De behandeling was anders veel te duur. Mijn tegenwerpingen – wetend hoe ongelooflijk ver de ouders van Jaap bereid waren te gaan voor hem – dat de kosten geen problemen waren, hielpen niet. Zonder uitkering geen plek. Een bijstandsuitkering was uitgesloten, de woning stond op Jaaps naam en zou in dat geval eerst 'opgegeten' moeten worden. Dat was geen optie, die hadden Jaaps ouders nu juist voor hem gekocht om hem de zo broodnodige zekerheid te geven van een eigen veilige plek waar niemand aan kon komen.

Met deze informatie gingen we terug naar de huisarts. Hij drong erop aan dat Jaap zich dan beter alsnog kon laten afkeuren. Hij gaf ons het dringende advies die instantie eerst een brief te sturen met uitleg over Jaaps omstandigheden. Met een beetje geluk zou Jaap dan de arbeidskundige, waar de huisarts duidelijk geen hoge pet van op had, kunnen omzeilen en rechtstreeks doorgestuurd worden naar een controlearts. Het zou goed uitkomen als Jaap een vaste uitkering kreeg. Na afloop van m'n studie had ik met de nodige moeite weliswaar een halve uitkering los weten te peuteren, waardoor we iets minder afhankelijk waren geworden van onze ouders, maar veel meer verbetering in onze financiële situatie viel er voorlopig niet te verwachten. In mijn vakgebied was bijna geen werk te vinden, laat staan parttime, wat gezien de thuissituatie het best passend zou zijn.

Jaap had nog steeds heel veel moeite met dat afkeuringsverhaal en ik ging op zoek naar andere projecten, die het hebben van een uitkering niet als eis stelden. Na lang aandringen bij allerlei instanties kreeg ik eindelijk iemand te pakken die een bureau kende waar ze, voor zover hij gehoord had, een gelijksoortig programma hadden.[12] Ik belde gelijk. Degene die ik aan de lijn kreeg, zei dat zij zelf ons niets te bieden had, maar dat één van hun medewerkers misschien wel een gaatje wist om via een

---

12 Vele jaren later kwam ik er bij toeval achter dat degene die mij hiernaar toegestuurd had zich hoogstwaarschijnlijk had vergist en dit bureau had verward met het instituut waar Jaap al eens getest was en waar in diezelfde periode een project was gestart voor werklozen en afgekeurden, met name voor de probleemgevallen in die groepen. Alweer een keurig staaltje domme pech. Bij dat instituut kenden ze Jaap. Hoogstwaarschijnlijk was één telefoontje naar zijn begeleider van destijds al voldoende geweest om daar aangenomen te worden.

omweg toch in dat eerste programma terecht te kunnen komen. Dat konden we beter met hem persoonlijk bespreken en daar kon gelijk een afspraak voor worden gemaakt.

We gingen samen. De afspraak bleek met een gepensioneerd psycholoog te zijn die af en toe nog een klusje voor dit bureau deed. Direct na thuiskomst heb ik de volgende samenvatting van dit gesprek op papier gezet:

"Mijn beroep voor het eerst vermeld. Jaap geeft korte samenvatting van de laatste tien jaar (voornamelijk welke therapieën en welke psychiaters / psychologen). De psycholoog refereert aan langzame verbetering laatste jaren, mijn invloed, vraagt naar onze relatie (goed of niet), vraagt door over wat voor soort angst, vraagt of dit soms minder is geworden. Jaap zegt dat de scherpe kantjes wat gesleten zijn door ouder worden, mee leren leven, relatie. Ziet wel dat Jaap weinig (geen) heil ziet in volgende therapie, vermeldt toch het desbetreffende instituut al was het maar voor inlichtingen over waar een doelgerichte werktherapie te kunnen vinden. Zegt dat het instituut wat wij op het oog hebben natuurlijk ook maar kleine kans op succes biedt (iedere kans is er één!). Blijft met voorbeelden van lichamelijk gehandicapten en werklozen hameren op steeds weer proberen en volhouden (duidelijk geen oog voor het funeste effect van falen). Faalangst komt even ter sprake. Fotografie gaat hij over door als mogelijkheid van freelance werk (dat ik zou moeten verkopen) niet in opdracht werken, maar gewoon wat maken en aan de man brengen. Blijft herhalen dat je jezelf zal moeten helpen, dat niemand dat voor je kan doen. Problemen bij het aanvragen van een uitkering ziet hij veel minder groot dan onze huisarts, waar wij aan refereren. Wil wel contact met hem opnemen. Vat tenslotte het gesprek samen als: dat Jaap de werkelijkheid onder ogen moet zien en wat hij van hem hoort is dat hij alle deuren daarheen afsluit, fotografie zegt hij niet voldoende in te zijn en risico's mee te lopen, uitkering is te groot risico, opnieuw in therapie is zinloos geworden. Tien jaar voorgeschiedenis zegt hem in zoverre niet veel, dan dat het nu toch wat beter gaat. Kan niets voor Jaap doen, regels zijn regels, eerst een (uitgesloten) uitkering dan misschien alsnog dat eerder genoemde instituut. Herhaalt nogmaals dat Jaap zelf de werkelijkheid onder ogen zal moeten zien en dat het nu toch al beter gaat. Wij af.

Kort gezegd: hij kletste een eind weg om niet te veel van ons commentaar te hoeven horen en om zich er gladjes uit te kunnen draaien. Zei zelf trouwens dat ze dit gesprek voorgesteld hadden om ons niet de indruk te geven overal bot te vangen, hoewel ze vooruit wisten dat ze niets konden doen. Dat gaatje was er blijkbaar nooit geweest."

Ik was teleurgesteld en boos. Jaap niet: "Maak je niet zo druk, die man kijkt ook niet verder dan zijn neus lang is, eigenlijk is hij gewoon zielig." Van een afstandje bekeken vond Jaap dat die psycholoog best knap bezig was geweest. Iedere rechtstreekse vraag waar hij geen antwoord op had gehad, had hij heel handig zo om weten te draaien en terug weten te kaatsen, dat alles alleen aan Jaap zelf lag.

Jaap was blij dat ik bij het gesprek aanwezig was geweest. Hij werd meestal niet geloofd en had nu eindelijk een getuige dat zijn verhalen over beroepsmensen wel degelijk waar waren.

Terwijl wij ons de meeste zorgen maakten over dat hele afkeuringsverhaal, baarde het drankgebruik van Jaap zijn ouders grotere zorgen. Met één van hun oudste en beste vrienden hadden ze daarover gesproken en zij hadden het op hun beurt aan hun zoon Reinout voorgelegd. Een antroposofisch arts en acupuncturist, die ooit al eens op verzoek van Jaaps ouders een horoscoop van Jaap had getrokken. Via z'n ouders liet Reinout weten dat hij Jaap wellicht kon helpen met dat probleem. Dat balletje rolde vlot door, het aanbod leek Jaap wel wat en hij belde voor een afspraak. Begin december kreeg Jaap de eerste acupunctuurbehandeling. Dat bleek niet alleen effect te hebben op drank, maar ook op roken. Daarmee kun je beter samen proberen te stoppen en Reinout had voor mij ook nog wel een gaatje.

Twee weken lang werden we iedere dag gedurende een half uur aangesloten op een kastje waarmee je zelf, en tot zover je kon verdragen, de stroomstootjes moest verhogen. Het had effect. We rookten een stuk minder en kregen zelfs last van de verschaalde rooklucht in de auto. Jaap ging veel minder drinken, helemaal ermee stoppen lukte niet. De jenever ging naar gin smaken en Jaap constateerde grinnikend dat hij dat helaas ook lekker vond.

1978
We verhuizen

Reinout was een idealist. Hij hield z'n consultprijzen laag en wat hij verdiende, stopte hij in andere projecten. Het pand waarin hij woonde en waarin ook z'n praktijk was gevestigd, was oud en moest nodig opgeknapt worden. Een aantal van z'n cliënten hielpen hem daarbij. Daarnaast had hij plannen voor een antroposofisch restaurant. Hij vroeg of wij zin hadden daaraan mee te doen, al was het maar aan de voorbesprekingen, waarin de doelstellingen en ideeën van de antroposofie ruimschoots aan de orde zouden komen. Een beetje tot mijn verbazing zag Jaap dat wel zitten. Viel de antroposofie niet ook buiten de paden van de bewijsbare logica? Zoals altijd had hij daar z'n antwoord op klaar. Niet dat hij van zins was om in de antroposofie te gaan geloven, maar hij stelde zich er in zoverre voor open dat hij de mogelijkheden die het hem zou kunnen bieden niet bij voorbaat afwees. Hij wilde niet de schijn op zich laden dat hij niet alle mogelijke moeite had gedaan om zijn problemen aan te pakken.

Jaap hield zich vaak bezig met de vraag wat hem nou eigenlijk mankeerde. Vroegere therapeuten hadden er geen van allen een antwoord op kunnen geven en zoals wij zelf tot dan toe de symptomen bekeken, was faalangst één van z'n grootste struikelblokken. Op zoek naar nieuwe inzichten legde Jaap die vraag voor aan Reinout, of die er vanuit zijn visie misschien meer duidelijkheid over zou kunnen geven. Een vraag waar Reinout alle tijd voor nam. Kort samengevat kwam het erop neer, dat volgens hem Jaaps aura scheuren vertoonde, waardoor invloeden van buitenaf hem ongehinderd en vol konden raken en verklaarde dat tevens zijn verslavingsgedrag: drank en drugs maken je ongevoelig, dus ook ongevoelig voor invloeden van buitenaf. Hoe daar iets aan te doen wist ook Reinout niet. Jammer, maar een antwoord dat de verschijnselen aardig dekte, was al heel wat. Nu ze het er toch over hadden, nam Jaap de gelegenheid te baat om Reinout te vragen naar wat hij in zijn horoscoop was tegengekomen. De uitkomsten ervan had hij toen niet met z'n ouders willen delen en helaas wilde hij er ook nu niets over loslaten. Een veeg teken, de voorspellingen waren blijkbaar nogal beroerd geweest. **(nr.25)**

Het enige waarmee Reinout dacht Jaap wel te kunnen helpen, was om met acupunctuur te proberen iets aan zijn geestelijke toestand te doen. Dat had enig effect, vooral als Reinout de zogenaamde 'zingprik' had gezet, waardoor Jaap zich een paar uur heel tevreden voelde. Maar helaas was dat effect van korte duur en was één keer per maand veel te weinig. Reinout had nog een optie om geestelijk wat verder te komen, namelijk heileuritmie en stuurde Jaap door naar een kennisje van hem. Jaap heeft een aantal keer les van haar gehad. Van zo'n les raakte hij in de war op een manier die ik niet goed kan omschrijven. Onzekerder, kwetsbaarder, dat komt enigszins in de buurt. Hij moest ook thuis oefenen, maar kon zich daar niet toe zetten. Na een aantal lessen vond zij het beter er niet mee door te gaan. De problemen waar Jaap mee worstelde waren te groot en met deze vorm van behandelen kwam ze er niet doorheen om hem echt los te krijgen. Ze gaf eerlijk toe dat ze daar ook wat bang voor was en niet wist of ze dat dan nog in goede banen zou kunnen leiden.

De voorhoofdholtes van Jaap begonnen ook weer op te spelen. Naast het doorspoelen had hij al zoveel antibioticakuren geslikt, dat hij daar vrijwel resistent tegen was geworden. De laatste kuur was dan ook een paardenmiddel geweest. Jaap had het bed moeten houden en was daarna zo slap geweest, dat hij niet eens zonder te rusten de acht meter van de kamer naar de keuken had kunnen overbruggen.

Reinout bracht uitkomst. Zijn remedie was mierenzuur, onderhuids ingespoten op de plek van de ontsteking. Drie keer per week kwam hij langs om Jaap die injectie te geven. Daarnaast schreef hij een aantal homeopathische middelen voor ter ondersteuning bij het uitzieken. Het duurde even voor Jaaps lichaam zich op deze vorm van medicatie had ingesteld en in de tussentijd kampte hij met hoge koortsen. Het was duidelijk menens, want deze keer was ik het die hem 'ziek, zielig en nooddruftig' vond, hijzelf niet. Uiteindelijk werkte deze aanpak beter dan de reguliere antibiotica.

Nadat Jaap hiervan een beetje was opgeknapt, deed ik nog een laatste poging om een ander project te vinden richting arbeid, maar dan zonder die uitkeringseis. Niemand kon me echter verder helpen en er bleef niets anders over dan toch maar die uitkering aanvragen. Zoals de huisarts ons had geadviseerd, stelden we voor de controlearts een overzicht op van de voorgeschiedenis van Jaap. Die insteek werkte. Jaap kreeg begin april een oproep van de controlearts en ontliep zo de arbeidsdeskundige. Jaap ging er stikkend van de zenuwen naar toe, wat helemaal niet nodig bleek. De controlearts was de vriendelijkheid en het begrip zelve. Zonder slag of stoot kreeg Jaap een uitkering, en nog wel met terugwerkende kracht. Hij bleek namelijk al vanaf oktober 1976, toen de Algemene Arbeidsongeschiktheidswet (AAW) in werking trad, recht op die uitkering te hebben gehad. Al met al een fors bedrag waar wel een cadeautje afkon. Op naar de juwelier voor die brede zilveren armband, waar Jaap al tijden verlekkerd naar had gekeken. Hij heeft hem omgedaan en nooit meer afgedaan.

Jaaps reactie op het geheel was bijzonder tweeslachtig. Enerzijds dolblij dat hij er zo soepel doorheen was gerold, dat zijn problemen eindelijk eens niet onder tafel waren geveegd en dat hij financieel een stuk minder afhankelijk was van z'n ouders, waardoor hij zich meer een volwaardig mens voelde. Anderzijds gaf het besef dat de controlearts zijn problemen blijkbaar zo zwaar had ingeschat dat hij hem meteen volledig had afgekeurd, hem het gevoel voor de rest van z'n leven afgeschreven te zijn. Een gevoel dat hem niet meer los heeft kunnen laten. Ergens diep van binnen bleef hij erop hopen dat ze hem nog eens op zouden roepen in een poging hem weer terug in het arbeidsproces te krijgen. Toen echter ruim twee jaar later die oproep kwam, werd Jaap woedend. Hij weigerde pertinent ernaartoe te gaan. Zijn uitkering stond op het spel en ik ben er in m'n eentje op afgestapt. Naderhand was het enige wat Jaap van me wilde weten óf het me gelukt was, het hoe wilde hij niet horen.

Er is nooit meer een volgende oproep gekomen, waar Jaap weer met regelmaat over kankerde. Knap staaltje: het is ook nooit goed of het deugt niet.

De uitkering was amper rond, toen het met mijn familie helemaal spaak liep. Niet lang na ons huwelijk was m'n broer z'n baan kwijtgeraakt. Dirk had er sowieso z'n buik van vol gehad en wilde het liefst zeilend de wereld gaan verkennen. Zijn eigen boot, waar hij jaren aan had gewerkt en die niet lang daarvoor zeer feestelijk te water was gelaten, was daarvoor niet zeewaardig genoeg. Dus toen hij de kans kreeg om mee te werken aan het opknappen van een groot zeewaardig zeiljacht en om daarna met de eigenaar richting Middellandse Zee te varen, greep hij die dan ook met beide handen aan. Eenmaal aangeland in Portugal had Dirk de hand weten te leggen op een daar achtergelaten schip. Rond Pasen had Ria vakantie en ging z'n nieuwe aanwinst bekijken. Toen ze terugkwam, vertelde ze dat om dat schip te krijgen, Dirk moreel/maatschappelijk gezien een aantal bochten zó krap had genomen, dat zij daar behoorlijk wat moeite mee had. Wat zij erover vertelde, klonk ons heel raar in de oren. Dirk zou binnenkort terugkomen, dus maar even afwachten wat die erover te vertellen had. Laat dat verhaal nou waar zijn. Zowel Jaap als ik vonden dat je dat niet kon maken en dat Dirk dat recht moest zetten. Lastig, maar met wat financiële steun die onze moeder hem zeker zou willen geven, wel mogelijk. Tijd om m'n moeder in te lichten. Zij zou Dirk er wel van kunnen overtuigen dat dit zo niet ging. Dachten wij. Een grote misrekening. M'n moeder zag het duidelijk anders. Zij verdedigde zijn handelwijze te vuur en te zwaard en was woedend dat wij hem daarop hadden durven aanspreken. Andere landen, andere regels en gebruiken, dat we dát niet konden begrijpen. En dat terwijl Dirk zelf had toegegeven dat hij fout zat? Onze bekken vielen open. En nog verder open, toen ze niet lang daarna kwamen vertellen dat ze gingen trouwen en Ria haar baan en woning op ging zeggen, om samen met Dirk en zijn nieuwverworven schip van haven naar haven te gaan trekken. Onze stille hoop dat Dirk het toch alsnog recht zou gaan zetten, vervloog hiermee. Met die reactie van m'n moeder was voor Jaap de maat al vol geweest. Hij was er zelf van huis uit aan gewend hard aangesproken te worden op de fouten die hij maakte, wat hij altijd niet meer dan terecht had gevonden. Ik had haar reactie nog net wel kunnen pruimen, voor mij was het een bekend patroon, maar niet dat Dirk zich dat gemakshalve nog steeds liet aanleunen. Jaap was opgelucht dat ook voor mij de maat hiermee vol was.

Ondanks dat het ons allebei ontzettend pijn deed – Dirk was ook voor Jaap een meer dan welkome broer geweest – wezen we hen de deur. Pas toen ze een paar maanden later gingen trouwen, hebben we ze, weliswaar uit de verte, nog een keer gezien. De enige met wie we op hun bruiloft gesproken hebben was Kees, een achterneef van mij en een goede vriend van Dirk. Hij en Jaap hadden elkaar al eens eerder ontmoet, zij lagen elkaar wel. Kees nam geen blad voor de mond, hij vroeg Jaap op de man af wat we daar deden, als we zo'n moeite hadden met de handelswijze van Dirk. Jaap kon hem niet anders dan gelijk geven: "Maar je offert je op als dat geval daar – met een boze blik naar mij – bijna in tranen is omdat ze er niet bij kan zijn als haar broertje trouwt."

Via via vingen we later op dat de familie van Ria gepikeerd was dat we ons nauwelijks op de bruiloft hadden laten zien. Dat zat Jaap behoorlijk dwars en ik heb de enige die ik binnen haar familie wat beter kende, opgebeld en uitgelegd wat onze beweegredenen waren geweest. Onze kant was nu bekend en voor Jaap was de zaak hiermee afgedaan.

Het contact met m'n moeder was door dit alles eveneens op een uiterst laag pitje komen te staan. De verstandhouding tussen Jaap en m'n moeder was helemaal aan gort. Jaap ging haar beschouwen als slechts een hinderlijke bijkomstigheid en de enkele keer dat ze nog langskwam – zeker nadat ze weer aan het werk was gegaan, was dat toch al hoogstzelden – kon hij het gewoon niet laten haar te stangen, er wel voor zorgend niet al te bot te worden. Hij hield zich alleen aan wat hij zag als de plichten van een schoonzoon, zoals halen en brengen, maar ging geen stap verder dan dat. Hij kreeg er zelfs een hekel aan als ik te lang met haar aan de telefoon zat. Haar helemaal in de steek laten, kon ik gewoon niet over m'n hart verkrijgen, Dirk was al weg en die opmerking van Koos vorig jaar over de door hem gevoelde eenzaamheid in haar huis, lag nog vers in m'n geheugen. Ik werd daarin gesteund door Jaaps ouders, die de harde opstelling van Jaap tegenover m'n moeder wel begrepen, maar niet goedkeurden.

Te veel tegelijkertijd om het nog met drank en stuff te kunnen verdoven en tegen wil en dank besloot Jaap toch maar weer aan de pillen te gaan. De huisarts werkte mee en schreef hem Ludiomil 25 (antidepressivum) voor.

Het ging verder bergaf. Na jarenlang gokkasten waanzinnige apparaten te hebben gevonden die veel meer kostten dan opleverden en waar Jaap niets van wilde snappen, wist iemand in de kroeg hem toch over te halen er iets in te gooien. De paar gulden in het begin werden er al gauw veel meer en het begon aardig op een verslaving te lijken. Het ging niet om de winst, Jaap besefte heel goed dat de speler het altijd tegen de kast aflegde. Hij bedotte zichzelf door alleen het kleingeld wat hij in z'n zak had erin te gooien, maar wisselde daar bij binnenkomst wel eerst z'n papiergeld voor om. Op slechte dagen moest ik zelfs naar de kroeg komen om z'n rekening te betalen. Was ons geld op, dan vroeg Jaap – eiste soms zelfs – geld van z'n ouders, voelde zich daar dan weer schuldig over, kon het daardoor thuis niet meer uithouden, verdween opnieuw naar de kroeg en verspeelde het gekregen geld weer. Een vicieuze cirkel, waar we geen van beiden vat op konden krijgen. Gelukkig speelde Jaap uitsluitend op het apparaat in de stamkroeg en liet hij zich nooit verleiden om ook elders iets in zo'n kast te gooien. Commentaar erop maakte hem woedend, hij zat er zelf al genoeg mee in z'n maag en kon daar het commentaar van mij niet bij hebben. [nr.26]

Pas toen Jaap zich er zelf meer en meer tegen ging verzetten, werd het bespreekbaarder. De opmars van de éénarmige bandiet in steeds meer zaken – zoveel zelfs dat je ze bijna niet meer kon ontlopen – vond Jaap ronduit misdadig. Hij begreep er niets van dat dit zomaar toegestaan werd, terwijl er voor automatenhallen en casino's wel strenge regels waren.

Anderzijds intrigeerde het hem hoe iemand, hij zelf inclius, zo gek kwam er zoveel in te gooien. Hij probeerde zijn eigen gevoelens en ervaringen te analyseren, maar echt duidelijk werd het hem niet en jammer genoeg was daar nog geen onderzoek naar gedaan, althans niet voor zover wij konden achterhalen.

Het was Jaaps moeder die als eerste merkte dat Jaap steeds meer moeite kreeg met de drukte en de toenemende agressiviteit in de stad en ze begon erop aan te dringen dat we ergens anders een huis moesten gaan zoeken. Tot eind 1977 had Jaap zich nog in slaap weten te sussen met de gedachte dat het centrum ver weg was en het in onze buurt zo'n vaart niet liep. Toen echter vrijwel bij ons om de hoek een jongen doodgeslagen werd voor een rijksdaalder, sloeg Jaap de schrik om het hart, niet zozeer voor zichzelf, meer voor mij. En hij zwichtte voor de druk van z'n moeder.

Zodra die kogel door de kerk was, kon het Jaap niet vlug genoeg gaan. Alleen kon hij vaak de moed niet opbrengen om ermee aan de slag te gaan. Op dat soort dagen had hij het liefst dat ik het voortouw nam, de advertenties bekeek en informatie aanvroeg, zonder dat hij zich daar verder mee hoefde te bemoeien. Hij werd er dan zelfs al kriegel van als er te veel over gesproken werd. Daarentegen op de dagen dat hij wél de moed op kon brengen, kon hij aan de hand van de advertenties en de opgevraagde informatie urenlang, en via allerlei komische zijwegen, filosoferen over wat voor huis het zou moeten worden en wat we ermee zouden kunnen gaan doen. Jaap prefereerde een nieuw huis, maar hoe vaker we nieuwbouw bekeken, hoe meer hij overhelde naar een wat ouder huis met veel tuin en privacy. Gezien Jaaps gevoeligheden in dezen, een gok met nogal wat haken en ogen.

Een heel enkele keer had Jaap nog contact met z'n vroegere bijlesleraar. Die woonde sinds enige tijd in een oud pand in Haarlem. Een goede gelegenheid om hem daar op te zoeken en hem te vragen hoe dat was bevallen. Naast de nodige waarschuwingen, kregen we ook enthousiaste verhalen te horen. Die laatste zijn bij Jaap het meest blijven hangen. Bij wijze van spreken begonnen zijn handen al te jeuken bij het vooruitzicht om van alles aan zo'n huis te moeten doen. Gevoel kreeg de overhand. Het moest een bestaand huis worden.

De meeste huizen die we na een eerste papieren schifting gingen bekijken, hadden op het eerste gezicht al alles tegen. De overgebleven huizen voelden voor Jaap vrijwel meteen na binnenkomst alsnog niet goed. Z'n moeder ging af en toe mee op zo'n tocht. Zij had al vaker een huis gekocht en was wat dat betreft een welkome en praktische steun. Alleen wilde zij vaak te vlug resultaat en wuifde Jaaps bezwaren tegen de woning of de omgeving weg. Een ruzie tussen moeder en zoon viel dan moeilijk te vermijden. Eenzijdig weliswaar, want zij legde het gewoon naast zich neer en ging vrolijk verder. Een moeder met een missie.

Op deze manier zoeken schoot niet op. We moesten het anders aan gaan pakken en Jaap kwam met het idee om eerst rond te gaan kijken welke plaats ons het meeste aansprak in een ruime, per trein bereikbare straal rond Amsterdam. Voor Jaap een belangrijke voorwaarde in verband met eventueel toekomstig werk of studie. Busverbindingen telden daarbij niet mee, die konden te makkelijk opgeheven worden en Jaap hield er rekening mee dat we niet altijd een auto zouden kunnen onderhouden. De afstand tot onze ouders mocht ook niet al te groot zijn. Het werden leuke dagjes uit, vrijblijvender en alleen afhankelijk van hoe onze pet stond. Het hing niet op een dag en de eerste viering van onze trouwdag kwam eraan. Sinds het overlijden van Corrie hadden Jaaps ouders hun eigen trouwdag nooit meer gevierd omdat die datums vrijwel samenvielen. Zij hadden bedacht, als wij het daar tenminste mee eens waren, om voortaan de beide trouwdagen gezamenlijk te vieren met een uitgebreid diner. Wij mochten kiezen waar, zij lieten zich graag verrassen.

Door het vele rondkijken en praten erover, hadden we een vrij aardig beeld gekregen van wat we zochten. Het daadwerkelijk vinden van zo'n huis was een ander verhaal. De woningmarkt zat nog steeds op slot en de keuze was zeer beperkt. Een kennis van Jaaps vader was makelaar in ons zoekgebied en we legden hem ons wensenlijstje voor. Hij gokte maar één keer verkeerd. Op de weg terug naar zijn kantoor kwamen we langs een type huis wat beter in ons plaatje paste. Met die informatie erbij, vond hij in juli het ideale huis voor ons.

Jaap had de moed al bijna opgegeven en er was van alle kanten nogal wat overreding nodig om hem zover te krijgen snel te gaan kijken. Maar goed ook, het huis voldeed volledig aan het plaatje. Niet oud, niet nieuw, aan drie kanten tuin met grote struiken en een hoge haag, een brede laan voor de deur, van geen enkele kant uitzicht op buren, en er moest lekker veel aan geklust worden. Na het overlijden van hun moeder was de jongste dochter er samen met haar vriend blijven wonen. Schatten van kinders. Misschien was het mede aan hen te danken dat alles aan het huis goed voelde, zó goed zelfs, dat Jaap er helemaal beduusd van was en gelijk ja zei.

Waren we alsnog vrij dicht in de buurt van Jaaps ouders terecht gekomen. Toen we begonnen met zoeken had vooral Jaaps vader hier nogal wat bezwaren tegen gehad. Hij was bang dat als we te dicht bij elkaar zouden wonen, de contacten opnieuw intensiever zouden worden. Voor beide partijen vond hij dat niet goed. Hij voorzag wrijvingen en een blijvende te grote afhankelijkheid. Jaap had er namelijk een handje van om in situaties waar hij zelf niet uitkwam, hun om hulp te vragen. Niet dat z'n vader hem niet wilde helpen, maar hij was ervan overtuigd dat hun hulp vaak een 'van de wal in de sloot helpen' was. Daar wilde hij een eind aan maken en hij wilde dat Jaap veel meer, ook financieel, op eigen benen ging staan.

De onderhandelingen waren even spannend. Toen dat eenmaal rond was, knapte Jaap zienderogen op en wilde zo snel mogelijk verhuizen. Hij maakte alvast een heel plan de campagne en begon met regelen. Waar Jaap zelf niet achteraan kon, deed ik op zijn aanwijzingen en de verhuizing verliep later op rolletjes.

Verhuizen betekende ook, dachten wij, dat we afscheid moesten gaan nemen van onze huisarts. Tot onze stomme verbazing vond hij dat nergens voor nodig. Dat dorp lag toch 'om de hoek'?

Op 1 september was de overdracht. De gang naar de notaris vond Jaap doodeng. Vanwege de financiën waren z'n ouders hier nauw bij betrokken en Jaap belde heel wat met ze af om er maar zeker van te zijn dat het allemaal in orde zou komen. Enerzijds was Jaap er wel blij mee dat z'n vader een groot deel van de koop regelde, anderzijds had hij er moeite mee om als getrouwde en volwassen man nog steeds aan het handje van z'n vader te moeten lopen. Die voelde dit haarfijn aan en wist het zo te regelen dat de verkopers hier geen weet van kregen.

Twee maanden later werd onze woning in Amsterdam verkocht. Dat heeft Jaap helemaal zelf afgehandeld, met een flair alsof het zijn dagelijkse werk was. Een waar huzarenstukje.

De eerste tijd hadden we in ons nieuwe huis nauwelijks aanloop, want Jaap had de verhuizing aangegrepen om van alle minder geslaagde contacten in Amsterdam af te komen. Alleen aan goede vrienden had hij ons nieuwe adres doorgegeven en een geheim telefoonnummer voorkwam dat we voor de anderen nog te vinden waren.

We genoten van de rust, van elkaar en van het nieuwe huis. Het was bijna net zo relaxed als die eerste tijd samen. We waren ons ervan bewust geweest in een buurt met 'normale' mensen terecht te komen, onvergelijkbaar met de diversiteit in onze oude straat. Gezien onze stijl van leven, en met vier honden, lag een makkelijk contact met de buren niet voor de hand. Jaaps devies was dan ook om in eerste instantie op vriendelijke afstand te blijven.

Met onze naaste buren ging dat gelijk al niet op. Op de dag van de verhuizing verwelkomden ze ons met een bos bloemen. Met goed fatsoen konden we er niet onderuit ze uit te nodigen om de volgende avond kennis te komen maken. Op de eerste levensbehoefte na, de geluidsapparatuur en de elpees, hadden we nog niets uitgepakt en Jaap zat er een beetje mee in z'n maag om met al die dozen over de vloer mensen te moeten ontvangen. Dat duurde niet lang: "Ach, dan weten ze gelijk waar ze met ons aan toe zijn."

Arme buren. In de eerste de beste doos die Jaap in hun bijzijn opentrok, zaten de whisky glazen en díe fles was zo te vinden. Ze moesten het er maar mee doen, overmacht in Jaaps optiek. Onder het mom dat je als goed gastheer de glazen van je gasten gevuld diende te houden, maakten de mannen samen de fles soldaat.

Vooral de eerste maanden kwamen we nog regelmatig in de stad. De maandelijkse acupunctuurbehandelingen bij Reinout gingen ook gewoon door, alleen het meehelpen bij het opzetten van z'n restaurant was erbij ingeschoten. De straten met de hoge huizen vlogen Jaap echter steeds meer aan en hij kreeg last van de stank van de uitlaatgassen.

Met de natuur had Jaap nooit veel opgehad en het was verbazingwekkend dat hij er nu zoveel genoegen in schepte om buiten te zijn. Als we 's nachts de honden uitlieten in het kleine nabijgelegen parkje, genoot Jaap met volle teugen van de stilte en van de heldere, naar groen ruikende lucht. Wanneer dat een heel enkele keer verstoord werd door een verdwaalde auto, begon Jaap gelijk te mopperen: "Je verpest m'n lucht."

De tuin en de privacy die die bood, lokte Jaap zelfs overdag vaker naar buiten. Hij rolde plichtsgetrouw het gras, snoeide de heg en plantte een paar nieuwe heesters, die zelfs mochten bloeien. Zijn excuus was: "Zolang ze groot zijn en buiten staan, kunnen ze ermee door." De enige kleine bloeiende plantjes die er ook mee door konden waren Afrikaantjes, die hielden volgens zeggen de mieren op afstand. Jaaps voorhoofdsholten voeren overigens wel bij al die frisse lucht.

De hekel die Jaap aan planten en bloemen had, nam over de hele linie gestaag verder af. Hij kreeg er zelfs plezier in af en toe een bosje bloemen te kopen, let wel, alleen om gelijk weer weg te geven, in huis kwamen ze niet. Ik viel dan ook bijna van m'n stoel toen hij opeens met twee Kaapse viooltjes in een sierpotje, ook dat nog, aan kwam zetten en die pontificaal midden op de vensterbank deponeerde. De grap van zo'n toppunt van burgerlijkheid had hij niet kunnen weerstaan. De wonderen waren blijkbaar de wereld nog niet uit en ik zag mijn kans schoon. Het lukte, er kwam in huis een tweede grote en groenblijvende plant bij – de eerste en tot dan toe enige was vanzelfsprekend meeverhuisd. Dat ik het daar niet bij liet moge duidelijk zijn en deed Jaap wel eens verzuchten: "Ik had je toch echt alleen maar toestemming gegeven voor die ene plant."

Voor de vriendin die bij ons trouwen zo'n grote steun voor ons was geweest, braken er eveneens andere tijden aan. Ruim een maand nadat wij verhuisd waren, kwam ze ons nieuwe huis bekijken en tevens groot nieuws brengen: ze ging samenwonen. Vandaar dat we haar de laatste tijd zo weinig hadden gezien. Dit was wel een cadeautje waard en Jaap dacht aan een sieraad. Ze was gek op honden en bij een juwelier in Amsterdam vonden we een zeer toepasselijke hanger, een groot zilveren bot. De juwelier had ook nog een veel kleiner exemplaar en die kocht Jaap voor mij.

Eenmaal thuisgekomen, bekende Jaap schoorvoetend dat hij dat grote bot eigenlijk zelf zo graag had willen hebben. Dit was de tweede keer in korte tijd dat Jaap als een blok ergens voor viel. Zo kende hij zichzelf helemaal niet. En ik ook niet, want normaal gesproken dacht hij over iedere aankoop dagenlang na en vervolgens duurde het nog eens dagen voor hij eraan gewend was. Nu kon hij er zelfs bijna niet vanaf blijven. Daar had ik maar één antwoord op: "We gaan morgen gewoon terug en zoeken iets anders voor haar uit." Opgelucht deed Jaap zijn 'appeltje voor de honden' meteen om, om hem nooit meer af te doen.

Dat de volgende dag teruggaan naar de stad kwam er voorlopig echter niet meer van. Meestal stond ik eerder op, deze keer was het Jaap. Degene die als eerste beneden was, liet altijd de honden even in de tuin een plas doen. Omdat die nog niet 'hond-dicht' was, gebeurde dat twee aan twee, dan was het goed te overzien.

Berber was nog steeds niet helemaal zindelijk en had in huis geplast. Niet erg en Jaap zei er niets van. De volgende plas toch liever buiten, en zij en Argus mochten er als eerste uit. Stoffel probeerde voor te dringen, waar Jaap met z'n voet een stokje voor stak. Berber, die zich waarschijnlijk toch schuldig voelde, dacht dat zíj straf kreeg en vluchtte de tuin uit.

Naar we later hoorden, had ze eerst netjes op de stoeprand zitten wachten, maar was plotseling pal voor een passerende auto overgestoken. Waarschijnlijk had ze een hond horen blaffen bij het winkelcentrum aan de overkant. Ze was op slag dood. Die auto is doorgereden, de volgende auto is gestopt. De bestuurster had het zien gebeuren en ondanks dat zij haar twee jonge kinderen bij zich had, had ze Berber opgepakt, haar mee naar huis genomen en in de garage op een dekentje gelegd. Daarna had ze de politie gebeld. Dat had nogal wat voeten in de aarde gehad. De politie had in eerste instantie zelfs botweg geweigerd er een notitie van te maken. Gelukkig had zij zich niet af laten schepen en konden wij haar adres via de politie achterhalen.

We waren behoorlijk geraakt door haar verhaal en door haar medeleven met Berber en met ons. En dan had ze ook nog eens die shit van de politie over zich heen gekregen. De bos bloemen die we in eerste instantie voor haar meegenomen hadden, voelde voor Jaap nu bijna als een aanfluiting. Daar moest meer tegenover staan. Het werd een zilveren kettinkje met de letter 'B'. Jaaps idee, hij sleurde me gewoon mee, ik was even nergens meer. Met dit gebaar hoopte hij dat ze ondanks de nare ervaring met de politie, het in de toekomst ook voor anderen zouden blijven doen.

Wat nu? Er was nog steeds geen dierencrematorium en we gruwden van destructie. Jaap vond een dierenbegraafplaats bij Hoorn in de buurt, een veilig plekje voor ons kleine 'overzeese rijksgenootje', zo lief, zo mooi van lelijkheid, die maar één hand nodig had gehad om in je nek te klimmen.

Jaap regelde alles en liet mij op hem leunen. Met z'n eigen verdriet en schuldgevoelens vocht hij het grotendeels zelf uit, daar wilde hij mij zo min mogelijk mee belasten. Naast zichzelf rekende hij het ook Stoffel zwaar aan. Door zijn voordringen had hij deze kettingreactie op gang gebracht. Het was Stoffels schuld, daarin had Jaap volkomen gelijk, maar anderzijds, Stoffel kreeg iets op z'n bordje wat je hem als hond zijnde, eigenlijk niet aan kon rekenen.

Toen we het huis kochten was het in een slechte staat en Jaaps ouders drongen er sterk op aan zo snel mogelijk met verbouwen te beginnen. Jaap vroeg offertes aan en koos daaruit de naar zijn idee beste aannemer. Aan de hand van de plattegronden was Jaaps moeder alvast aan de slag gegaan met hoe het huis er in haar optiek uit zou moeten gaan zien. Bij het uitwerken van de bouwtekeningen kwam dat zeer goed van pas. Alleen het door haar geplande toilet in de zeer krap bemeten badkamer gaf de aannemer wat hoofdbrekens. Het laatste puntje, de materiaalkeuze en de afwerking, was een makkie. Jaap ging voor risicoloos – dus nergens gipsplaten, want net op tijd was bekend geworden dat die jarenlang ziekmakende gassen bleven uitstoten, waar hij, met zijn pech, zeker weten last van zou krijgen – en voor 'de eeuwigheid'.

Eind oktober waren als eerste de voorkant en de badkamer aan de beurt, een zeer welkome afleiding na het gebeuren met Berber. Jaaps keuze voor deze aannemer was een schot in de roos geweest. De twee timmerlieden die hij in dienst had en de andere werklui die hij voor het bijkomende werk inhuurde, verstonden hun vak tot in de puntjes.

Tijdens het werk was Jaap continu in touw. Hij hielp mee, zorgde voor de nodige drankjes en legde zoveel mogelijk op kleurenfoto vast. Hij keek ondertussen met recht de kunst af en maakte daar later dankbaar gebruik van bij z'n eigen klusjes in huis.

De werkmensen stelden duidelijk prijs op Jaaps aanwezigheid en de weinige keren dat hij niet in de buurt was, vroegen ze naar hem. De nieuwe ruiten werden geleverd. De ruit voor de woonkamer bleek niet te tillen voor twee man en daardoor viel ook pas op dat dat kozijn een maatje te groot was uitgevallen.

Met zes man, veel zweten en een gekneusde voet, kregen ze het er uiteindelijk in. De grote ruit voor de slaapkamer bleek fout bemeten en moest opnieuw besteld worden. Op die twee kleine rekenfoutjes na, waarvan we er met één heel blij waren, was de verbouwing vlekkeloos verlopen.

Vlak voor de verhuizing was ik in m'n eentje naar onze nieuwe woonplaats gegaan om de nutsbedrijven over te zetten. Op zoek naar een kop koffie was ik in een kleine kroeg beland, prima sfeertje en géén gokkast. Daar had ik Jaap over verteld. Na de drukte van de verbouwing wilde Jaap weer eens ergens een pilsje gaan drinken en die kroeg zonder gokkast leek hem wel wat: "Dan mis ik dat ding ook niet." Op ernaartoe en het beviel goed. De kroegbaas was een rasechte Amsterdamse driftkikker, die in z'n eigen kroeg geen gedonder duldde, maar daarbuiten zelf wel de meest waanzinnige streken uithaalde. Het werd onze nieuwe stamkroeg en tevens een prima plek om overdag even aan te wippen voor koffie, sterke verhalen en een praatje over de meest onzinnige zaken.

Het huis was provisorisch ingericht en Jaap begon weer wat verder te denken dan het hier en nu. De uitkering was rond en daarmee de mogelijkheid dat hij nu wel in aanmerking zou komen voor dat project voor psychosociale revalidatie. Het daarnaartoe bellen was mijn afdeling. Na veel geharrewar kreeg ik uiteindelijk een psycholoog aan de lijn, die heel vriendelijk was en er alle tijd voor nam om me te vertellen dat de afdeling voor psychosociale revalidatie wegens gebrek aan klanten in het laatste stadium van afbouw was en er niemand meer aangenomen werd. Andere, gelijksoortige projecten waren er naar zijn weten niet, iets wat ik eigenlijk al wist. Ik was de wanhoop nabij. Jaap had zich ervoor laten afkeuren – het begin van het einde zoals dat toen voor hem had aangevoeld – en dat bleek nu voor niets te zijn geweest. Jaap zelf nam het nogal laconiek op, zo van 'dan niet' en troostte me met de woorden: "We hebben ze niet nodig, we doen het zelf wel." Het leek bijna alsof hij het al had ingecalculeerd. Hij was er in ieder geval beter op voorbereid geweest dan ik en had nergens op gehoopt.

Nadat dit definitief afgevallen was, begon Jaap in andere richtingen te denken. Door de gesprekken met Reinout en door diens lezingen, was er bij Jaap een poortje opengegaan, dat hij door de drammerigheid van zijn moeder angstvallig afgesloten had. Bang ook dat het te veel los zou maken en dat hij daar weerloos tegenover zou staan.

Die vragen begonnen nu aan de oppervlakte te komen. "Waarom voelt dit huis goed en het huis dat we aan de overkant hebben bekeken niet?"; "Hoe kan het dat ik opeens sterk aan iemand denk waar ik lang niet van heb gehoord en staat diegene een paar dagen later onverwachts op de stoep?"; "Waarom heb ik zo'n moeite met jouw vooroorlogse linnenkast?" Jaap had het vermoeden dat het iets met zijn problemen te maken had en begon er vaak over. Ik kon hier echter de juiste toon niet in vinden en stelde voor om weer contact te zoeken met de waarzegster, de enige uit het circuit van zijn moeder waar hij wel vertrouwen in had gehad. Zij had deze gevoeligheid bij hem onderkend en had benadrukt er niet bang voor te zijn. Ik hoopte op haar hulp, al was het alleen maar zodat Jaap er vrijuit over zou kunnen praten met iemand die het begreep. Die suggestie viel in zeer goede aarde, Jaap verheugde zich er gelijk al op. Na veel zoeken bleek ze echter helaas al overleden te zijn. Gelukkig raakte Jaap er niet echt door van slag, de gewenning aan pech deed ook hier z'n werk goed.

Daarna liet Jaap het onderwerp verder rusten en koos ervoor die kant in zichzelf dan maar zoveel mogelijk te onderdrukken. Toen dat helemaal gelukt was, kon hij er soms nog met weemoed aan refereren.

Het jaar liep ten einde en wat te doen met Oud en Nieuw? In Amsterdam was Jaap nooit bang geweest voor inbraak, daar waren we volledig ingebouwd geweest. Hier niet en Jaap was er niet gerust op. Hij moest er gewoon niet aan denken z'n geluidsapparatuur kwijt te raken – volgens hem een hebbeding voor dieven. Het boerderijtje was weer beschikbaar, maar eerst moest het huis met extra sloten inbraakbestendig zijn gemaakt, tot die tijd zat een weekje Friesland er wat Jaap betrof niet in. We moesten er maar op gokken dat het in dit dorp wel los zou lopen met de vuurwerkellende.

1979

Behoudens alle drukte en tegenslagen, hadden we een nog steeds heerlijk relaxte winter en lente. Op ons gemak waren we in huis aan het klussen. Als eerste was de slaapkamer aan de beurt geweest. Bij één van de muren waren bij het afsteken van het behang zoveel pleisterlagen meegekomen, dat opnieuw stuken geen optie meer was. Het werd Jaaps allereerste schrotenwandje en kon er in zijn ogen 'wel mee door'.

Zelf dachten en hoopten we dat vanwege de financiën de verbouwing van de achterkant voorlopig niet aan de orde was. Het vroege opstaan, het voortdurend mensen over de vloer hebben en het van alles moeten, we werden er al moe van als we eraan dachten. Jaaps moeder dacht daar echter heel anders over en drukte door.

De bouwtekeningen lagen al klaar en werden ingediend. Dat ging niet helemaal van een leien dakje en Jaap moest bij de wethouder zijn zegje komen doen. De aannemer ging mee, mij wilde Jaap er niet bij hebben. Alle zenuwen vooraf ten spijt, het gesprek liep gesmeerd en de tekeningen werden goedgekeurd.

Jaap vond dat hij hiervoor wel een cadeautje verdiend had. Supertramp had net een nieuw album uitgebracht en de laatste van Pink Floyd stond ook nog op z'n verlanglijstje. Een uitstekende aanschaf. Het weemoedige van 'The Logical Song' op de LP van Supertramp en de cynische kijk op de mensheid in 'Dogs' op de LP van Pink Floyd, spraken Jaap direct erg aan. Zozeer zelfs, dat hij de tekst van 'Dogs' een keer aan z'n vader liet lezen. Dat had hij misschien beter niet kunnen doen. Z'n vader beoordeelde het puur als gedicht en dat was in zijn ogen geen hoogstandje. De betekenis die Jaap eraan toekende ontging hem volledig. De docent had gesproken en Jaap had van hem een onvoldoende gekregen.

Een terechtwijzing, die Jaap meteen weer vergat toen z'n nichtje onverwachts op bezoek kwam. Hetzelfde nichtje dat hem al net zo onverwachts was komen opzoeken na het gebeuren met Corrie. Een paar maanden voor onze verhuizing was ze plotseling weer opgedoken – daar had ze echt een handje van, en ook in het al net zo plotseling weer verdwijnen – en Jaap opgebeld met de vraag of hij, ter voorbereiding van haar eerste expositie, dia's kon komen maken van al haar schilderijen. Een vraag waar Jaap maar al te graag gehoor aan had gegeven. Er gebruik van makend dat ze even bereikbaar was, had Jaap haar daarna af en toe opgebeld en urenlang met haar aan de telefoon gehangen.

Omdat wij te druk waren met verhuizen en we al haar schilderijen toch al hadden gezien, waren wij niet naar de expositie geweest. Jaaps ouders wel. Die wilden een werk van haar kopen en hadden aangeboden dat als wij ook een werk van haar wilden ze dat gelijk voor ons zouden reserveren. Het schilderij waar Jaap z'n zinnen op had gezet was echter al verkocht en het werd uiteindelijk een tekening van een gezicht achter vallende druppels in zachtblauw-grijze tinten.

Dat schilderij kwam z'n nichtje nu brengen en ze bleef een nachtje plakken. Een nacht, die zij en Jaap tot in de vroege uurtjes pratend en lachend doorgebracht hebben. De gesprekken tussen die twee waren doorspekt met Bommelhumor en andere dwaze zins- en woordspelingen, waardoor zelfs de meest serieuze onderwerpen een ongekende lichtheid kregen. Daar waren beiden een meester in. Zet twee van zulke meesters bij elkaar en je krijgt een voor een buitenstaander vrijwel onnavolgbaar gesprek **(nr.27)**. Hun wederzijdse betrokkenheid ging zo diep, dat ze elkaar afschermden voor hun eigen problemen en daar hooguit over spraken in afstandelijke grootheden waar je taalkundig mee kon spelen. Jammer dat ze kort hierna weer naar het buitenland vertrok en Jaap nog maar heel sporadisch iets van haar hoorde.

In de buurt had Jaap inmiddels wat meer mensen leren kennen, die druppelsgewijs de weg naar ons huis hadden weten te vinden. Eén van de eerste nieuwe kennissen was een onderwijzer, die na school vaak een kop thee kwam halen. Na altijd op een dorpsschool les te hebben gegeven, moest hij sinds kort een klas zien te mennen in een van de moeilijkste buurten van Amsterdam. Zijn verhalen over wat hij daar allemaal meemaakte en vooral zijn ontsteltenis daarover waren hilarisch. Helaas hebben we maar kort van zijn verhalen mogen genieten, hij vertrok uit het dorp. Al gauw werd hij opgevolgd door Harm, een nieuwe buur, die al net zo trouw even kwam afzakken na z'n werk.

Die kroeg was een voltreffer geweest. Er kwam een zeer gemêleerd gezelschap en de keren dat Jaap verlegen zat om een praatje, was het daar de uitgelezen plek voor. Met drie van de mensen die hij er ontmoette, kon Jaap het van meet af aan bijzonder goed vinden. De ene was behept met eenzelfde gevoel voor humor als Jaap en ook een Bommelfanaat. Hun gesprekken liepen er dan ook meestal op uit dat ze elkaar vliegen zaten af te vangen met taalkundige spitsvondigheden, of elkaar met Bommelcitaten om de oren sloegen. Onder de oppervlakte van deze luchtigheid zat meer en Jaap was er al vrij snel zeker van dat hij een diepgaander onderwerp bloedserieus zou nemen.

De andere was een gymnasiaste, Marleen, die in de pauzes en na schooltijd vaak in de kroeg te vinden was. Vanwege haar intelligentie en haar uiterlijk was Jaap was binnen de kortste keren helemaal weg van haar.

De derde was iemand, die net als Jaap van een stevig robbertje discussiëren hield. Wat Jaap zo in hem waardeerde en hem dan ook waarderend betitelde als een techneut met gevoel, was dat hij er in die discussies nooit op uit was de ander onderuit te halen. Hij was tevens de eerste en de enige van wie Jaap wat mij betrof concurrentie vreesde en het volkomen zou begrijpen als ik verliefd op hem zou worden. Jaap beschouwde hem als een veel betere partij en vreesde in dat geval die strijd te verliezen. Een leuke jongen, daar had Jaap gelijk in, maar wel voor iemand anders. Behalve als vriend was ik hoegenaamd niet in andere mannen geïnteresseerd en ik begreep niet goed waar Jaap zich druk over maakte. Tot Jaaps grote genoegen – én opluchting – viel hij op iemand anders.

Nu dat gevaar geweken was, vond Jaap het niet meer dan eerlijk dat ik er ook van op de hoogte was hoe zijn gevoelens voor Marleen zich hadden ontwikkeld. Dat hij een tijdje half en half verliefd op haar was geweest, zich veel te oud voor haar had gevoeld, maar het stiekem wel fijn had gevonden zoiets weer eens te ervaren. Dat hij haar daarna meer en meer als z'n kleine zus was gaan beschouwen en zichzelf nu zelfs dorst toe te staan haar enigszins als plaatsvervangster van Corrie te gaan zien. Hij bekende nu ook dat hij discussies met Marleen bewust vermeed, omdat hij zich eigenlijk niet met haar dorst te meten. Het onderwerp intelligentie kwam hiermee weer eens ter sprake. Door totaal gemis aan iets als een sociale component[13] – een betere omschrijving kon hij er niet voor vinden – was het naar Jaaps idee een veel te beperkt en daardoor nietszeggend begrip. Over wat zo'n sociale component zou moeten omvatten, raakte hij niet gauw uitgepraat.

Marleen deed eindexamen en slaagde. Ze had medicijnen willen gaan studeren, maar dat was met het door haar gekozen pakket niet zonder meer mogelijk. Het werd antropologie. Jaap vreesde even dat ze in Amsterdam op kamers zou gaan. Haar andere vrienden zagen haar eveneens node vertrekken en één van hen vond een kamer voor haar in het dorp.

Een van de andere vaste bezoeksters van de kroeg had vanwege haar doorleefde uiterlijk Jaaps belangstelling gewekt. Maar hij had geaarzeld en het eerst met mij over haar gehad, voordat hij de stoute schoenen aantrok en een gesprek met haar aanknoopte. Ze had een leuke babbel, maar was alleen wat erg overtuigd van eigen kunnen en het bleef bij zo af en toe een praatje aan de bar. Dat leverde echter wel een nieuwe kennis op, Bert. Hij kwam een keer met haar mee en zat er wat verloren bij, waardoor Jaap zich geroepen voelde zich een beetje over hem te ontfermen en hem uit te nodigen een keer langs te komen. Het werd een hele trouwe bezoeker, die vrijwel dagelijks over de vloer kwam. In eerste instantie was hij nog heel verlegen en zachtmoedig. Die verlegenheid was overigens gauw over. Hij vertelde de meest

---

[13] De term 'sociale intelligentie' was toen nog niet in zwang.

woeste verhalen over z'n werk als vrachtwagenchauffeur en over wat z'n baas of de politie hem nu weer had geflikt. Zijn driejarige zoontje woonde bij z'n ex. Bert was gek op hem, maar omdat het kind meervoudig gehandicapt was en Bert noodgedwongen weer bij z'n ouders woonde, zag hij hem zelden.

Nadat het project voor psychosociale revalidatie opgeheven bleek te zijn, waren we samen regelmatig aan het delibereren over wat Jaap zou kunnen gaan doen. Van enige haast was geen sprake. Jaap zag er weinig heil in om van de fotografie zijn beroep te maken, hij vond zichzelf niet goed genoeg. Daarnaast lag wegens gebrek aan een doka het afdrukken al een tijdje stil en die routine raak je snel kwijt. Praktisch bezig zijn was op zich wel plezierig, maar al wikkend en wegend neigde Jaap er steeds meer toe dat hij zich toch het meest op z'n plek voelde in een studie. Ondanks het mislukken van de vooropleiding, was dat hetgeen wat Jaap beschouwde als iets waar hij van baby af aan 'voor was opgeleid' en waar hij gevoelsmatig thuishoorde. Zonder de benodigde papieren zou hij een colloquium doctum moeten doen. En voor welke studie ga je dan? Zijn hart lag bij de oude talen. Met een tikje weemoed vertelde Jaap weleens hoe hij had genoten van het puzzelen op een zin, van het zoeken naar een goede vertaling, en van de kennismaking met, en het doorgronden van de achterliggende betekenis van die teksten. Helaas was dat uitgesloten, die achterstand viel niet meer in te halen. De sociale wetenschappen waren aantrekkelijk, met name sociologie, maar Jaap vond dat, mede op grond van wat hij had meegekregen van mijn studie, toch een te beperkt gebied. Uiteindelijk kwam hij uit bij de filosofie, naar hij aannam een meer overkoepelend studiegebied.

 Doorredenerend leek dit de meest ideale keuze. Hij had toch al sterk de neiging overal lang over na te denken, wat nu vaak uitliep op piekeren over z'n eigen problemen. Hoe mooi zou het zijn als hij andere onderwerpen aangereikt zou krijgen en hij z'n vermogen tot piekeren voor de verandering eens op een positieve manier in zou kunnen zetten. Zou gelijk een stuk schelen in het drank- en drugsgebruik. **(nr.28)**

Naast het gewoon aantrekkelijk vinden, telde tevens sterk mee dat het een studie moest zijn waar weinig druk op stond. Ofwel, geen vol programma en geen toekomstverwachtingen. Een studie dus voor de studie op zich. Anders achtte Jaap de kans zeer groot dat hij alsnog af zou haken, misschien zelfs pas op het laatste moment, uit angst dat hij daarna met het papier op zak de maatschappij in zou moeten stappen en zich daar zou moeten gaan bewijzen. Ook aan deze voorwaarden leek de studie filosofie volledig te voldoen.

De enige buiten mij om met wie Jaap over het idee studie sprak, was één van onze Amsterdamse vrienden waar Jaap het bijzonder goed mee kon vinden. Die was positief, maar waarschuwde terecht voor het effect van 'je blij maken met een dode mus'. Om te voorkomen dat Jaap de tijd zou krijgen bezwaren of problemen te bedenken, heb ik daarna zo snel mogelijk contact opgenomen met de universiteit. Automatisch kozen we voor de Gemeente Universiteit waar de hele familie, ik incluis, aan verbonden waren of waren geweest. Geen moment aan de Vrije Universiteit gedacht.

Het colloquium doctum voor filosofie behelsde het maken een opstel en het lezen van en vragen beantwoorden over een Duitse en een Engelse tekst. Een goede eigen voorbereiding zou hiervoor voldoende moeten zijn, een voorbereidende cursus werd niet noodzakelijk geacht.

In eerste instantie wilde Jaap zijn ouders buiten dit plan houden. Hij vreesde een overenthousiaste moeder en wilde ze daarnaast de teleurstelling besparen ingeval het mislukte. Voor het opstel had hij z'n moeder toch nodig. Zij gaf Nederlands op mavo/havo niveau en kende alle normen die daarvoor golden. Z'n moeder was gelijk enthousiast, maar hield zich helemaal in en gaf goede adviezen. Zowel z'n moeder als z'n vader lieten Jaap duidelijk blijken dat ze het feit alleen al dat hij een poging wilde wagen om te gaan studeren, heel moedig van hem vonden. Slagen of zakken was hun om het even. Beter hadden ze niet kunnen reageren, het was een enorme steun in de rug en Jaap was er zeer verguld mee.

In juni ging het verbouwingscircus van start. Op de slaapkamer en de badkamer na, was het hele huis binnen de kortste keren vrijwel onbewoonbaar. Alleen het voorste deel van de huiskamer was nog enigszins intact. Met de koelkast onder handbereik en een butagasstelletje waren we daar van alle noodzakelijke gemakken voorzien. Onze enige 'luxe' was dat we tijdelijk een inpandig zwembad hadden op de plek waar voorheen de keukenvloer had gelegen.

Stoïcijns lieten wij alles over ons heen komen. Jaap had wel af en toe een uurtje 'gewoon huis' bij z'n ouders nodig om het vol te houden, zijn vermogen overal de humor van in te zien deed de rest, ook voor mij. De enige voor wie al die drukte en het vroege opstaan echt te veel werd, was Stoffel. Die hebben we op een veilig plekje, toegedekt in z'n mand, een slaap-rustdag moeten geven.

Jaap genoot van ieder nieuwgebouwd stuk. Terwijl ik me onledig hield met het voorbereidende lakwerk van de plafonds, leverde Jaap waar nodig hand- en spandiensten en legde weer zoveel mogelijk op foto vast. Hij bleef continu op z'n hoede voor eventuele fouten en slopen die er toch in, dan nam hij dat zichzelf nog het meest kwalijk.

De werkmensen vonden het blijkbaar fijn om weer bij ons aan de slag te zijn. De hele ploeg, ook wie tijdelijk elders werkte, kwam tussen de middag bij ons lunchen. Natuurlijk zat Argus daar met z'n grote hebberige hoofd altijd bij. Eén van de jongens dacht hem tuk te hebben door het stukje brood waar hij op zat te azen, in z'n borstzak te verstoppen. Onderweg naar die borstzak, ontwaarde Argus het openstaande broodtrommeltje op z'n schoot. Dag lunch.

Ook na het werk bleven ze regelmatig nog even plakken voor een pilsje en een praatje. Vooral met de metselaar en de loodgieter kon Jaap het goed vinden. De metselaar nam z'n werk bloedserieus. Er lag een steen niet naar z'n zin en die stond hij er in alle vroegte uit te hakken. Wij slaapdronken naar beneden: "Wat doe je nou?"

"Die steen zat me dwars, die blijft me anders achtervolgen." De loodgieter was wat werk betreft vrijwel z'n tegenpool. Die stond erbij te lachen toen, door een lekkage in zijn werk, op de eerste verdieping het plafond van het kleine kamertje bezweek: "Het is maar water." Gas was een ander verhaal; daar was hij zelfs bijna overdreven voorzichtig mee.

Aan het eind van de verbouwing moesten er voor de leidingen in de keuken nog een paar sleuven gefreesd worden. De loodgieter vroeg liefjes of we tegen stof konden. Aardig, dachten we nog en zeiden bijna in koor: "We zijn langzamerhand wel wat gewend, dus ga je gang." Dat hebben we geweten. "Ik had jullie gewaarschuwd," al net zo liefjes. Tijdens het werk had de loodgieter duidelijk laten doorschemeren dat hij een oogje had op mijn oude linnenkast, de kast waar Jaap een hekel aan had. Die zag z'n kans schoon om hem te lozen en gooide het op een akkoordje: jij de kast, wij een fonteintje in het toilet. De loodgieter blij, Jaap blij, ik minder.

De jongste van de twee timmerlieden had het de vorige keer dat hij bij ons aan het werk was wel ideaal geleken om net als Jaap altijd thuis te zijn en te doen wat je wilde. Maar na deze verbouwing had hij z'n mening bijgesteld en kwam er rond voor uit dat het een domme opmerking was geweest en dat hij Jaap totaal niet meer benijdde.

De voorbereiding van het colloquium viel midden in de verbouwing, dus in het water. Ik had wel een paar Duitse kranten gekocht, maar door de drukte kwam Jaap niet aan lezen toe. Behalve die kranten en het praktische regelen heb ik me er verder niet mee bemoeid. Jaap begon er zelf af en toe over, maar daar ging ik zo min mogelijk op in. Te veel erover praten zou de druk alleen maar opvoeren en hij zag er toch al als een berg tegenop. Soms vreesde hij zelfs niet verder dan de drempel van het gebouw te komen, alvorens gillend op de vlucht te slaan. Mij had hij alvast aangesteld als z'n drankvoorziener voor in de pauzes. Gelukkig kon hij zich er uitstekend een plastische voorstelling van maken en we lachten heel wat af. Goed beschouwd was de verbouwing een zegen. Jaap had het daar overdag veel te druk mee en 's avonds was hij te moe. Hij had simpelweg de tijd niet om er lang over te piekeren.

Door de vele weken van vroeg opstaan, was het een stuk minder moeilijk om op de dag van het colloquium om negen uur aanwezig te zijn. Onderweg ernaartoe trok Jaap helemaal wit weg van de zenuwen. Het scheelde af en toe maar een haar, of hij had rechtsomkeert gemaakt. Ik installeerde me in de hal, met het heupflesje jenever in de aanslag. De eerste ronde was Engels, een goede binnenkomer, daar was Jaap het minst benauwd over. Hij hield het tot het eind toe vol. Eén punt gescoord, maar wel hard aan een borrel toe. Tijdens die eerste ronde had hij hier en daar al kennis gemaakt en na zich gelaafd te hebben aan de jenever bleef hij niet bij mij zitten, maar ging hij met de anderen een praatje maken.

De tweede ronde was Duits. Terwijl hij bezig was, belde ik z'n ouders om de tussenstand door te geven. Z'n moeder wilde het eerst bijna niet geloven, daarna was ze bezorgd of hij het allemaal wel aankon. Eén van de anderen was eerder klaar en schoof bij mij aan. Hij had van Jaap gehoord dat ik was afgestudeerd en duwde me de Duitse tekst onder mijn neus, in de veronderstelling dat ik die natuurlijk moeiteloos zou kunnen lezen. Niet dus en dat zei ik ook ronduit. "Maar jij bent toch afgestudeerd?" "Nou en?" Hij droop af. Toen Jaap dat later hoorde, schoot hij in de lach: "Die heb je lekker af laten gaan, goed gedaan." Tot m'n opluchting kikkerde hij hier voldoende van op om het derde en moeilijkste deel, het opstel, te gaan doen. Later vertelde Jaap me dat hij zich gestoord had aan de 'ik doe dat peulenschilletje wel even'-houding van sommigen. Hij had zich door hen in de hoek gedrukt gevoeld en mijn actie had dat tenietgedaan.

Niemand, Jaap zelf voorop, begreep hoe hem dit gelukt was. Op de terugweg zijn we eerst een kroeg ingedoken en daarna doorgereden naar z'n ouders. Jaap had de teksten meegekregen en tot z'n intense genoegen had zelfs z'n vader moeite met de Duitse tekst. Die merkte verbaasd op dat hij nooit geweten had dat Jaaps Duits goed genoeg was voor zo'n stuk. Een bijzonder en groot compliment. Nu de spanning eraf was, viel er genoeg te lachen over het verloop van de dag en Jaap leefde zich helemaal uit met zijn imitatie van de sardonisch lachende aap achterop een opgevoerde Lelijke Eend: "Had je niet gedacht, hè?" richting iedereen die hem al afgeschreven had.

Een week later kon er gebeld worden voor de uitslag. Jaap had liever dat ik belde, dan hoefde hij niet meteen te reageren als hij gezakt was. Hij was geslaagd. Als hij had kunnen huilen, had hij gehuild. Gelijk op naar z'n ouders, die hij het persoonlijk wilde vertellen. Bij hen sprongen de tranen wél in de ogen. Normaal gesproken zou Jaap dat afschuwelijk hebben gevonden, nu deed het hem een wereld van goed.

De ongecompliceerde blijdschap over het slagen was helaas van korte duur. Jaap begon overal vraagtekens bij te zetten. Aan het niveau van de teksten kon hij met goed fatsoen niet twijfelen. Z'n vader had duidelijk gezegd dat die behoorlijk moeilijk waren en diens oordeel stond buiten kijf. Waar Jaap wel aan kon twijfelen, was aan het niveau van de gehanteerde normen bij het nakijken. Hij had er per slot van rekening niets voor gedaan en was toch geslaagd. Dat niveau ging hij steeds lager inschatten en bewijzen van het tegendeel werden van tafel geveegd. Een week later was er een nabespreking van het colloquium en dat versterkte z'n twijfels alleen maar. Jaap had al het vermoeden gehad dat hij met de Duitse tekst ergens heel erg de fout was ingegaan en dat werd nu bevestigd. Niet alleen Jaap zelf vond het een ontzettend stomme fout, door zijn medestudenten in spe werd het ook als zodanig gezien. Oftewel, als ze zelfs zo'n stomme fout geen reden tot laten zakken hadden gevonden, wat dan nog wel. (nr.29)

Na het behalen van het colloquium wilde Jaap maar gelijk doorzetten met de studie en in september starten. De zomermaanden vlogen in een aangename roes voorbij. De verbouwing was klaar en Jaap ging gelijk aan de slag met het provisorisch inrichten en uittesten van z'n nieuwe doka. Door het verplaatsen van de achtergevel en het tactisch plaatsen van de steunmuren binnen – alweer zo'n geniaal idee van Jaaps moeder – was daarvoor tussen de gang en de nieuwe keuken een ideale plek gecreëerd.

Trots op dit nieuwe speeltje, vond Jaap het leuk om wie maar wilde er wegwijs in te maken. Daar had Harm al op zitten vlassen. Hij had ervaring genoeg, maar werkte helaas nogal slordig. Dat was een beetje tegen het zere been van Jaap, maar hij hield z'n commentaar erop voorzichtig. De andere twee die op Jaaps aanbod ingingen, hadden geen enkele ervaring en nadat Jaap ze de eerste beginselen had bijgebracht, werkten die gelukkig een stuk minder slordig.

Begin september kreeg Jaap de studiegids en dat was meteen de eerste domper. Uitgerekend dat jaar startte er bij de GU een totaal nieuw studieprogramma, wat begon met de verplichte deelname aan een werkgroep: vijf hele dagen per week, en slechts een enkele keer een halve dag. En dat vier weken lang, waarvan je in totaal maar twee dagdelen mocht missen. Daar had niemand op gerekend. Tot dan toe waren het hooguit één à twee hoorcolleges per week geweest en rond de Kerst het eerste tentamen. Dit was heel wat anders en toch wilde Jaap eraan beginnen. Stom genoeg heeft toen niemand van ons, Jaaps ouders inclus, eraan gedacht om bij de VU te informeren naar hun programma.

De eerste dag ben ik meegegaan. Daarna vond Jaap dat hij maar sterk genoeg moest zijn het alleen aan te kunnen en wilde me liever sparen voor geval het een keer echt hard nodig zou zijn. De eerste twee weken lukte het nog wel, al was Jaap aan het eind van de dag te moe om nog iets aan de meegegeven opdrachten te doen, wat hij zichzelf gelukkig vrij makkelijk kon vergeven. Alleen toen Plato's 'Allegorie van de grot' besproken zou worden, wist hij zich ertoe te zetten dat stencil thuis door te lezen. Het was een onderwerp dat hem sterk interesseerde en het was tevens één van de weinige keren dat hij mij meenam in waar hij in die weken mee bezig was. Tot z'n teleurstelling bleken zijn medestudenten er echter weinig van begrepen te hebben en de nabespreking stelde niet veel voor.

Vooral de middagen begonnen Jaap steeds zwaarder te vallen. Z'n aandacht kon hij er dan bijna niet meer bijhouden. Hij begon kribbig te worden en kreeg steeds meer moeite met sommige medestudenten die alles beter dachten te weten, en met een meisje dat overal het feminisme bijhaalde. Een onderwerp waarmee je Jaap finaal op de kast kon krijgen. Hij stond muurvast op het standpunt: gelijkwaardig ja, gelijk nee. Dat was volgens hem het ontkennen van de evidente lichamelijke verschillen tussen man en vrouw en, met name tijdens en vlak na de vruchtbare jaren van de vrouw, hun al net zo evidente psychische verschillen. In plaats van dat te ontkennen, zou het in zijn ogen juist erkend en onderkend moeten worden. Maandelijks een vanzelfsprekende vrije dag bijvoorbeeld. Jaap vond wel dat het van twee kanten moest komen. Dat je als vrouw zijnde zo eerlijk moest zijn, om zelf nuchter en kritisch te kijken naar je eigen vermogens tot adequaat handelen en reageren in die specifieke dagen. Ongebreideld je onredelijkheid in die dagen botvieren op een ander, waar vrouwen soms een handje van hebben, vond Jaap dan ook uit den boze. Dan kon je gelijk met inktzwarte humor lik op stuk van hem krijgen. (Dit met excuses aan alle vrouwen, maar met enig zelfinzicht valt het moeilijk te ontkennen dat Jaap wel een punt had.)

In de laatste week kreeg Jaap als opdracht mee om zijn motivatie voor deze studie op papier te zetten. Een opdracht die hij onzinnig vond, maar waar hij met goed fatsoen niet onderuit kon komen. Naar zijn mening wist je binnen drie weken nog niets van de studie af, en hij vond ook dat over jezelf schrijven niet in deze studie thuishoorde. Tot zijn nog grotere ergernis, kwamen bij de bespreking ervan sommigen behoorlijk hoogdravend uit de hoek. Des te meer reden om iedere kritiek op zijn eigen stuk bij voorbaat al af te wijzen.

Dit had Jaap ingeleverd:

Jaap Stam groep III Motivatie.
a. *Ik denk dat filosofie min of meer inhoudt, het leren denken over en werken met 'begrippen' in hun algemeenheid. Met andere woorden: het leren ontwikkelen van onze denkwijze. Ik weet dat dit weinig duidelijk is maar ik zou op dit moment geen beter antwoord kunnen formuleren. Ik vermoed overigens dat ik dat*

probleem deel met een groot deel van mijn mede-eerstejaars. Het lijkt mij derhalve onzinnig om met verdere onzin de gevraagde 2 of 3 pagina's te vullen.
b. *Ook vraag b. valt kort te beantwoorden. Ik wil de studie filosofie zuiver voor mijn persoonlijke ontwikkeling gebruiken. Voorlopig stel ik (nog) weinig belang in de praktische maatschappelijke mogelijkheden van de studie. Dit is voor <u>mij persoonlijk</u> momenteel van ondergeschikt belang.*

Onderstaand een paar van de andere notities die Jaap in die weken had gemaakt:

In de zeer spaarzame collegenotities van Jaap vond ik deze veelzeggende uitspraak van T.S. Eliot: "beste denkers ook beste voelers en vice versa".

1979: gevonden in de agenda van Jaap, met de plaatsaanduiding: "Castell":

Sociologie → realisme → nee
Realisme → sociologie → ja, enigszins. Praktisch nut van realisme → nihil. → Beide begrippen uiterst vaag.

Praktisch nut van christelijk gedrag → in algemeenheid → geen
　　→ eigenwaarde ??
　　→ vacuüm???

bij gebrek hieraan
　→ doelloosheid → geen eerbied voor individuele mening
　→ immoreel
　→ schaakmat → gat in redenatie eigenwaarde:
　　　→
　　　→
　　　→
　　　→ wat is reële basis voor eigenwaarde?
　　　　??????????
　　　　geen norm

persoonlijk
　→ partieel:
　　→ geen nieuwe oorlogen
　→ totaal:
　　→ beëindiging fatale misère

gemiddelde basis voor eigenwaarde → geen → althans niet duidelijk voor mij
→
→

mogelijkheid tot negeren van vraagstuk: bezigheid onverschillig welke???
??????????????

→ dit is antwoord van het gros!!!!!
→ nut van onderzoek → geen gezien omgeving in algemeenheid

Jaap kreeg steeds meer last van hoofdpijn. Vooral in de middag kwam dat opzetten en op zijn verzoek ben ik in de laatste week een aantal keer meegegaan. In de pauzes was hij meestentijds elders in gesprek en kwam hij alleen naar me toe om iemand aan me voor te stellen. Een buitenstaander had niet kunnen bevroeden dat ik daar zat om hem de dag door te helpen. Jaap wilde die eerste vier weken per se volmaken, op één dagdeel na is hem dat gelukt. Toen dat voltooid was ging het niet meer. Jaap was er zo slecht aan toe, dat hij amper onze nieuwe huisarts haalde. Het aanbod van onze oude huisarts was weliswaar zeer genereus geweest, maar het was wat beginnen te knagen dat we bij bedlegerigheid vanwege een huis-tuin-en-keukenziekte, hem die hele rit zouden moeten laten maken en we hadden vlakbij een andere huisarts gevonden. Die constateerde een veel te hoge bloeddruk, schreef bloeddrukverlagers en tranquilizers voor, en was zo slim om Jaap ook gelijk een verwijzing voor een internist mee te geven. Hij drong er sterk op aan te overwegen hier niet mee door te gaan. Jaap kon het ook niet meer opbrengen. Het eerste tentamenbriefje was gehaald, hij had zichzelf bewezen en dat was voor hem even voldoende.

Meer thuisstudie leek mij nog een mogelijkheid. Dat programma was echter zo mogelijk nog zwaarder en de tijdsdruk nog groter. Er kwam een brief van de mentor of Jaap op gesprek kon komen. In de brief had het erop geleken dat de mentor echt geïnteresseerd was, de werkelijkheid was anders. De beste man kon voor Jaap nauwelijks een gaatje vrijmaken in z'n blijkbaar overvolle agenda en kon hem alleen meedelen dat er buiten de reguliere programma's om, geen andere mogelijkheden waren. Een desillusie.

Ik deed nog een poging Jaap zover te krijgen om buiten alle programma's om, af en toe een op zichzelf staand onderdeel te gaan volgen. Hij was echter te ver afgeknapt, voelde zich te ziek en voor zichzelf had hij al besloten er definitief mee te kappen. Een besluit dat hem zwaar viel. Z'n ouders probeerden hem op te beuren door hem erop te wijzen, dat het op zich al een enorme prestatie was geweest dat hij het colloquium doctum had gehaald. En dat het daarna weten te volbrengen van vier volle studieweken meer was dan menigeen vanuit zijn startpositie voor elkaar had kunnen krijgen. Het steunde Jaap iets, maar hij had daarnaast enorme ladingen alcohol en tranquilizers nodig om niet helemaal kopje onder te gaan.

Het duurde even voordat Jaap bij de internist terecht kon. Op grond van het aan de afspraak voorafgaande bloedonderzoek, gaf de internist Jaap een ongezouten waarschuwing over de toestand van z'n lever, met alle gruwelijke details van dien. Een directheid, die Jaap wel kon waarderen. Nog één week dronk hij stevig door en stopte toen radicaal. Thuis dronk hij alleen nog thee en bij zijn dagelijkse bezoekjes aan de kroeg alleen nog Spa. Het lukte. Over ontwenningsverschijnselen hoorde je hem niet, behalve dan in het komische. Voor bezoek bleef er gewoon drank in huis, die Jaap hen met gulle hand schonk. Ook aan zijn vier studiegenoten, die een paar weken later langskwamen. Jaap werd blijkbaar gemist. Fijn én triest, dit onverwachte bezoek. Jaap had het er moeilijk mee.

Nadat Jaap met de studie was begonnen, werd hij in de kroeg duidelijk merkbaar serieuzer genomen. Op een enkeling na. Een betweterige eerstejaars student Engels, die bij Jaaps vader college liep, dacht Jaap terug in z'n hok te krijgen door dat college stevig af te kraken. Dat werd stof bijten. Jaap heeft zijn woede in weten te houden en hem keurig de oren gewassen. Pas thuis plofte hij.
 Tussen de bedrijven door had ik gesolliciteerd bij een particuliere naaischool een paar dorpen verderop en was daar aangenomen. Eerst één, later twee avonden per week gaf ik er patroontekenles. Jaap vond dat heel leuk en met mijn werkgeefster en haar man kon het hij prima vinden. Meestal bracht hij me met de auto en bleef óf beneden gezellig zitten praten óf ging tussendoor even bij z'n ouders langs.

De huisarts schreef nu wel tranquilizers voor, maar was van mening dat Jaap het met alleen pillen niet ging redden en hulp moest gaan zoeken. Dat was ons inmiddels ook wel duidelijk. Grote vraag was waar en bij wie. Het liefst zag hij Jaap opgenomen en met die boodschap stuurde hij ons naar huis, om daar eerst in alle rust over na te denken. Dat erover nadenken nam weinig tijd in beslag, wij zagen er geen van beiden enig heil in.

Jaap niet, omdat hij voorvoelde dat als hij zich liet opnemen, hij alles wat hij had opgebouwd en waarmee hij zich zonder hulp staande had weten te houden, kwijt zou raken. Of hij daarna nog de moed op zou kunnen brengen dat van de grond af aan opnieuw te doen, betwijfelde hij ten zeerste. Ooit was hij daartoe bereid geweest. Toen hadden ze hem afgewezen. Vervolgens had hij zich alleen staande weten te houden, terwijl hij steeds te horen had gekregen: "Dat redt hij nooit." Hij redde het wel, en veel verder dan wie ook gedacht had. Nu had hij een vrouw, honden, een eigen huis, en wilden ze alleen helpen als hij die veilige thuisbasis weer opgaf, zonder enige garantie dat hij er een steek mee op zou schieten? Jaap had het sterke gevoel dat ze daar alleen op aandrongen omdat het nu wel beter in hun straatje paste. En daar paste híj voor.

Ik niet, omdat Jaap dan in een omgeving terecht zou komen waar alle verantwoordelijkheden uit het dagelijks leven zouden wegvallen, waar niets hem meer scherp zou houden en niets hem meer zou dwingen om mee te blijven draaien. Een omgeving ook, waar hij opgesloten zou zitten bij mensen die per definitie allemaal barstten van de problemen. Een groep mensen in de tram of in de bioscoop kon hem al zodanig overstuur maken dat hij eruit moest vluchten. Zelfs in de veilige en gezellige bioscoop in het dorp, waar we meestentijds alleen bekenden tegenkwamen, was het hem een keer overkomen. Zonder de mogelijkheid dat te kunnen ontvluchten, zou hij door kunnen slaan, alle controle kunnen verliezen en echt gek kunnen worden. De kans om dan ooit nog thuis te komen en terug te keren in de maatschappij, zou daarmee finaal verkeken zijn. Met dit schrikbeeld op m'n netvlies, moge het duidelijk zijn dat ook ik me met hand en tand tegen een opname zou verzetten.

De huisarts begreep gelukkig onze bezwaren tegen een opname en liet dat idee varen. Hij wist van de diverse behandelingen die Jaap had gehad en wilde allereerst proberen of hij weer terecht kon bij dezelfde therapeut bij wie Jaap begin jaren 70 onder behandeling was geweest en waar Jaap goed mee overweg had gekund. De huisarts nam contact met hem op, maar deze kon niets voor Jaap doen, want bij de stichting waarvoor hij werkte, mochten ze geen mensen buiten hun regio aannemen. Hij gaf wel het advies op zoek te gaan naar een of andere vorm van directieve therapie. Daarna probeerde de huisarts het bij een aantal instellingen in de buurt, maar het lukte hem niet om iemand te vinden die daar zonder een opname aan kon of wilde beginnen.

In wezen zochten we iemand met wie Jaap kon praten als hij er zelf even niet meer uitkwam, zoals vroeger met meneer Schoonenbeek. Dat was zoeken naar een speld in een hooiberg. We moesten het samen zien te klaren.

Met de nodige bezigheden in huis lukte dat aardig, zeker nadat de vloer was gelegd en we verder konden gaan met de inrichting. De grootste van de twee boekenkasten hadden we in eerste instantie nergens tussen weten te frommelen en tijdelijk in de schuur opgeslagen. Door de verbouwing waren echter de binnenmaten tussen schoorsteen en zijmuur ietsjes veranderd en wilde ik toch nog een keer proberen of hij er nu wel tussen paste. Jaap had hem al afgeschreven. Hij had een andere boekenkast op het oog, ook qua kleur beter passend, en zag het niet zitten. Ik kreeg hem toch zover die oude kast nog een kans te geven. Samen met een toevallige bezoeker haalde ik het onderste deel uit de schuur en op de millimeter af paste hij er nu wel tussen. Hij stond alleen scheef. Pas nu zagen we dat de dorpel van de kast behoorlijk afliep, terwijl hij wonderbaarlijk genoeg in twee huizen op rij keurig waterpas had gestaan. Over toeval gesproken. Jaap haalde al opgelucht adem, het recht afzagen van die dorpel ging hem nooit lukken. Dat was buiten die hulpvaardige bezoeker gerekend, die haalde z'n cirkelzaag erbij. Het laatste minpunt dat Jaap kon verzinnen was de kleur, dat loste ik op. Z'n gemopper verstomde.

Helemaal toen we het leistenen tafelbiljart uit het boerderijtje op z'n plek hadden gezet en er rondom net genoeg ruimte overbleef om er ook daadwerkelijk op te kunnen spelen. Met iedere andere boekenkast zou dat niet gelukt zijn, die waren veel dieper. Aan gegadigden voor een partijtje biljarten geen gebrek, want Jaap had ons huis alweer aardig om weten te toveren tot een zoete inval, waar zolang het licht brandde iedereen welkom was.

Niet iedereen kwam gelijk al bij ons over de vloer. In de kroeg had Jaap iemand leren kennen met wie hij steeds meer optrok. Ze was echter erg bang voor honden en het duurde een hele tijd voordat Jaap haar over wist te halen om bij ons langs te komen. Verstijft van angst ging ze heel voorzichtig zitten. Stoffel en Lotje lieten haar links liggen, maar Argus vond het zijn taak haar over die angst heen te helpen. Hij ging naast haar zitten, zette zonder haar aan te kijken zijn liefste kop op en heel voorzichtig begon hij steeds meer tegen haar aan te leunen. Het gesprek kwam op gang, zij ontspande wat, en binnen een uur had Argus het voor elkaar: in een moment van onoplettendheid zat ze hem op z'n kop te kriebelen. Ze schrok van zichzelf, maar het ijs was gebroken. Daarna kwam ze een enkele keer uit zichzelf langs en leerde ook ik haar wat beter kennen.

Toch bleef de kroeg de plek waar zij en Jaap elkaar meestentijds troffen. Als Jaap haar dan na sluitingstijd naar huis bracht, bleven ze voor haar deur soms nog uren in de auto zitten praten. Dat liep wel eens op een stevige knuffelpartij uit. Jaap was daar heel open over en hem kennende, maakte ik me er totaal niet druk om. Zelfs als het wel te ver zou gaan, zou hij er én zelf de meeste last van hebben, én het nooit kunnen verzwijgen. Toch ben ik één keer jaloers op haar geweest. Jaap belde dat het wat later werd, omdat hij bij haar nog met de afwas bezig was. Dat stak, thuis deed hij dat zelden of nooit. Zodra het echter tot me door begon te dringen dat ik doodgewoon jaloers zat te wezen, schoot ik in de lach. Om de afwas!

Er was nog iemand, een piepjong iemand, die heel bang was voor honden en vooral voor blaffende honden: het zoontje van

Bert. Tot dan toe had Bert op de middagen dat z'n zoontje bij hem was, met hem kunnen uitwijken naar een vriendin. Daar was de klad ingekomen en hem mee naar ons toe te nemen ging dus niet vanwege de honden. Bert zag ertegenop om z'n zoontje in z'n eentje bezig te houden en vroeg of Jaap zin had om langs te komen. Het werd algauw een goede gewoonte dat als Bert z'n zoontje op bezoek had, Jaap er ook was.

Jaap ging zienderogen vooruit en geestelijk werd hij met de dag sterker. Het maakte het mij een stuk makkelijker om ons seksuele leven, dat mede door zijn algehele malaise van de afgelopen maanden weer eens op een laag pitje was komen te staan, opnieuw te berde te brengen en te pogen ook daar enige verbetering in te krijgen. Er samen over praten bracht ons niet veel verder. Jaap weet het voornamelijk aan mijn jeugdervaringen en dat was ook waar de seksuoloog het op had gegooid, bij wie ik met hetzelfde probleem een paar jaar eerder had aangeklopt. Ik was er nooit mee naar de huisarts gegaan, misschien dat hij ons verder kon helpen en ik maakte begin november een afspraak met onze oude huisarts. Jaap vond het fijner als ik hiermee naar hem toe ging. Onze nieuwe huisarts kenden we nog te kort om met zoiets aan te durven komen, wat hij ons later toch wel kwalijk nam.

 We gingen er samen heen, maar Jaap vond het beter dat hij niet bij het gesprek aanwezig zou zijn. Het was een fijn gesprek. Onze oude huisarts had het vermoeden dat de huidige problemen meer te maken hadden met de moeilijkheden waar Jaap mee kampte. Dat vroeg ook van mij veel en volgens hem was het logische gevolg ervan dat de seks erdoor op de achtergrond was geraakt. Ik heb het met Jaap uitgebreid over het gesprek gehad, maar hij zag dat verband niet zo. Hij was wel opgelucht dat ik nu zelf iets had ondernomen. Alleen daardoor al ging het op dat vlak een tijd beter.

Waar Jaap het meest tegenaan had zitten hikken en zo lang mogelijk uitgesteld had, was het betegelen van de gang. Dat had hij nog nooit gedaan. Het moest er nu maar van komen en hij begon met de langste en de enige rechttoe-rechtaanwand. Hij heeft er behoorlijk op zitten zweten en z'n rug kon dat werken vlak boven de vloer maar met moeite aan. De vloer moest sowieso door een tegelzetter gedaan worden – op een houten ondervloer was dat specialistenwerk – en die zou ook gelijk de overgebleven lastige hoekjes op de wand meenemen.

Complimenten over z'n eigen werk wimpelde Jaap altijd af, vaklui zouden het in zijn ogen beter hebben gedaan. Uitzonderingen daargelaten en deze werd er één van. De vloer kwam er strak in, de hoekjes niet, die zaten lichtelijk schots en scheef. Eindelijk was Jaap er nu van overtuigd dat hij het zelf beter zou hebben gedaan. Hij vergat prompt z'n kritiek op z'n eigen werk, was er voor één keer onverdeeld trots op en dorst daar zelfs rond voor uit te komen. [nr.30]

Voor goede vakmensen had Jaap grote bewondering, zoals voor de metselaar met z'n verkeerd liggende steentje. Viel het echter tegen, zoals het werk van deze tegelzetter, dan had Jaap daar enorme moeite mee en kon er lang over doorgaan. Pogingen om die gedachtegang te stoppen mislukten meestal. Hij bleef vasthouden aan het idee, dat als iemand claimde een vakman te zijn, hij zijn werk goed moest doen of zich er anders niet op moest laten voorstaan een vakman te zijn.

Bij een klusjesman, die zich meer op handigheid dan op vakkennis beriep, lag dat anders.

Op hen was Jaap eerder afgunstig. Zelf was hij behoorlijk handig, maar hij zou zichzelf echter nooit als zodanig durven aanbieden, naar zijn idee zou hij de boel dan belazeren. De frustratie over zijn eigen machteloosheid om hier doorheen te breken en zichzelf de credits te geven dat zijn werk niet onderdeed voor dat van een willekeurige klusjesman, en daar de onrechtvaardigheid weer van, kon heel destructieve vormen aannemen. "Zij doen maar en lijken daar geen enkele moeite mee te hebben. Waarom kan ik dat nou niet?"

We piekerden constant over hoe nu, hoe verder. Al pratend kwamen we steeds terug bij het advies van de professor om in analyse te gaan. Jaap had zich daarvoor ooit al eens aangemeld, die intakegesprekken waren zeer goed verlopen en Jaap hoopte erop opnieuw bij diezelfde psychiater terecht te komen. Er was nog een andere overweging die sterk leek te pleiten voor het in analyse gaan. Jaap was ervan overtuigd dat de bron van alle ellende ergens in z'n jeugd lag. Wat dat geweest kon zijn en waarom hij zich zo vaak ellendig voelde, kon hij maar niet achterhalen. Hele filosofieën bouwde hij erover op. Hij bleef zoeken naar antwoorden en het zat hem dwars dat hij er zelf niet uit kon komen.

Alles bij elkaar leek het idee om het daar nog een keer te proberen niet verkeerd. Ik maakte een afspraak voor Jaap en hij kon in december komen voor een eerste gesprek. Helaas deed de psychiater waar Jaap goede ervaringen mee had gehad, geen intakegesprekken meer en het was afwachten hoe deze andere psychiater zou reageren. Ik ging mee en bleef buiten wachten. Het gesprek duurde krap een half uur en Jaap kwam lichtelijk over z'n toeren naar buiten. Hij mocht deze psychiater niet en had sterk het gevoel gehad dat ze maar half luisterde. Hij had net genoeg tijd gehad om alles op te rakelen, met alle bijhorende emoties van dien, maar te weinig tijd gekregen om er verder iets mee te kunnen aanvangen.

De vervolgafspraak was een week later. Nu was Jaap helemaal vlug terug. Afgewezen. Zonder opname wilden ze er niet aan beginnen en hadden Santpoort voorgesteld. Naar hun inzicht was het in analyse gaan zonder permanente controle op zijn doen en laten tussen de behandelingen door, in zijn geval veel te gevaarlijk. Dat Jaap had aangevoerd het risico om het zonder opname te proberen voor z'n eigen rekening te nemen – dat de huisarts bereid was daar mede de verantwoording voor te dragen – dat hij zelfs had aangeboden een non-suïcide contract met hen af te sluiten – niets had geholpen. Als tweede zwaarwegend bezwaar hadden ze aangevoerd dat onze relatie daar niet tegen bestand zou zijn. Daar wisten ze niet veel meer van dan dat die relatie goed was en het enige wat ze verder van mij wisten, was dat ik psychologie had gestudeerd.

Jaap voelde zich als een klein kind behandeld en was helemaal ontdaan. Onderweg terug werd hij steeds bozer: "Ik héb begrip getoond voor hun angst in dezen, ik héb aangeboden daarover afspraken met ze te maken." Hun patriarchale houding, geen enkele ruimte latend voor eigen verantwoordelijkheid, zat hem hoog. Daarnaast zat het Jaap nog veel meer hoog, dat ze hun blazoen koste wat kost vrij van smetten – zoals bijvoorbeeld een zelfmoord – wilden houden en het hen blijkbaar geen steek interesseerde dat ze door hun afwijzing de kans op zelfdoding alleen maar groter hadden gemaakt.

Zodra we thuis waren heb ik ze gebeld met de vraag op grond waarvan zij oordeelden dat onze relatie er niet tegen bestand zou zijn. Op die vraag wilden ze pertinent geen antwoord geven. Ze bleven alleen herhalen dat dat hun oordeel was. Dat ze van mij alleen wisten dat ik psychologie had gestudeerd en mij verder helemaal niet kenden, dat ze van Jaap alleen gehoord hadden dat onze relatie goed was en dat ze er verder niets van wisten, deed huns inziens niet ter zake. Aan mijn tegenwerping dat onze relatie, c.q. welke relatie dan ook, vele malen beter bestand was tegen samen de strijd aangaan, dan tegen stilzitten en afwachten tot de klap valt, hadden ze evenmin enige boodschap. Het gesprek werd door hen bruusk afgekapt. Hun muur van botte arrogantie, zonder enig zweem van begrip of mededogen, was ronduit stuitend. Jaap had meegeluisterd en voor hem hoefden daar geen woorden meer aan vuil gemaakt te worden. Zo getraind was ik niet, de woede hierover is eigenlijk nooit meer gezakt.

1980

Ooit had Jaap op de avondschool Sven leren kennen en was met hem bevriend geraakt.

Ook Sven was daar voortijdig afgehaakt en was daarna met Jaap een paar keer meegegaan naar het COC. Dat had voor Sven een hele moeilijke periode ingeluid en hij was zelfs opgenomen geweest. Met Jaap ging het in die tijd ook niet goed, maar hij vond dat voor zichzelf geen excuus dat hij hem toentertijd behoorlijk in de steek had gelaten. Nadat wij waren gaan samenwonen en Jaap zelf daardoor in een rustiger vaarwater terecht was gekomen, had hij dan ook weer contact met Sven gezocht om dat uit te praten en zo mogelijk enigszins goed te maken. Echt goede vrienden werden ze niet meer, maar Sven wist in ieder geval dat onze deur altijd voor hem openstond.

Sinds we verhuisd waren hadden we Sven niet vaak meer gezien. Het leek erg goed met hem te gaan, maar dat bleek van korte duur te zijn geweest. Hij had gedacht eindelijk de ware gevonden te hebben, had z'n huis opgezegd en was bij hem ingetrokken. Iets te hard van stapel gelopen; de relatie hield geen stand. Bij herhuisvesting stond hij boven aan de lijst en zou op korte termijn een woning kunnen krijgen, maar tot die tijd moest hij elders onderdak zien te vinden en hij had zijn laatste hoop op ons gevestigd. In eerste instantie hield Jaap de boot af. Hij voorzag moeilijkheden. Sven was er geestelijk beroerd aan toe en het viel niet te verwachten dat dat zou verbeteren zolang hij in deze onzekere situatie zat. We hebben er samen lang over gepraat. Enerzijds wisten we dat het eigenlijk een onmogelijke opgave zou worden, anderzijds, als we hem geen onderdak boden, dreigde hij weer in een kliniek te eindigen. Het schuldgevoel over zijn eerste opname zat Jaap nog steeds dwars. Jaap kennende, wist ik dat als we niet zouden proberen om Sven er deze keer wel uit te houden, hem dat altijd zou blijven achtervolgen, en niet zuinig ook. Dat woog zwaarder en ik heb de knoop doorgehakt: hij kon komen.

Vlak voordat Sven eind januari daadwerkelijk in huis zou komen, vond Jaap het nodig dat ik een paar dagen bij Sjoerd en Tessa ging logeren. Er kwam nogal wat op ons af en dan moest ik fit zijn. De noodzaak zag ik, maar ik was zowel bang om Jaap alleen te laten als om zelf alleen op pad te gaan. Maar zoals zo vaak, Jaap had gelijk. Ik kon er na die paar dagen rust weer tegenaan en Jaap had en passant voor zichzelf bewezen dat hij ook zonder mij de boel draaiende kon houden.

Sven was nog geen uur in huis of de bom barstte al. Dat Jaap het tot de universiteit had geschopt en hij niet. Dat Jaap de studie op had moeten geven, deed er niet toe. Hij moest koste wat kost met de grond gelijkgemaakt worden. Jaap maakte zich er niet al te druk over, maar was het uiteindelijk zó zat, dat hij hem naar mij verwees en ik zette Argus in. Die was steeds zieliger gaan kijken bij dit verbale geweld van Sven. Dat werkte, hij taaide af naar bed.

Gelukkig had hij een baan en hadden we overdag even rust. 's Avonds bleef hij lang plakken en moest ieder woord gewogen worden om maar geen discussies uit te lokken. Zelfs een argeloze opmerking vatte hij al op als een directe aanval op zijn capaciteiten.

De eerste week hield Jaap het nog 'droog' en gebruikte de honden 's avonds als een welkom excuus om te vluchten, in de hoop dat Sven in de tussentijd naar bed was verdwenen. Daarna redde hij het niet meer zonder drank en verdween steeds vaker naar de kroeg. Het werd zo bont, dat Jaap vanuit de kroeg belde of hij al naar bed was, anders bleef hij daar nog even plakken.

Toch bleef er nog genoeg te lachen over. Op één van de avonden dat Jaap ertussenuit geknepen was, begon Sven met mij over psychologie en over Freud. Hoe ik ook probeerde eromheen te zeilen, hij wist letterlijk alles beter en bleef doordrammen. Jaap kwam thuis en zat het op een afstandje aan te horen. Laat ik nou zo dom zijn om te zeggen: "Als je nog even zo doorgaat, gooi ik een emmer water over je heen." Nooit van plan natuurlijk dat ook echt te doen. Spekkie voor Jaaps bekkie, z'n ogen begonnen te glimmen. Jaap, heel vriendelijk: "Ik zou maar stoppen als ik jou was, ze doet meestal wat ze belooft." Toch doorgaan en tenslotte constateerde Jaap tevreden dat ik niet veel anders kon dan mijn belofte gestand doen. Slenteren naar de keuken, langzaam een grote emmer vol laten lopen, terug slenteren en maar blijven hopen dat hij op zou houden. Maar Sven bleef aan de gang, waar Jaap ook een klein vingertje in had, dit wilde hij meemaken. Beloofd is beloofd, ook Jaap liet me geen keus. Mijn kwaadheid was allang gezakt, maar die emmer ging leeg over z'n hoofd. Zonder ook maar een zweem van een lach reikte Jaap hem uiterst vriendelijk een handdoek aan. Met recht geblust. Hij ging naar bed en wij konden eindelijk in lachen uitbarsten. Het mooiste had Jaap nog wel gevonden dat ik zo rustigjes die emmer over hem leeggegoten had. Het enige vervelende was, dat de bank waarop hij had gezeten er dagen over deed om te drogen.

De ramp was compleet toen Sven ziek werd en iedere dag thuis was. Het begon langzamerhand onhoudbaar te worden en de enig overgebleven oplossing was zo snel mogelijk een woning voor hem zien te krijgen. Jaap had z'n twijfels over hoe dringend Sven de zaken had voorgesteld bij herhuisvesting en half februari ging hij een keer met hem mee. Het meeste van wat hem daar verteld was, bleek langs hem heen te zijn gegaan. Jaap legde uit hoe hopeloos de situatie begon te worden en hij kreeg de toezegging dat er grote spoed achter gezet zou worden.

Vlak hierna knapte Jaap volledig af [nr.31]. Hij had al zwaardere kalmeringsmiddelen gekregen, maar die hielpen totaal niet meer. Op een ochtend bleef hij in bed liggen en vroeg mij de huisarts te bellen. Veel uitleg gaf Jaap niet en ik vond het lastig een arts te vragen langs te komen zonder dat er sprake was van ernstige lichamelijke klachten. Jaap drukte door. Hij had ooit eens gezegd dat een slaapkuur, het gewoon even totaal van de wereld zijn, hem ideaal leek. De huisarts kwam en dat bleek waar Jaap om wilde vragen, maar wel thuis. De huisarts spartelde tegen, zoiets mocht eigenlijk alleen in het ziekenhuis plaatsvinden, waar alle functies voortdurend in de gaten konden worden gehouden. Hij had wel door dat hij Jaap daar nooit in zou krijgen en dat er iets moest gebeuren. Uiterlijk leek Jaap rustig, maar, zoals hij het zelf omschreef, beefde hij vanbinnen continu. Hij eiste bijna een knock-out-behandeling. Schoorvoetend stemde de huisarts toe en zou elke dag een injectie komen geven. Sven vond het hele gedoe alleen maar lastig en vertrok voor een paar dagen naar vrienden. Daar hadden wij tenminste even geen omkijken meer naar.

De eerste dag werkte de medicatie goed, Jaap lag de hele dag voor pampus. De volgende dag was de ergste innerlijke spanning wat gebroken en Jaap was heel kwetsbaar en lief. De harde eisende schil, nodig om overeind te blijven, lag aan duigen. 's Avonds werd ik op de naaischool verwacht. Jaap wilde dat ik ging, maar dorst die paar uurtjes alleen niet aan. Hij was er heel bang voor dat hij zomaar 'rare dingen' zou kunnen gaan doen die hij zelf niet meer in de hand had, zoals uit het raam springen, ondanks het besef dat hem dat hooguit twee gebroken benen op zou leveren. Het was ook anderszins niet verantwoord en Bert bood aan om op te komen passen. De huisarts kwam rond zes uur de volgende injectie geven. Wij gingen ervan uit dat Jaap net als de dag ervoor, vlot onder zeil zou zijn en ik vertrok naar les. Bij thuiskomst trof ik een idiote situatie aan. Bert zat onderuitgezakt op de vloer naast het bed, apestoned, en Jaap was klaarhelder wakker. Die zat in opperbeste stemming en volop geintjes makend rechtop in bed. Bleek dat hij in de loop van de avond steeds helderder was geworden. Volgens Bert leek het er bijna op alsof er speed in die injectie had gezeten. Bert was hem in arren moede maar stuff gaan voeren, met als gevolg: hij stoned en Jaap totaal niet. Een paar borrels erin hadden evenmin iets uitgehaald. Toen de huisarts dit verhaal hoorde, was hij lichtelijk verbouwereerd. Die injectie was echt sterk genoeg geweest en hij noemde het aarzelend een paradoxale reactie. Hiermee doorgaan leek hem niet zinvol meer. Weliswaar korter dan gehoopt, maar toch hadden die paar dagen bedrust Jaap merkbaar goed gedaan.

Na zijn korte logeerpartij kwam Sven terug op het moment dat Jaap voor het eerst weer even beneden zat. Het uit logeren gaan en je dan aan alle kanten in moeten houden, had Sven overduidelijk geen goed gedaan. Hij was nog niet goed en wel binnen of hij opende al de aanval. Bert, met wie hij het tot dan toe goed had kunnen vinden, was deze keer ook vol aan de beurt. Jaap kon het rustig blijven aankijken, ik werd al kwaad. Z'n ogen lichtten op, hij begon er lol in te krijgen. Op zoek naar een laatste restje gezond verstand ging ik een blokje om met de honden. In de tijd dat ik weg was, had Jaap mijn kwaadheid slim uitgebuit en Sven er vriendelijk op gewezen dat hij niet veel verder moest gaan, want dan zou hij weleens de toorn van 'zijn vrouw' over zich heen kunnen krijgen. Hij had er fijntjes aan toegevoegd dat die emmer water over zijn hoofd daar slechts een zwak aftreksel van zou zijn. Het hielp, hij verdween naar bed en daarna hadden wij gedrieën een uiterst relaxte en vrolijke avond, al na-ginnegappend dat Sven de knipoog bij mijn nieuwe aanspreektitel volledig was ontgaan en met boter en suiker in Jaaps ludieke dreigement gestonken was.

Ondanks de waarschuwingen van de huisarts dat hij er nog niet sterk genoeg voor was, ging Jaap opnieuw een poging wagen bij Herhuisvesting. Stijf onder de tranquilizers, maar niet voor niets. Er kwam voor Sven een woning vrij, met de complimenten van de desbetreffende ambtenaar dat Jaap steeds zo beleefd was gebleven.

Jaap was tot alles bereid om hem zo snel mogelijk de deur uit te krijgen en nam heel wat kluswerk in Svens nieuwe woning voor z'n rekening. Na zijn verhuizing liet Sven zich op één keer na om metselgereedschap te komen lenen, niet meer zien of horen. Als er al contact was, ging dat van Jaap uit. Bij hem ging echter de knop om toen Sven wel Bert te eten nodigde als bedankje voor zijn hulp bij de verhuizing, maar ons niet. Hij stopte ermee hem nog op te bellen.

Een paar maanden later hoorde Jaap dat Sven op de verjaardag van Bert zou zijn in diens net verworven eigen woning en ging erop af. Deze keer kreeg hij het eindelijk voor elkaar om

Sven er rechtstreeks en hard op aan te vallen dat hij nu het weer wat beter met hem ging, geen enkele poging ondernam iets te doen aan de door hem veroorzaakte brokstukken. Diens enige antwoord was dat hij dat niet aankon, dat ieder voor zichzelf moest zorgen, en knoopte vervolgens met iemand anders een gesprek aan. Jaap was na deze streek zó fel op hem, dat het maar goed was dat we hem nooit meer hebben gezien.

De door Jaap gevoelde schuld aan Svens eerste opname was vereffend, maar liet hem gebroken achter. Hij had bijna de kracht niet meer er overheen te komen, kon niet meer stoppen met drinken en kon niet meer zonder de zware tranquilizers, die hij eigenlijk verfoeide. In Jaaps eigen cynische bewoording: "Een pyrrusoverwinning in optima forma."

Ondanks de medicatie en zelfs als hij daarbij de nodige drank op had, bleef Jaap een uitstekende chauffeur. Van of naar de kroeg moest hij alleen niet aangehouden worden.

Op een avond belde Jaap me vanuit de kroeg met 'een trieste mededeling'. Dat betekende steevast dat er op een ridicule manier iets helemaal was misgelopen of vrij definitief kapot was gegaan. Deze keer was het de auto en ik vreesde al het ergste. Droogjes meldde Jaap echter dat er een lijnbus in geparkeerd stond, maar er verder weinig aan de hand was. Hij zat weliswaar in de kroeg, maar had niet in de auto gezeten en bleef dus zelf buiten schot. De chauffeur van de bus had de keus gehad tussen frontaal op een zwalkende tegenligger botsen, of uitwijken richting geparkeerde auto's. Helaas was het de onze waar hij tegenop was geknald. De buschauffeur was er nogal mee aan geweest. Jaap moest hem zelfs geruststellen dat hij echt de juiste keuze had gemaakt en zo'n tegenwoordigheid van geest alleen maar te prijzen viel.

Een bus is groot en onze auto was zo goed als total loss. In afwachting van de schade-expert werd de auto naar een garage twee dorpen verderop gesleept. Per openbaar vervoer prima bereikbaar, maar het betekende wel dat ik er alleen voor stond toen die man kwam. Natuurlijk hadden we na de klap de auto niet schoongemaakt. De haren en het zand die de honden erin gedumpt hadden, deed volgens de schade-expert de waarde drastisch kelderen. Zijn neerbuigende 'm'n beste mevrouwtje' was werkelijk tenenkrommend en niet doorheen te breken. Gelukkig had Jaap net Nico leren kennen en die had wat connecties in het autowereldje. Hij bood z'n hulp aan en vond voor Jaap een garage die onze auto goed én goedkoop weer rijdend kon krijgen.

Eind maart was de rust wat weergekeerd en zetten we onze zoektocht naar een geschikte therapie/therapeut voort. Bij de geëigende instanties en binnen de reguliere psychiatrie waren wij en de huisarts niet veel verder gekomen. Aangezien Jaap nog steeds iedere maand naar Reinout ging voor een acupunctuurbehandeling, bracht mij dat op het idee om het in de hoek van de antroposofie te gaan proberen. Reinout was per slot de enige geweest die ooit een soort van verklaring – hoe je daar ook over mag denken – voor Jaaps toestand had kunnen geven. Wellicht dat ze in die richting zich wat meer op de mens achter het probleem richtten, wat minder aan regels gebonden waren, en daardoor anders tegen risico's aan zouden kijken. De enige die Reinout kende en aan kon raden was een Gestalt-therapeut. Afspraak gemaakt en eropaf. Vooraf was Jaap nogal gespannen. Het consult duurde ruim een uur, waarin alles, ook Corrie, in vogelvlucht ter tafel kwam. Slotconclusie: de therapeut dorst het niet aan. Hij vond de problemen te groot om die in één sessie per week te kunnen behandelen en zijn praktijk was er niet op ingesteld om, indien nodig, Jaap tussendoor op te kunnen vangen.

Terug in de auto moest Jaap eerst even bijkomen. Het was hem voor het eerst zelf opgevallen dat het toch wat vreemd was, dat het er in zo'n gesprek allemaal zo nuchter en keurig op een rijtje bij hem uitkwam. Misschien dat het daardoor bij sommigen als minder erg overkwam. Maar anderzijds zouden ze daar naar zijn idee doorheen moeten kunnen kijken. Deze therapeut had dat wel gekund en was in z'n conclusies zorgvuldig en eerlijk geweest. Een verademing en Jaap voelde zich door hem zeker niet in de kou gezet. Het gesprek liet hem echter wel verslagen en in de war achter. Hij had gepoogd zich niet te verschuilen, waardoor het hem meer had geraakt dan hij eigenlijk zelf had verwacht. In het gesprek had hij alles weer in flitsen doorleefd en was zelf geschrokken van de hoeveelheid en de grootte van de problemen die hij op tafel had gelegd.

Dit soort gesprekken braken Jaap veel te veel af en leverden niets op. We moesten het anders aan gaan pakken. Ik stelde voor om in plaats van een eerste verkennend consult, ik voortaan als eerste contact zou zoeken en zou aanbieden om op voorhand een beknopte levensbeschrijving van Jaap toe te sturen. Een soort van eerste schifting, die hem in eerste instantie al wat meer uit de wind zou houden. In tweede instantie, mocht het wél tot een consult komen, zou bekendheid met zijn voorgeschiedenis een eerste gesprek kunnen vergemakkelijken. Dat idee sprak Jaap wel aan en hij kwam voldoende tot rust om veilig naar huis te kunnen rijden.

Het gesprek had heel wat bij Jaap losgemaakt. Onderweg begon hij over vroeger thuis, over hoe erg hij Corrie miste, over de druk die hij voelde als enig overgebleven kind. Door haar overlijden had hij naar zijn gevoel de verantwoordelijkheid gekregen om te blijven leven, ook al kon hij dat af en toe bijna niet meer aan. Een druk, die hem dreigde te verpletteren in een leven waar hij nooit om had gevraagd. Hij voelde zich oud, op, versleten en ruim aan z'n pensioen toe. Ondanks het verwijt richting z'n ouders dat ze hem tegen zijn zin op de wereld hadden gezet en hem nu tegenhielden eruit te stappen, terwijl hij zelf het gevoel had niet veel verder te kunnen, bleef Jaap herhalen dat hij z'n ouders niet in de steek kon laten, dat hij ze die nekslag niet kon en wilde geven. Echter als hen iets zou overkomen, wist hij van zichzelf dat hij dat van zijn kant net zo goed niet zou overleven. Een patstelling, waar hij en zij al jaren mee worstelden. Vrijwel elke dag even contact, na elke lange rit even contact, wij zijn er nog, jij bent er nog.

Ik wilde hier zo graag iets positiefs tegenoverstellen, iets waarop we verder zouden kunnen. Het enige wat ik kon bedenken, was dat, als we een kind zouden hebben, hij voor z'n ouders niet langer de enig overgeblevene zou zijn en voor hem die druk wat zou verminderen. Dat het daarbij misschien voor hem een reden zou zijn, zeker niet in de zin van een verplichting, om dan uit vrije wil door te willen leven. Jaap wierp tegen dat hij te veel dronk en te veel stuff rookte, en dat we al jaren de afspraak hadden niet aan kinderen te beginnen voordat hij op de been was en minstens een half jaar niets meer had gebruikt. Hij moest wel toegeven dat andere paren zich nooit ergens druk over maakten en gewoon kinderen kregen. En waarom zouden wij dan wel zo uiterst voorzichtig zijn; wij dachten er tenminste nog over na.

Een ander zwaarwegend punt voor Jaap was: welk antwoord geef ik mijn kind als die me vraagt waarom ik hem/haar op de wereld heb gezet? Op die vraag hadden z'n eigen ouders hem nooit een bevredigend antwoord kunnen geven en dat had hij ze vaak en hard verweten. Hij wilde niet, net als zij nu, dan zelf met z'n mond vol tanden staan. Daar stelde ik tegenover, dat als het antwoord op die vraag zou luiden dat je alleen al door je simpele aanwezigheid het leven voor je vader en voor je grootouders weer mogelijk hebt gemaakt, zo'n antwoord zelfs voor iemand als hijzelf acceptabel zou zijn. "Als je het zo stelt, ja." We waren het er roerend over eens dat dit slechts gold tot aan de geboorte; daarna had het kind een eigen persoonlijkheid en moesten wij er zijn voor het kind en niet andersom.

Nog een punt dat Jaap aanhaalde, was dat hij bang was altijd in angst te zitten over het kind, het niet los zou kunnen laten en daarmee het kind te veel in z'n vrijheid zou gaan beknotten. Hier wisten we geen van beiden nog een oplossing voor.

Diezelfde avond, tijdens het uitlaten van de honden, kwam Jaap erop terug. Het werd een lange nachtelijke wandeling. Hij wilde eerst met de huisarts overleggen over de risico's van zijn drank- en drugsgebruik. Hij wilde een kind niet tegen beter weten in met een handicap opzadelen. Als het kind dan alsnog gehandicapt zou zijn, was het overmacht en van harte welkom. Een kind als het zoontje van Bert zou hem net zo lief zijn als een gezond kind. Tot z'n eigen verbazing kwam dat laatste er vol overtuiging uit. Jaap viel even stil om dit te herkauwen. Hij constateerde, nog steeds lichtelijk verbaasd, dat hij hier vroeger niet aan had moeten denken. Hij was er wel blij mee bij zichzelf te ontdekken dat hij daar nu anders over dacht.

Er werd een afspraak gemaakt met de huisarts. Die nam er uitgebreid de tijd voor en stelde Jaap op dit punt helemaal gerust. Een paar weken later stopte ik met 'de pil'. De gevreesde bijeffecten – hevige pijnen, mijn grootste vrees, en onredelijkheid, waar Jaap het meest tegenop zag – bleven gelukkig uit.

Het onderwerp kinderen bleef me bezighouden. Was het eigenlijk wel zo'n goed idee geweest, gezien Jaaps enorme angst voor verlies? Wat voor angsten zou hij dan uit moeten staan? Mag je dat een ander willens en wetens aandoen? Jaap bleek daar zelf ook over nagedacht te hebben, maar zijn conclusie was: "Als ik kinderen neem, dan moeten het er drie zijn."

"Eén voor verlies," zoals z'n moeder dat helemaal niet cynisch, maar gewoon realistisch opmerkte, toen Jaap het er later met haar over had. Het hebben van een dochter leek Jaap wel moeilijk. Hij zag zichzelf haar al achtervolgen en elke jongen die haar een blik teveel gunde in elkaar meppen. De 'Wim Sonneveldmethode' (hem regelrecht het graf in prijzen [14]) was dan wellicht een betere aanpak gaf Jaap grinnikend toe.

Vanzelfsprekend wisten ook Jaaps ouders dat we hard op zoek waren naar een therapeut. Voor het eerst was het Jaaps vader die met een naam kwam. Een collega van hem was met het voorstel gekomen om contact op te nemen met haar man. Hij was psychiater en kon misschien iets voor Jaap betekenen.

Dit werd de eerste keer voor de nieuwe taakverdeling. Ik belde en het werd een heel lang gesprek. De psychiater had al wat voorinformatie van z'n vrouw gehad, was heel begripvol, maar kon Jaap weinig anders bieden dan een opname op de afdeling waar hij zelf werkte. Zoals hij echter al begrepen had, was dat niet de

---

14 Uit: "De Jongens" een conference van Wim Sonneveld (tekst Simon Carmiggelt)

bedoeling. We zouden het nog via de overkoepelende organisatie bij andere daarbij aangesloten therapeuten kunnen proberen, maar vanwege het forse alcoholgebruik van Jaap schatte hij die kans laag in, al toonde hij, gezien de omstandigheden, zelf wel begrip voor dat forse gebruik.

Dat Reinout slechts één antroposofische therapeut kende, wilde niet zeggen dat er niet meer waren. Ik ging op zoek. Via de Antroposofische Vereniging vond ik een paar adressen van antroposofische psychiaters. De eerste die ik belde, ging er gelijk mee akkoord dat ik hem eerst de levensbeschrijving van Jaap toe zou sturen en ik hem daarna terug zou bellen. Zo vriendelijk als hij in het eerste gesprek was geweest, zo bot en afwijzend was hij in het vervolggesprek. Hij begon er niet aan en kon alleen een opname in een ontwenningskliniek aanbieden en zelfs dat met voelbare tegenzin.

De tweede die ik belde, vroeg meteen om wat meer informatie. Hij zat met de moeilijkheid dat hij misschien ander werk kreeg en dan geen patiënten meer aan kon nemen. Hij beloofde erover te zullen denken en na een week kon ik hem terugbellen. Die baan had hij gekregen en kon dus sowieso niets aanbieden. Hij vond het wel zo eerlijk tegenover ons, om erbij te vermelden dat hij er bij nader inzien toch nooit aan had durven beginnen. Hij was bang het zelf niet aan te kunnen.

Steeds gaf ik Jaap een zo volledig mogelijk verslag van die gesprekken. Voor deze laatste afwijzing kon Jaap wel respect opbrengen, die man had tenminste de moed gehad om toe te geven dat hij het niet aandurfde. Een van de zeer weinige goeden in zijn ogen. Verder was Jaap murw en ongeïnteresseerd. Hij zag weinig heil in deze acties, ervan overtuigd dat ik toch niemand zou kunnen vinden. Dat kwam wel uit en Jaaps minachting voor psychiaters en aanverwanten werd er alleen maar groter door.

De voorhoofdsholteontsteking van Jaap was weer op volle kracht teruggekomen en Reinout kon er nog maar weinig tegen uitrichten. De huisarts stuurde Jaap door naar een KNO-arts in de buurt. Die had kennelijk een ander arsenaal aan antibiotica. De behandeling sloeg aan en Jaap heeft er nadien nauwelijks nog last van gehad.

Het constante ziekzijn leek in een raar soort verband te staan met Jaaps geestelijke toestand. Begon hij geestelijk wat bij te komen, werd hij lichamelijk ziek, waar meestal een onbestemd down gevoel aan voorafging. Voor Jaap soms heel verwarrend: "Wachten op een ziekte die niet komt, of nodeloos piekeren over waarom ik nu weer in de put zit, terwijl ik gewoon iets onder de leden heb." Jaap kon er kwaad om worden dat hij steeds maar weer geplaagd werd door ziektes. Het gevoel er toch niet meer uit te komen, wat voor moeite je er ook voor deed.

Tot dan toe was ik nog niet op zoek gegaan naar werk. Het grootste struikelblok was steeds geweest, dat Jaap vond dat hij het geld in moest brengen. Wat dat betreft, was hij erg ouderwets en patriarchaal ingesteld. Voor zichzelf kon hij dat alleen verklaren vanuit de met de paplepel ingegoten norm tot opklimmen en werken. Hij ervoer dat als een enorme hinderpaal, die hij maar niet uit de weg geruimd kreeg.

Z'n moeder had vaak genoeg geprobeerd Jaap van dat plichtsgevoel af te helpen. Ze vond het heel erg dat zij hem dat blijkbaar hadden bijgebracht. Onbewust, want zelf hechtten ze daar niet zoveel waarde aan en stonden open voor allerlei andere vormen van samenleven. In hun huwelijk hadden zij weliswaar het oude patroon gevolgd, maar naast dat zij toentertijd voor weinig anders hadden kunnen kiezen, was die ouderwetse rolverdeling ze in wezen op het lijf geschreven geweest. Jaaps vader vond kleine kinderen heel leuk om naar te kijken, maar kon er pas wat mee als ze richting halfvolwassen waren. Jaaps moeder daarentegen was dol op die kleintjes. Jaaps moeder had sterk het idee, dat het veeleer haar eigen vader was geweest die hier de hand in had gehad. Die had dat patroon strikt aangehouden. Hij was de kostwinner en dus de baas in huis. Na zijn pensionering en zelfs in de tijd dat hij en z'n vrouw bij hun dochter in huis woonden, bleef hij die mening toegedaan. De tolerantere en flexibelere houding van zijn schoonzoon was dan ook een doorn in zijn oog geweest en hij had zijn commentaar erop niet onder stoelen of banken gestoken.

Dat plichtsgevoel was er eveneens de oorzaak van dat Jaap er slecht tegen kon als iemand uit zat te weiden over z'n baan. Zelfs als het een interview op televisie betrof, kon het hem soms rechtstreeks de put in helpen. Hij kwam dan met vragen als: "Wat ben ik nou helemaal?"; "Wat beteken ik voor een ander?"; "Wat heb ik tot nu toe nou gepresteerd? Niets toch?" En hoe geef je daar een bewijsbaar en niet te onzenuwen antwoord op, zonder hem het gevoel te geven belazerd te worden? Soms lukte dat, meestal helemaal niet. Zijn gevoel van mislukt zijn, van onmacht, van onrechtvaardigheid, kon zelfs uitlopen op de sterke neiging het op te geven, op zelfvernietiging. Begrijpen wat hem op zo'n moment bezielde, was één ding, het kunnen invoelen was iets anders en had ik wat meer moeite mee.[15]

Daarentegen kon Jaap het juist heel erg waarderen als een man de moed had er zelf voor te kiezen thuis te blijven om voor de kinderen te zorgen en de huishoudelijke taken op zich te nemen. Maar het moest geen afgedwongen keuze zijn, dat deed pijn en dat kon ik wel goed volgen. Ik heb Jaap voorgehouden dat als hij een meisje was geweest, hij misschien niet eens ziek zou zijn geworden. Zelfs in z'n huidige toestand had hij als meisje zijnde een redelijk leven kunnen leiden zonder daar impliciet of expliciet veel commentaar op te krijgen, waardoor er ook gelijk minder aanleiding zou zijn geweest voor dit soort zelfverwijten. Die gedachtegang beviel Jaap wel.

Sinds we hier woonden, te midden van allemaal mensen met een baan en een gezin, begon Jaap sowieso beter om te gaan met het zelf geen werk hebben. Af en toe zette hij zich er nog hevig tegen af, om vervolgens te bedenken dat hij voor geen goud met hen zou willen ruilen en net als zij met een blinddoek voor door het leven te gaan. Gaf hem ondanks alle dalen dan toch maar

---

15 Dat kon ik pas nadat ik, vele jaren later, zelf tegen dat probleem aanliep.

liever de intensiteit van z'n eigen kreupele leven. Was het niet bijna zielig te noemen dat zij daarvan gespeend bleven? Kreeg Jaap die gedachtegang eenmaal op stoom, dan zakte zo'n bui vanzelf.

Zo langzamerhand begon er iets in Jaaps gedachtegangen te veranderen. Zijn verlangen om financieel niet meer afhankelijk van z'n ouders te zijn, werd ook steeds sterker. Jaap had dan wel een AAW-uitkering, maar daar redden we het niet mee en hij moest nog steeds af en toe bij hen aankloppen. Ik gaf al patroontekenlessen. Dat vond Jaap heel leuk, maar de inkomsten waren te verwaarlozen. Qua het vinden van een baan had ik de beste kansen, maar dan had Jaap het liefst dat ik iets buiten mijn studie om zou gaan doen. Om in iets soortgelijks als naailes geven genoeg te kunnen verdienen, zou ik veel uren moeten maken en lang van huis zijn. En wij wisten beiden op voorhand al dat hij daar niet tegen zou kunnen. Dan toch maar de studie te gelde maken.

Na een aantal sollicitaties bleek dat de studie psychologie sec niet voldeed. Op het arbeidsbureau hoorde ik dat er in de richting van de beroepskeuze nog wel banen te vinden waren. Ze raadden me aan om een vervolgopleiding te gaan doen en dat kon in de vorm van een stage bij een beroepskeuze-instituut in Amsterdam, hetzelfde instituut waar Jaap ooit getest was. Het desbetreffende instituut had plek en half april kon ik beginnen.

De eerste twee maanden moest ik daar vijf hele dagen per week zijn. Jaap vond het een enorme uitdaging en zag het als een opdracht aan zichzelf om die tijd goed door te komen. Hij nam met succes het grootste deel van de huishouding over, inclusief het boodschappen doen waar hij normaal gesproken een bloedhekel aan had – de oude winkelvrees lag nog steeds op de loer. Meestal kookte Jaap, zo niet, dan had hij in ieder geval alles al panklaar staan. Koken had hij al jaren niet meer gedaan en met kruiden had hij nog nooit gekookt. Het was hem z'n eer te na om mij te vragen hoe dat moest. Binnen de kortste keren kookte Jaap beter dan ik. Mijn complimenten daarover nam hij minzaam in ontvangst.

Jaap dwong zichzelf om tot het eind van de middag bij de honden te blijven. Pas dan vertrok hij naar de kroeg en wachtte me daar op. Tegen het eind van de avond vertrok hij meestal weer richting kroeg, zodat ik op tijd naar bed kon. 's Morgens bleef hij zo lang mogelijk uitslapen om het alleen zijn zo kort mogelijk te houden. Het was een goede gewoonte geworden, dat ik 's morgens op zijn nachtkastje een briefje voor hem achterliet. Het hielp hem een beetje bij het wakker worden en het onder ogen moeten zien van weer een lange dag alleen. Meestal was het niet meer dan wat prietpraat en hoe laat ik dacht thuis te komen. Die ene keer dat hij gelijk met mij opstond, vond hij het zó jammer dat hij nu z'n briefje moest missen dat ik er alsnog één voor hem schreef. Mijn aanhef was altijd: "Lieve Jaap." Gewoon om eens iets anders te schrijven, had ik er een keer "Hoi Jaap" van gemaakt. Dat heeft hem dagen dwars gezeten, hij was toch niet 'zomaar iemand'. Terwijl hij nota bene het woord 'lieve' niet uit kon staan en ik nog bij de eerste keer had gedacht: "Het zal misschien wel fout vallen, maar ik doe het lekker toch. Het zal wel gezakt zijn tegen de tijd dat ik terug ben."

Iedere lunchpauze belde ik hem en daar keek hij dan al reikhalzend naar uit. Alleen als hij zich heel erg beroerd voelde, belde hij mij, maar poogde zelfs dat tot het minimum te beperken. Er waren dagen dat Jaap tot niets kon komen en zichzelf alleen kon dwingen tot het hoogstnoodzakelijke. Er waren ook dagen waarop hij zich redelijk voelde en maakte daar gelijk gebruik van om klusjes aan te pakken die nog waren blijven liggen. Jaap ging dan in één vaart door, bang de volgende dag er de moed niet meer voor op te kunnen brengen. Niet dat hij er zin in had of het echt zag zitten, meer dat hij er op zo'n moment iets minder tegenop zag en in staat was zichzelf aan het werk te zetten.

De eerste maand kwam Jaap redelijk goed door. Daarna ging het hard bergafwaarts. Het alleen thuis zijn viel hem steeds zwaarder en overdag leefde hij op mijn telefoontjes, waar hij zich aan vastklampte om niet in een opwelling 'rare dingen' te gaan doen. Een uitspraak waarmee hij mij te kennen gaf dat hij begon te vrezen zo'n stap te zullen gaan nemen. Rechtstreeks over zelfdoding sprak hij nog steeds niet, maar uit voorzorg wilde hij wel alvast zijn zaken geregeld hebben en stond erop dat er een testament kwam.

Met z'n vader had hij het er al over gehad. Die zag er weinig heil in, bang dat Jaap zich dan vrijer zou voelen en eerder een fatale stap zou zetten. Een heel begrijpelijke angst, waar Jaap en ik het nadien uitgebreid over hebben gehad. Het werd mij algauw duidelijk dat het veeleer een poging was om rust en zekerheid te krijgen dat, als hem iets overkwam, ik niet alles kwijt zou zijn. Jaap was er wel van overtuigd dat, net als bij de vriend van Corrie was gebeurd, z'n ouders me alles zouden laten. Het waren echter de onvoorziene omstandigheden waar hij op voorbereid wilde zijn. Want wat als onverhoopt z'n ouders eerder zouden overlijden, of wat als we samen verongelukten, dan zou de helft naar mijn familie gaan, of nog erger alles, als ik vlak na hem overleed. Hij wilde het nu regelen, nu kon hij het nog aan, later misschien niet.

Het huis wilde hij nalaten aan onze kinderen en, indien die er niet zouden komen, aan de kinderen die ik eventueel na z'n dood zou krijgen. Bij de notaris bleek het volgens de Nederlandse wet niet mogelijk te zijn zoiets ver over je eigen graf heen te regelen. Het kon alleen in het testament opgenomen worden als een soort 'gentlemen's agreement'. Jaap was gerustgesteld. Hij wist dat ik me daaraan zou houden. De hoofdzaak voor Jaap was dat ik en de honden in ons huis konden blijven wonen. Zijn overlijden op zich leek hem voor mij al genoeg om mee te dealen en hij deed mijn tegenwerping dat het me worst zou zijn wat er daarna gebeurde, botweg af met: "Je weet niet waar je het over hebt."

Op het instituut werkte nog steeds degene die Jaap in 1975 had begeleid. In een poging het tij iets te keren, vroeg Jaap me om aan hem zijn huidige situatie voor te leggen en hem de levensbeschrijving te geven. Die wist echter niet goed wat hij ermee aan moest en stuurde me door naar één van de andere stagebegeleiders. Dat was weer een oude bekende van mij, bij hem was ikzelf ooit in therapie geweest. Hoe vreemd kan een balletje rollen.

Die pakte het op en we konden bij hem op gesprek komen. Hij stelde voor dat Jaap opnieuw het beroepskeuzetraject in zou gaan en gezien de problematiek deze keer met twee begeleiders, hijzelf en de vroegere begeleider van Jaap. Daarnaast leek het hem heel goed als Jaap en ik samen in gezinstherapie zouden gaan. Bij Jaap stonden gelijk alle stekels overeind en hij weigerde dat pertinent. Stom genoeg had ik dat niet gelijk in de gaten en ik nam die suggestie in overweging. Als zijn argument, dat je zo verstrikt kan raken in bepaalde patronen dat je elkaar niet meer verder kan helpen enig hout sneed, dan had ik zelf het gevoel er wel iets aan te kunnen hebben en een frisse wind kon, dacht ik, geen kwaad. De beroepskeuzebegeleiding zag Jaap wel zitten en daar werden alvast de nodige afspraken voor gemaakt.

Onderweg naar huis voerde Jaap al allerlei argumenten aan tegen gezinstherapie, maar wat hij daarmee in wezen bedoelde te zeggen, ontging me nog. Eenmaal thuis wist hij beter te verwoorden waarom hij zo fel tegen gezinstherapie was. Pas toen realiseerde ik me ten volle wat er was gebeurd en dat ik een akelige en fundamentele fout had gemaakt door mee te gaan in dit voorstel. Voor Jaap was onze relatie het enige vaste punt waar hij op terug kon vallen. Een vaststaand iets, waarbinnen hij zich vrij kon voelen en alles wat hem bezighield vrijelijk kon uiten. Daar wilde hij niemand, en zeker geen therapeut, aan laten komen. Want als dat ook nog ter discussie werd gesteld, zag hij zichzelf volledig wegzinken. Dat alles had ik op de tocht gezet door in Jaaps ogen twijfel toe te laten over de kwaliteit van onze relatie. Hij was ervan overtuigd geweest dat ik onze relatie net zo hecht ervoer als hij, wat wel degelijk zo was, maar dat geloofde hij nu niet meer. Jaap zag alleen nog die vermeende twijfel en beschouwde z'n eigen gevoel over de relatie nu als een illusie. Dat ik nooit getwijfeld had aan onze relatie en alleen een weg meende gezien te hebben om elkaar nóg beter te kunnen bijstaan, ging er bij Jaap niet meer in. Hij sloot zich af en viel in een put waarin ik hem door mijn eigen stupiditeit even niet meer kon bereiken.

Vrijwel tegelijkertijd kwam één van mijn studiegenoten met nog een suggestie. Hij was sterk geïnteresseerd in paranormale zaken en in de groep was het regelmatig onderwerp van gesprek geweest. Ik had hem ooit wat over Jaap verteld. Daar bleek hij mee aan de slag te zijn gegaan en had het geval van Jaap voorgelegd aan een vriend van hem, die paranormaal genezer was. Via mijn studiegenoot liet deze aan Jaap weten dat hij maar eens bij hem langs moest komen, beloven kon hij echter niets en daarom ging Jaap erop in.

In totaal is Jaap er zeven keer geweest. Het leverde weinig op, maar Jaap vond het interessant en kon goed met de man overweg. Het enige effect wat Jaap er ooit van heeft gemerkt, was dat hij een keer de volgende dag heel onbestemd down was. Hij was zo wakker geworden en kon er geen oorzaak voor vinden. Om niet te vergeten dit effect bij een volgend bezoek aan de genezer te vermelden, gaf hij dat tussen de middag gelijk aan mij door.

Jaaps verjaardag brak aan en werd naar zijn eigen zeggen de fijnste verjaardag die hij ooit had gehad. Dit keer geen verlanglijstje en wat hij van z'n ouders kreeg bleek nou net hetgeen te zijn wat hij al heel lang graag had willen hebben: een automatisch Omega-polshorloge. Een prima begin van de dag, gevolgd door een avond vol onverwacht bezoek. Jaap heeft de hele dag door lopen genieten.

Met dat horloge liep het echter niet goed af. Vanaf het begin wilde het maar niet bij Jaap blijven lopen, terwijl het in een uitprobeerweek bij z'n vader liep als een zonnetje. Jaap wist van geen ophouden. Hij vond de klok qua uiterlijk heel mooi en veel belangrijker nog, het was een spontaan geschenk van z'n ouders, een uitzondering, wat hij mateloos waardeerde. Iets om per se te houden én te gebruiken. Hij bleef het terugbrengen naar de importeur, totdat ze daar lichtelijk gek van hem werden. Uiteindelijk heeft hij het tot z'n grote teleurstelling op moeten geven, kocht een quartz-horloge en gaf de Omega aan z'n vader.

Pech met nieuwe aankopen had Jaap z'n leven lang al achtervolgd. Aan alles wat hij voor zichzelf of voor anderen kocht, mankeerde wel iets. Dat Jaap benauwd was geworden voor een aankoop en het met argusogen bekeek zodra het in huis was, was heel begrijpelijk, je kon erop wachten dat het stuk ging of anderszins dienst ging weigeren. Al die pech had, naast alle ergernis erover, één pluspunt: de hilarische verhalen van Jaap over wat hem nu weer was overkomen, leverde menig vrolijk avondje op.

De afgelopen jaren leek dat iets minder te worden en was het gebleven bij het Douwe Egberts-koffiezetapparaat – normaal gesproken vrijwel onverwoestbaar – dat we met de benodigde punten voor z'n ouders hadden opgehaald. Ze hadden het nieuwe apparaat nog geen twee dagen in huis, toen Jaaps vader lichtelijk ontdaan opbelde: het verwarmingselement was eruit geploft en hij vreesde iets verkeerd gedaan te hebben. En bij de Parkerballpoint – een verjaardagscadeautje voor z'n vader – waarvan de veer na een paar keer gebruik verder alle diensten weigerde. De laatste drie aanschaffen die Jaap had gedaan – de televisie (zonder afstandsbediening want die had hij al, wijzend naar mij), de Thorens-draaitafel en de Parker-ballpoint die hij in een opwelling voor mij had gekocht – waren al probleemloos blijven werken. Het viel dus te hopen dat het horloge een laatste stuiptrekking was geweest.

Begin juni begon voor Jaap het beroepskeuzetraject. Het liefst had Jaap alleen met zijn vroegere begeleider de gesprekken gevoerd. Nu voelde hij zich een beetje tegenover een blok staan, al begreep hij hun beweegredenen en zag hij ook zelf wel de noodzaak ervan in. Toch liep het in het begin wel goed. Jaap deed me steeds uitgebreid verslag van de zittingen en merkte daarbij zelf op, dat hij door die gesprekken met hen de problemen weer wat abstracter kon benaderen. Dat leverde vele avonden aan gespreksstof op. Zoals over de aloude vraag of hij nu leed aan een meerder- of minderwaardigheidscomplex, waarbij hij ieder argument voor het ene wist te ondergraven met een argument dat op het tegendeel wees. Heel verfrissend om weer samen zulke, van de dagelijkse beslommeringen en problemen losgezongen gesprekken te hebben. Door te veel drukte om ons heen waren we daar al maanden niet meer aan toegekomen.

Alles bij elkaar maakte het dat Jaap wat tot rust kwam en de laatste weken van mijn dagelijkse afwezigheid hem gelukkig wat minder zwaar gingen vallen.

Na een aantal zittingen met twee begeleiders werd besloten dat mijn oude therapeut het verder alleen zou doen. Nu juist degene bij wie Jaap zich het minst bij op z'n gemak voelde, maar wel degene die daar de meeste ervaring mee had. Hij pakte het wat steviger aan en op een gegeven moment gaf hij Jaap huiswerk mee. Toen had Jaap een probleem. Zijn handschrift – waar hij stiekem een beetje trots op was, want het was gekomen door de razendsnelle dictaten die hij op school had moeten maken, een ietwat ludiek, maar onmiskenbaar bewijs van enige scholing – was zelfs voor hemzelf soms onleesbaar. Uit schaamte daarvoor had Jaap het niet zelf op papier willen zetten en had het mij gedicteerd. Dat pakte verkeerd uit. Jaap werd voorgehouden dat hij te veel op mij leunde, alles via mij liet lopen en dat hij die dingen zelf weer op moest pakken. Jaap kwam wat in de war en boos thuis. Hij voelde zich op een oneerlijke manier aangevallen en had zich niet kunnen verdedigen. Naar zijn idee stelde hij er wel degelijk iets tegenover, maar dat waren abstractere zaken, die niet zomaar onder woorden gebracht konden worden, terwijl mijn bijdrage concreet en zo aan te wijzen viel. Wij wisten zelf wel dat wat wij ieder op ons eigen gebied inbrachten met elkaar in evenwicht was, maar dat was bijna niet duidelijk te maken aan een ander. Zeker niet aan iemand die ons niet van zeer nabij kende. Jaap werd hierdoor zelfs boos op mij. Ik werd weer eens gezien als degene die zoveel deed, terwijl hij ervan overtuigd was net zoveel te doen, alleen werd dat niet gezien. Het aloude, nauwelijks intern te ondervangen probleem met de buitenwacht, waar Jaap vaak de dupe van was.

Die abstractere zaken die Jaap wel kon en ik niet, waren er vele. Hij was degene die als een magneet mensen aantrok en die het huis vrijwel dagelijks wist te vullen met de meest uiteenlopende bezoekers. Hij was de motor van inspirerende conversaties; het was een feest hem dan bezig te zien. Lichtvoetig als het over huis-, tuin- en keukendingetjes ging die hij omboog tot schitterende verhalen, bloedserieus als iemand met een probleem zat. Met humor, soms ook inktzwart, wist hij iemand precies dat zetje te geven om er niet in vast te blijven zitten en er, voorzichtigjes, ook zelf weer om te kunnen lachen. Zelfs z'n eigen zwartste buien wist hij voor zichzelf en voor mij te relativeren met rare komische gedachteassociaties, waardoor wij bij wijze van spreken op de rand van de afgrond nog konden staan schudden van de lach. Ongeacht hoe diep het gat was waarin hijzelf op dat moment zat: als iemand een beroep op hem deed, was hij er voor diegene: "Kom maar op met jouw problemen, daar verdiep ik me graag in en wil je er alle hulp bij geven." Dat was geen filantropie en mochten mensen dat al zo ervaren, dan wees Jaap ze erop dat hij er zelf nog de meeste baat bij had, dan kon hij even zijn eigen sores vergeten. Goedbeschouwd had hij op die manier van zijn nood een deugd gemaakt. **(nr.32)**

Kort gezegd: Jaap maakte het leven altijd spannend, uitdagend en hoe zwaar soms ook, vrijwel dagelijks bevrijdend lachwekkend. Niets verwerd bij hem ooit tot sleur. Alles kon en zolang hij het voor zichzelf kon verantwoorden, was vrijwel niets hem te gek.

Mijn bijdrage aan de relatie, de invulling van de meer praktische zaken, woog hier volgens mij nauwelijks tegenop.

Het kwam als geroepen, dat vlak hierna de zomerstop inging. Tijd om te praten, tijd voor heroverwegingen. Op een nachtelijke wandeling met de honden, begon Jaap erover dat hij er voor zichzelf maar niet achter kon komen wat hij zou doen als ik zwanger zou raken. "Als het echt zeker is en alles goed lijkt te gaan, stap ik er dan al uit? De bevalling en alle angsten van dien hoef ik dan niet mee te maken. Of wacht ik tot het kind er is en kap er dan mee? Zou ik daar nieuwsgierig genoeg voor blijken te zijn? Bij deze beide opties hoef ik me niet voor de rest van m'n leven schuldig te voelen als het kind onverhoopt door mijn drank- en drugsgebruik toch gehandicapt zou zijn. En ik zou me ook niet voor de rest van m'n leven schuldig hoeven voelen een kind op de wereld geschopt te hebben dat er niet om heeft gevraagd. Waarom? Alleen voor mezelf? Puur egoïsme? En wat als ik wel blijf, kan ik dan mijn gevoel verantwoordelijk te zijn voor het kind voldoende in bedwang houden om het niet te verstikken? Hoe dan ook, het eruit stappen wordt in alle scenario's makkelijker. Zowel m'n ouders als jij hebben dan iemand om je op te richten en de klap van m'n overlijden zou voor jullie daardoor makkelijker te overleven zijn." Daar Jaap er zelf niet uitkwam, speelde hij het terug naar mij. Of ik het risico dorst te nemen om zwanger te raken en de grote kans te lopen hem daarmee te verliezen. Want blijven kon hij me niet beloven. Het enige wat ik hier tegenover kon stellen, was dat het verre van ondenkbaar was dat het samen zwanger zijn en daarna de aanwezigheid van en de zorg voor ons kind, hem uit dit alles zou trekken. Een beter antwoord had ik niet en onze eindconclusie was vooralsnog, dat we het aan het toeval over zouden laten.

In september ging alles weer van start. Op het instituut waren ze in opdracht van het Rijk bezig met een onderzoek naar de loopbaanbegeleiding op de diverse ministeries. Daar zochten ze interviewers voor en ik was daarvoor gevraagd. Het ging om een betaalde baan, beginnende in september, voor twee hele dagen per week over een periode van drie maanden. Jaap was fel tegen geweest. Hij vond dat hij genoeg z'n goede wil had laten zien, maar ik had het doorgedrukt. Een pracht van een kans, werk wat me goed bleek te liggen, een overzichtelijke periode, eerste klas reizen en nog goed betaald ook. Het was te veel gevraagd. Jaap kon het opnieuw twee dagen alleen thuis zijn niet meer opbrengen. Hij deed niets meer in huis en was voortdurend heel prikkelbaar.

Het was niet de enige hobbel. Jaap begon steeds meer op te zien tegen de wekelijkse gesprekken met z'n enig overgebleven begeleider. Hij voelde zich door hem een kant opgedrukt die hij niet wilde. Jaap voorzag wat de uitkomst van de zittingen zou worden als hij zo doorging en die uitkomst was naar zijn gevoel niet de goede. Echter, als die uitkomst daadwerkelijk bereikt zou worden, zou hij voor zijn eigen gevoel zich eraan moeten houden. Het lukte Jaap niet dit bespreekbaar te maken. Z'n begeleider ging hem ook te snel, wat Jaap het gevoel gaf dat hij resultaten wilde zien. Hij was pas net aan het opkrabbelen en zag zichzelf niet zo vlug alles weer aankunnen. Jaap raakte in paniek en weigerde door te gaan met de zittingen, tot hij wat steviger in z'n schoenen stond. Hij zag er vreselijk tegenop dit zelf aan z'n begeleider door te geven. Bang dat het ook door de telefoon niet bespreekbaar zou blijken te zijn en het hetzelfde verloop zou krijgen als tijdens de zittingen. Mij kon hij precies omschrijven waarom hij niet meer kon komen. Op zijn verzoek schreef ik het op en het draaide erop uit dat ik de therapeut zou bellen met dat briefje in de hand. Dat liep niet helemaal zoals gepland. Ik moest die dag in Den Haag zijn en zou daarvandaan bellen. De telefoon viel halverwege het gesprek uit en ik kon geen verbinding meer krijgen. De begeleider van Jaap dacht natuurlijk dat ik vanuit huis gebeld had, belde daarheen terug en kreeg Jaap aan de lijn. Die moest nu alsnog zelf uitleggen waarom hij er tijdelijk mee wilde stoppen. Dat bleek achteraf een geluk bij een ongeluk, maar ik heb verder wel die hele dag peentjes gezweet. Het gesprek was Jaap enorm meegevallen en achteraf was hij blij dat hij het toch zelf had gedaan.

Even leek het beter te gaan nu Jaap niet meer naar de zittingen hoefde. Hij bleef zichzelf echter voorhouden dat zodra hij wat was opgeknapt, hij die draad weer op zou pakken. Dat werkte averecht. Hij begon weer weg te zakken.

Aansluitend aan de periode in Den Haag werd ik, ook weer via het instituut, gevraagd als begeleidster van een gespreksgroep bij een WAO-vereniging in een vrij grote plaats ver boven Amsterdam. Het ging om vier uur per week, op de donderdag. Dat hield ik even af, want ik had gesolliciteerd bij een school voor agrarische en technische beroepen in Amsterdam Noord. Zij zochten een stagebegeleider voor een beperkt aantal uren per week, verdeeld over vier dagen. Dit type begeleiding leek goed aan te sluiten bij waar ik in de stage ervaring mee had opgedaan. Bij de gesprekken die ik daar met de cliënten gevoerd had – samen met je cliënt op zoek gaan naar wat het beste bij hem/haar paste – had ik me voor het eerst in al die jaren studie als een vis in het water gevoeld. Jaap hoefde ik niet te overtuigen, die gaf aan deze sollicitatie wel meteen z'n fiat, al lagen zijn beweegredenen wat anders: overzichtelijke tijden, betrekkelijk dichtbij en een goede kans dat hij daarbij hand- en-spandiensten kon verlenen, al was het maar om me naar de overal verspreide stageplekken te rijden. De directeur wilde me zo graag hebben dat hij me gelijk opbelde. Wat hem betrof, kon ik meteen beginnen, het moest alleen nog even goedgekeurd worden door de instanties. Ook Jaaps ouders waren enthousiast. Z'n vader kende de directeur van de school en was vol lof over hem. Het leek aan alle kanten een schot in de roos te zijn. Tot de instanties dwars gingen liggen. Mijn opleiding was te hoog voor die functie. Zowel de directeur als ik hadden daar nooit bij stilgestaan. Voor ons was het vanzelfsprekend geweest dat ik betaald zou krijgen naar de functie, niet naar opleiding. De directeur heeft hemel en aarde voor me bewogen om daar onderuit te komen. Het heeft niet mogen baten. De instanties dachten er anders over, ik viel in een andere salarisschaal en was te duur.

De WAO-vereniging bleef over. Het enige voordeel dat daar voor Jaap aan zat, was dat die uren grotendeels in de ochtend vielen. Voordat hij goed en wel bij de mensen was, was ik alweer bijna thuis. Dat was misschien maar goed ook, want in november ging het razendsnel slechter met Jaap. Hij kreeg van de huisarts, naast antidepressiva, sterkere tranquilizers voorgeschreven, wat allemaal weinig hielp. Daarnaast had hij ladingen drank en hasj nodig om zichzelf enigszins onder de duim te kunnen houden en het nog aan te kunnen om de deur uit te gaan. Voor zover ik weet, heeft niemand dat toen ooit gemerkt. Op z'n optreden naar buiten toe had dit forse gebruik nog steeds weinig tot geen invloed.

De donkere dagen waren altijd al een lastige periode voor Jaap geweest en die kwamen nu extra hard aan. Hij sprak steeds openlijker over de mogelijkheid van zelfdoding, zelfs met z'n ouders. Om niet vast te lopen in z'n eigen gedachten, had Jaap voortdurend mensen om zich heen nodig, of andersoortige, sterke afleiding. Moest ik weg, dan bespraken we van tevoren wat hij in die tijd zou kunnen gaan doen. Of hij bracht en haalde me, en had op die manier iets omhanden. Vooral op dagen dat Jaap er geestelijk echt beroerd aan toe was, was ik voortdurend ongerust over hoe het ondertussen thuis zou gaan en had het liefst die afspraak afgezegd.

Natuurlijk maakten ook z'n ouders zich hier grote zorgen over. Dat kwam oom Geert ter ore. Die had zich altijd afzijdig gehouden – ook als psychiater moet je niet dokteren binnen je eigen familie. Er was op dat moment geen lopende behandeling waar hij rekening mee zou moeten houden en de berichten waren dermate alarmerend, dat oom Geert het nu wel nodig achtte zich ermee te bemoeien. Hij was zelf net opgekrabbeld uit een zware depressie, dankzij een nieuw soort antidepressivum, 5-Hydroxytryptophan (5HTP), dat pas sinds kort op de markt was. Hij had sterk de indruk dat Jaap aan hetzelfde leed als hij, namelijk aan een vitale depressie. Daarnaast had oom Geert het vermoeden dat het weleens iets met erfelijkheid te maken kon hebben en dan zou dit nieuwe medicijn, dat bij hem zo goed werkte, ook bij Jaap weleens aan kunnen slaan. Hij vroeg z'n zus of Jaap hem eens kon bellen. Dat wilde Jaap wel. Hij had altijd goed met oom Geert overweg gekund en leefde met hem mee, nu het zo beroerd met hem ging. De zienswijze van oom Geert was een openbaring voor Jaap, eindelijk zoiets als een diagnose. Veel van de tot dan toe voor Jaap onverklaarbare symptomen pasten wonderwel in dat plaatje. Oom Geert bood aan een psychiater voor Jaap te zoeken die bereid was deze medicatie aan hem voor te schrijven. Hij vond er één in Vogelenzang, maar die kon er helaas geen patiënten meer bij hebben. De ander zat in het oosten van het land en daar kon Jaap begin december al terecht.

Vlak voor dat eerste consult kreeg Jaaps vader een hartinfarct. Z'n moeder belde ons om zes uur 's ochtends vanuit het ziekenhuis. Bed uit, kleren aan en ernaartoe. Zo vlot en gelijk helder had ik Jaap zelden meegemaakt. In het ziekenhuis troffen we een uitgeputte moeder aan, die daar al een halve nacht zat. Ze had niet eerder willen bellen om onze nachtrust niet te veel te verstoren. Jaap zat dat helemaal niet lekker: natuurlijk had hij dat makkelijk kunnen hebben en nu was zij urenlang alleen geweest met die angst.

Het duurde meer dan een dag voordat het goed en wel tot Jaap doordrong wat er was gebeurd en hoe slecht het had kunnen aflopen. Hij liet het niet aan z'n ouders blijken, maar hij kon niet loskomen van het schrikbeeld, dat z'n vader er voor hetzelfde geld niet meer was geweest en deed alle mogelijke moeite zich erop voor te bereiden, mocht het alsnog gebeuren.

Dat deed Jaap bij voorbaat altijd al bij ieder levend wezen waar hij van hield. Wat hij bijvoorbeeld zou doen als mij iets overkwam, was zo'n thema waar hij regelmatig over zat te dubben of hij dat wel of niet aan zou kunnen. Op z'n betere momenten ging dat over heel praktische zaken als het regelen van de geldzaken, eten verzorgen, enzovoorts. Daar was hij heel nuchter over. Alleen al om voor de honden te kunnen blijven zorgen – daar voelde hij zich, mede ter wille van mij, dan toe verplicht – zou hij zeker proberen dat op de rails te houden. Al zag hij dat alsnog mislopen, als niet heel gauw iemand anders die taken van hem over zou nemen. In pessimistische buien echter, zei hij: "Mocht jou iets zou overkomen, dan betekent dat voor mij ook het einde." Als dit soort gesprekken me teveel werden en ik dat liet blijken, werd Jaap boos en vond dat ik niet met beide benen op de grond stond. Te optimistisch, en optimisten vond hij dom, die konden door alle mogelijke rampen overvallen worden. Hij niet, hij calculeerde dat in en bereidde zich erop voor. Jaap vond zichzelf geen pessimist, maar een realist. Hoe beroerd ik er af en toe ook van werd, ik kon niet ontkennen dat zo'n soort voorbereiding wel degelijk zijn nut had bewezen toen het met ons hondje Berber fout afliep. (nr.33)

Nu had de praktijk de theorie echter ingehaald en Jaap kon er niet meer uitkomen hoe hij op het overlijden van z'n vader zou reageren. Het enige wat hem daarbij steeds weer overviel, was het gevoel dan totaal in te storten. De enige praktische houvast die hij in dat geval over zou hebben, was dat hij zijn moeder bij zou moeten en willen staan. Meer houvasten kon hij niet vinden en dat benauwde hem verschrikkelijk.

Zolang z'n vader in het ziekenhuis lag, ging Jaap zo vaak mogelijk bij hem op bezoek. Alleen daar kon hij dat spookbeeld even verjagen, zichzelf weer in de hand krijgen en tegelijkertijd zijn eigen gevoelens ten opzichte van z'n vader peilen. Gelukkig knapte z'n vader goed op en mocht zelfs weer aan het werk. Zeer tegen de zin van Jaap, die hem het liefst afgekeurd en veilig thuis zou zien. Z'n vader ging wel gezonder leven. Sigaren en sterke drank raakte hij niet meer aan. Slechts heel af en toe rookte hij nog een pijp en hield het strikt bij de twee glazen rode wijn die hij altijd als slaapmutsje dronk.

Door het gebeuren met z'n vader, ontwikkelde Jaap een steeds sterker wordend beschermingsinstinct ten opzichte van z'n ouders. Hij bleef er voortdurend rekening mee houden dat er nog zoiets zou kunnen gebeuren en probeerde ze zo min mogelijk te belasten met z'n eigen problemen, om maar niet de oorzaak te zijn van een volgend hartinfarct. Plannen om eruit te stappen waren voorlopig van de baan. Jaap was veel te bang z'n vader daarin mee te slepen.

Het consult met de psychiater was een verademing. Voor het eerst dat het niet alleen mócht, maar ik zelfs gevraagd werd om erbij te komen zitten. De psychiater wilde eigenlijk liever niet poliklinisch behandelen, maar nam onze bezwaren tegen een opname serieus en drong niet verder aan. Wel eiste hij van Jaap dat hij minimaal z'n drankgebruik drastisch zou verminderen, liever nog helemaal zou stoppen. Tegen het roken van een joint, wat al niet veel meer was dan één à twee per dag, had hij minder bezwaar. Jaap kon gelijk met het nieuwe middel beginnen. Daarnaast mocht hij uit z'n oude assortiment alleen Tranxene (lichte tranquilizer) en Haldol (antipsychoticum) blijven gebruiken. Met de overige medicatie moest hij stoppen. De psychiater gaf uitgebreide instructies mee over hoe de dosering van de 5HTP opgevoerd moest worden en vroeg aan mij om bij te houden hoeveel Jaap per dag dronk.

De eerste weken waren moeilijk. De 5HTP had geen merkbaar effect en Jaap miste de zware tranquilizers. Ondanks dat, deed hij verwoede pogingen minder te drinken.

De Carina was inmiddels ruim acht jaar oud, had de bus ternauwernood overleefd en Jaaps ouders vonden dat we langzamerhand toe waren aan een nieuwe auto. Het budget was niet al te groot en zij dachten aan een Lada. Jaaps vader reed daar al een tijd naar volle tevredenheid in rond en, zeker niet onbelangrijk, de Lada-garage in hun dorp was heel betrouwbaar. Jaap begreep hun insteek, maar verwend als hij was door de Carina, ging het hem toch net iets te ver om zelf in zo'n veredeld koekblik rond te gaan rijden. Volgens Nico, die Jaap met de Carina uit de brand had geholpen en inmiddels een hele goede kennis was geworden, was de Nissan Cherry wel wat voor Jaap. Niet te duur, weinig onderhoud en meer auto. De dealer stond Jaap minder aan en ook de voorwielaandrijving was een minpunt, daar had hij nog geen ervaring mee. Veel puf om verder te zoeken had Jaap echter niet en het moest dan maar een Nissan worden. Voor de Carina wist Nico wel iemand en vlak na oud en nieuw was de hele zaak rond.

1981

Jaap in een auto laten rijden waar hij niets mee had, was vragen om narigheid. Na een uit de hand gelopen bezoek aan z'n ouders moest die auto het ontgelden. Voor mij de eerste keer dat ik zo'n dolle rit meemaakte. In voor- en tegenspoed in de meest letterlijke zin des woords: samen eindigen tegen een boom of samen veilig thuiskomen. En alsof ik opnieuw mijn 'ja-woord' gaf: zolang wij maar samen waren, was het mij om het even.

De eerste aanrijding liet ook niet lang op zich wachten, terwijl Jaap normaal gesproken z'n eigen auto's altijd heel had weten te houden – die in de Carina geparkeerde bus telt niet mee: toen zat Jaap er zelf niet in. Doordat het zicht belemmerd werd door een geparkeerde caravan, reed Jaap iets verder door op de kruisende weg. Te ver, boem was ho en de linkerkant zat in elkaar. Dat viel te repareren, we konden weer rijden.

Bij het derde bezoek wilde de psychiater dat Jaap eerst een uitgebreid bloedonderzoek liet doen. Jaap vroeg zich openlijk af of dat wel kon, omdat hij naar de letter niet nuchter was. De eerste de beste keer had Jaap in die stad namelijk al een kroeg gevonden waar hij een Irish Coffee kon scoren. Overdag z'n lievelingsdrankje als hij vond dat hij iets verdiend had, of als m'n moeder op bezoek was. De psychiater was fair en kon een grijns niet onderdrukken. Jaap ook niet, want nu hadden ze waarschijnlijk meer alcohol dan bloed om te testen. De psychiater vroeg zich alleen af hoe Jaap in hemelsnaam een kroeg had weten te vinden die zo vroeg al open was. Wat hij niet wist en waar Jaap een paar weken later achter kwam, was dat zelfs het ziekenhuisrestaurant dit godendrankje op de kaart had staan. Even heeft Jaap nog overwogen dat aan de psychiater door te geven, want hoe praktisch ook voor hemzelf, eigenlijk vond hij het in een ziekenhuis niet door de beugel kunnen. De uitslag van dit bloedonderzoek was gelukkig niet al te belabberd. Jaap was er altijd wat benauwd voor, bang dat z'n lever tekenen van overwerktheid zouden geven. Helaas niet bang genoeg om hem ervan te weerhouden 'vrolijk' door te blijven drinken en tijdelijk zelfs meer, als de uitslag van zo'n bloedonderzoek veel te wensen overliet.

De medicatie was nog steeds niet afdoende en in februari voegde de psychiater Pertofran (antidepressivum), aan het lijstje toe. Na thuiskomst trok Jaap gelijk Marleen aan haar jasje. De studie was haar niet bevallen en ze was de verpleging ingegaan. Voor Jaap was ze daarmee de meest ideale informatiebron geworden voor alles wat hij aan medicatie voorgeschreven kreeg. Blindvaren op wat een dokter voorschrijft, was hem ooit te slecht bekomen.

Na de verbouwing waren een paar klussen blijven liggen waar we hulp bij nodig hadden.

Zo kwam Simon op ons pad. Hij leverde goed werk af, was heel begripvol en behulpzaam, was gek op dieren en bij Argus kon hij niet stuk. Helaas was in zijn kielzog z'n ex-vrouw meegekomen. Zij was een alcoholiste, lief maar hopeloos. Als ze bij ons aan kwam waaien – ze woonde vlak bij ons in de buurt – was ze meestal al behoorlijk aangeschoten. Zag ze dan kans om de telefoon te bemachtigen, ging ze jan en alleman bellen en duwde ons vervolgens de hoorn in handen om ook eens met die mensen te praten. Het had zeker z'n komische kanten, maar dan nog, je kwam nauwelijks van haar af.

Nadat ze bij ons nog een paar borrels had losgepeuterd en op het randje van omvallen stond, ondersteunde Jaap haar naar huis. Tot ze er een keer op aandrong dat Jaap haar naar bed hielp, waar ze vervolgens meer wilde. Jaap wist het vege lijf te redden. Toen hij terug kwam, was het eerste wat hij zei: "Zie hier het hijgend hert der jacht ontkomen." Veiligheidshalve liet hij haar daarna in haar eentje naar huis gaan en hield alleen een oogje in het zeil of ze de hoek haalde. Het risico dat ze daarna alsnog in de goot zou belanden, nam hij voor lief.

Aan het huis van Jaaps ouders moest ook het nodige gebeuren en gezien onze goede ervaringen met Simon, vroegen ze hem en ook daar leverde hij prima werk af. Het enige vervelende was, dat zij vlakbij woonden en de ex van Simon ongelukkigerwijs had opgevangen dat hij bij hen aan het werk was. Op zoek naar hem was ze daar aanbeland, maar uitgerekend die dag was hij ergens anders aan het werk. Ze had zich naar binnen gekletst en om een borrel gevraagd. Op haar manier had ze geprobeerd Jaaps ouders als medestanders te mobiliseren tegen Simon en z'n vrienden, omdat die zo'n slechte invloed zouden hebben op Jaap. En of zij wisten dat Jaap zoveel dronk. Jaaps vader had zich gelukkig weinig van haar praatjes aangetrokken. Het was hem gelukt haar in de auto te krijgen en haar naar huis af te voeren. Jaaps moeder was er echter helemaal overstuur door geraakt en zag overal spoken. Het heeft enige tijd geduurd voor ze daar overheen was. Dit verhaal hoorden we achteraf, te laat om er nog iets aan te doen, behalve je er heel erg druk over maken en pogen moeders zoveel mogelijk gerust te stellen.

Mijn moeder had alleen meegekregen dat Simon goed werk afleverde. Ze was met vervroegd pensioen gegaan en was volop bezig in haar huis. Daarbij kon ze iemand zoals Simon goed gebruiken. Hij had er wel oren naar, maar zag alleen wat op tegen de afstand. Hij had weliswaar een mooie grote auto, maar graag zelf rijden, deed hij niet. Een prachtkans voor Jaap om in te springen en aan te bieden hem overal naartoe te rijden. Wel vroeg op, maar niet al te vroeg, want van zijn kant hield Simon er rekening mee dat Jaap daar moeite mee had. Jaap genoot er met volle teugen van. Rondrijden in een mooie auto, tussen de middag ergens een prima hap halen en na het werk ergens onderweg samen een drankje doen. Iets sterkers voor Simon en een frisje voor Jaap: dit was werk en dan moest je nuchter blijven. Hij werd de hele dag door Simon vrijgehouden en meer wilde Jaap er ook niet voor hebben. Bij thuiskomst was hij wel hard aan een glas wijn toe – iets sterkers dronk hij nog zelden – maar ondertussen was mooi een hele dag en een deel van de avond gewonnen.

Doordat Jaap nu vrijwel dagelijks bij m'n moeder over de vloer kwam, werd het contact tussen hen beter. En nog beter, toen Simon, die van elektra weinig kaas gegeten had en wist dat Jaap er wel handig mee was, dat werk bij haar aan hem overliet. Binnen deze werksetting gedijde Jaap goed. Hij werd zekerder in z'n handelen, pakte zonder er lang over na te denken de zaken gewoon aan en was tevreden met de resultaten. Simon had hier een grote hand in. Die voelde intuïtief aan waar Jaaps sterke en zwakke punten lagen en hielp hem heel subtiel door die zwakke punten heen. Het werkte twee kanten op. Als Simon het even niet meer zag zitten, nam Jaap het stilzwijgend van hém over.

Ook thuis gedroeg Jaap zich anders. Veel attenter en hij nam zelfs een keer zomaar een cadeautje voor me mee. Het leek net alsof Jaap opeens de wereld om zich heen weer helder zag en uit z'n reacties op te maken, beviel hem dat wel. Het was eens te meer gebleken dat hij vanuit een heel slechte startpositie – veel drank en een abominabele conditie – nog steeds de kracht had zeer snel te herrijzen.

Na vier maanden had de 5HTP nog steeds weinig effect. De psychiater was wat prikkelbaar over het in zijn ogen nog steeds te hoge drankgebruik, wat toch echt al stukken lager lag dan bij de start van de behandeling. Het viel hem niet duidelijk te maken dat zolang de medicatie nog niet afdoende was, Jaap iets nodig bleef houden om de boel te dempen. De psychiater beweerde nu, in tegenstelling tot wat hij daar eerder over had gezegd, dat alcohol, hoe weinig ook, de 5HTP volledig doodsloeg. Naar het gebruik van hasj vroeg hij gelukkig niet, dat was wel fors toegenomen. Hij stelde opnieuw voor om Jaap op te nemen, zodat hij hem via een infuus in kon stellen op de juiste dosering. Dat zou zo'n zes weken duren. Jaaps vertrouwen in deze psychiater was dusdanig groot, dat hij hier serieus op inging. Zijn enige bezwaar ertegen was de grote afstand, want zo'n lange tijd zonder mij zag hij het zichzelf niet redden en dat ik regelmatig in m'n eentje op en neer zou rijden, zag hij helemaal niet zitten. Heen oké, maar terug en pas de volgende dag horen of ik veilig thuisgekomen was, leek hem bij voorbaat al een hel. De psychiater had daar alle begrip voor en begreep ook, dat het vanwege de honden geen optie was dat ik tijdelijk in de buurt ergens onderdak zou zoeken.

    Dit ging dus niet en de psychiater vroeg ons om het met onze huisarts te bespreken of die eventueel opnamemogelijkheden dichter bij huis wist. We maakten een avondafspraak met de huisarts. Die viel helaas in het water omdat hij weggeroepen werd. Er werd een nieuwe afspraak gemaakt, ditmaal voor een huisbezoek, op een avond dat hij geen dienst had. De huisarts kwam rond 6 uur en dronk een borreltje mee. Op Jaaps vraag daarover, was diens antwoord dat hij het niet juist vond om als huisarts de schijn op te houden sterk tegen alcohol te zijn en dan zelf thuis wel een borrel te nemen. Hij was altijd rechttoe rechtaan en draaide nergens omheen. Een aanpak, waardoor Jaap geen informatie achterhield en er rond voor uit dorst te komen wat hij allemaal gebruikte. De huisarts bleef tegen Jaaps verbruik van alcohol, viel hem er echter niet op aan en gaf ronduit toe, dat alcohol soms beter werkte dan welke psychofarmaca dan ook. Hij liet het aan Jaaps eigen gezonde verstand over, zou z'n lichamelijke conditie in de gaten blijven houden en hem tijdig waarschuwen als die achteruitging. Terugkomend op de vraag van de psychiater, daar had de huisarts z'n licht over opgestoken, maar de grootste moeilijkheid daarbij was, dat vrijwel niemand met de 5HTP werkte. Behalve de overbezette psychiater in Vogelenzang, had hij hier in de omgeving verder niemand kunnen vinden.

De psychiater vond het beter de 5HTP dan maar geleidelijk aan af te bouwen en verving de Pertofran door een meer conventioneel middel, namelijk Sinequan (antidepressivum). Ik kreeg de opdracht mee om goed op te letten welk effect deze nieuwe medicatie op Jaap had. Dr. Venema vroeg, ietwat verbaasd, of onze relatie nog steeds goed was. Hij had ons zo eens bekeken, maar begreep het niet. Wij, op onze beurt, begrepen zijn vraag niet. Waarom zou onze relatie niet goed zijn? Die was prima, weinig wrijvingen en we bespraken alles samen.

Op de terugweg was er nog geen vuiltje aan de lucht. We waren het er roerend over eens dat het een rare vraag was geweest. Het leek ons toe dat het voor eenieder duidelijk moest zijn dat het met onze relatie wel goed zat. Echter, binnen een paar dagen begon Jaap te veranderen. Hij ging zich afzetten tegen het leventje dat we leidden en begon me zonder aanleiding te pesten. Een naar woord, maar zo noemde hij dat zelf. Kleine plagerijen, die allengs erger werden. Hatelijke opmerkingen, knijpen in plaats van aanhalen en ook onze gesprekken vervlakten. Pogingen erover te praten mislukten. Jaaps antwoord was steevast: "Dat weet je zelf het beste." Of: "Zo krijg ik je tenminste aandacht." Om daarna kwaad de deur uit te lopen. Al belde hij na enige tijd altijd even op om te melden waar hij was. Toen ik een keer opmerkte dat die verandering opvallend direct gevolgd was op die vraag van de psychiater naar onze relatie, wees Jaap dat kriegel van de hand, dat had er niets mee te maken. Niets te maken met die vraag? Dat leek me sterk. Voor mij leek het er meer op dat het hem aan het denken had gezet, waardoor de minpunten waren uitvergroot. Of die misser van een jaar geleden, toen ik even meeging in het voorstel om in gezinstherapie te gaan daar mede een rol in heeft gespeeld, weet ik niet. Het zou zomaar kunnen.

Z'n verwijten zaten me niet lekker, waar doelde Jaap op en wat zou ik eraan kunnen doen? Al piekerend kwam ik erop uit dat z'n verwijt – "Zo krijg ik tenminste je aandacht." – erop kon slaan dat doordat het reilen en zeilen in huis grotendeels op mijn bordje lag, ik af en toe wat kribbig kon reageren als Jaap om aandacht vroeg. Z'n andere verwijt – "Dat weet je zelf het beste." – had hoogstwaarschijnlijk iets van doen met onze seksuele relatie. De laatste tijd was die inderdaad weer zo goed als doodgebloed. Te veel andere zaken aan ons hoofd, drukke dagen en dan te moe, ook Jaap na een hele dag met Simon op stap te zijn geweest. Wat altijd was gebleven, was het elkaar de hele dag door even een knuffel geven, een zoen voordat je de deur uit ging, voor het slapen gaan, bij het wakker worden, en het dicht tegen elkaar aan in slaap vallen. Dit viel nu allemaal weg. En er kwam nog iets anders bij. Als ik naar Jaaps idee iets te aanhalig werd na een avond vol bezoek en hij gemerkt had dat ik van zijn gastheerschap had genoten, kon ik een sneer krijgen: "Zo hoef ik het niet."

Het werk bij m'n moeder was klaar. Simon nam eerst een paar weken vrij, daarna moest hij naar de andere kant van het land voor een volgende klus. Geen werk meer voor Jaap, maar in z'n vrije weken zat Simon vaker hier dan in z'n eigen huis. Door zijn plezierige gezelschap en het niet meer vroeg op hoeven staan, werd Jaap naar mij toe ook weer meer de oude. Helemaal nadat de ex van Simon hem bij ons vond. Stomdronken stond ze voor de deur. Ik deed open, maar Argusje keek zó paniekerig toen hij haar in zo'n toestand niet te harden stem hoorde, dat ik haar simpelweg bij haar jasje pakte en zo de deur weer uitzette. Deur dicht, opgeruimd staat netjes. Van Jaap kreeg ik een grote grijns en een duimpje. Simon kon er niet om lachen; die schaamde zich te veel. Kort daarna verhuisde z'n ex en waren wij van haar verlost.

Nadat Simon vertrokken was – jammer genoeg hebben we hem nooit meer teruggezien – ging Jaap overdag weer vaker naar de kroeg en leerde daar Nigel kennen, een Engelsman die tijdelijk hier gedetacheerd was. Gewoonlijk weigerde Jaap pertinent Engels, of welke andere buitenlandse taal ook, te spreken. Die onbewuste, maar voor de goede verstaander duidelijk waarneembare, pijnlijke blik van z'n vader bij iedere gemaakte fout, hield Jaap nog steeds tegen. Wat zijn zelfvertrouwen ook niet echt te goede was gekomen, was dat een buurvriendje hem ooit onbedoeld voor schut had laten staan. Een Duits echtpaar had hen de weg gevraagd en terwijl Jaap nog bezig was te bedenken hoe hij zijn antwoord moest formuleren, had de buurjongen al in zeer slecht, maar blijkbaar begrijpelijk genoeg Duits hun vraag beantwoord. Die jongen was vrijwel analfabeet, maar dat had hij wel gekund en hijzelf met z'n halve gymnasiumopleiding niet. Jaap had zich op dat moment een volslagen mislukkeling gevoeld en had zich vast voorgenomen dat hem dat niet nog eens zou gebeuren. Zelfs niet nu z'n kennis van het Engels inmiddels meer dan ruim voldoende was en z'n uitspraak zelfs beter dan die van z'n vader. Een goed papegaaieninstinct had z'n vader dat ooit genoemd. Een compliment waar Jaap graag prat op ging, maar hij liet zich er nooit toe verleiden dat daadwerkelijk te bewijzen.

Nu moest Jaap wel. Hij was geïnteresseerd in Nigel en ik was niet in de buurt om als tolk te dienen. Dat was voor mij trouwens geen pretje, want in het Nederlands wees Jaap me dan voortdurend op de fouten die ik in het Engels maakte. Het: "Als je het zo goed weet, doe het dan zelf," hielp nooit, dan deed ik het opeens wel goed – tot de volgende fout. Geholpen door de drank en gedreven door nieuwsgierigheid, stapte Jaap eindelijk over die drempel heen.

Het werd een leuke vriendschap en door de welgemeende complimenten van Nigel over zijn Engelse dictie en taalgebruik, kreeg Jaap steeds meer lol in hun gesprekken. Hij begon zelfs z'n eigen taalfouten voor lief te nemen, let wel, in de kroeg en zonder dat ik erbij was. 'One step at a time.' Totdat de fotografie ter sprake kwam en Nigel Jaaps werk graag wilde bekijken. Nu moest hij hem wel uitnodigen om langs te komen. Nigel was enthousiast over wat hij te zien kreeg en vond het doodzonde om Jaaps talenten op dit gebied ongebruikt te laten. Via z'n werk kende hij een fotograaf met wie hij Jaap graag in contact wilde brengen. Hij was ervan overtuigd dat die wel brood zou zien in het werk van Jaap. Daarnaast, Jaap had hem een paar keer met praktische zaken geholpen en Nigel zag z'n kans schoon hier iets tegenover te stellen. Jaap sputterde behoorlijk tegen, maar gelukkig was Nigel een type die zonder veel woorden z'n eigen weg ging en zich niets van die protesten aantrok. Ondanks zijn gesputter hoopte Jaap stilletjes dat het echt iets op zou leveren. Hij had Nigel genoeg verteld om hem over te kunnen halen mee te gaan naar de eerste ontmoeting met die fotograaf. Dat had wel enige moeite gekost. Zijn optreden naar buiten toe was van dien aard dat, zelfs ondanks die informatie, Nigel nauwelijks kon geloven dat Jaap sommige dingen niet aankon.

Helaas, ook hier sloeg de pech toe. Nigel moest hals over kop terug naar Engeland en kon z'n eigen zaken maar nauwelijks tijdig regelen, laat staan die afspraak voor Jaap. Weer een goede kans die in rook opging. Jaap was er nogal fatalistisch onder, pure overmacht, ook voor Nigel, die het helemaal niet lekker zat dat hij zijn belofte niet waar kon maken. Jaap probeerde het af te doen met wel vaker door hem gebezigde gezegden in zulke situaties: "Life ain't easy for a boy named Sue" (Johnny Cash) en "Het leven is een pijpkaneel, ieder zuigt eraan. maar krijgt niet z'n deel" (een treffende verbastering uit de koker van z'n grootmoeder).

Vlak voor Jaaps verjaardag gingen we eindelijk weer eens een weekje naar Friesland; de eerste keer sinds we in dit dorp woonden. Alle ramen en deuren waren inmiddels extra beveiligd en ik had Jaap over kunnen halen er even tussenuit te breken. Het werd een heel genoeglijke week. Natuurlijk gingen we een paar keer bij Sjoerd en Tessa langs. Op de andere dagen sliepen we – vooral Jaap – idioot lang uit, dronken urenlang koffie om wakker te worden, dan naar Drachten voor een boodschap, daar gezapig wat rondslenteren en daarna spelletjestijd. Jaap had dat herontdekt en in de kast waren er genoeg voorhanden. Vooral met 'Mens erger je niet' hadden we de grootste lol. Jaap beleed dan wel in woorden dat hij niet tegen z'n verlies kon, maar dat viel best wel mee, tenminste zolang hij uiteindelijk maar won. Als ik de euvele moed had te veel rondjes te winnen, eindigde het in stoeipartijen onder het mom van 'wie niet slim is, moet sterk zijn'. Dan won Jaap zonder veel moeite alsnog, want sterk was hij ontegenzeggelijk.

In het boerderijtje hing een oude, ingelijste versie van 'De tuinman en de dood' [16]:

---

16 Een gedicht van P.N. van Eyck

Van morgen ijlt mijn tuinman, wit van schrik,
Mijn woning in: "Heer, Heer, één oogenblik!

Ginds, in de rooshof, snoeide ik loot na loot,
Toen keek ik achter mij. Daar stond de Dood.

Ik schrok, en haastte mij langs de andre kant,
Maar ik zag nog juist de dreiging van zijn hand.

Meester, Uw paard, en laat mij spoorslags gaan,
Voor de avond nog bereik ik Ispahaan!"
Vanmiddag – lang reeds was hij heengespoed –
Heb ik in 't cederpark de Dood ontmoet.

"Waarom," zoo vraag ik, want hij wacht en zwijgt,
"Hebt gij van morgen vroeg mijn knecht gedreigd?"

Glimlachend antwoordt hij: "Geen dreiging was 't,
Waarvoor Uw tuinman vlood. Ik was verrast,

Toen 'k 's morgens hier nog stil aan 't werk vond staan,
Die 'k 's avonds halen moest in Ispahaan".

Jaap had daar iets mee en kon er als het zo te pas kwam, ironisch naar verwijzen. In ons huis wist hij er, uit zicht van de minder goede verstaander, een prima plekje voor. We waren er nu toch, een goede gelegenheid om het gelijk maar in te pikken.

Het rijden en werken met Simon was Jaap zo goed bevallen, dat het halen van een groot rijbewijs hem een nuttige toevoeging richting werk leek: je weet maar nooit. Het zou een mooi verjaardagscadeau kunnen zijn en Jaaps ouders vonden het een prima idee. Terug thuis en met de toezegging van z'n ouders op zak, ging Jaap er gelijk werk van maken.

Daarnaast gingen we op zoek naar andere mogelijkheden om aan het werk te komen. In de krant vond ik twee interessante advertenties. In de eerste werd een politiefotograaf gezocht, zonder specifieke eisen qua opleiding. We gaven het weinig kans, maar proberen kon nooit kwaad. Afgewezen. De tweede leek meer kans te bieden. Onze eigen dierenarts zocht een parttime assistent. Helaas, eveneens mislukt. Bij beide advertenties was Jaap vooraf uitgebreid bij zichzelf te rade gegaan of hij er voldoende capaciteiten voor in huis had en of hij het aan zou kunnen. Een hele baan dorst hij zonder meer niet aan. Van niets naar fulltime was een onmogelijke opgave gebleken.

Jaaps vader wist er natuurlijk van dat Jaap op zoek was naar bezigheden buitenshuis en kwam met een andere optie. Hij had een collega gesproken die bij de Vrije Universiteit werkte. Die had heel verbaasd gereageerd toen hij hoorde over het volle eerstejaars filosofieprogramma bij de Gemeente Universiteit en de onpersoonlijke behandeling door de mentor. Hij had het betreurd dat Jaap de VU niet had geprobeerd en had erop aangedrongen dat alsnog te doen. Jaap sputterde tegen: hij zou er toch niet meer aan durven beginnen. Maar hij moest toegeven dat vragen geen kwaad kon en mocht hij in de toekomst weer wat sterker zijn, dan was deze mogelijkheid alvast onderzocht.

Ik belde, hij luisterde mee. Aan de secretaresse die ik aan de lijn kreeg, legde ik uit hoe het verlopen was bij de GU. Zij las hun hele, beduidend minder zware programma voor en vermeldde erbij dat ze bij de VU wél de mogelijkheid boden om de studie sterk te spreiden. Zij was ervan overtuigd dat Jaap bij hen kon rekenen op een goede begeleiding en dat hij z'n studie bij hen voort kon zetten. De secretaresse was echt lief, er is geen ander woord voor. Ze smeekte bijna of Jaap toch niet eens zou willen komen praten en vond het bijzonder jammer dat het bij de eerste studiepoging zo misgelopen was. Jaap was heel tevreden met dit gesprek. De erkenning gaf rust en het was een goede mogelijkheid voor de toekomst. Voor het komende studiejaar zag hij er nog geen heil in, maar dat was het streven ook niet geweest.

Voor de meer nabije toekomst dachten wij eerder aan het krijgen van een kind. Om de kans daarop te vergroten, was ik begonnen met het bijhouden van m'n ochtendtemperatuur en langzaam maar zeker begon ook Jaap steeds meer te verlangen naar een kind. Hij ging zelfs zover dat, mocht het blijken dat het aan hem lag, hij de mogelijkheid om via adoptie, of via het ziekenhuis en een donor alsnog een kind te krijgen zeker niet uitsloot. Voor adoptie, waar we in zo'n geval allebei het liefst voor zouden gaan, zouden we gezien Jaaps situatie echter hoogstwaarschijnlijk niet in aanmerking komen.

De kroeg bleef een dankbare bron voor toevallige ontmoetingen, leuke gesprekken, nieuwe kennissen en krankjorume situaties. Zoals die keer dat Jaap naar de kroeg was afgezakt en de kroegbaas ladderzat bij mij binnen kwam zeilen. Hij vond het maar niks dat ik alleen thuis zat en kwam me gezelschap houden. Hij had wel zoiets gemompeld, maar Jaap had nooit verwacht dat hij de daad bij het woord zou voegen en het duurde even voordat Jaap doorkreeg dat hij de klanten de klanten had gelaten en vertrokken was. Wetend hoe beschermend Argus jegens mij was, zag Jaap al een bloedbad voor zich en hij wist niet hoe gauw hij thuis moest komen, waar wij heel gezellig samen aan het biljarten waren, althans voor zover de kroegbaas zich nog overeind kon houden. Niks geen bloedbad, Argus wist maar al te goed dat dronken mensen niets meer konden en zeker geen kwaad.

Net als zijn vader, was Jaap nogal van de rituelen en ritualen. Zijn vaste gang naar de kroeg voor een Irish Coffee als m'n moeder op bezoek was, was er één van. Zodra Jaap dat bestelde, wist de kroegbaas al hoe laat het was: "Is je schoonmoeder weer op bezoek?" Ondanks dat de aanleiding tot dit ritueel nu tot het verleden behoorde, vond Jaap het nergens voor nodig om er afscheid van te nemen en zichzelf z'n godendrankje te ontzeggen. Hij paste het gewoon een beetje aan en de eerstvolgende keer dat m'n moeder langskwam, nodigde hij haar en mij 'grootmoedig' uit om mee te gaan voor koffie en appeltaart. De kroegbaas keek wel een beetje raar op toen we gedrieën binnenkwamen, helemaal vertrouwen deed hij het niet.

Soms ook vloeide het één uit het andere voort. Eén van de exen van Bert had haar volgende vriendje Rudi er ook alweer uitgegooid. Waar Bert en Rudi voorheen elkaars hoofd wel af hadden kunnen hakken, huilden ze nu bij elkaar uit. Zo kwam hij ook bij ons terecht en kwam net als Bert bijna dagelijks even aanwippen. Jammer genoeg kenden wij die ex ook en toen de eerstvolgende eraan moest geloven, haar hond, belde ze Jaap of hij haar en haar hond een lift naar het asiel kon geven. Hij moest weg, want tijdens het uitlaten begon hij passanten aan te vallen en hem aanlijnen vond ze te lastig. Ze was niet van zins nog enige moeite voor het dier te doen. Ze werd kwaad toen Jaap suggereerde dat het met wat meer rust in huis wel goed zou komen en dreigde dan wel een ander te bellen. Dag mooie verhalen over hoe goed ze wel was met dieren en dat ze hem daarom van het asiel een laatste kans had mogen geven. Jaap kende de hond en het idee dat het arme dier door een vreemde die niets om hem gaf, naar vrijwel zeker weten de slachtbank zou worden gebracht, was hem teveel en hij ging door de knieën. Hij moest bij het asiel nog voor haar betalen ook, ze had geen geld bij zich. Ondanks haar belofte heeft ze dat natuurlijk nooit terugbetaald. Jaap vroeg er haar later wel eens naar, maar eigenlijk had hij het liever niet terug. Het was bloedgeld en zolang zij hem dat verschuldigd was, hield hij iets achter de hand wat later misschien nog van pas kon komen.

Ik wilde niets meer met haar te maken hebben, zelfs niet groeten. Jaap had daar alle begrip voor, maar trok z'n eigen plan. Hij bejegende haar nét iets te overdreven vriendelijk zodat ze hem nergens op kon pakken, maar wel kon voelen dat er iets loos was. Tot z'n genoegen trachtte ze hem steeds meer te ontlopen en werd zelfs schichtig als hij haar aansprak. Het duurde lang voor ze zover was om hem recht in z'n gezicht te vragen wat hij tegen haar had. De boodschap was blijkbaar toch overgekomen. Ze had Jaap even klem. Hij wilde en kon niet liegen door het te ontkennen, maar als hij toegaf dat hij haar niet moest, kon hij zijn spel niet verder spelen. Met de nodige moeite is het hem gelukt een rechtstreeks antwoord te omzeilen en de status quo te handhaven.

Jaap was behoorlijk aangekomen en aan dat teveel aan gewicht moest nodig wat gedaan worden. Ik had gelezen over het Modifastdieet en dat in combinatie met alleen groenten en gegrild vlees, sprak hem wel aan. De grill-experimenten liepen niet allemaal goed af. De gegrilde aubergine, keurig volgens recept gemaakt, vonden wij niet te eten en zoals gebruikelijk schoven we ons bord door naar Argus die er gretig aan begon, maar het meteen weer uitspuugde. Lotje was daar natuurlijk als de kippen bij, maar ook zij spuugde het uit, waarop Argus het nog een keer probeerde met hetzelfde resultaat. Dat ging zo een tijdje over en weer, totdat Argus het uiteindelijk met lange tanden opat. Over elkaar niets gunnen gesproken.

De pogingen van Jaap om naast het dieet meer te gaan bewegen mislukten. De keer dat hij lopend naar de kroeg was gegaan, ongeveer een kilometer, was hij zo uitgeput, dat ik hem met de auto op had moeten halen. Bij het fietsen had hij prompt last van z'n voorhoofd gekregen en op een volgende voorhoofdsholteontsteking zat hij bepaald niet te wachten.

Begin augustus opperde Jaap het idee om maar weer aan de speed te gaan. Het afvallen met alleen het dieet ging hem niet snel genoeg en vandaar dat hij aan speed had gedacht. We wikten en wogen.

Wat ervoor pleitte, was dat hij actiever zou worden, ook in huis meer mee zou gaan draaien en dat hij vlugger af zou vallen. Ondanks dat ik al z'n kleding zelf maakte en z'n buik nog zoveel mogelijk had weten te camoufleren, was de keuze aan kleding om er gelikt uit te zien, zeer beperkt geworden. Bij vlagen had hij het daar behoorlijk moeilijk mee.

Wat ertegen pleitte – meer voor mij dan voor Jaap, die interesseerde dat minder – was het gevaar voor verslaving. Financieel was het haalbaar. Voor zover Jaap wist, was het nog steeds relatief goedkoop. Hij begreep heel goed dat ik het idee alleen al afschuwelijk vond en er doodsbang voor was. Het zou zijn ondergang kunnen worden, waar hij tegenoverstelde: "Die komt toch en op deze manier voel ik me tenminste nog even goed." Een ijzersterk argument.

Op de emotionele toer gaan zou chantage zijn, en verbieden, dat kon ik niet. Hoe verbied je het iemand van wie je houdt iets te nemen om zich goed te voelen – al is dat maar voor even – als je weet en meemaakt hoe beroerd diegene zich al veel te vaak voelt en weinig vooruitzicht heeft op verbetering?

Het was zonneklaar dat Jaap al veel langer met dat idee rondliep en zelf meer voor- dan nadelen had kunnen vinden. Hij legde het nu op tafel, in de hoop van mij een steekhoudend tegenargument te horen. Eigenlijk wilde hij helemaal niet terug naar de speed, maar hij kon niets beters bedenken om uit de huidige impasse te komen. Jaap had zelf al bedacht dat ik hem nooit tegen zou kunnen houden. Hooguit een goede bekende, al wat ouder, die in z'n jonge jaren zelf ook van alles had gebruikt. Jaap kon het goed met hem vinden en had hem de afgelopen tijd meer dan eens uit de brand geholpen. Hij bleek het er met hem al summier over te hebben gehad. Toen was diens reactie nul komma nul geweest. Jaap vond het prima als we het samen nogmaals aan hem voor zouden leggen, al gaf hij me weinig kans dat zijn reactie deze keer anders zou zijn. Die verwachting kwam uit. Sinds hij was gaan samenwonen met zijn nieuwe vriendin was hij erg veranderd. Ondanks Jaaps bedekte waarschuwing viel dit toch rauw op m'n dak. Alsof Jaap voor hem nooit méér was geweest dan een makkelijke kennis, die je dag en nacht kon laten opdraven als je hem nodig had en die verder niet lastig moest zijn. Jaap begreep m'n teleurstelling volledig en hielp me er direct doorheen. Hij had niets meer van hem verwacht. Deze ervaring en het samen praten over de speed, had wederzijds de banden weer heel sterk aangehaald.

Jaap wist een vrij veilig adres in de nabijgelegen stad en ging speed halen. Het werkte heel anders dan het spul dat hij vroeger had gebruikt. Veel zachter en het gaf minder slaapproblemen. Ik was er altijd verre van gebleven, nu wilde ik toch wel graag weten wat het was en heb het een keer geprobeerd. Ik kon me gelijk veel beter indenken waarom Jaap er weer aan had willen beginnen. Het gaf een heel tevreden gevoel, uren zomaar kunnen zitten zonder je te vervelen, eindeloos door kunnen halen tot diep in de nacht, geen spoortje aan negatieve gedachten. Gelukkig had Jaap al gauw door dat dit spul echt iets te lekker was om lang mee door te gaan. Het is bij twee keer halen gebleven.

Na enige wijzigingen in de medicatie, werd aan het eind van de zomer de juiste dosering gevonden. In gezamenlijk overleg met dr. Venema werd besloten de onderhoudsdosering verder door de huisarts voor te laten schrijven. Het enige nadeel van deze medicatie was dat Jaap er op den duur erg suffig en sloom van werd. Wat ook niet meehielp, was dat Jaaps hasjverbruik – meestal in de vorm van hasjolie – na de verandering van zijn medicatie ook weer fors gestegen was.

Dat haalde hij altijd bij dezelfde dealers, een soort van familiebedrijfje van drie broers, waarvan de twee waar Jaap z'n hasj bij kocht, nog thuis woonden. Hun kamer stond altijd blauw van de rook. Saillant detail was, dat hun vader bij de douane werkte. Die moest bijna chronisch verkouden zijn om dit in zijn huis te tolereren. De derde broer woonde elders en zorgde voor de aanvoer. Zoveel beweging was te veel gevraagd van z'n broers. Die vonden meegenieten met wat hij daarbuiten allemaal meemaakte, meer dan genoeg frisse lucht. En meegenieten was het, vooral toen hun broer nadat hij op straat onder dwang z'n hele voorraad aan een concurrent af had moeten geven, met een stalen gezicht naar de politie was gestapt om daar aangifte van te doen. Hij had het toch niet meer, wat konden ze hem dan nog maken?

Bert was een keer meegegaan en op de terugweg kreeg hij een vreetkick van jewelste. Hardop zat hij te fantaseren over wat hij in de snackbar die hij dacht dat we zouden passeren, allemaal naar binnen zou slaan. In zijn fantasieën kwam zelfs een zoute haring met slagroom voorbij. Laat Jaap nu een andere afslag nemen. "Jaap je rijdt verkeerd, de snackbar is daar!" Bert was in alle staten en dreigde zelfs uit de rijdende auto te springen.

September werd een rampzalige maand. Het begon met het bericht dat meneer Schoonenbeek was overleden. Jaap wist wel dat hij er slecht aan toe was, toch kwam het bericht van zijn overlijden behoorlijk hard aan. Het was voor Jaap altijd een veilig gevoel geweest dat hij hem in uiterste nood eventueel nog steeds kon bellen. Gelukkig had Jaap een paar weken eerder eindelijk de moed gevonden hem te schrijven en meneer Schoonenbeek had hier meteen op geantwoord. Dat was een kleine troost, maar bij lange na niet genoeg. Jaap had, naast mij, dringend nog iemand anders nodig om het van zich af te kunnen praten. Het was ruim na twaalven, maar ik wist dat m'n moeder nog op zou zijn. Op haar hulp bij het opvangen van iemand in nood, had ik nog nooit tevergeefs een beroep gedaan. Ik wist Jaap over te halen haar te bellen en wat ik hoopte gebeurde, ze hielp hem door de eerste klap heen. Dit laatste zetje hadden ze blijkbaar allebei nodig. Eindelijk begrepen ze elkaar.

Vlak voor het vertrek van meneer Schoonenbeek had Jaap nog een portretserie van hem en z'n vrouw gemaakt. Nu voelde hij zich verplicht die portretten af te gaan drukken. Tot z'n grote teleurstelling was het hem weer niet gelukt om een goed en karakteristiek portret van hem te maken.[17] Toch was die serie goed, de familie en vrienden van meneer Schoonenbeek vonden hem er weldegelijk helemaal in terug en waren heel blij met de foto's.

Daar nog nauwelijks van bekomen, of we kregen een volgende klap te verduren. Deze kwam helemaal als donderslag bij heldere hemel. Argus had nog nooit iets serieus gemankeerd. Hij was inmiddels acht jaar oud en naar het zich liet aanzien, nog steeds kerngezond. Tot hij zich op een dag duidelijk niet lekker voelde. Het leek bijna alsof hij hoofdpijn had. Een rare gewaarwording en we wisten niet goed wat we ermee aan moesten. Gelukkig

---

17 Jammer genoeg heeft Jaap er toen nooit aan gedacht om ook de oudere negatieven door te spitten, want kort geleden vond ik daarin een zomaar ergens tussendoor geschoten portret van meneer Schoonenbeek, dat volledig voldeed aan waar Jaap naar op zoek was geweest.

zakte het na een paar uur en de volgende dag leek Argus weer helemaal de oude. We waren ervan geschrokken, maar om met zo'n vaag verhaal bij een dierenarts aan te komen leek weinig zinvol. Omdat Jaap het toch niet helemaal vertrouwde, liep hij nu iedere keer mee als ik ze uit ging laten. Maar goed ook, want een paar dagen later kreeg Argus het tijdens de laatste avondronde in volle hevigheid terug. Met veel moeite lukte het ons om hem veilig thuis te krijgen. We dorsten het niet aan om hem alleen beneden te laten en hielpen hem de trap op, naar onze slaapkamer. Tijdens de nacht heb ik heel even iets van gestommel gemerkt. Helaas te kort om er helemaal wakker door te worden, want toen, in de vroege ochtend van 15 september, zal Argusje gestorven zijn.

In eerste instantie bleef Jaap er heel kalm en nuchter onder. Hij belde eerst de dierenarts of we langs konden komen, in de hoop dat die ons zou kunnen vertellen waar Argus aan was overleden. Daarna de dierenbegraafplaats, of we daar diezelfde dag nog terechtkonden. Jaap wilde niet dat iemand nog aan zijn hond kwam. Hij weigerde pertinent alle hulp bij het hem naar beneden dragen en in de auto leggen. Argus woog tegen de dertig kilo en het ging, vooral op de trap, maar nét goed. Jaaps rug begaf het pas finaal, toen hij op de dierenbegraafplaats Argus in z'n kistje legde. Tot z'n grote frustratie moest hij daarna de rest aan de beheerder overlaten.

's Avonds druppelden al onze vrienden en kennissen binnen. Een wake voor Argus. Zo natuurlijk toen, zo verbazingwekkend achteraf dat hij voor zoveel mensen zoveel meer dan gewoon een hond was geweest.

Jaap wist totaal geen weg met zijn verdriet. Thuis hield hij het niet uit en de eerste dagen waren we voortdurend op pad. Als we al thuis waren, zat Jaap aan de telefoon. Hij kon niet stoppen met praten over die laatste avond en nacht. Hij bleef iedereen vertellen over hoe het was gegaan, hoe zwaar hij het zichzelf aanrekende dat hij niet wakker was geworden, er niet voor hem was geweest. Want ook hij had iets meegekregen van het gestommel.

Dat steeds weer aan te moeten horen werd me te veel. Ik begreep ook niet goed waarom Jaap het deed, voor mij kwam het iedere keer weer even hard aan. Toen ik er wat van zei, werd Jaap kribbig: hij had dat nodig en was niet van zins ermee op te houden; dat ik zelf niet kon bedenken dat het voor hem op deze manier stapje voor stapje iets afstandelijker werd; dat hij het voor zichzelf dood trachtte te praten, met ergens toch de stille hoop dat door erover te blijven praten eindelijk, eindelijk de emoties los zouden komen. Een voor mij afdoende uitleg en als hij dit nodig had, dan zette ik wel een tandje bij.

Jaap vluchtte even naar Nico, z'n 'autovriend' en allang veel meer dan dat alleen. Een paar uur later belde hij dat hij naar huis zou komen. Maar hij kwam niet. Ik belde Nico. Daar was Jaap allang weg en wetend in welke toestand hij verkeerde, ging Nico gelijk naar hem op zoek. Goddank was Jaap zowel heen als terug niet op de spoorlijn gestopt. Onderweg bleek hem de moed in de schoenen gezonken te zijn en hij had bij Bert aangelegd, die toen nog geen telefoon had.

Ongelukkigerwijs had Bert net z'n nieuwe vriendin op bezoek. Zij was sociaal werkster en dacht dit varkentje wel even te kunnen wassen. Ze had Jaap zelfs over Corrie aan de praat gekregen en vond het toen welletjes. Jaap zat te zeuren, vond ze. Ze zat niet ergens gezellig op bezoek om dat aan te hoeven horen en vertrok. Nico vond Jaap bij Bert voor de deur en bracht hem naar huis.

Jaap was veilig thuis, maar hoe. Een rots die versplinterd was, maar niet uit elkaar kon spatten. Als een zoutzak stond hij in de deuropening, niet tot bewegen in staat. Zijn hele lijf huilde, maar de verlossing in tranen was totaal geblokkeerd. Het enige wat hij nog kon was in excuses schieten dat hij iedereen ongerust had gemaakt.

Het verlies van Argus was voor Jaap altijd al een voortdurende angst op de achtergrond geweest. Het liefst had hij hem nooit overleefd, maar gekscherend zei hij wel eens dat Argusje hem daarin lekker klem had: "Dat kan ik het zieltje niet aandoen."

En inderdaad, als enige heeft Argus het gedurende zijn tijd op aarde voor elkaar gekregen Jaap uit vrije wil aan het leven te verplichten. In alle opzichten een meesterzet van Jaaps moeder. Zíj had doorgedrukt dat Jaap een hond moest nemen, zíj was het die Argusje voor hem gevonden had.

Nu hij voor Argusje niet meer verder hoefde, begon Jaap de strijd op te geven. Hij kwam nauwelijks nog in beweging en liep ook nooit meer mee als ik de honden uit ging laten, het gemis was dan te groot. Op zich geen punt, ware het niet dat door het nu totale gebrek aan lichaamsbeweging de kilo's die hij er net met veel moeite vanaf had weten te krijgen, er weer aanvlogen.

Stoffel kon bij Jaap helemaal geen goed meer doen en zelfs Lotje begon hij onheus te behandelen. Zij hadden de leeftijd, op hun dood had hij zich voorbereid. Natuurlijk wist hij wel dat zij er geen schuld aan hadden, maar hij kon het niet stoppen. Het werd zo moeizaam, dat ik zelfs voorstelde om Stoffel bij m'n moeder onder te brengen. Jaap wilde er niet van horen. Zelfs als mij iets zou overkomen, zou hij natuurlijk Stoffel de noodzakelijke verzorging blijven geven. Voor mij een duivels dilemma. Het enige wat er voorlopig opzat, was het beste ervan maken, zelf Stoffel zoveel mogelijk aandacht geven en hem uit de wind houden. Een beetje tegenstrijdig vond ik het overigens wel van Jaap. Hij kon zich heel erg opwinden over mensen die hun dieren slecht behandelden en deed dan alle mogelijke moeite om ze te overreden het dier aan een ander te geven. Zo waren z'n ouders ook aan Tibert gekomen, een mishandelde kat, die door Jaap ergens los gekletst was. In mijn ogen deed Jaap nu zelf niet veel anders. Daar ben ik verder maar niet bij hem op ingegaan.

Veel moeilijker vond ik het dat Jaap zich helemaal in zichzelf terugtrok. Zo erg had ik het nog nooit meegemaakt en ik begon nu pas ten volle te beseffen hoezeer Argus in dit soort moeilijke periodes mijn steun en toeverlaat was geweest. Geleidelijk aan raakte ook ik stuurloos en aan de – weliswaar lichte – tranquilizers, waar al gauw lichte antidepressiva bij kwamen. De huisarts gaf ze me met grote tegenzin. Hij zag er weinig heil in de hele familie onder de pillen te zetten. Het interesseerde me niet, zolang ik maar in staat bleef om door te gaan. Daar hing voor Jaap, voor mij én voor ons samen, alles van af.

Zelfs met pillen trok ik het even niet meer. Argus kwijt en Jaap zo verschrikkelijk klem zien zitten zonder iets voor hem te kunnen doen, hem niet te kunnen bereiken. Uitgerekend in de kroeg overviel me een huilbui. Jaap reageerde niet, waarop Nico een poging deed om mij te troosten. Dat was tegen Jaaps zere been en hij nam me mee naar huis. Hij werd steeds bozer, ik had hem van tevoren moeten waarschuwen en hij vond het helemaal niet nodig dat een ander mij opving, dat konden we zelf wel oplossen. Namelijk sterkere pillen vragen aan de huisarts en me verder niet aanstellen.

Natuurlijk was hij boos. Ik had zielsmedelijden met hem en vervloekte mezelf dat ik me niet in de hand had kunnen houden. Het voelde alsof ik met mijn huilbui hem de zijne had ontnomen.

Zo ging het niet langer, die lege plek moest opgevuld worden en ik kreeg Jaap daarin mee. Ooit hadden we het er weleens over gehad dat na Argus een nog veel grotere hond ideaal zou zijn. Angst voor vechtpartijen, waar we bij Argus altijd beducht voor waren geweest, zou dan ondervangen worden. Een zo grote hond hoefde niet eens te vechten om te winnen. Jaap was zelf groot en daar paste ook simpelweg geen kleine hond bij. Jaap wilde per se een reu, een medestander. Niet opnieuw een Duitse herder, Jaap was bang dat hij te veel zou gaan vergelijken en de nieuwe hond geen faire kans zou kunnen geven.

Het liefst zou Jaap een leeuw willen hebben. Hij was gek op leeuwen en vooral op hun grote zwarte neuzen waar je zo heerlijk 'toet' in kon doen. Als een idioot ging ik op zoek. De Leonberger leek het meest bij dit ideaalbeeld aan te sluiten. Nu nog fokkers vinden. In het begin was Jaap als verlamd en liet alles over zich heen komen. De eerste fokker die ik belde kon ons alleen op de wachtlijst zetten. Opeens kreeg Jaap vliegende haast en hij wilde dat ik gelijk een volgende fokker belde, die hopelijk wel een pup voor ons had. Helaas, ook bij haar waren voorlopig geen pups te verwachten. Ze stelde echter voor om toch langs te komen. Dan konden we haar honden zien en kon ze ons wat meer informatie geven over het ras. Ze vertelde erbij, dat ze een halfwas pup van een hier onbekend Spaans ras te logeren had en dat voor diens zusje nog een huis werd gezocht. Ze twijfelde echter of het iets voor ons zou zijn, want het was, zwak uitgedrukt, type 'huisolifant'. Jaap vond Leonbergers wel mooi, maar bleef ze vergelijken met herders, wat niet helemaal positief uitviel. Een huisolifant, dat was pas echt interessant en spoorslags gingen we ernaartoe. Het 'hondje' heette Paco. Hij zou ongeveer zo groot worden als een kleine pony, was heel lief en de onnozelheid zelve. De fokster raadde het ons aan alle kanten af: "Zoiets wil je echt niet in huis hebben," wijzend op de ravage die hij bij haar in korte tijd had aangericht. Daarnaast at hij je arm en ook qua tuin had hij veel meer ruimte nodig dan wij konden bieden. Jammer genoeg was vooral Jaap zo verstandig om naar haar te luisteren: dit ging niet. Dat het om het zusje van Paco ging had daar niets mee van doen. Reu of teef was Jaap opeens om het even en dat wilde wat zeggen. Hadden we het maar wel gedaan. Onzinnig ja, maar dat had al eens eerder heel goed uitgepakt.

Eén ding was wel bereikt, door de gedachte alleen al aan 'zo'n geval' in huis fleurde Jaap op en amuseerde zich kostelijk met alle 'rampen' die ons dan te wachten zouden staan. We konden weer lachen. Vooral tegen het slapen gaan wilden dat soort visioenen bij Jaap opborrelen. Gevolg, beiden klaarwakker met de slappe lach. Het mooiste beeld wat Jaap opriep was Paco die voor de zoveelste keer in zijn grote onbenulligheid door een ruit was gewandeld en wij stampvoetend stonden te brullen: "Blijf van mijn raam af," á la de bewaker van Obelisk in 'Asterix en de Gothen'.

Toevallig was er een paar dagen later in Breda een hondenshow voor grote rassen. Wij erheen, maar geen enkel ras sprak Jaap echt aan. Daar hoorden we ook voor het eerst, en van alle kanten, dat die grote rassen niet oud werden, maximaal zo'n 9 jaar. Dat schrok af, naar ons gevoel had je dan het dier maar net als je er alweer afscheid van moest nemen. Veel anders dan een herder bleef er op deze manier niet over.

Aangezien Jaap nog steeds niet aan het idee van weer een Duitse herder kon wennen, ging ik op zoek naar een ander type herder en vond in Gelderland een adres waar ze Hollandse-herderpups hadden. Voor de gezelligheid ging Nico mee om de hondjes te gaan bekijken. Het waren aardige mensen en overduidelijk geen beroepsfokkers. De kleintjes zaten in een grote box midden in de huiskamer en de moederhond lag op de bank. De heer des huizes had al gauw door dat Jaap in z'n hart toch het liefst een Duitse herder wilde en hij wist Jaap ervan te overtuigen dat welk ander ras je ook koos, het dan altijd op een teleurstelling uit zou lopen. Hij kende iets verderop een goede fokker, die voor twee pups nog een huis zocht. Hij belde hem op en we konden gelijk langskomen. Het 'iets verderop' bleek vlak bij de Duitse grens te zijn en het was al donker voor we daar eindelijk aankwamen. Op het erf stonden een aantal hokken. In één ervan zat de vader van het nest, vrijwel zwart en fors uit de kluiten gewassen. Zodra we binnen waren ging de fokker de pups halen, een reu en een teef. Het teefje was het vrijmoedigst en kwam direct naar ons toe. Het reutje vond het allemaal doodeng en probeerde zich te verschuilen. Persoonlijk was ik subiet voor het teefje gegaan. Ik heb het nog even geprobeerd. Geen schijn van kans, Jaap ging voor het reutje. Hij pakte hem op en het was aangrijpend om te zien hoe hij er helemaal in opging, bijna als een vader met zijn pasgeboren kind. Nico vertelde me later dat dit tafereeltje hem vrijwel tot tranen toe had geroerd en hem ervan had overtuigd, dat we er goed aan hadden gedaan om door te zetten en Jaap weer een Duitse herder in de maag te splitsen. Afgezien van het zusje van Paco, leek het erop dat het niet beter had gekund.

We hadden al bedacht dat de volgende hond Guus moest heten. Voor de inschrijving voor z'n stamboom, moest zijn naam echter met een 'B' beginnen. Tot Jaaps grote genoegen kon het daardoor officieel 'Berber Argus' worden, naar zijn twee lievelingshonden. Alles kon gelijk afgehandeld worden en Guus(je) mochten we meteen meenemen.

Mijn twijfels of het wel zo verstandig was geweest voor de eerste de beste pup te gaan, kwamen later pas. Guusje was weliswaar een hele mooie hond en het zag ernaar uit dat hij idioot groot zou worden, maar hij was erg bangelijk en trok enorm naar mij. Liep me letterlijk overal 'als een hondje' achterna, tot op het toilet aan toe. Begrijpelijkerwijs stak Jaap dat. Hij had zelf echter te weinig energie om veel met Guusje bezig te zijn. Guusje was hem vaak te druk en Jaap werd af en toe wanhopig van al z'n gesloop. Hoe goed we alles ook barricadeerden en opborgen, Guusje wist altijd wel iets onderzoekwaardigs te vinden. Daarin evenaarde Guusje Argus. Stiekem kon Jaap daar toch wel van genieten. De twinkel in z'n ogen bij zijn standaard aanhef: "Wat er nu weer is gesneefd ..." verraadde hem. Met dat slopen had ik weinig problemen, een bezem en een stofzuiger doen wonderen en al met al leverde het meer lol dan ergernis op.

Door de medicatie stompte Jaap steeds verder af. Zelfs zijn stem veranderde, werd vlak en monotoon. Hij werd zo laat mogelijk wakker, dan klopte hij op de vloer en kwam ik met een volle pot koffie naar boven. Wat kletsen, soms over ditjes en datjes, soms serieus, tot de pot leeg was. Ontbrak hem dan nog steeds de moed, dan haalde ik er een verse pot bij. Op iets betere dagen kwam hij voor die volgende koffieronde in ochtendjas mee naar beneden. Jaap zag er vaak als een berg tegenop om zich aan te gaan kleden en vervolgde het gesprek dan net zo lang tot er of iemand langskwam en hij wel moest, of er simpelweg niet meer onderuit kon komen. Daarna was het meestal al zo laat, dat Jaap vond dat hij met goed fatsoen naar de kroeg kon verdwijnen om 'daar rustig verder wakker te worden'. Rond etenstijd kwam hij terug, zo niet, dan belde ik dat het eten klaar stond. Tegen die tijd had hij al aardig wat op en eenmaal thuis nam hij eerst nog een drankje en een peuk, voor hij daadwerkelijk aan eten toe was. Na het eten ging hij gelijk weer aan de wijn.

's Avonds was Jaap meestal zo ver heen, dat hij op de bank in slaap zakte. Als hij na een paar uur weer een beetje bij de mensen was, dorst hij pas naar bed te gaan nadat hij zijn slaappillen had ingenomen en er opnieuw voldoende drank in had gegoten om half bewusteloos te raken. Het werd een speelse gewoonte dat hij zich daarna door mij, hangend aan mijn broekband, naar boven liet hijsen.

Gelukkig kwam er 's avonds vaak iemand buurten. Bert natuurlijk, met in zijn kielzog Rudi, Nico kwam regelmatig langs, net als Marleen – die inmiddels vlak bij ons op kamers woonde – en Harm, die na z'n werk altijd al even kwam afzakken. Dan waren er nog een aantal anderen, die af en toe aan kwamen waaien. Bezoek hield Jaap meestal iets langer wakker – dan moest hij z'n stand ophouden en dat lukte hem nog steeds – wat mij af en toe de kans gaf hem direct na hun vertrek naar boven te hijsen. Ander voordeel was, dat hij dan een ander had om mee te praten, wat mij even ontlastte. Het monotone, almaar doorgaande praten, het eisen om te luisteren, het begon me langzamerhand op te breken.

Een simpel telefoontje trok me hieruit. Jaap belde om door te geven waar hij zat. Hij was vrolijk en z'n stem klonk als vanouds. Om die opeens weer te horen overrompelde me, m'n liefde voor hem sloeg als een vlam door m'n lijf, de tranen sprongen in m'n ogen, de zwaarte gleed van me af. Ik was er weer en dorst eindelijk Jaap een vraag voor te leggen, waar ik al een tijd mee worstelde: "Was het niet fairder geweest als ik toentertijd niet op je uitnodiging in was gegaan? Dan was je toen al gestorven en was al dit lijden je bespaard gebleven. Dit hele gevecht voelt soms zo zinloos." Jaap vond mijn vraag niet vreemd en had er direct een antwoord op: "Dan had ik Argusje nooit gehad." Het was het dus meer dan waard geweest.

De keren dat Jaap z'n fototoestel nog pakte, waren op één hand te tellen. Ook het dokawerk was op de achtergrond geraakt en het was er nog steeds niet van gekomen om de doka verder in te richten. Jaap zat er nogal tegenaan te hikken. Hij wist al tijden hoe hij het wilde hebben, maar nog steeds niet hoe hij dat voor elkaar moest krijgen. Onder het mom van iets terug te willen doen voor alle keren dat hij mee had kunnen eten, bood Nico aan om dit klusje samen aan te gaan pakken. Zijn stille hoop was Jaap daarmee wat uit z'n lethargie te trekken. Die opzet slaagde meer niet dan wel. Het enige onderdeel waar Jaap oprecht plezier aan beleefde, was aan de aanschaf van een goede bureaustoel voor in de doka.

Tijdens het inrichten van de doka had Jaap er al aan getwijfeld of hij ooit nog de moed zou hebben erin aan het werk te gaan en het is dan ook helaas bij één poging gebleven. Twee jaar eerder had ik voor m'n moeder foto's gemaakt van het sinterklaasfeest in haar klas. Het was bijna weer Sinterklaas en ik wilde eindelijk die foto's afgedrukt hebben. Jaap was er niet toe te bewegen en vond het geen bezwaar als ik het zelf deed. Hij zette alles voor me klaar en stelde op het eerste negatief de tijd voor me in. Tijdens het drogen bekeek Jaap mijn afdrukken en raakte steeds meer ontmoedigd. Dat iemand met zo weinig ervaring als ik deze resultaten behaalde en dat hij dat met zijn jarenlange ervaring niet meer kon. Tegenwerpen dat hij alleen maar dacht het niet meer te kunnen, hielp niet. Dat ik door het jarenlang meekijken meer van hem had geleerd dan verwacht en dat het mij daardoor de eerste keer alleen makkelijker afging dan de anderen die hij wegwijs had gemaakt in de doka, hielp ook niet.

Dat ik de doka in was gegaan, verweet Jaap me helemaal niet. Ik verweet het mezelf des te meer. Verder dan met grote belangstelling toekijken, had ik me nooit met zijn hobby moeten bemoeien. Ik had Jaap onbedoeld beroofd van één van z'n laatste eigen activiteiten in huis. Hierdoor begon hij zich te realiseren, dat er nog maar heel weinig in huis gebeurde waarbij hij niet gemist kon worden. Hij had dat weliswaar zelf in de hand gewerkt, maar nu de volle impact ervan tot hem doordrong, kwam dat hard bij hem aan.

Vrijwel het enige waar Jaap zich nog toe kon zetten, waren de rijlessen. De aanvraag voor het rijexamen was eind juni de al deur uitgegaan. Vanwege de medische verklaring aangaande z'n medicijngebruik, was het aanvragen geen makkie geweest. Ik had overal 'nee' in willen vullen, maar Jaap wilde niet liegen. Hij slikte wel degelijk medicijnen, en allemaal met die welbekende sticker erop. Pas toen de rijinstructeur ook vond dat je maar beter geen slapende honden wakker kon maken en het hem in het slechtste geval zelfs z'n gewone rijbewijs zou kunnen gaan kosten, ging Jaap schoorvoetend akkoord met dit leugentje om bestwil. Bij vlagen stak bij Jaap de angst de kop op dat ze daar bij het afrijden toch achter zouden komen. Zelf vond hij namelijk dat hij iets trager reageerde dan normaal. Een onterechte angst, want Jaap reageerde nog altijd vlugger dan ieder ander met wie ik wel eens meereed.

Het zat Jaap dwars dat hij had moeten liegen, in dit geval meer iets achterhouden. Hij kon dat niet. Zo gaf hij steevast de uitslagen van ieder bloedonderzoek – hoe beroerd ook na een 'natte' periode – door aan z'n ouders. Ondanks dat hij wist dat dat uit zou kunnen draaien op een knallende ruzie met z'n moeder over z'n drankgebruik. Een ruzie, die vaak eindigde met de woedende opmerking van Jaap: "Moeders, nu bereik je precies wat je niet wilt, want door jouw gezeur ga ik me nu bezatten."

In november kwam eindelijk het bericht dat Jaap kon gaan afrijden. Voor het schriftelijk gedeelte was hij puur benauwd. Het had hem de grootste moeite gekost daar überhaupt aan te beginnen. Eindeloze aanlooptijden, eerst koffie en dan ... dus niet, dan maar eerst even naar de kroeg. En als het hem dan eindelijk lukte, was hij na een uurtje helemaal op en verdween spoorslags weer naar de kroeg om zichzelf voor dat uurtje werken te belonen. Hulp werd op prijs gesteld, zolang hij zich maar niet onder druk gezet voelde en het liefst nog zelfs buiten z'n gezichtsveld om.

Het examen was om 8 uur 's morgens, een ramp, Jaap liep te duizelen. Laat hij de theorie nou wel halen en zakken op het rijden. En daar had hij zich geen moment druk over gemaakt. Hier eiste het vroege uur en de ontspanning na het zo gevreesde schriftelijke deel zijn tol, Jaap liep een ingreep op. Gelijk opnieuw aangevraagd. Deze keer ging het rijden goed en Jaap had z'n groot-rijbewijs op zak.

Onze Amsterdamse vriend Thomas hadden we al tijden niet meer gezien. Jaap belde hem af en toe en het leek hem een goed plan weer eens bij hem langs te gaan. Niet dus. Er was iets gebeurd waarvan Thomas vond dat we wel moesten weten, maar het was niet iets wat hij per telefoon had willen doorgeven. Het ging om een wederzijds kennisje dat met een overdosis pillen een eind aan haar leven had gemaakt. Hoe datzelfde kennisje na haar opname in de neurosekliniek had gedacht om te kunnen gaan met anderen, was Jaap verre van vergeten en hij stak gelijk al z'n stekels op. Voor zover Thomas wist, had zij een brief achtergelaten, waarvan de strekking ongeveer was dat zij in deze wereld waarin kinderen verhongerden, niet meer kon leven. Jaap reageerde heel fel op dit verhaal. Die brief vond hij typisch iets voor haar om zo ver te gaan in het zich druk maken over mensen ver weg – "Wat vindt iedereen je toch meevoelend." – terwijl zij de mensen in haar eigen omgeving volledig in de kou had laten staan. Jaap vond het ook laf om zoiets aan te grijpen en er niet eerlijk voor uit te durven komen dat je het leven niet meer aankon.

Thomas wilde er eigenlijk niet verder over doorgaan, maar Jaap bleef vragen op hem afvuren: "Had zij er met niemand over gesproken?", "Waarom had Thomas niets gemerkt?", "Die pillen, hoe had ze daaraan kunnen komen? Of had zij ze soms opgespaard?" Thomas dacht dat ze contact had gehad met een euthanasievereniging en via hen misschien wat gekregen had. Jaap geloofde daar geen steek van; die gaven hooguit informatie. Er ontstond een hele discussie tussen Jaap en Thomas over of je nu wel of niet je eigen leven mocht beëindigen. Op de vraag hoe hij zou reageren als Jaap zelf zoiets zou doen, gaf Thomas geen rechtstreeks antwoord, alleen, algemeen gesteld, dat hij vond dat je zoiets niet mocht doen.

Op de terugweg erkende Jaap dat hij diep in z'n hart heel erg jaloers op haar was. Het was haar zo makkelijk gelukt, terwijl hijzelf het al zo lang wilde, maar zich liet tegenhouden door het gevoel verantwoordelijk te zijn voor de mensen om hem heen. Dat het voor hem voelde alsof zij het gras voor z'n voeten had weggemaaid en hem hiermee het recht had ontnomen hetzelfde te doen. Men zou dan kunnen denken dat hij haar had nageaapt.

Daarnaast zat die afscheidsbrief Jaap hoog: "Als het echt de strekking heeft gehad zoals Thomas die heeft opgevat, dan heeft zij haar daad daarmee gedegradeerd tot een melodrama. Je doet zoiets pas als je écht niet verder kan, alles hebt geprobeerd, niets meer over hebt om voor te leven, of er simpelweg de kracht niet meer voor hebt." Zoals hij het inschatte, was zij die strijd niet eens aangegaan.

Jaap was heel erg opgefokt en thuisgekomen belde hij gelijk z'n ouders. Hij moest z'n verhaal kwijt en wilde graag hun mening hierover horen. Deze wisten hem gelukkig wat te kalmeren en hij kon het weer wat nuchterder bekijken.

Twee zaken bleven staan: "Als het haar lukt, lukt het mij zeker." En: "Ik zal nooit een afscheidsbrief achterlaten, met het risico het toch niet duidelijk te kunnen maken. Men moet het zo maar begrijpen en anders pech gehad; ik wil zo'n melodrama niet."

De deur was geopend. Jaap had het er nu regelmatig over hoe je zoiets netjes deed en over de voor- en nadelen van iedere, door hem bedachte methode. Toen ik een keer opmerkte dat ik het toch wel moeilijk vond om er op die manier en zo vaak over te praten, was zijn antwoord: "Wil je dan onvoorbereid tegenover zoiets komen te staan?" Dat ik dat niet wilde, was maar al te waar. Natuurlijk wilde ik weten hoever zijn gedachten gingen en natuurlijk wilde ik er voor hem zijn, al was het maar als uitlaatklep.

Op enkele uitzonderingen na, hield Jaap het in deze gesprekken nog steeds redelijk theoretisch. Duidelijk was wel, dat ik met de mogelijkheid van zo'n stap terdege rekening moest gaan houden.

Sinterklaas vierden we altijd bij Jaaps ouders. Jaap zag ertegenop, maar wilde geen spelbreker zijn. Tijdens het eten ging alles nog goed. Later op de avond gebeurde wat ik al gevreesd had, Jaap zakte in slaap. Z'n ouders waren ontdaan en bezorgd, het was geen pretje hem zo te zien. Dat ze dit moesten aanzien, had ik tot dan toe weten te vermijden. Wederzijdse bezoekjes had ik met wat smoesjes overdag weten te houden en als we bij hen gingen eten, zorgde ik ervoor dat we daarna niet te lang bleven plakken. Gelukkig ging het daarna bij kerstdiner vanzelf goed: we moesten m'n moeder naar huis brengen.

Na de feestdagen zette de winter volop in. Het had geijzeld en bij het inparkeren gleed de auto weg. De volgende schade; Jaap kon er niet mee zitten. Om mobiel te blijven, mocht hij de Lada van z'n vader lenen en jawel hoor, ook die auto gleed onder Jaaps kont weg en leverde een gevalletje 'ik heb een trieste mededeling' op.

Na die ijzel was het stevig gaan vriezen en Nico stelde voor om te gaan schaatsen. Vroeger had Jaap dat goed gekund en in Amsterdam hadden we het ook samen af en toe nog gedaan. Jaap zag het niet zitten. Zijn hekel aan de herfst, waar hij in de zomer al tegenop begon te zien, had zich de laatste jaren uitgebreid naar de winter, vooral wanneer het sneeuwde of vroor. Nico wist Jaap echter over te halen. Z'n kleding en z'n buik zaten Jaap in de weg en hij had grote moeite om z'n schaatsen aan te krijgen. Voordat ik de kans kreeg hem daarmee te helpen, schoot Nico hem al te hulp. Hij hielp Jaap daarna bij het op het ijs gaan staan en hield hem bij z'n eerste wankele slagen in evenwicht. Ik heb met bewondering toe staan kijken hoe liefdevol hij dat deed. Toen Jaap echter eenmaal de slag te pakken had, hadden Nico en ik het nakijken, hij schaatste ons krabbelaars er met prachtige slagen uit.

Jaap had me vaak genoeg voorgehouden op m'n hoede te zijn voor Nico. Hij mocht hem graag, maar vertrouwen deed hij hem nog steeds niet. Hij wist hoe bedrieglijk charmant Nico kon zijn en ook hoe weinig dat inhield. Mijn naïviteit kennend, was hij bang dat ik in die te mooie buitenkant zou kunnen stinken. Tot dan toe had die waarschuwing goed gewerkt. Echter Nico zo bezig ziend, begon ik eraan te twijfelen of die achterdocht van Jaap wel helemaal terecht was.

1982

Veel meer dan de weken doorworstelen werd het niet. Galgenhumor te over, maar de spitsvondigheden begonnen het af te laten weten. En daaraan merkte Jaaps muziekvriend, nog uit z'n brommertijd, dat er iets niet goed ging. Hij pakte meteen de trein en het werd een middag als vanouds. Van bloedserieus naar speels en met veel muziek.

Wat ondanks alles overeind was gebleven, was Jaaps vermogen er te zijn als er een beroep op hem werd gedaan. Een knap staaltje hiervan liet hij eind januari zien. Mijn werk bij de WAO-vereniging beperkte zich niet alleen tot de donderdagen. Ze hadden m'n telefoonnummer en konden me altijd bereiken, zeker in geval van nood. Op een ochtend belde één van de leden me in paniek op. Haar man had na een ruzie al haar pillen ingeslikt en was meteen daarna in z'n auto gestapt om naar mij toe te gaan. Hij wist de weg, ze waren al eens samen bij ons op bezoek geweest. Het grote risico was, dat hij met al die pillen in zijn lijf ergens onderweg zou blijven steken. Jaap dacht gelijk mee en belde een huisarts, zodat die alvast stand-by stond, voor het geval dat. Verder was het een kwestie van afwachten. Goddank stond haar man vlak daarna voor de deur. Net op tijd, hij stond te zwaaien op z'n benen. Naar boven, naar bed en diezelfde huisarts weer gebeld. Die had al doorgegeven dat hij het er gewoon uit kon slapen, maar kwam voor de zekerheid toch even langs om hem na te kijken. Jaap ging z'n vrouw ophalen en had haar op de terugweg al een stuk weten te kalmeren.

Jaap was amper terug, toen Rudi belde. Die zat zo volledig in de knoop dat hij vreesde zichzelf iets aan te gaan doen. Hij belde vanuit de stationsrestauratie, waar Jaap hem gelijk op ging halen. Na een lichte tranquilizer, een borrel en een tijd praten, ging Rudi onder zeil op de bank. Terwijl Jaap daar zijn handen aan vol had, ontfermde ik me over de vrouw en ging af en toe even kijken of haar man nog op z'n zij lag en hij geen gevaar liep te stikken. Aan het begin van de avond waren ieders pillen wat uitgewerkt. Iedereen bleef eten, waarna Jaap het echtpaar naar huis bracht. Rudi was na het eten gelijk weer op de bank in slaap gevallen. Die kregen we pas laat in de avond ver genoeg op de been, om ook hem veilig naar huis te kunnen brengen. Toen we eindelijk rustig met z'n tweeën zaten uit te druipen, hebben we elkaar plechtig de hand geschud. De samenwerking was als vanouds in optima forma geweest.

Jaap kreeg steeds meer moeite met het verlammende effect van de medicatie. Minderen was geen optie. Hij voelde continu de dreiging van een enorme depressie en kon dit zelfs mét de medicatie amper onder de duim houden. De enig andere uitweg die hij nog kon bedenken, was wederom speed. Opnieuw wikten en wogen we. De voordelen gaven de doorslag. Jaap stelde voor dat ik eerst een weekje met Stoffel en Lotje naar het boerderijtje zou gaan om wat op adem te komen. Daarna zou hij het gaan halen. Eerlijkheidshalve zei Jaap er wel bij, dat het ook uit eigenbelang was en dit idee gedeeltelijk voortkwam uit de gedachte dat ik in de nabije toekomst bestand moest zijn tegen heel wat meer.

In eerste instantie dorst ik het totaal niet aan om Jaap alleen te laten. De laatste tijd was hij niet in staat geweest om ook maar iets in huis te doen en ik zag niet dat hij dat nu opeens allemaal wel zou kunnen. En dan wilde hij ook nog Guus bij zich houden, met alle verzorging van dien. Jaap wuifde alle bezwaren weg. Hij wilde graag een tijdje met Guus alleen zijn om een betere band met hem op te bouwen, en in geval van nood kon hij altijd op z'n moeder terugvallen. Mijn grootste angst, waar ik niet over dorst te beginnen, benoemde hij zelf: "Als je soms bang bent dat ik stomme dingen zal gaan doen als je weg bent, dan beloof ik je bij deze dat ik daarmee zal wachten tot je terug bent." De volgende avond zat ik in het boerderijtje. Iedere dag even naar Drachten om naar huis te bellen. Daar ging alles goed en bij mij ook, al was ik blij na een week weer terug naar huis te kunnen. Ik werd met open armen ontvangen. Jaap was in die week zelfs niet voor een warme maaltijd naar z'n ouders uitgeweken. En slechts één keer had hij een beroep op z'n moeder gedaan. Guus had er de zoveelste nacht op rij weer een puinhoop van gemaakt en Jaap had er even geen gat meer in gezien.

Zodra ik weer thuis was ging Jaap speed halen. In het begin wist hij het gebruik nog in de hand te houden, maar algauw werd het effect minder en had hij meer nodig.

Toen ik net bij de WAO-vereniging werkte was Jaap een paar keer meegegaan om de sfeer te proeven. De meeste leden waren een stuk ouder en het klikte niet. We wisten van het bestaan van een soortgelijke vereniging in ons eigen dorp, maar gezien deze ervaringen zag Jaap daar weinig heil in. Begin maart werden we er echter door een achternicht van Jaaps moeder, zelf lid van die vereniging, met de haren bijgesleept. Ze waren bezig met het organiseren van een open dag rond hobby's en ze wist ons over te halen daaraan mee te doen.

Jaap vond het natuurlijk allemaal doodeng. De leuke reacties op zijn foto's en mijn poppen stelden hem echter al gauw op z'n gemak. Het leukste vond Jaap de reacties op mijn poppen. Hij vond ze zelf goed gelukt en was er zeer content mee het nu ook van anderen te horen. Een eerste stap, waar Jaap het liever voorlopig even bij liet. Ingaan op de uitnodiging om een keer naar de wekelijkse instuif te komen, kon altijd nog.

Praten deed Jaap altijd al graag en veel en nu was het vrijwel het enige wat hem nog restte om de dag door te komen. Daar had je mensen voor nodig en Jaap dacht erover om weer eens contact op te nemen met een paar vroegere kennissen. De eerste die hij belde was onze vroegere overbuurman in Amsterdam, waar hij het altijd goed mee had kunnen vinden. Het bleef weliswaar bij een paar lange en goede telefoongesprekken, maar het was voldoende.

De volgende die Jaap belde was iemand uit de vriendenkring van voor mijn tijd. Dat werd een regelrecht fiasco. Ze leek het leuk te vinden om Jaap weer eens te ontmoeten. Ze spraken af elkaar vlak bij haar werk ergens te treffen. Jaap had er al zo z'n twijfels over – hij had niet voor niets alle contact met die vriendenkring verbroken – en ging er liever niet alleen op af. Ze kwam niet opdagen en bij navraag op haar werk, bleek dat ze die hele week vrij was. Jaap wist zeker dat ze voor het maken van de afspraak haar agenda erbij had gehad, dit was opzet. Jaap voelde zich, zwak uitgedrukt, nogal gepakt. Maar goed dat ik mee was, kon hij bij mij stoom afblazen en kreeg de auto het niet te verduren. In dit geval was het een voordeel dat Jaap zo zwaar onder de medicijnen zat, de grootste woede hierover zakte snel.

Nog geen drie dagen na dit debacle belde Huub Schoonenbeek plotseling op. Hij was ter voorbereiding op z'n uitzending als dominee naar de Oost, terug in Nederland voor een seminar en wilde graag zo gauw mogelijk langskomen en bijpraten. Jaap fleurde gelijk helemaal op en had het nergens anders meer over. Naast de hoop om met Huub over z'n huidige belabberde toestand te kunnen praten, hoopte hij er bovenal op om aan Huub z'n steeds sterker wordend verlangen naar de dood voor te kunnen leggen. Voor Jaap voelde Huub een beetje als de plaatsvervanger van z'n vader, meneer Schoonenbeek. Al kon Jaap ongeveer inschatten hoe die daar zelf tegenover zou hebben gestaan: vanuit z'n geloofsovertuiging zou hij het er nooit helemaal mee eens zijn geweest, maar zou het hem nooit verwijten zo te denken en misschien zelfs te doen; hij zou wel op alle mogelijke manieren hebben getracht het te voorkomen.

Het enige waar Jaap tegenop zag: hoe leg je je problemen voor aan iemand die jou altijd een beetje als oudere broer had gezien? Als zijn voorganger in vele zaken, beginnend bij de ziekte Scheuermann, had Huub vroeger altijd heel graag van Jaap willen weten welke uitwegen hij gevonden had om het hoofd boven water te kunnen houden. In zo'n verhouding is het moeilijk om te moeten vertellen dat je het bijna niet meer volhoudt en eruit wilt stappen.

Het bezoek verliep op alle fronten heel goed. Jaap kon alles kwijt en Huub begreep wat hem bezielde. Bij vertrek vroeg hij

Jaap dringend hem te bellen zodra hij ook maar het vaagste vermoeden had dat praten met hem iets kon helpen. Huub zat ermee dat hij behalve een gewillig oor geven, zo weinig kon doen, terwijl hij zo graag daadwerkelijk zou willen helpen. Dat kon helaas niemand. Voor Jaap was de wetenschap dat hij hem kón bellen eigenlijk al genoeg en hij heeft nauwelijks van dit aanbod gebruik gemaakt.

Het bezoek van Huub had Jaap weer wat moed gegeven en hij waagde de stap om samen met mij naar zo'n instuifmiddag van de plaatselijke WAO-vereniging te gaan. De eerste die we daar tegen het lijf liepen, was een meisje dat we in de buurt weleens tegenkwamen met haar hondje. Verder dan een gesprekje over de honden was het tot dan toe niet gekomen. Ze zocht nu gelijk aansluiting, blij daar eindelijk andere jonge mensen te treffen. Ze smeekte ons bijna om ook lid te worden. De algehele sfeer was veel amicaler dan bij de vereniging waar ik werkte en we zijn op die smeekbede ingegaan. Wij leerden ook haar daardoor beter kennen. Een hele lieve meid, wel erg onzeker en ze vond steun bij Jaap, ook buiten de vereniging om. Hij heeft haar daarin nooit teleurgesteld.

Jaap had al gauw z'n draai gevonden op de instuifmiddagen en had mij daarbij niet meer nodig. Zijn aanwezigheid werd blijkbaar nogal op prijs gesteld, want binnen een paar weken kwam één van de bestuursleden bij ons langs om Jaap te polsen of hij bereid zou zijn in het bestuur te gaan zitten. Jaaps twijfels hierover wuifde hij weg. Jaap zou toch eerst een paar maanden als een soort stage meelopen in het bestuur en dan kon hij altijd nog zien in welke functie hij het beste zou passen. Heel fijn als mensen met zo'n vraag naar je toe komen, een oppepper. Op de eerstvolgende instuif leek het echter alsof het desbetreffende bestuurslid een voortzetting van dat gesprek doelbewust vermeed.

Eveneens binnen een paar weken kwam Jaap thuis met de mededeling dat een van de leden, Henk, hem had uitgenodigd om de volgende dag samen in het duin te gaan wandelen. Henk was rond de zestig, had tien jaar geleden een ongeluk gehad en daarbij ernstig nekletsel opgelopen. Hij was daardoor in de WAO terechtgekomen en droeg overdag nog steeds een neksteun. Niet dat Jaap veel heil in dat wandelen zag, maar hij vond het aardig ergens voor gevraagd te worden en wilde het niet gelijk afkappen. De eerste wandeling was heel kort. Tijdens die wandeling was Jaap zo eerlijk geweest te zeggen dat hij daar voornamelijk liep om Henk een plezier te doen, met als bijkomend voordeel dat hij zo wat beweging kreeg, maar dat de natuur hem gestolen kon worden. Zo kun je blijkbaar ook vrienden maken, want Henk hield vol en kwam Jaap vaker ophalen voor een wandeling – allang blij niet meer alleen te hoeven lopen en aanspraak te hebben. Als Jaap een keer geen zin had, kwam hij daar soms eerlijk voor uit, of hij hield Henk net zo lang aan de praat tot het te laat was om nog naar het duin te gaan. Ondanks de wat botte desinteresse van Jaap, bleef Henk hem wijzen op allerlei planten. Tijdens een lezing bij de vereniging over duinplanten, bleek tot Henks stomme verbazing dat Jaap er wel degelijk iets van had opgepikt en er zelfs plezier in had gekregen.

Het duurde niet lang voordat Jaap Henk volledig in vertrouwen nam. Twijfels van zowel Henk als van mij of het wel goed was zo hard van stapel te lopen, wuifde hij weg. Volgens hem had hij weldegelijk eerst uitgeprobeerd hoever hij met Henk kon gaan en naar zijn inschatting was dat heel ver. Wat Jaap het meest in Henk aansprak, was diens rechtlijnigheid en ongezouten oordeel.

Eén van de eerste zaken die Jaap aan Henk voorlegde, was z'n speedgebruik. Jaap gebruikte het nog af en toe, maar was het daar zelf eigenlijk niet meer mee eens. Henk moest niets van speed hebben en stelde Jaap voor de keus: stoppen, of hij zou nooit meer komen. Jaap beloofde hem er zijn uiterste best voor te gaan doen om te stoppen, al zei hij erbij dat hij geen garanties kon geven dat het ook zou lukken. Hij beloofde Henk het hem eerlijk op te biechten, mocht hij een keer door de knieën zijn gegaan. Het risico dat de vriendschap dan over zou zijn, nam hij daarbij voor lief. Henk kende Jaap inmiddels goed genoeg om te weten dat die niet eens in staat zou zijn om het stiekem te doen, zeker niet na deze belofte. Jaap zette er voor zichzelf nog wat extra druk op, door ook aan zijn vader z'n speedgebruik op te biechten en ook hem te beloven ermee te stoppen ^(nr.34). Een paar keer heeft Jaap nog een sterke aanvechting gehad het toch weer te gaan halen. Henk wist hem hier steeds veilig doorheen te slepen, met als sterkste argument de belofte aan z'n vader. Iedereen was opgelucht toen Jaap ook deze speedperiode veilig doorgekomen was.

Ruw geschat, had ongeveer de helft van de mensen die bij ons over de vloer kwamen een reguliere baan. Als ze daar al iets over vertelden, ging het om voorvallen, meestal komische, waar Jaap niet de minste moeite mee had. Met Henk lag dat iets anders. Die was jaren geleden afgekeurd en verlangde terug naar z'n werk en naar z'n hobby's: muziek maken, tekenen en z'n mineralenverzameling. Henk had het er vaak over. Dat werd Jaap teveel, hij vroeg hem dat onderwerp te laten rusten. Een moeilijke tegenstelling, die wederzijds niet goed te begrijpen viel. Henk zat met het probleem zich afgedankt, zelfs bijna naakt te voelen zonder werk en hobby's. Jaap voelde zich net zo afgedankt, maar dan zonder ooit de kans te hebben gehad te bewijzen wat hij kon. Het leek Jaap veel makkelijker als je iets als werk had gehad waar je op kon teren. Henk daarentegen vond dat als je het had gehad, je veel meer kwijtraakte zodra je het niet meer kon. Jaap kon echt jaloers worden op Henk als die het over z'n werk en z'n hobby's had: "Jij hebt dat allemaal gehad, ik niets van dat alles." Dat wederzijdse onbegrip was niet te overbruggen. Het enige wat Henk eraan kon doen, en deed, was het onderwerp 'werk' voortaan zoveel mogelijk te vermijden.

Meningsverschillen met anderen had Jaap volop, maar meestal ging dat over zaken buiten het persoonlijke om. Als het wel persoonlijk werd, ging hij daar nooit gelijk op in. Iemand rechtstreeks lik op stuk geven was iets wat Jaap alleen deed bij wie hem heel na stonden, zoals ik, z'n ouders en vroeger Corrie. Zelfs met Marleen was Jaap al behoedzamer. Hij schuwde het niet haar rechtstreeks ergens op aan te spreken, maar bracht het dan uiterst voorzichtig. Behalve toen ze na een aantal jaar in de verpleging naar Jaaps idee ietwat neigde naar beroepsdeformatie. Daar viel hij haar regelmatig en niet bepaald zachtzinnig op aan. In zijn ogen was iedere vorm van beroepsdeformatie een doodzonde als je met mensen werkte. Jaap was er zelf altijd heel beducht voor om niet in die val te trappen. Met welk ogenschijnlijk klein probleem iemand ook bij hem kwam, hij nam dat altijd serieus, zonder ooit in vergelijkingen te vervallen, of het probleem anderszins te bagatelliseren.

Om zichzelf ervoor te behoeden iets te zeggen waar hij later spijt van zou kunnen krijgen, ging Jaap bij een te persoonlijk wordend meningsverschil met een ieder die hem minder na stond, er eerst eens thuis uitgebreid over nadenken hoe diegene het beste van repliek te dienen en hoe ervoor te zorgen dat, mocht het op ruzie uitlopen, hem niets te verwijten viel. Aan Henk kreeg Jaap echter een zware dobber. Die gaf meteen lik op stuk als iets hem niet zinde en eiste bijna zelf niet anders behandeld te worden. Dat heeft Jaap heel wat moeite en oefening gekost. Maar met het resultaat waren beiden zeer tevreden.

Van een seksuele relatie was langzamerhand nauwelijks nog sprake. Jaap wilde allang het initiatief niet meer nemen en vond dat het nu mijn beurt maar eens was. Ik kreeg echter nog maar weinig kans. 's Avonds was Jaap zo ver heen dat hij amper z'n bed nog kon halen en 's morgens had hij al z'n energie nodig om daar weer uit te komen. Hij wilde het niet toegeven, maar volgens mij was hij door de medicijnen en de drank vrijwel impotent geworden.

De maandelijks terugkerende teleurstelling dat de goede nachten alweer verslapen waren, begon me zo zwaar te vallen, dat ik stopte met het temperaturen. Jaap nam me dat bijzonder kwalijk. In zijn ogen wilde ik er geen moeite meer voor doen. Het lukte me niet om hem duidelijk te maken waarom ik ermee ophield; dat ik dat even niet meer aankon.

Interne kwesties bespraken zowel Jaap als ik zelden of nooit met derden. Maar onze vaste bezoekers waren niet blind, zeker Nico niet. Hij zag hoeveel moeite ik ermee had dat Jaap de afgelopen maanden meestentijds vrijwel gereduceerd was tot een kind dat aan alle kanten verzorgd moest worden. Het door hem gezien en begrepen worden zonder dat het ook maar iets afdeed aan zijn betrokkenheid bij Jaap, begon steeds meer als een warm bad te voelen.

Dat ik naïef was had Jaap me al meermaals onder m'n neus gewreven, maar dat ik zó naïef ben geweest om niet door te hebben waar Nico al langere tijd naar toe aan het werken was, had zelfs ik niet van mezelf verwacht. Tot het te laat was en ik voor de bijl ging. Ik werd verliefd op Nico. Niet dat ik er ook maar een seconde over dacht ooit bij Jaap weg te gaan. Dit was Jaap niet, dit waren de medicijnen en de drank die me naar een ander dreven. Anders had Nico bij mij nooit een schijn van kans gehad.

Begin mei begon het ook tot Jaap door te dringen dat er iets goed mis zat. Hij had me voor Nico gewaarschuwd en gedacht dat ik wel uit zou kijken. Begrijpelijkerwijs was hij woedend dat ik er toch ingetuind was. Anderzijds was Jaap wel zo fair toe te geven dat, wetende met wie hij van doen had, hij hem nooit zo dichtbij had moeten laten komen. Jaap liet mij de keus, blijven of gaan, met de waarschuwing erbij wat de gevolgen van weggaan zouden zijn. Hij was ontstellend agressief en speelde zelfs met de gedachte een revolver aan te schaffen. Vanuit zijn oogpunt verdiende Nico niet beter dan neergeschoten te worden. Z'n speeddealer zou vast wel een adresje weten. Dat klonk heel dreigend, maar mijn vertrouwen in Jaap was groot. Ik was ervan overtuigd dat hij nooit de daad bij het woord zou voegen.

Na een lange middag praten waren we tot een soort van wapenstilstand gekomen. Jaap had het geaccepteerd dat ik echt niet bij hem weg wilde en dat dat niets van doen had met de door hem aangehaalde gevolgen. En hij had het geaccepteerd dat ik heel graag in m'n eentje een paar dagen naar het boerderijtje wilde om een beetje tot rust te komen en alles op een rij te krijgen. Belde uitgerekend Nico die avond op of Jaap zin had om naar de kroeg te komen. Nee dus, maar Nico hield aan. Jaap gaf toe, maar wilde per se dat ik meeging. Hij wilde er daar niet alleen voor staan. Los daarvan, hij had al behoorlijk wat op en wilde ook liever zelf niet meer rijden.

Jaap had zich voorgenomen het gelijk met Nico uit te praten en dat deed hij heel rustig en gedecideerd. Hij gaf Nico te verstaan dat hij voorlopig niet meer welkom was en dat hij de volgende dag alles wat van hem nog bij ons lag, af zou leveren bij zijn flat. Het plan was dat ik meteen daarna door zou rijden naar Friesland. Nico ging wijselijk nergens tegenin, maar ik zag aan hem dat hij niet van zins was het erbij te laten zitten. Dat kon ik niet bepaald waarderen, wat bijna als een bevrijding voelde. In een stil moment haalde ik Jaap over om met me mee te gaan naar Friesland. We moesten het toch samen opknappen en bij nader inzien, leek het me geen goed idee om dat ieder voor zich te doen. Met het vooruitzicht dat hij dan ook naar Sjoerd en Tessa kon, stemde hij ermee in.

De volgende dag liep alweer alles mis. M'n moeder kwam onverwachts langs. Zij merkte natuurlijk direct dat er iets aan de hand was en toen ze Jaap bezig zag met het inladen van haar onbekende spullen, kreeg ze door waar het om ging. Dat draaide uit op een verhit gesprek tussen haar en Jaap. Ik kon er niet tussenkomen en wist me er geen raad meer mee. Jaap was m'n grootste zorg, we moesten zo gauw mogelijk naar de rust van Friesland. Maar m'n moeder in deze toestand alleen naar huis laten gaan, was ook onverantwoord. Ten einde raad bracht ik haar naar Jaaps ouders. Onderweg barste ze los en spuide al haar negatieve gedachten over Jaap en over mijn leven met hem. Ik kon weinig anders dan hopen op de kracht van Jaaps ouders om haar op te vangen. Dat bleek geen valse hoop. Het zal verre van makkelijk voor hen zijn geweest, maar ze hebben daar nooit iets over gezegd.

Eenmaal in Friesland wilde Jaap zo gauw mogelijk naar Sjoerd en Tessa. Met hen kon hij vrijuit over onze problemen praten en hij wilde er graag hun mening over horen. We zijn twee keer bij ze langsgegaan en daarna konden we weer een beetje naar de toekomst kijken. Er moest iets gebeuren; zo doorsukkelen ging absoluut niet meer. Om ons op iets heel anders te kunnen gaan focussen, leek het mij een goede zet om snel aan een tweede herderpup te beginnen. Dat was altijd Jaaps ideaal geweest en als los idee hadden we het daar al eens over gehad. Om dat nu te doen, had als bijkomend voordeel dat de door Guusje al halfgesloopte meubels mooi nog even dienst konden blijven doen totdat de tweede pup ook uit de sloopfase was gegroeid.

Zodra we thuis waren, ging ik op zoek en via de fokker van Guus had ik al snel beet. Een teefje, net geboren en ze kon over zeven weken opgehaald worden. Iets voor Jaap om naar uit te kijken, al gaf hij me gelijk duidelijk te verstaan dat voorlopig, wat hem betrof, nog niets vergeven en vergeten was. Ondanks alles bleef hij me net als voorheen, toch voortdurend deelgenoot maken van wat er in z'n hoofd omging. Soms direct, soms indirect door keer op keer eenzelfde nummer te draaien. Was dat 'Dogs' van Pink Floyd, dan moest niets of niemand hem een strobreed in de weg leggen totdat de muziek z'n werk had gedaan en de bui wat was gezakt.

We waren nog maar net terug uit Friesland, toen Tessa zichzelf uitnodigde om een paar dagen te komen logeren. Na ons bezoek had zij zich zo ongerust gemaakt over ons, dat ze met eigen ogen wilde zien of alles hier nog wel goed ging. Ongelooflijk lief en hartverwarmend. Jaap was er erg verguld mee, maar ondanks haar aanwezigheid bleef hij behoorlijk opgefokt. Op een wat agressieve toon had hij het met Tessa voortdurend over de huidige situatie en over zijn verlangen naar de dood. Arme Tessa. Vlak voordat ze weer vertrok, biechtte ze me op dat ze niet meer tegen al dat gepraat had gekund en in een opwelling had gezegd: "Waarom doe je dan niet wat je steeds zegt en pleeg je zelfmoord, dan gun je Mimi ook nog een kans." Ze voelde zich hier heel erg schuldig over en was bang dat het gevolgen zou kunnen hebben. Het was ook niets voor haar om zoiets er botweg uit te flappen. Ik kon haar gelukkig wat geruststellen. Niets wees er nog op dat wat ze gezegd had, goed tot Jaap was doorgedrongen. Een paar dagen later bleek de uitval van Tessa toch een snaar geraakt te hebben – over tertiair reageren gesproken. In een heldere bui begon Jaap er zelf over dat hij bang was dat, als hij zo doorging, hij iedereen kwijt zou raken en dat hij een poging wilde gaan doen ook zelf een steentje bij te dragen aan het verbeteren van de situatie. Hij werd rustiger en aanspreekbaarder.

Het was aan Bert te 'danken' dat het daarna nog slechts een paar dagen duurde voordat Jaap het me helemaal vergeven had. Bert was weer eens te grazen genomen door alweer een nieuwe vriendin. Zij had een ander vriendje gevonden en hem eruit gezet. Dronken en over z'n toeren was hij bij Rudi aangeland. Die kon niets met hem aanvangen en ten einde raad kwam hij met Bert naar ons toe. Die had regelrechte moordneigingen richting z'n vriendin en haar nieuwe vriendje. Wat haar betrof, vonden we dat geen ramp, maar dat nieuwe vriendje kon er natuurlijk niets aan doen en met man en macht probeerden wij op onze beurt Bert enigszins tot bedaren te brengen. Dat lukte evenmin. Hij stoof de deur weer uit, sprong in z'n auto om thuis een mes te gaan halen en ze daarmee te lijf te gaan. Ondanks mijn protesten dat Jaap teveel gedronken had en ik beter kon rijden, ging hij toch samen met Rudi achter hem aan. Het duurde en duurde en ik begon me al ernstig zorgen te maken. Belde notabene Nico op met de vraag hoe het met Bert was afgelopen. Hij vroeg me hem terug te bellen als ik iets meer wist. Dat Nico dacht weer te kunnen bellen, zat me helemaal niet lekker en zonder te vragen hoe hij wist wat er aan de hand was, kapte ik het gesprek zo snel mogelijk af.

Bert bleek het vriendje nét misgelopen te zijn en was al op hangende pootjes teruggekomen. Eindelijk liet ook Jaap iets van zich horen. Hij had 'een trieste mededeling': de auto lag in een vijver. Zelf waren ze drijfnat, maar ongeschonden en zaten op het politiebureau. Thuisgekomen liep Jaap gelijk door naar boven om droge kleren aan te trekken en om een handdoek te halen voor Rudi. Met alleen een handdoek kwam Rudi niet ver. Hij was tot op z'n hemd toe nat, wat hij slechts stapje voor stapje dorst toe te geven. En ik iedere keer naar boven voor een volgend droog kledingstuk. Daarmee begon de eerste lach al door te breken – lang ernstig blijven bij calamiteiten konden we toch al moeilijk.

Nadat iedereen droog was, deed Jaap uitgebreid en gortdroog verslag van hun wederwaardigheden. Hij had Bert klem weten te rijden in een deel van het dorp dat hij niet goed kende. Bert was echter zo door het dolle heen geweest, dat hij kans had gezien er weer vandoor te gaan. Zij weer in volle vaart achter Bert aan, maar helaas zat er onverwachts een haakse bocht in de weg en door de voorwielaandrijving was het hem niet gelukt om met die snelheid die bocht te nemen. De auto was rechtdoor gegaan, was keurig tussen de bomen door gezeild en had zichzelf in de vijver geparkeerd. De politie was vlot ter plaatse geweest en voor de allereerste keer was hij er niet zonder een alcoholtest vanaf gekomen. Rudi deed er nog een schepje bovenop met zijn verhaal over hoe Jaap doodgemoedereerd de vijver weer was ingestapt om z'n papieren uit de auto te gaan halen. We lagen allemaal dubbel van de lach. Bert als een boer met kiespijn, want hij voelde zich behoorlijk schuldig over wat hij allemaal veroorzaakt had. Onbedoeld, maar toch.

Jaap moest nu wel toegeven dat hij het rijden beter aan mij over had kunnen laten, dan hadden we tenminste het verzekeringsgeld nog gehad. Nu niet, Jaaps promillage was daarvoor veel te hoog geweest. Het minst erge vond Jaap dat hij de auto kwijt was. Hij had toch al een hekel aan dat ding, al was hij dan nieuw en had hij hem zelf uitgezocht. Die vermaledijde voorwielaandrijving had hem de das omgedaan, anders had hij de auto, daar was Jaap van overtuigd, wel die bocht door gekregen. Het enige waar Jaap zich echt druk over maakte was z'n rijbewijs, en dat hij hoogstwaarschijnlijk voor zou moeten komen. Tot z'n grote opluchting was het wel bij materiële schade gebleven. Puur geluk dat ze tussen de bomen door waren gezeild en het op straat stil was geweest, voor hetzelfde geld waren er gewonden bij gevallen. Tevreden constateerde Jaap dat z'n beschermengel nog steeds goed z'n best deed.

Toen pas herinnerde ik me het telefoontje van Nico en zijn vraag hem op de hoogte te houden. Jaap wilde dat zelf doen en wilde dat ik meeluisterde. Hij gaf Nico heel in het kort door wat er gebeurd was. Nico's reactie sloeg alles. De jongens bleken eerst bij hem aangeklopt te hebben, maar goede vrienden of niet, hij had er gewoon geen trek in gehad en ze rechtstreeks naar ons doorgestuurd. Dat wij daarmee in de problemen zouden kunnen komen, had hij wel verwacht. Dat onze auto total loss was en dat Jaap hoogstwaarschijnlijk z'n rijbewijs kwijt was, zat er volgens hem toch al aan te komen. Zó betrokken was hij dus bij Jaap geweest. Ik ben niet vaak zó kwaad geworden. Alle ellende waar Nico ons de afgelopen maanden ingestort had, borrelden naar boven. Ik stormde de deur uit, op naar z'n huis. Jaap hield me niet tegen, die dacht: "Zo gaat ie goed, zo gaat ie beter," bij voorbaat al gniffelend over wat er daar te gebeuren stond. Te verbouwereerd om mij op zijn stoep te zien staan, incasseerde Nico als een jandoedel een klap midden in z'n gezicht. Was ik dáár ooit verliefd op geweest? Misschien moest ik me toch maar eens na laten kijken.

Pas op de terugweg drong het tot me door dat het een behoorlijk eind lopen was naar de andere kant van het dorp. Jaap was zeer tevreden met mijn actie, daar hoefde hij zijn handen niet meer aan vuil te maken en het had dan misschien slechter afgelopen. Ook voor Jaap was hiermee de periode Nico definitief afgesloten, wat vrijwel meteen merkbaar was in z'n houding tegenover mij.

Zonder auto was Jaap totaal onthand en hij had de auto van z'n vader te leen gekregen. Buiten z'n schuld reed Jaap ook die in elkaar. Henk zat erbij toen hij dat z'n vader liet weten.

Het 'ik heb een trieste mededeling voor je' schoot Henk finaal in het verkeerde keelgat, z'n eigen zoon zou het hém niet moeten flikken, die zou de volle laag hebben gekregen. Het duurde even voordat Henk, nog wat napruttelend, er toch een beetje de humor van in kon zien. Jaaps vader was al gehard en nam niet eens de moeite om kwaad te worden. Die had meer zoiets van 'had ik hem maar niet uit moeten lenen' en heeft zonder commentaar de auto laten repareren, wat hij ook nog eens zelf heeft betaald.

Gelukkig konden we vlot een goede tweedehands auto bemachtigen. Een robuuste stationcar, maroonrood en met een krachtige motor. Oftewel, veel meer Jaaps smaak. Het enige 'bezwaar' dat eraan kleefde, was dat Jaap het zo'n fijne wagen vond dat hij er voortdurend mee de weg op wilde. Hij was zelfs in staat zomaar een beetje rond te gaan rijden. Als hij daarvoor te veel ophad, bedelde hij net zolang totdat ik hem, 'up tempo', trakteerde op een rondje strand.

De goede voornemens van Jaap waren door dit alles iets uitgesteld, maar gelukkig niet afgesteld. Hij kwam erop terug: "Zou er in de buurt niet iemand zoals meneer Schoonenbeek te vinden zijn, met wie ik over de meer existentiële vragen waar ik vaak mee zit van gedachten kan wisselen? Iemand ook aan wie ik voor kan leggen of dat wat ik denk moreel nog verantwoord is, een soort van toetssteen." **(nr.35)**

Meneer Schoonenbeek was gereformeerd geweest en geen vrijmetselaar, maar zijn gedachtengoed was aardig overeengekomen met het weinige wat Jaap daarvan wist. Z'n vader was er altijd nogal terughoudend over geweest en Jaap had er eigenlijk ook nooit verder over doorgevraagd. Toch maar eens doen. Het werd een deceptie. Jaap kreeg van z'n vader wat foldertjes mee en de mededeling dat hij hem daar nu niet geschikt voor achtte. Z'n vader ging zelfs zover dat als Jaap zich bij een andere loge aansloot, hij zijn veto zou gebruiken als Jaap daar ingewijd zou willen worden. Hij was van mening dat Jaaps geest er bij lange na nog niet vrij genoeg voor was om toe te treden. Een korte en bondige afwijzing, waar Jaap gehoopt had op een diepergaand gesprek.

Dan wellicht een dominee, zo iemand als Huub. Maar hoe vind je die? Wij waren altijd verre van het kerkelijke gebeuren gebleven. Jaaps ouders waren hervormd, maar waren niet bij een kerk aangesloten. De achternicht van Jaaps moeder wel, en via haar kwam Jaap bij de plaatselijke dominee terecht. Het is gebleven bij vier gesprekken, waar Jaap iedere keer wat teleurgesteld van terug kwam. Een teveel aan algemeenheden en vaagheden.

Het andere punt waar Jaap mee kwam, was de medicatie. Daar moest iets mee gebeuren. Ze legden hem volledig lam, hij had nergens meer puf voor en zelfs het luisteren naar muziek was – mede een beetje door toedoen van Henk, die geen fan van popmuziek was – op een laag pitje komen te staan. Overigens tot groot genoegen van de buren, want rond etenstijd had Jaap de gewoonte gehad om de versterker open te draaien. Ze hebben één keer geprobeerd te bellen of het wat zachter kon. Ik zat pal naast de telefoon, maar heb hem niet horen overgaan.

Zorgwekkender was dat zijn geest door de medicatie werd aangetast. Dat begon in gesprekken door te sijpelen. Daar had Jaap nog nooit last van gehad, hoeveel drank, drugs of medicijnen hij ook op had. Ik kende Jaap niet anders dan dat hij precies wist tot hoever hij in een gesprek kon gaan en dat hij er altijd voor op z'n hoede was niet te veel los te laten. Oftewel, veel praten, maar nooit over essentiële zaken als het niet volledig vertrouwd was. Die eigenschap raakte Jaap nu kwijt en helaas had hij dat zelf niet in de gaten. Hij werd veel te openhartig tegen mensen en hij zou daar later last mee kunnen krijgen. Ook Henk was dit niet ontgaan en had gemerkt dat het zelfs op de instuifmiddagen van de PAC af en toe mis ging. Als ik Jaap erop trachtte te attenderen werd hij kriegel en hij wilde niet toegeven dat hij het niet meer goed in de hand had. Naar Henk luisterde Jaap gelukkig wel, en accepteerde het dat Henk hem op de middagen bij de PAC een seintje zou geven als het mis dreigde te gaan. Die afspraak werkte prima.

Zijn geheugen ging eveneens hard achteruit. Zelfs toen we eindelijk weer eens hadden gevreeën, wist Jaap dat de volgende dag niet meer en wilde het nauwelijks geloven toen ik eraan memoreerde. Na nog een paar avonden waarvan Jaap zich de volgende dag niets meer kon herinneren, viel het kwartje en vroeg hij me hem zoveel mogelijk bij te praten over wat er de vorige avond was gebeurd.

We hadden het aan Marleen voor kunnen leggen, maar qua verhoudingen viel zij bij Jaap vrijwel in dezelfde categorie als Huub. Het had Jaap al heel veel moeite gekost om hem te moeten belasten met zijn problemen en zolang hij het kon vermijden, wilde hij dat bij Marleen nog zoveel mogelijk voorkomen. Dus gingen we te rade bij een andere kennis, die als doktersassistente in een psychiatrisch ziekenhuis werkte. Haar advies was om te proberen via een psychiater de medicatie zodanig te laten veranderen, dat Jaap weer wat normaler kon functioneren. Een goede suggestie. Voor een verwijzing moest hij bij de huisarts zijn, die maar al te blij was dat Jaap zelf de medicijnen wilde laten aanpassen door een specialist. De huisarts gaf eerlijk toe dat de medicatie een ratjetoe was geworden, maar dat hij als huisarts er te weinig van wist om zelf orde op zaken te kunnen stellen.

Jaap slikte op dat moment, naast de gebruikelijke hoeveelheid drank en hasj, de volgende lijst aan medicijnen:

Tegen te hoge bloeddruk:	Trandate 200	3 maal daags 1 tablet
	Esidrex 25 mg.	1 maal daags 1 tablet
Tegen angststoornissen:	Haldol 1 mg.	3 maal daags 1 tablet
Kalmeringsmiddel:	Tranxene 15 mg.	3 maal daags 1 tablet
Antidepressiva:	Sarotex 25 mg.	4 maal daags 1 tablet
	Mutabon F	3 maal daags 1 tablet
	Sinequan 25 mg.	's avonds 2 tabletten
Slaapmiddel	Mogadon	's avonds 1 tablet, indien nodig, dus iedere avond

Als eerste stuurde de huisarts Jaap door naar de polikliniek van het dichtstbijzijnde psychiatrische ziekenhuis, met de aantekening erbij dat het uitsluitend ging over het op orde krijgen van de medicatie. Tot onze verbazing begonnen ze er daar niet aan om zonder begeleidende therapie medicijnen voor te schrijven. In de toestand waarin Jaap op dat moment verkeerde, had therapie geen enkele zin. De huisarts was nog niet verslagen en stelde voor het bij de psychiater van het ziekenhuis te proberen. Van tevoren waarschuwde hij ons, dat we hem waarschijnlijk niet zouden mogen, maar voor zover hij wist van andere patiënten, was die psychiater nogal scheutig met medicatie. Zo iemand hadden we nodig en de huisarts was er vrijwel zeker van dat deze psychiater het wel zou doen. Met een deze keer wat uitgebreidere en nadrukkelijker gestelde verwijzing, konden we in juni bij hem terecht. Laat die veelschrijver nou weigeren. Hij wilde er alleen aan beginnen als Jaap zich een paar weken liet opnemen. Op de vraag van Jaap wat hij dan in die weken wilde gaan doen, gaf hij geen antwoord.

Onverrichterzake terug naar de huisarts. Op een kleine 'slip of the tongue' na, liet de huisarts in niets blijken hoe hij hierover dacht. Zijn conclusie was wel, als zelfs deze psychiater het niet doet, doen de anderen het zeker niet. Toch bleef de huisarts optimistisch. We moesten de moed niet laten zakken en samen met hem konden we er allicht zelf iets aan doen. Hij begon met het verminderen van het aantal medicijnen en daarna voorzichtig met het verlagen van de doseringen. Daarnaast probeerde hij de Sinequan te vervangen voor iets lichters, wat helaas mislukte. Wat wel lukte, was het vinden van een betere dosering, waardoor Jaap wat helderder bleef. [nr.36]

Deze hele gang van zaken zat Jaap bepaald niet lekker. Dat hij zelf geen hulp kreeg was tot daaraan toe, maar dat onze huisarts door de specialisten voor het blok werd gezet en een verantwoordelijkheid kreeg opgedrongen die eigenlijk buiten z'n expertise lag, vond Jaap vele malen erger: "De moeilijke gevallen stuur je gewoon terug naar de huisarts, die hebben geen keus en kunnen niet zeggen: 'daar begin ik niet aan'. Als het dan misgaat krijgt de huisarts de schuld en blijf je zelf buiten schot. Bijzonder oncollegiaal."

Het enige wat Jaap hiertegenover kon stellen en stelde, was om voor zover dat in z'n vermogen lag, het onze huisarts zo makkelijk mogelijk te maken en voortaan nog zo min mogelijk een beroep op hem te doen. Wie was hier nu ver heen en rijp voor opname, Jaap of de psychiatrie.

Een paar dagen na het bezoek aan de psychiater belde Huub op. In geuren en kleuren vertelde Jaap hem hoe het de auto was vergaan en over de recente afwijzingen van de psychiaters. Huub was stomverbaasd dat ondanks alle calamiteiten, Jaap daar nog steeds de humor van in kon zien. Huub was ervan overtuigd dat hij zelf in zo'n situatie dat allang niet meer zou kunnen. Hij vertelde dat hij, na zijn bezoek aan ons, een poging had gewaagd een gedicht voor Jaap te schrijven. Zijn vertrek was aanstaande en in de hoop Jaap er toch een steuntje in de rug mee te kunnen geven, zou hij het opsturen. Jaap moest zich er echter niet te veel van voorstellen, het was slechts een probeersel geweest.

Voor Jaap, een poging
21 April 1982

Light among the ruins

Het is gek
ik voel me schuldig
je zegt
dat je op het nulpunt zit
soms zeg je weleens
dat je liever weggaat
helemaal
dan je daarvan
los te worstelen
je energie schijnt uitgezogen
door jaren pijn
waar anderen geen tijd voor schijnen te hebben

maar die voor jou
onuitwisbaar zijn

hoe vertel ik je
dat ik geloof
dat je zoveel in je hebt
soms denk ik
dat er op een dag
een zalige explosie komt
waardoor al jou vastgeklonken
creativiteit losbarst
de creativiteit die jij
begrijpelijkerwijs
in bitterheid ontkent

toch voel ik me schuldig
omdat je in jouw vergelijkingen
mij boven je zet
en dat wil ik niet
in het academisch
geharrewar heb ik misschien
iets bereikt
maar als mens
staan wij gelijk
helemaal

ik wens je vrede
vurig wens ik je vrede
dat je de zeewind
diep kan inademen
zonder van binnen te trillen
omdat het leven
zo ellendig is
dat je jezelf kan accepteren
tussen alle gevoelde signalen
die vertellen

dat je veel meer bereikt zou moeten hebben
dat je in het licht van de zon
in jezelf mag geloven
want ik geloof nog wel in je

En het kan
ik weet dat het kan

Aanvankelijk leek het gedicht bij Jaap niet echt binnen te komen. Pas toen hij het stond te kopiëren en onwillekeurig enkele zinnen herlas, raakte het hem onverhoeds zó hard, dat de tranen hem bijna in de ogen waren gesprongen. Ontdaan en in de war kwam hij thuis en verwoordde het ongeveer zo: "Het is zo waar en zo triest. Alles wat Huub nog in me ziet, is dat nog te redden? Loopt dat niet langzaam maar zeker naar een einde toe? Het lijkt zo'n verspilling, maar ik voorvoel dat ik niet meer in staat zal zijn om nogmaals overeind te komen."

Jaap wilde het eerst alleen aan z'n ouders laten lezen, misschien dat zij er ook wat steun in konden vinden. Later veranderde hij van gedachten en liet het eveneens aan Marleen, aan Henk en aan mijn moeder lezen.

De zomerstop, deze keer van de beide WAO-verenigingen, kwam alweer als geroepen.

We konden binnenkort de pup op gaan halen en we moesten hoognodig op zoek naar een advocaat. Het zat er namelijk dik in dat Jaap voor zou moeten komen voor het rijden onder invloed en zonder zo iemand naast zich durfde hij dat niet aan. Een vriend van z'n vader kende een goede advocaat bij ons in de buurt. Die was beschikbaar en begin juli hadden we een eerste afspraak. De advocaat had snel door dat Jaap doodsbenauwd was voor die rechtszitting en probeerde hem aan alle kanten gerust te stellen. Voorlopig was er helemaal niets om je druk over te maken, want het kon rustig nog een half jaar duren eer Jaap voor zou moeten komen. Tegen die tijd kon alles nog eens goed doorgenomen worden. Jaap was wel wát gerustgesteld, maar bij tijd en wijle kreeg hij het er alsnog Spaans benauwd van.

Een paar dagen later konden we in Zeeland de nieuwe pup op gaan halen. Haar naam werd Quinta. Jaaps moeder liet zich een ritje naar haar geboortegrond niet door de neus boren en om de boel een beetje in balans te houden, vroegen we ook mijn moeder mee. De afspraak was dat Jaap zich van meet af aan zoveel mogelijk met Quinta zou bemoeien. Dat ging, spijtig genoeg voor Jaap, gelijk in en ik reed terug, waar hij wel even moeite mee had. Waar hij geen enkele moeite mee had en zelfs op stond, was dat hij deze keer degene was die de eerste dagen beneden op de bank bleef slapen tot de pup een beetje gewend was. Jaap paste nauwelijks op die bank, sliep belazerd, maar het had wel het gewenste effect, Quinta zag hem als haar baas. De puppytraining ging gelijk van start. Die zou Jaap met haar gaan doen, maar jammer genoeg kon hij het lichamelijk niet lang bolwerken en moest ik het overnemen. Hij is nog een tijdje meegegaan om te kijken, helaas verwaterde ook dat.

Guus en Quinta waren meteen de dikste maatjes. Jaap genoot van die twee honden, maar de constante drukte van hun spel werd hem toch af en toe wat teveel en hij vluchtte dan. Het kwam goed uit dat die eerste weken in mijn vakantie vielen, want het slopen startte weer in volle hevigheid. Daar hadden we rekening mee gehouden. De bank mocht. Laat Quinta nou niet zo van dat grove sloopwerk houden. Typisch een vrouw. Iets kleins, bij voorkeur iets elektronisch, vond ze veel interessanter. Als eerste ging de calculator eraan, wat Jaap wel aan z'n hart ging. Daarna een elpee van Dire Straits. Beide sloopwerken zijn 'ter lering en vermaak' nog lang op tafel blijven liggen. De elpees vielen 's nachts te barricaderen, de stekkers van de boxen niet en dat werd voor Jaap een vrijwel dagelijkse wanhoop om die steeds opnieuw te moeten repareren. Iemand deed de suggestie om Quinta 's nachts in een kinderbox te zetten. Leuk idee, dat vonden Guus en Quinta ook en ze sloopten hem binnen het uur. We namen ons verlies. Die nachtelijke staat van beleg had ook zo z'n charme.

Door Quinta en de reuring die dat in huis meebracht, fleurde Jaap wat op. Het speelse in hem deed zich weer wat meer gelden en op een ochtend had hij zomaar zin om even samen terug naar bed te gaan. Zijn conditie was echter zo belabberd, dat ik na afloop van onze vrijpartij zelfs even vreesde voor z'n leven. Grauwwit, happend naar adem en drijfnat van het zweet. Dit was bijna te veel geweest voor z'n hart. Weliswaar een prachtige manier om te gaan, maar als het aan mij lag, toch liever niet. De schrik zat er bij mij goed in en ik durfde dat soort exercities nauwelijks nog aan.

Het leek er sterk op dat er bij Jaap helemaal geen belletjes waren gaan rinkelen. Die zat er meer over in dat zijn overgevoeligheid voor bepaalde stoffen steeds erger aan het worden was.

Uiterlijk was er niets aan z'n huid zien, maar overhemden die hij een jaar geleden nog gewoon kon dragen, kon hij nu niet meer velen. Er was nog maar één merk T-shirt, en dan nog alleen na een aantal keer wassen, waar hij geen last van had. Ieder kruimeltje kunststof in het materiaal voelde Jaap al en voor de grap had hij wel eens bedacht om zich aan te bieden als tester bij een instantie als de Consumentenbond.

De keus in kleding en in kleur werd hierdoor nog sterker beperkt en hij heeft zelfs in turquoise broeken rondgelopen, simpelweg omdat het de enige lap stof was die ik kon vinden waar hij geen last van zou krijgen. Jaap wilde nu toch weleens weten of er niets aan te doen was. De huisarts stuurde hem door naar een allergoloog en begin augustus volgde er een hele reeks onderzoeken die helaas niets opleverden. Hij moest ermee leren leven.[18]

---

18 Sinds een jaartje stond er een citroengeranium in de slaapkamer. Tegen de muggen, die altijd Jaap moesten hebben. Volgens de nu op internet gevonden omschrijving, zou die plant juist heel goed moeten zijn voor de vele kwalen waar Jaap ook aan leed. Echter, de enige waarschuwing die erbij staat, is dat gevoelige mensen (doelend op geestelijk gevoelige mensen) er huidirritaties van kunnen krijgen. Jaap was een gevoelig mens. Die plant zou dus zo maar eens de boosdoener geweest kunnen zijn. Misschien had Jaap toch een punt gehad, dat hij geen planten in huis wilde hebben.

Mijn vakantieperiode was half augustus voorbij. Quinta was overdag al redelijk zindelijk, aan de nacht moest nog gewerkt worden. Met slopen gingen de twee boenders vrolijk verder, nu waren ook de planten aan de beurt. We spraken af dat Jaap op die ochtenden de puinhoop zou laten voor wat het was. Zodra ik weer thuis was had ik ze binnen de kortste keren weggewerkt en Jaap zou er uren over doen, vandaar. Als Henk 's morgens langskwam en Jaap te midden van een enorme ravage rustig aan de koffie vond, raakte die wel eens in paniek. Hij begreep niet hoe Jaap er zo kalm onder kon blijven en kon zich er soms maar met moeite van weerhouden worden om toch alvast op te gaan ruimen.

Eén van de kussens van de bank was op een gegeven moment reddeloos verloren en Henk kwam met een noodkussen aanzetten. Het haalde de ochtend niet. Jaap belde Henk: "Ik heb een trieste mededeling voor je, er ligt hier een stalen geraamte en ik vrees dat dat eens jouw kussen was," gevolgd door een niet meer in te houden gegrinnik. Een paar singels van de bank gingen er ook aan. Om dat enigszins te camoufleren, hadden we de kussens er overheen gedrapeerd. Guus had dat niet door en viel letterlijk in z'n eigen kuil. Door dit soort akkefietjes bleef het lachen ons nog steeds nader staan dan het huilen.

De wekelijkse instuif bij de plaatselijke WAO-vereniging begon ook weer. De stille hoop op een plaats in het bestuur had Jaap nog steeds niet helemaal laten varen, ondanks dat Henk daar een hard hoofd in had en dat niet onder stoelen of banken stak. Henk had zelf in het bestuur gezeten, kende de gang van zaken en was er vrijwel zeker van dat degene die Jaap dit aangeboden had buiten z'n boekje was gegaan. Voor de zekerheid had hij er bij het huidige bestuur voorzichtig navraag naar gedaan en die wisten inderdaad van niets.

De vrees van Henk werd bewaarheid. Hij en Jaap zaten erbij, toen ons buurmeisje door de voorzitter werd benaderd voor de eventuele bestuursfunctie waar Jaap lekker mee was gemaakt. Zij zag dat helemaal niet zitten en dan nog, zij was wel de laatste die Jaap dat zou misgunnen.

De manier van doen om iemand zó op het verkeerde been te zetten, zat Jaap dermate hoog, dat hij na een paar weken niet meer naar de instuifmiddagen wilde. Henk kende de voorzitter goed en op verzoek van Jaap – met de restrictie om niet in detail te treden over hoe hard het bij hem aangekomen was, dat moest niet nodig zijn – vroeg hij aan de voorzitter of hij in ieder geval hierover met Jaap in gesprek wilde te gaan. Per slot van rekening had een lid van zijn bestuur een scheve schaats gereden en was het niet meer dan reëel, dat de voorzitter de moeite zou nemen dit recht te zetten. Niet dat het in Jaaps bedoeling lag ooit nog in dit bestuur zitting te nemen, maar het moest wel uitgepraat kunnen worden. Henk, en daarmee Jaap, werden met vele vage beloftes afgescheept en tot een gesprek is het nooit gekomen. De zoveelste kans op een zinvolle bezigheid op een bijzonder onelegante manier om zeep geholpen en eveneens de doodsteek voor een middag gevuld met even heel iets anders dan huis of kroeg. Vooral de stupiditeit om dit zó onnodig en zover uit de hand te laten lopen, etterde bij Jaap nog een tijdje door.

Op een rechtstreekse vraag gaf Jaap altijd eerlijk antwoord. Eén keer liet hij zich door Henk overhalen dat niet te doen. Henk mocht van z'n vrouw niet te veel drinken. Thuis hield zij dat scherp in de gaten, maar dat ging natuurlijk niet als hij bij ons zat. Ze belde een enkele keer op om te vragen hoeveel borrels Henk bij ons gedronken had. Jaap gaf dan altijd eerlijk antwoord hoeveel dat er ongeveer geweest waren, gelukkig voor Henk wist hij dat vaak niet precies. Op een dag verwachtte Henk al dat ze daarover zou bellen. Om moeilijkheden thuis te omzeilen, vroeg hij Jaap het op twee te houden. Toen ze inderdaad belde, gaf Jaap dat braaf door. Deze keer wist Jaap echter zeker dat het er meer waren geweest. Hij had nog niet opgehangen of hij zei: "Dat was eens, maar nooit meer." Het zweet stond op z'n voorhoofd, zo opgelaten voelde hij zich hierdoor. Henk had zich niet gerealiseerd hoe moeilijk het voor Jaap zou zijn en beloofde meteen zoiets nooit meer van hem te vragen. [nr.37]

Dat Henk op een avond zelfs een keer stoned is thuisgekomen, weliswaar puur per ongeluk, heeft zijn vrouw gelukkig niet gemerkt. Dat had Jaap net zomin kunnen ontkennen, met alle gevolgen van dien voor Henk. Op die avond – Bert was er ook, heel gezellig, muziekje erbij, drankje erbij en natuurlijk de nodige joints – was Henk aan het eind van de avond voor zijn doen wel wat vrolijker dan normaal, maar niemand dacht eraan dat het van de wietdampen kon komen waar hij, zittend tussen Jaap en Bert, het nodige van binnen had gekregen. Henk vertrok en belde even later op. Een beetje lacherig vroeg hij of het aan hem lag dat hij nog nooit had gemerkt dat de bomen in z'n straat zo pal langs de stoeprand stonden. Jaap hielp hem uit de droom: "Volgens mij staan die bomen nog steeds waar ze horen te staan, maar ben jij half over de stoep gereden. Ik vrees dat je per ongeluk stoned bent geworden." Het is Henk geen tweede keer gebeurd, voortaan keek hij wel uit waar hij ging zitten.

Lang voor het hele gedoe met Nico had Jaap met mij al eens uitgebreid besproken wat ik zou moeten gaan doen als hij er niet meer was. Tegenwerpingen dat dat wel het laatste was wat me interesseerde, hadden weinig effect gehad en hij had onze hele toenmalige mannelijke vrienden- en kennissenkring de revue laten passeren, op zoek naar iemand met wie ik eventueel later door zou kunnen gaan. Een geschikte kandidaat zat er toen naar zijn idee niet tussen.

Blijkbaar was dat Jaap bezig blijven houden. Hij had Henk ondertussen goed leren kennen en op één van hun duinwandelingen had Jaap dit onderwerp aangesneden en aan Henk gevraagd of hij op mij wilde passen, ingeval hij er zelf niet meer zou zijn. Jaaps grootste vrees was dat Nico dan weer een poging zou gaan wagen om me in te palmen en dat wilde hij koste wat kost vermijden. Henk had niet geweten wat hij met die vraag aan moest. Hij vond dat niet iets wat Jaap voor mij kon beslissen en vond ook dat ik daar zelf een stem in had. Misschien wilde ik dat helemaal niet en hij kon moeilijk als waakhond voor de deur gaan liggen. Henk zat er echt mee in z'n maag. Jaap vond het echter de normaalste zaak van de wereld, maar om Henk tegemoet te komen, legde hij het bij thuiskomst gelijk aan me voor. Daar had ik zo gauw weinig tegenin te brengen en Jaap beschouwde het daarmee als geregeld.

Ondanks de vermindering van de medicatie, ging Jaap in de loop van september steeds verder achteruit. Hij leek bijna dement te worden en ik kon aan vrienden en kennissen merken dat zij daar moeite mee kregen. Zelfs als er 's avonds bezoek was, zakte Jaap regelmatig in slaap. Mijn schrikbeeld was dat hij op deze manier iedereen van zich zou vervreemden, door zijn vreemde gedrag zelfs afkeer op zou gaan wekken en uiteindelijk totaal vereenzaamd en verguisd zou sterven. Een zeer mensonwaardige toestand die hem door de medicijnen opgedrongen werd en wat Jaap zelf niet door had. Het was moeilijk dat aan te moeten zien en er niets tegen te kunnen doen.

Lichamelijk was Jaap er op alle gebied slecht aan toe. Z'n lever kon zijn ontgiftende taak bijna niet meer aan, met als gevolg dat Jaap regelmatig grote en pijnlijke ontstekingen in z'n oksels kreeg waar niets tegen te doen viel. Hij was ook steeds vaker ziek. Het leek het meest op griepaanvallen, met hoogoplopende koorts. In het begin was iedereen daar nogal ongerust over, logisch. De huisarts niet; die stelde dat het pas echt gevaarlijk werd als de koorts langer dan zes uur boven de 40^0 bleef. In dat geval moest ik acuut aan de bel hangen. Jaap onderging het voortdurend wat mankeren meestal in een soort toestand van lijdelijk verzet. Hij bleef dan gelukkig wel in bed met een Guust Flater. Het enige voordeel wat Jaap daarin zag, was dat hij dan geen drank naar binnen kreeg en z'n arme lever even op adem kon komen. Dat duurde nooit langer dan een dag, dan wurmde hij er, soms half kokhalzend, alweer een borrel in.

Op een avond gaf Jaap opeens bloed op. Hij was wat verbouwereerd: "Ik heb weer eens wat." Gelukkig was Marleen erbij en zij drukte door dat er een dokter gebeld moest worden. Er werden meteen de volgende dag maagfoto's gemaakt en er bleek een klein wondje in z'n slokdarm te zitten. Weer nieuwe medicijnen erbij, zuurdempers deze keer, heel smerig maar ze hielpen. De huisarts waarschuwde met nadruk dat als Jaaps alcoholgebruik zo hoog bleef, dit wel vaker kon gebeuren en de afloop wel eens heel wat slechter kon zijn dan nu. Jaap trok zich hier niet zoveel van aan. Een keurig bloedinkje leek hem wel een nette manier om de pijp uit te gaan. Dat stikken was minder, maar nam hij op de koop toe. Het zou hem ontslaan van de noodzaak zelf iets te ondernemen en niemand kon hem er dan op aankijken. Een redenering waar lastig een gaatje in te prikken viel.

In april had in de 'Haagsche Post' een artikel gestaan over reïncarnatietherapie. Dat artikel had de aandacht getrokken van Jaaps moeder. Ze had al eerder over dit onderwerp gelezen en er kansen voor Jaap in gezien. Tot dan toe werd het alleen nog maar in Engeland toegepast en ze had niet geweten hoe Jaap daarheen te krijgen. Nu deze vorm van therapie ook in Utrecht werd toegepast, begon ze stukje bij beetje meer druk op Jaap uit te oefenen dat hij daar in therapie moest gaan. Zij was er nog steeds vast van overtuigd dat alle problemen waar Jaap mee kampte, terug te voeren waren naar alle paniek rond zijn geboorte. Die gedachtegang werd haars inziens bevestigd door de theorieën die ze erover gelezen had. Via hypnose- of reïncarnatietherapie hoopte ze dat Jaap zich daar bewust van zou worden, er via die weg van bevrijd zou raken en zijn problemen erdoor zouden verminderen.

 Jaap wilde er niets van weten, wilde zelfs niet van haar horen wat de therapie inhield. Te benauwd dat z'n moeder hem weer wilde gaan dwingen tot iets paranormaals, met alle nare gevolgen van dien – de ezel en de steen. Iedere keer dat z'n moeder erover begon, eindigde het in een felle ruzie. Zij bleef echter aanhouden en des te harder, nu het steeds slechter ging met Jaap. In de hoop op een medestander, gaf ze mij het tijdschrift met het gewraakte artikel mee en wilde dat ik het las. Tot dan toe had ik me er zoveel mogelijk buiten gehouden. Jaap had het er uitgebreid met mij over gehad en had een redelijk idee over wat zo'n therapie inhield. Als hij dat per se niet wilde, dan was dat voor mij genoeg. Onder druk heb ik het artikel toch maar gelezen. Haar hoop op een medestander was een ijdele. Door het artikel werd ik er nog feller tegen dan Jaap. In het artikel werden namelijk enkele gevallen aangehaald, waarin onder begeleiding van de therapeut – dezelfde waar Jaaps moeder hem naar toe wilde hebben – patiënten teruggingen naar vorige levens. Ook het sterven en de periode tussen twee levens werd door die patiënten herbeleefd. Zij omschreven de dood als een periode van rust en in het algemeen als een plezierige toestand van zijn. Het sterven op zich hadden ze niet als erg ervaren, meer als een soort van opluchting. Doodeng voor iemand als Jaap, die zo sterk naar de dood verlangde en daar soms alleen nog van werd weerhouden door angst voor het onbekende. Die laat je niet in een therapie ervaren dat er niets is om bang voor te zijn. Dan stap je er na zo'n therapiesessie toch gelijk uit.

Jaap vond het niet nodig het artikel zelf te lezen. Als ik hem even in het kort vertelde wat erin stond en hoe het op mij overkwam, vond hij het wel best. Pogingen om aan z'n moeder duidelijk te maken waarom wij zo'n soort therapie totaal niet zagen zitten en waar met name ik bang voor was, liepen op niets uit. Zij zag dat anders en was van mening dat als het erop aankwam, Jaap niet verder dan z'n geboorte zou hoeven gaan. Dat als je daar eenmaal was aanbeland het wel eens onmogelijk zou blijken te zijn om dan nog te stoppen, veegde ze van tafel.

Jaaps moeder bleef aandringen en eind september ging Jaap opeens overstag. Hij wilde van die druk af en als hij het probeerde, kon hem in ieder geval niet verweten worden dat hij niet alles aangegrepen had. En eigenlijk was hij er bij voorbaat al van overtuigd dat ook deze therapeut hem niet zou aannemen. Zodra Jaap liet blijken ermee akkoord te gaan, zocht z'n moeder contact met die therapeut en liet ons weten dat Jaap daar in principe terecht zou kunnen, maar wel pas in januari. Hij had haar gevraagd of Jaap eerst zelf contact met hem op wilde nemen, alvorens hem op de wachtlijst te plaatsen. Jaap vroeg mij om dan maar te bellen. Gezien de lange wachttijd en de grote mogelijkheid dat hij Jaap dan alsnog niet zou kunnen behandelen vanwege de verregaande problematiek, sprak ik met de therapeut af hem de levensbeschrijving toe te sturen. Hij vond dat een prima idee. Een week later reageerde hij per brief. Het kwam er grofweg op neer dat hij er niet aan begon, maar draaide daar keurig omheen. We moesten eerst maar eens allebei over onze angst voor opname heenkomen. Tevens zou Jaap eerst zelf iets aan z'n alcoholverslaving moeten doen en zelfs als daaraan was voldaan, zag hij alsnog opname als enige mogelijkheid. Van enige twijfel aangaande z'n eigen competentie om de problematiek van Jaap aan te kunnen en van enig inzicht in de beperkingen van zijn vorm van therapie, was geen sprake. Daar was deze therapeut blijkbaar stekeblind voor.

Jaap was woedend. Hij vond het schandalig dat de schuld voor het niet kunnen behandelen in de schoenen werd geschoven van de patiënt, in casu hem. Hij proefde in de hele brief een arrogante en betweterige houding, en een totaal gebrek aan begrip: "De heren therapeuten denken precies te weten wat goed voor je is, zonder er zelf ooit geweest te zijn. Ben je het daar zelfs op goede gronden niet mee eens, dan ben je lastig en kun je vertrekken. Zó overtuigd van hun eigen gelijk, dat ze niet kunnen zien dat het opvolgen van hun advies je wel eens de nek kan kosten." Het liefst had hij hem gedwongen om een maandlang eenzelfde leven te moeten leiden als hij nu.

Met dit antwoord hoopte Jaap z'n moeder de mond te kunnen snoeren. Mooi niet. We hadden nooit die levensbeschrijving mogen opsturen. Zij vond dat de voorgeschiedenis niet ter sprake had hoeven komen. Nu niet en ook niet bij het eerste consult. Ze wilde, of kon niet begrijpen dat Jaap zo niet in elkaar zat, dat hij dat simpelweg nooit had kunnen verzwijgen. Laat ze nou nog een uitwijkmogelijkheid hebben. Jaap moest dan maar samen met z'n vader een paar weken naar Londen gaan om daar behandeld te worden.

Door dit gesprek raakte Jaap zó over z'n toeren en werd zó des duivels, dat hij 's avonds allerlei mogelijkheden af ging zitten wegen om er nu echt maar een eind aan te maken. De meeste ervan konden gelukkig als totaal ongeschikt weggestreept worden. Eén mogelijkheid bleef over, met een injectienaald lucht in een slagader spuiten. Jaap was er vrijwel zeker van dat dat het gewenste resultaat zou hebben en verwachtte hiermee een keurig nette, dodelijke hartaanval te veroorzaken. Ik probeerde allerlei argumenten tegen dit plan aan te voeren, maar voor Jaap was het klaar, dit was het moment en hij wilde er verder met niemand meer over praten.

Wat me nog het meest benauwde, was dat het voor Jaaps ouders zo prompt op die ruzie een dubbelharde klap zou zijn. Het interesseerde Jaap niets: "Hadden ze zich maar anders op moeten stellen, de gevolgen komen voor hun rekening." Mijn laatste kans het tij te keren was Marleen. Dat zou maar een paar minuten kosten en zij wist misschien welke onvoorziene bijeffecten zo'n luchtbel kon hebben. Jaap was al zo ongeïnteresseerd in alles en iedereen dat hij daar uiteindelijk voor zwichtte. Het vooruitzicht dat het zou kunnen mislukken, dat hij dan misschien in het ziekenhuis terecht zou komen, of bijvoorbeeld veel pijn zou lijden, leek hem – goddank – toch minder geslaagd. Met lood in m'n schoenen om haar met zo'n vraag te moeten belasten, ging ik naar haar toe. Gelukkig was ze nog thuis, vond het helemaal niet erg dat ik ermee naar haar toe kwam en dook gelijk in haar studieboeken. Tot onze grote opluchting stond daarin dat lucht in een ader of slagader spuiten zeker niet dodelijk hoefde te zijn, maar meestal wel erg pijnlijk was. Ze liet me beloven haar op haar werk te bellen, mocht het alsnog uit de hand lopen. Met die boodschap ging ik terug naar Jaap. Het zat Marleen niet lekker en voordat ze naar haar werk ging, wipte ze nog even langs. Letterlijk 'saved by the bell', want dat bezoekje, samen met de door haar gevonden informatie, was voldoende om Jaap in zoverre tot bedaren te brengen, dat hij dit idee liet varen en het de rest van de avond hield bij ladingen pillen en drank, om dan maar tijdelijk onderuit te kunnen gaan.

Na deze escalatie ging Jaap serieuzer op zoek naar het hoe dan wel. Het werd nu menens voor hem en hij zocht zekerheid. Z'n hele pillenvoorraad in één keer innemen, was een steeds terugkerende gedachte. Die grote dagelijkse hoeveelheid pillen zat hem toch al dwars: "Laat ze dan maar echt nuttig zijn." Alleen omdat hij niet zeker wist of dit afdoende was, had hij zich er tot nu toe niet aan gewaagd. De trein wees hij voor zichzelf af en niet alleen vanwege de machinist – diens hel wilde hij sowieso niet op z'n geweten hebben. Hij had een afkeer van de trein, en hij wist dat hij dan op het laatste moment heel erg bang zou zijn. Een ongeluk met de auto had naast diezelfde angst voor dat laatste moment, nog een ander bezwaar, je kon nooit zeker zijn van het resultaat. Wat als je het overleefde en gehandicapt raakte? Dat was dus ook de oplossing niet. Hoe dan wel? Daar ging ik voor hem naar op zoek en ik vond naast een paar boeken over dat onderwerp, een adres waar ik informatie over de juiste medicijnen kon krijgen. Ze zouden het me toesturen.

Los van de manier waarop, wilde Jaap er zeker van kunnen zijn dat de artsen hem niet tot het uiterste in leven zouden houden. Dat kon makkelijker geregeld worden. Op mijn werk had iemand me ooit met zo'n zelfde vraag benaderd en de informatie die ik daarover toen voor hem gevonden had, kwam nu goed van pas.

Hoewel ik Jaap weinig kans gaf, wilde hij de huisarts polsen hoe die in zijn geval dacht over euthanasie. Jaap ging er alleen op af, maar kreeg bij hem geen poot aan de grond. De huisarts zag de problemen wel, maar weigerde vierkant hieraan mee te werken. Integendeel, hij vroeg Jaap of hij aan z'n ouders wilde vragen eens met hem te komen praten.

Jaap wilde hier helemaal niet aan. Hij was bang dat de huisarts ze zou vertellen hoe erg hij eraan toe was en dat ze samen een gedwongen opname zouden bekokstoven. De huisarts had namelijk door laten schemeren dat zo'n opname weliswaar moeilijk, maar niet onmogelijk was.

Nu Jaap hier geen gehoor had gekregen, ging hij naar onze oude huisarts om ook hem het probleem voor te leggen. Ik ging mee, maar niet mee de spreekkamer in. Die was van mening dat Jaap de moed nog lang niet moest laten zakken. Er was net een nieuw antidepressivum op de markt gekomen, waarvan hij dacht dat Jaap er baat bij zou kunnen hebben. De uitgebreide artsenfolder over dit nieuwe middel, Tolvon, gaf hij mee voor onze huisarts in het dorp.

Gelukkig was Jaap wat bijgekomen van dit gesprek. Door het perspectief op een nieuw medicijn waren zijn gedachten even op een ander spoor gezet. De volgende dag ging Jaap met de folder naar onze huisarts hier. Die vond alles het proberen waard en schreef meteen een recept uit. Weer drong hij aan op een gesprek met Jaaps ouders. Hij beloofde Jaap niets achter zijn rug om te zullen doen en bezwoer hem dat hij voor dat gesprek niet bang hoefde te zijn. Bijna met het zweet in z'n handen gaf Jaap dit verzoek nu toch maar aan z'n ouders door. Zijn zorgen hierover zakten pas toen ze daar geweest waren en het geen merkbare gevolgen had. Jaaps ouders hebben nooit goed begrepen waarom onze huisarts hen zo graag wilde spreken. Hij had ze voorzichtig uit zitten horen en ze slechts zeer summier ingelicht over de vrijwel hopeloze situatie van Jaap. Door het hele gesprek heen had hij eigenlijk vooral z'n eigen onmacht benadrukt om aan die situatie iets te kunnen veranderen.

In de derde week van oktober begon Jaap met de Tolvon. Op de Haldol na, liet hij de rest van de psychofarmaca staan. Volgens de folder hoorde dit spul namelijk ook sederend te werken en extra tranquilizers zouden niet meer nodig hoeven zijn. De eerste dagen ging het heel goed, Jaap werd veel helderder, fitter en actiever. Daar kon Henk over meepraten.

Tijdens hun gebruikelijke duinwandeling waren alle bankjes waarop ze normaal gesproken even een rustpauze namen, bezet geweest. Jaap had liever niet bij anderen aan willen schuiven en zonder te rusten hadden ze in totaal zo'n zeven kilometer afgelegd. Zover had Jaap het nog nooit gehaald en hij was niet eens moe, terwijl bij Henk de tong op z'n schoenen hing.

Soms nam Henk zijn hondje Tippie mee op zo'n wandeling en dan nam Jaap Lotje mee. Hoe lief hij haar ook vond, en zij hem, toch hij had er weleens over geklaagd dat hij zich belachelijk voelde met zo'n klein hondje aan de lijn. Nu het na zes dagen Tolvon zo goed ging, stelde ik voor om voor de verandering Guus mee te nemen. Henk vond het zielig dat Quinta thuis moest blijven en met ieder een hond aan de lijn gingen ze op pad. Dat werd bepaald geen succes. Los van elkaar waren Guus en Quinta goed te hanteren, maar samen konden ze het behoorlijk op een sleuren zetten. Dat hadden we even over het hoofd gezien. Henk kon Quinta niet de baas en Jaap moest haar erbij nemen. Dat ging wel, maar het was zwaar geweest en hij was teleurgesteld dat hij z'n eigen honden bijna niet had kunnen mannen.

Lichamelijk een wrak, alla, daar maakte Jaap zich niet al te druk over. Waar hij zich wél druk over maakte, was dat nu hij niet meer verdoofd was, het hem op was gaan vallen dat sommige van onze bezoekers hem als zijnde maar half volwaardig behandelden en hem niet meer serieus namen. Voor Jaap een teken aan de wand om scherp op te gaan letten wie wel en wie niet. Bij Marleen en Henk voelde hij zich zonder meer veilig, ook bij degenen die slechts af en toe langskwamen. Van onze andere vrijwel dagelijkse bezoekers, waren het vooral Harm en Rudi waar Jaap aan twijfelde en Bert was er ook niet helemaal vrij van. Harm sprak hij er bij diens eerstvolgende bezoek op aan. Ze lagen elkaar toch al niet zo en het liep uit op ruzie. Harm verweet Jaap dat hij te veel over anderen sprak, zich oordelen aanmat waar hij niet van af te brengen was en vond het mooi geweest. Exit Harm.

 Rudi deed zichzelf de das om. Aan het eind van de eerste week met de Tolvon, voelde Jaap zich beroerd en belde Rudi of hij tijd en zin had om even langs te komen en hem gezelschap te houden. Rudi kon die avond niet weg en beloofde de volgende dag te komen. Niet dus. Jaap, al een beetje pissig, probeerde het nog een keer. Ondanks de belofte nu wel te komen, weer geen Rudi gezien. Hij kwam pas twee weken later en inmiddels was Jaap echt pissig. Hij wilde dat zowel Henk als ik erbij bleven zitten als hij Rudi z'n vet gaf, bang iets te zeggen wat niet door de beugel kon. Heel keurig en correct bracht Jaap onder woorden hoe hij dacht over het feit dat Rudi het had laten afweten toen hij hem nodig had. Slechts heel summier refereerde Jaap aan al die andere keren dat hij zelf altijd per direct voor Rudi klaar had gestaan. Waar Jaap wel dieper op inging, was dat Rudi een paar maanden geleden nog tegen hem had gezegd dat hij z'n enige ware vriend was. Niet dat Jaap dat toen erg serieus had genomen, maar het nu toch wel een puntje vond om op terug te komen. Rudi werd woedend en liep de deur uit. Rudi was koud weg, of Jaap wilde van ons heel zeker weten of hij niets verkeerds had gezegd. Het na-wikken en wegen van dit gesprek ging nog een paar dagen door. Ook Rudi hebben we trouwens nooit meer teruggezien.

Met Bert lag het wat lastiger. Jaap zat nog te dubben over hoe dit onderwerp bij hem aan te snijden, toen Bert belde voor een niemendalletje. Hij merkte aan Jaap dat het niet goed ging en kwam direct. Het moest er gelijk maar van komen en Jaap probeerde het bespreekbaar te maken. Bert begreep het niet en ergens kon Jaap dat van hem wel slikken, Bert was niet zo van het diepgaande. Jaap deed nog een poging het van een andere kant te benaderen en probeerde aan Bert uit te leggen wat er met hem aan de hand was. Bert kon echter gewoon niet begrijpen waarom Jaap eruit zou willen stappen. Hij vond dat Jaap nog genoeg had om voor te leven en vond ook dat hij mij niet zo achter kon laten. Jaap werd wat fel en het liep zelfs bijna alsnog op ruzie uit. De volgende dag was Jaaps ergernis over dit gesprek gezakt en kon hij deze actie van Bert toch wel waarderen. Op zijn manier had hij geprobeerd er iets aan te doen. Totaal onproductief, maar dat viel hem onmogelijk te verwijten.

Jaap had het er steeds vaker over dat hij eruit wilde stappen. Vooral bij Marleen kon hij hiermee goed terecht. Ze nam hem heel serieus en ging zo'n gesprek nooit uit de weg.

Die gesprekken met haar luchtten hem op en hij kon weer een dag verder. Hij twijfelde er wel eens aan of hij Marleen hiermee mocht belasten, ze was pas tweeëntwintig. Zij vond dat onzin, maar Jaap liet haar beloven dat ze het zou zeggen als ze er niet meer tegen kon. Dat is nooit gebeurd.

Ook met z'n ouders wilde Jaap er dolgraag over praten. Hij vond het vreselijk voor ze dat ze ook hun laatste kind voortijdig dreigden te verliezen. Net zoals bij mij, wilde hij ook hen hierop voorbereiden en zoveel mogelijk op voorhand in bijstaan. Op z'n eerste poging om het bespreekbaar te maken, ging z'n vader niet in. Jaap gaf niet op en deed een volgende, meer rechtstreekse poging om met hem over zijn worsteling met het leven te praten. Dat verliep moeizaam. Door de vaste overtuiging van z'n vader dat je niet zelf je leven mocht beëindigen, viel nauwelijks heen te breken. Z'n moeder wilde er helemaal niets over horen en kapte iedere poging van Jaap om dit onderwerp aan te snijden direct af.

Jaap begreep hun reactie ergens wel, anderzijds werd hij er kwaad om. Zij staken hun kop in het zand en wilden de realiteit niet onder ogen zien. Jaap ging steeds harder en vaker in de aanval, in de hoop dat ze in zouden gaan zien wat er gaande was. Zelfs z'n vader viel hij steeds harder aan, dat had Jaap eigenlijk nog nooit gedaan, hij was altijd eerder geneigd geweest om hem in bescherming te nemen. Jaap verweet z'n vader dat die hem niet serieus nam en geen echt gesprek met hem aan wilde gaan. Dat hij dat vroeger met Corrie wel had gekund en hij er zelf altijd op had gehoopt, dat als hij haar leeftijd zou bereiken het vanzelf goed zou komen. Dat hij die leeftijd nu allang gepasseerd was en het nog steeds niet lukte. Dat door dood te gaan Corrie hem de kans had ontnomen haar ooit nog in te kunnen halen. Dat zij haar op een voetstuk hadden gezet en dat wat hij ook deed, hij altijd ergens ver onder haar zou blijven dobberen en als een klein kind behandeld zou blijven worden.

Z'n vader wist zich geen raad met deze verwijten. Hij bedoelde het helemaal niet zo en kon zich niet anders tegenover Jaap opstellen, simpelweg omdat hij niet wist hoe. Jaaps moeder sprong voor haar man in de bres, probeerde dit aan Jaap uit te leggen en probeerde hem ervan te overtuigen dat het niets met Corrie te maken had. Dat in hun ogen Jaap nooit voor Corrie had ondergedaan. Door de woorden van z'n moeder kalmeerde Jaap wat, maar de wrijving tussen vader en zoon was er niet helemaal mee opgelost.

Ook op andere vlakken wilde Jaap ze graag zoveel mogelijk bijstaan. Eén van de punten waarop dat kon, waren de financiën.

Door de torenhoge hypotheekrente die ze moesten ophoesten voor zowel hun eigen huis als dat van ons, zaten ze erg krap bij kas en ondanks dat gaven ze toch veel aan ons. Jaap voelde zich er schuldig over dat zij moesten bezuinigen om hem te kunnen blijven steunen. Hij stelde voor om z'n toelage te verminderen. Dat ging niet zonder slag of stoot. Voor hun gevoel was het nog een van de weinige dingen die ze voor hem konden doen. Jaap wist ze over te halen. Hij draaide z'n kroegbezoek omlaag, wat hem onverwacht makkelijker werd gemaakt omdat de zaak aan een ander was overgedaan met wie hij het minder goed kon vinden. Alleen aan het eind van de middag zat hij er nog een uurtje, maar verder niet meer en het lukte om met minder rond te komen. Jaap kreeg ook voor het eerst in jaren weer belangstelling voor onze financiën en wilde weten hoe ook alweer het uitschrijven van een acceptgiro in z'n werk ging. Het gaf hem het gevoel ook z'n steentje bij te dragen en in staat te zijn meer verantwoordelijkheid te dragen. Hij vond het nu zelfs gênant, als hij uit nood toch weer bij z'n ouders aan moest kloppen.

Jaap was er ook achter gekomen dat als z'n moeder hem iets toestopte, z'n vader daar vaak geen weet van had gehad en hij wilde nu alleen nog maar geld van haar aannemen als het én strikt noodzakelijk was én hij er min of meer zeker van kon zijn dat z'n vader ervan op de hoogte was.

Tot mijn grote verbazing wilde Jaap opeens mee naar de bibliotheek. Ik nam aan dat hij voor de verandering zelf wat detectives uit wilde zoeken. Hij kwam echter aanzetten met 'De verzamelaar' van Thomas Fowles, terwijl hij normaal gesproken categorisch alles meed wat ook maar enigszins riekte naar literatuur: "M'n hoofd zit al vol genoeg." De achterflap had hem geïntrigeerd en hij las het boek in één ruk uit. Naar wat hij me erover vertelde, voelde hij zich ergens verwant met de hoofdpersoon. Hij begreep diens manier van handelen, het niet los willen en kunnen laten. De beperktheid daarvan was wat hem er het meest in aansprak. Het liefst zou hij zelf nog net zo beperkt zijn, niet gestoord door aangeleerd beter weten, waardoor je tegen je eigen gevoel in moest gaan en verstandig moest zijn. Eenzelfde gedachtegang als die in 'The Logical Song' van Supertramp en die Jaap daarom al gelijk zo sterk had aangesproken.

De Tolvon werkte goed, maar het zo met z'n neus op de realiteit van zijn huidige leven gedrukt worden werd Jaap te veel. Hij zag er geen gat meer in voor de zoveelste keer die puinhopen weg te moeten werken en verviel opnieuw in grote hoeveelheden tranquilizers en zo lang mogelijk slapen, om het maar niet te hoeven zien. Wakker en voordat de pillen hun werk konden doen, was hij erg prikkelbaar en op een felle manier wanhopig. Kwaad op alles en iedereen, zichzelf incluis. Ook slapen werd een probleem. Jaap werd regelmatig wakker en wakker liggen was voor hem een hel. Dan ging hij malen en kon de problemen helemaal niet meer aan. Zijn grootste angst was, dat hij net als vroeger weer zou gaan hallucineren. En hij vroeg en kreeg naast de Mogadon ook doorslapers.

Jaap zat in een nare klem. 's Morgens wilde hij z'n bed niet uitkomen: "Weer een dag waar ik tegenaan hik, ik wil die dag niet." En 's avonds wilde hij er niet in. Voor hem kon de nacht niet lang genoeg duren om alsjeblieft die volgende dag nog niet onder ogen te hoeven komen. Intrieste nachten, waarin hij zich het liefst in een hoekje achter de bank verschool en met de koptelefoon op 'The Logical Song' van Supertramp grijs draaide.

Jaaps verlangen naar de dood wakkerde steeds meer aan. Dit kon niet anders dan uit de hand lopen. Ongelukkigerwijs waren het Bert en Marleen die onbewust daartoe de voorzet gaven. De relatie van Marleen was stukgelopen en Jaap zag met lede ogen aan dat ze nu veel meer met Bert optrok. Hij mocht Bert graag, maar achtte Marleen veel te goed voor hem en nam dat haar nog het meest kwalijk. Als substituut-zusje mocht zij zo'n misstap niet maken. Misschien dat een laatste sprankje jaloezie hier mede debet aan was, alhoewel Jaap haar weldegelijk aan een ander gunde, als diegene haar maar ten volle waard was en dat was Bert in zijn ogen absoluut niet.

Bert had het er met mij over gehad dat hij Marleen helemaal zag zitten en aanstuurde op een relatie. Ik zag de bui al hangen en heb hem bijna gesmeekt het hier niet met Jaap over te hebben. Maar Jaap wilde per se weten wat er tussen die twee gaande was en wist met eigen ontboezemingen Bert ertoe te verleiden om hetzelfde te doen. Jaap nam zijn uitspraken als zijnde waar aan. Hij had beter moeten en kunnen weten, want ook in de verhalen die Bert hem nu opgedist had, liepen zoals gewoonlijk de werkelijkheid en de fantasie nogal door elkaar heen.

Jaap liet aan Bert niets merken en werkte hem heel onopvallend de deur uit. Daarna barstte de bom. Hij was woedend op Marleen, zij had helemaal voor hem afgedaan. Daar was geen praten tegen, het maakte hem alleen nog maar bozer. Jaap zon op manieren haar ongezegd duidelijk te maken hoe hij over haar dacht. Toen ze de volgende dag even aanwipte, zat hij haar continu te pesten, waar zij natuurlijk niets van begreep. Ik kon niet ingrijpen, dat zou het alleen maar erger maken. En haar inlichten over wat er aan de hand was, ging evenmin, dan zou zij zich ook nog eens door Bert voor schut gezet voelen. Het ergste vond ik nog wel, dat ze altijd voor Jaap klaarstond en uitgerekend zij stank voor dank van hem kreeg.

Binnen een paar dagen was Jaap zo depressief en agressief geworden, dat hij continu op de juiste stemming zat te wachten om eruit te stappen. Hij begon over z'n crematie en wie hij daar pertinent niet bij wilde hebben. Als eerste, met uitzondering van z'n ouders, zijn hele familie. Sneu voor degenen die hij wel graag mocht, maar hij moest er niet aan denken dat degenen waar hij een bloedhekel aan had, de kans zouden krijgen zich te verkneukelen boven z'n kist. Wetend hoe groot de druk van de familie op z'n ouders zou zijn, was dit volgens hem de enige mogelijkheid om dat te voorkomen. De lijst werd langer en langer. Er bleven er niet veel over en andersom werken, leek mij handiger. Jaap dicteerde, ik schreef. Bij iedere naam die hij opnoemde, legde hij mij uitgebreid uit waarom die wel. Ongenode gasten was een volgend heikel punt. Ik dacht dat te kunnen ondervangen door de kaarten pas na de crematie te versturen. Het stelde Jaap enigszins gerust.

Drie avonden op rij kon ik Jaap tijdig dronken voeren. Op de vierde avond, het was 1 november, lukte het niet meer. Jaap wilde niemand zien of spreken en was ongevoelig voor ieder tegenargument. De honden interesseerden hem niet meer, ook niet hoe Quinta er als volwassen hond uit zou gaan zien. Hij wilde niet wachten op de informatie die ik had aangevraagd over hoe er op een nette manier uit te stappen. Hij had er nú genoeg van. Ik mocht niemand inschakelen en Jaap was in een zodanige stemming, dat hij ieder obstakel uit de weg zou slaan. Hij bedaarde gelukkig iets, nam nog een borrel en z'n pillen. Toen die hun werk begonnen te doen, vroeg hij me om hem alleen naar boven te laten gaan. Dat was niet normaal, ik hees hem al tijden 's nachts hangend aan mijn broekband naar boven, ook als dat niet nodig was. Jaap had me te verstaan gegeven voorlopig niet naar boven te komen en volgens hem kon ik gewoon de honden uit gaan laten. Dat durfde ik niet aan. Ik liet ze gauw een plas in de tuin doen en bleef beneden wachten, gespitst op ieder geluid van boven.

Jaap riep. Ik vond hem liggend in de douche, met z'n arm boven het toilet. Hij had gedacht dat een snee in de lengte over z'n polsslagader het meest effectief zou zijn, maar die bleef steeds wegrollen. Z'n agressie was weg. Bijna smekend vroeg hij me hem te helpen. Hij wilde niet verder. Ik kon het niet. Zelf probeerde hij het nog twee keer. Het lukte niet en hij moest het opgeven, verbitterd omdat hij het zelfs niet voor elkaar had kunnen krijgen er een eind aan te maken. Hij verweet zichzelf dat hij na het innemen van z'n pillen te lang had gewacht en nu te duf was om nog iets te kunnen doen. Ik mocht hem naar bed helpen en provisorisch z'n pols verbinden.

Het klinkt misschien krankzinnig, maar we gingen gewoon slapen. Pas toen ik de volgende ochtend met de honden in de tuin stond, sloeg bij mij de paniek toe. Achiel, de trouwe pillen-schietende butler van Krimson uit 'Suske en Wiske' schoot door m'n hoofd, m'n 'koninkrijk' voor zo'n butler. Naar binnen vluchten en lang en diep ademhalen werd de meer praktische oplossing. Jaap sliep gelukkig lang door en om hem over de eerste felle depressie heen te helpen, vertelde ik hem over het 'butler-effect'. Het lukte, z'n lach was heel even terug. Direct daarna zei hij er zwaar over in te zitten dat het niet gelukt was. Het ergste vond Jaap nog, dat hij nu weer tijden zou moeten wachten voor hij opnieuw die grens zou bereiken. De vorige avond was hij zover geweest en hij zag als een berg op tegen de strijd die hem te wachten stond voordat hij weer zover zou zijn. Z'n agressie van de afgelopen dagen was helemaal verdwenen; 'Dogs' van Pink Floyd kon tijdelijk de kast weer in.

Jaap wilde niet dat iemand het te weten kwam. Zeker z'n ouders niet, gedeeltelijk om hen te sparen, gedeeltelijk uit angst voor de stappen die ze dan zouden kunnen gaan nemen. Daarom wilde hij ook de huisarts erbuiten houden, terwijl die diepe sneeën in z'n pols eigenlijk gehecht zouden moeten worden. Hoe die wonden dan in ieder geval goed te verbinden? Marleen kon ik het vanzelfsprekend niet vragen. De enige die overbleef, was die doktersassistente bij wie we al eerder te rade waren gegaan. Op haar aanwijzingen haalde ik speciale pleisters en een pols-rekverband, en zij verbond Jaaps pols. We merkten allebei dat ze kwaad was op Jaap en het als een flutpoging, een aandachttrekkerij zag. Daar was Jaap al bang voor geweest en voor hem een reden temeer dit zo stil mogelijk te houden. Zodra hij beneden was, belde hij z'n ouders en verbood ze voorlopig langs te komen. Die snapten er natuurlijk niets van. Ze probeerden ernaar te gissen of het soms te maken had met hun pogingen om hem in reïncarnatietherapie te krijgen en met de wrijving tussen hem en z'n vader. Jaap liet ze gissen, hij vond alles best, als ze hem zo maar niet zagen. Hij vond het heel erg om zo bot tegen ze te moeten zijn, maar zag geen andere uitweg.

Het stil houden voor Henk en Marleen ging niet. Het verband zei hen meer dan genoeg en ze reageerden er heel rustig op, zonder enig verwijt en zonder een spoortje minachting over het mislukken. Beiden beloofden ze het stil te houden. Hun reactie verzachtte veel. De eerste dagen dorst Jaap zich nog nergens te vertonen, maar hij moest z'n verhaal kwijt en de veiligste plek daarvoor was bij de allereerste met wie we in de kroeg bevriend waren geraakt, die begreep en vertelde niets door. Een volgende stap was gezet en helemaal goed gegaan.

Pas nadat de wond enigszins geheeld was en het met alleen het rekverband eromheen uitzag als een verstuikte pols, dorst Jaap weer naar de kroeg. De eerste de beste keer trof hij daar uitgerekend die andere vriend van het eerste uur, die net als hijzelf wel hield van een robbertje stevig discussiëren Zo ook nu en hij trok Jaap mee in een discussie, waarin hij hem het vuur aardig na aan de schenen legde. Jaap was nog te kwetsbaar en kon dat niet aan. In de verdediging gedrukt, flapte hij eruit wat er was gebeurd. Hij had dat nooit van Jaap verwacht en probeerde zo goed mogelijk te reageren. Ook hij beloofde het stil te houden, maar was nu wel razend ongerust. Toen Jaap me dat vertelde, was mijn eerste gedachte: "Hoe kun je zo stom zijn je daartoe te laten verleiden." Jaap was er echter zo ontdaan van, dat ik hem alleen maar heb getroost. Gelukkig was het bij hem gebeurd, 'een techneut met gevoel' zoals Jaap hem ooit omschreven had. Die was het toevertrouwd en het was goed afgelopen. Dat was het belangrijkste.

Tussen de bedrijven door was de informatie over de zelfmoordmedicatie eindelijk binnengekomen. Nu nog uitvogelen hoe die te bemachtigen. Dat nam tijd. Jaap bleef onrustig, onzeker en bij vlagen erg opgewonden. En hij werd weer eens ziek. De koorts liep op tot boven de 40°. Jaap voelde zich puur belazerd en kreeg opeens een 'lumineus' idee, wat ik met geen macht ter wereld meer uit z'n hoofd gepraat kreeg. Hij vond het welletjes en die koorts gaf perspectief op een relaxte longontsteking. Gezien z'n lage weerstand een prima methode om eruit te stappen zonder er zelf iets voor te hoeven doen. Het was behoorlijk koud buiten, tocht moest de truc doen. Jaap wilde per se niet dat ik ook kou zou vatten en nadat hij mij boven alle ramen open had laten zetten, stuurde hij me naar beneden. Zelf ging hij boven op de dekens liggen, kom maar op met die longontsteking. Mooi niet, de koorts zakte. De huisarts hoorde ervan en met een glimlach wees hij Jaap fijntjes op de fout in z'n redenatie. In feite had Jaap namelijk de meest geschikte methode toegepast om de temperatuur te laten zakken. Een longontsteking liep je op die manier niet op. Een uitleg die ook Jaap eindelijk weer deed glimlachen.

Jaap vroeg en kreeg zwaardere doorslapers. Veel van die middelen waren me inmiddels wel bekend. Deze nieuwe kwam me echter niet bekend voor en ik vroeg de apotheker om wat meer informatie. Het bleek Vesparax te zijn, onder een andere naam. Oftewel het middel dat bovenaan het lijstje prijkte als het meest geschikte middel om zelfmoord mee te plegen en de hoeveelheid die ik meegekregen had, was daarvoor meer dan afdoende. Ik liet niets blijken, maar m'n hart klopte gelijk in m'n keel. Het kon een begripvolle geste van de huisarts zijn, het kon ook net zo goed gewoon een recept zijn, zonder enige bijbedoeling. Jaap wilde het hem niet vragen. Hij vond dat onze huisarts al meer dan genoeg zijn nek voor hem uitstak en wilde hem niet dwingen tot een uitspraak. En hem zeker niet in moeilijkheden brengen. Het was zonneklaar dat Jaap deze middelen nooit daarvoor zou gebruiken. Toch wilde hij nog een extra zekerheid inbouwen en liet me ze ergens zó veilig opbergen dat hij ze zelfs in hoge nood niet zou kunnen vinden.

Een ander recept konden we natuurlijk niet vragen en Jaap had nog maar een paar lichtere doorslapers over. Aangezien de apotheek gladjes dit middel had verstrekt, moesten we alleen aan het benodigde recept zien te komen. Zou het misschien met wat leugentjes om bestwil bij een vervanger van een op vakantie zijnde huisarts kunnen lukken? Jaap kon absoluut niet liegen, weliswaar met het zweet in m'n handen, ik nog net wel. Het lukte, de slaapmiddelen ter overbrugging kreeg ik te pakken. De methode werkte en Jaap vond dat ik er maar even mee door moest gaan. Het kostte me wat zweetdruppels, maar op die manier had ik binnen een week al ruim voldoende bij elkaar vergaard.

Toen sloeg bij Jaap de twijfel toe: "Zou ik na alles naar binnen gewerkt te hebben niet terug willen krabbelen? Wat als ik dan in het ziekenhuis zou belanden? Dat zou een enorme blamage zijn én ik ben dan door m'n middelen heen, zonder ooit nog te kans te krijgen een nieuwe voorraad te versieren. Dan zou ik daarna dus op een trein of iets dergelijks aangewezen zijn." Hij werd er erg bang voor. Ooit had Jaap het té cru gevonden om mij onvoorbereid met zijn dood te confronteren en me beloofd dat in ieder geval vooraf te melden. Nu twijfelde hij daarover en speelde met de gedachte dat niet te doen en juist ermee te wachten tot ik uit de buurt was om zichzelf voor zo'n debacle te behoeden.

We hebben het hier samen heel lang over gehad. Jaap wilde het liefst zo precies mogelijk van me weten hoe ik überhaupt zou reageren als hij al die pillen innam, ervan uitgaande dat ik dat sowieso niet tegen zou kunnen houden. Of ik wel of niet een arts zou bellen. In eerste instantie dacht en zei ik dat ik zeker een arts zou bellen. Ik legde hem de omgekeerde situatie voor: "Wat zou jij doen als ik zoiets deed?" Zijn antwoord: "Ik zou jou ten alle tijden trachten te stoppen, want ik ben ervan overtuigd dat het bij jou dan een tijdelijk iets is en niet in overeenstemming met je overlevingsdrang." Van mij vroeg hij echter een heel andere houding. Jaap vond dat het wat hem aanging, overduidelijk was dat hij hier nooit had willen zijn. Ofwel, dat wat hij bij mij wel zou doen, ik bij hem absoluut niet mocht doen. Ik, verder doorredenerend: "Stel dat ík degene ben die zoals jij nu, geestelijk volledig opgebrand is, wat zou je dán doen?" Daar had Jaap geen pasklaar antwoord op, hooguit dat hij vermoedde dat hij me dan waarschijnlijk wel zou laten gaan.

Al pratend begon ik me steeds meer te realiseren dat ik hem voor geen prijs alleen wilde laten sterven. Samen waren we aan deze reis begonnen, samen zouden we die afmaken. Aan alle kanten probeerde ik Jaap ervan te overtuigen mij er niet buiten te houden, al was het alleen maar dat ik hem dan geen moment meer alleen zou durven laten. Dat was al niet makkelijk, maar zou dan vrijwel onmogelijk worden. Jaap wilde er nog eens over denken en sneed het onderwerp de volgende dag bij Henk aan. Die wist Jaap tot de belofte te krijgen niets te ondernemen als ik niet thuis was. Jaap bouwde daar wel z'n twijfels in over de donderdagen, mijn vaste werkdag. Hij kon niet beloven dat als het hem dan overviel, hij nog in staat zou zijn te wachten tot ik weer thuis was. Henk kwam op die dagen toch al vaak langs om Jaap gezelschap te houden en bood aan daar een vaste afspraak van te maken.

Dat probleem was ondervangen en om mij nog wat extra rust te gunnen, stelde Henk voor om gelijk maar een week lang de late uurtjes met Jaap door te brengen, zodat ik wat slaap in kon halen. Jaap nam dat voorstel met beide handen aan. Ik had er niets in te zeggen en werd gewoon vroeg naar bed gestuurd. Wanneer Jaap uren later naar boven kwam, werd ik altijd net genoeg wakker voor een nachtzoen. Eén keer niet. De volgende morgen maakte Jaap daar een opmerking over, niets bijzonders. Tot Henk 's middags langskwam en Jaap hem verweet dat hij geen nachtzoen had gehad. Het bleek Jaap dus toch dwars te zitten. Het liep uit op een felle ruzie. Henk vond het natuurlijk een idioot verwijt, hij deed alleen maar z'n best voor ons. Hij vertrok woedend, belde een tijdje later op, nog steeds woedend, maar beloofde gelukkig wel de volgende dag weer langs te komen. Z'n woede was toen wat gezakt en Henk kon ergens wel begrijpen wat Jaap had bezield.

Echter, hoe moeilijk Jaap het ook vond om alleen thuis te zijn, toen de nood aan de man was omdat een lid van de WAO-vereniging belde of ik direct kon komen omdat haar man op sterven lag en naar me had gevraagd, vond hij dat belangrijker en vond dat hij die paar uur alleen maar aan moest kunnen.

Op een avond – Henk was er – begon Jaap ineens over godsdienst en hoe zelfdoding vanuit die hoek bekeken werd: "Was het in hun ogen niet fout? Misschien was er toch zoiets als een hiernamaals en werd je ervoor gestraft als je jezelf van het leven benam." Het bleek voor Jaap een heel intens probleem te zijn geworden. Dit was duidelijk niet iets van vandaag of gister. Geen van ons was gelovig en zowel Henk als ik wisten hier geen weg mee. Hoe graag Henk en ik dat ook zouden willen, want het was ronduit wreed te noemen dat Jaap, die zichzelf al zo'n last had opgelegd om daar zo goed mogelijk, ook voor z'n omgeving, mee om te gaan, ook nog eens gepest werd door een geloofsopvatting die zo over een medemens denkt te kunnen oordelen. Dat idee van straf om iemand het nog moeilijker te maken, was in mijn en in Henks ogen een uiting van puur onbegrip voor de ellende waarin je medemens zat. Volgens ons had dat niets, maar dan ook helemaal niets met welke God dan ook te maken. Wij waren ervan overtuigd, dat als er al een God bestond, die zeker in zou zien dat Jaap hier al meer dan genoeg geleden had en er werkelijk alles wat in z'n vermogen lag aan had gedaan om verder te kunnen.

De enige die ik kende die Jaap hiermee echt zou kunnen helpen, was Huub Schoonenbeek en die zat ver weg. Ik had z'n adres, we zouden hem kunnen schrijven, maar Jaap had nú een geruststelling nodig, niet over een paar weken. Het telefoonnummer van z'n moeder had ik ook en zij gaf me het nummer van Huub door. Ik probeerde hem te bellen, helaas wilde de verbinding steeds maar niet goed doorkomen en moest ik het opgeven. Door die telefoontjes en ondanks dat ik Huub niet te pakken had kunnen krijgen, was Jaap wat bijgekomen. Zijn probleem werd serieus genomen en het bleek geen idiote gedachte van hem te zijn waar hij in z'n eentje mee klaar moest zien te komen. Het telefoontje naar mevrouw Schoonenbeek had hier zeker toe bijgedragen. Zij had gereageerd alsof we elkaar regelmatig belden en was totaal niet verbaasd geweest dat we op zoek waren naar haar zoon. Ze maakte zich wel ongerust over Jaap, maar dat was snel gesust.

Andere meningen waren nog steeds meer dan welkom en Jaap dacht aan z'n oude bijlesleraar. Bij ons laatste bezoek aan hem, toen we op zoek waren naar een woning, had hij bij het afscheid nemen nogmaals gezegd dat Jaap altijd bij hem terecht kon. Jaap belde hem en hij kwam meteen de volgende dag langs. Ze hebben uren boven zitten praten. Veel liet Jaap daar naderhand niet over los, maar het was duidelijk aan hem te merken dat dat gesprek hem goed had gedaan.

Jaap wilde toch ook graag weten hoe Huub hierover dacht. Iets op papier zetten, was niet z'n sterkste kant en het kostte heel wat kladjes voor hij z'n brief goed genoeg vond om te versturen.

Nog geen paar dagen later stond er een artikel in de krant over pater Van Kilsdonk, de bekende Amsterdamse studentenpastor. Ik las Jaap er een paar gedeelten uit voor. Dat sprak hem dermate aan, dat hij graag met hem zou willen praten, als dat tenminste nog mogelijk was, want volgens het artikel was de pater net met pensioen gegaan. Gauw gebeld en met pensioen of niet, pater Van Kilsdonk wilde Jaap graag ontvangen.

De pillen in huis, de gesprekken van de afgelopen week en het uitzicht op een gesprek met pater Van Kilsdonk gaven lucht en er kwam ruimte voor andere dingen. Er werd veel meer gelachen. Jaaps gevoel voor humor was nooit helemaal weggeweest, maar kwam nu weer helemaal tot bloei. **(nr.38)**

Het werd weer sinterklaas, maar Jaap dorst vanwege z'n pols z'n ouders nog steeds niet onder ogen te komen. Omdat het vorig jaar fout was gegaan en hij bij hen in slaap was gezakt, was het misschien maar goed dat hij dit jaar over wilde slaan.

De dag erop had Jaap bij het opstaan pijn in z'n kuit. Wij dachten aan een nawee van kramp, daar leek het op. Het wilde echter niet zakken en we hebben toch maar even de huisarts gebeld. Ook die dacht alleen aan kramp en raadde strekoefeningen aan. In de loop van de avond werd de pijn erger en Jaap dacht erover om de volgende ochtend naar het spreekuur te gaan. Hij werd echter met koorts wakker en kon er niet naartoe. 's Avonds werd de pijn steeds heviger en de koorts liep hoog op. Zoals vrijwel iedere avond, belden ook deze avond zowel Jaaps moeder als de mijne. Toen zij hoorden hoe Jaap eraan toe was, drongen ze er allebei sterk op aan er een arts bij te roepen. Zij geloofden niet meer in kramp en waren nog niet zo gehard als wij tegen die hoge koorts. Daar maakten wij ons helemaal niet druk meer over, die zakte vanzelf wel weer. Beiden belden nog een keer terug om te vragen of ik nou al een arts gebeld had. Oké, zij hun zin, ik belde een arts. Die kwam vlot en constateerde dat Jaap een trombosebeen had. De moeders hadden gelijk gehad met hun zorgen. Dat werd een acute opname en de ambulance stond binnen tien minuten op de stoep. Jaap was te overbluft om veel tegen te sputteren en voor hij goed en wel besefte wat er gebeurde, werd hij afgevoerd naar het ziekenhuis. Vlak daarvoor was Henk gekomen en nadat ik snel Jaaps medicijnen bij elkaar had gegraaid, zijn we samen achter de ambulance aangereden.

In het ziekenhuis werden alle medicijnen direct in beslag genomen door de dienstdoende afdelingsarts. De grote verscheidenheid ervan deed hem z'n wenkbrauwen fronsen. Vanwege de trombose mocht Jaap sowieso geen zware slaapmedicatie meer hebben. Over de rest zou eerst intern overlegd moeten worden. Jaap deed z'n best zich groot te houden, maar zag er volslagen verloren uit en ik vond het vreselijk om hem daar alleen achter te moeten laten. De nachtzuster streek gelukkig met haar hand over haar hart en ik mocht bij hem blijven tot hij bijna in slaap viel.

Henk had al die tijd op me gewacht en bracht me thuis. De volgende ochtend ben ik gelijk naar de huisarts gegaan. Die raadde me aan om met de afdelingsarts te gaan praten, hem de situatie uit te leggen en te vragen of ik vaker op bezoek mocht komen. Ik ben meteen doorgereden naar het ziekenhuis en ben dat gesprek aangegaan. Extra bezoek was geen probleem, ik mocht 's morgens ook komen. Met de medicatie lag het moeilijker, want vanwege de trombose mocht Jaap het merendeel ervan niet meer gebruiken. De afdelingsarts herhaalde dat hij het wel een groot en vreemd mengsel vond en ik heb geprobeerd hem uit te leggen hoe dat was ontstaan. Dat geen enkele psychiater bereid was geweest hierin orde op zaken in te stellen. Dat ieder van hen het gemakshalve aan de huisarts had overgelaten en dat die z'n uiterste best had gedaan het nog een beetje in zo goed mogelijke banen te leiden. Tevens heb ik hem gewezen op de Tolvon, het eerste en enige antidepressivum waar Jaap echt baat bij had, en op de bittere noodzaak dat hij die zo gauw mogelijk terugkreeg. De afdelingsarts kon me dat zonder overleg met de psychiater niet toezeggen, maar beloofde die zo vlug mogelijk in te schakelen. Van z'n toezegging dat ik vaker mocht komen heb ik meteen gebruik gemaakt en ben de rest van de ochtend bij Jaap gebleven.

Wachtend op de psychiater, kreeg Jaap het steeds moeilijker. Geen drank, geen hasj, geen medicijnen. De zaalarts was welwillend, maar kon niet veel meer voor hem doen, dan er bij de psychiater op aan blijven dringen dat hij langs moest komen. Jaap probeerde het vervolgens bij de internist om er in ieder geval wat tranquilizers bij te krijgen. Maar ook die weigerde dat te doen zonder het fiat van de psychiater. Op Jaaps smeekbede dat hij door het plafond ging van de zenuwen, antwoordde hij droogjes: "Als dat gebeurt, raap ik de stukjes wel weer op." Een rake opmerking, waar Jaap in ieder geval de dag wat lichter mee onder ogen kon zien.

's Avonds was Henk op bezoek, hoorde dit hele verhaal aan en kwam met het lumineuze idee om naar de ziekenhuispastor te vragen. Vroeger had hij daar heel goede ervaringen mee gehad. Jaap trok gelijk een verpleegster aan haar jasje en vroeg of de pastor – in dat ziekenhuis de rector – bij hem langs wilde komen. Dat kon en ik mocht blijven tot hij kwam. De rector nam ons mee – Jaap met bed en al – naar een lege ruimte. Hij was de hartelijkheid zelve, toonde alle begrip en Jaap kon even spuien. Hij waarschuwde ons nadrukkelijk tegen opname op de psychiatrische afdeling. Hij had sterk het gevoel dat, zoals hij Jaap hoorde praten, die zich daar diep ongelukkig zou voelen en er zeker niet beter van zou worden.

De rector sprak met ons af dat hij Jaap de volgende dag weer op zou komen halen en mee zou nemen naar z'n eigen kamer, zodat Jaap kon roken. Hij was van mening dat niet alle bevelen van de artsen zo strikt opgevolgd hoefden te worden en dat één sigaret soms meer goed dan kwaad kon doen. Tijdens dat gesprek vertelde Jaap hem over de afspraak met pater Van Kilsdonk en dat hij daar nu helaas niet naar toe kon. De rector was blij te horen dat Jaap contact met de pater had gezocht. Hij kende hem en sprak heel lovend over hem. Hij bood aan om contact met hem op te nemen en die afspraak voor Jaap te verzetten. Bij het afscheid nemen liet de rector Jaap beloven hem direct te laten roepen als hij hem nodig had en zou zelf ook af en toe nog even langskomen. Alweer bleek het weten dat er iemand was bij wie hij terecht kon, voor Jaap voldoende te zijn om enigszins de controle over zichzelf te hervinden.

Jaap mocht absoluut niet uit bed. De eerste dagen ging hij stiekem toch zelf naar het toilet. Hij was er al over aangesproken, wat niet hielp. Tot een jong verpleegstertje hem erop betrapte. Ze had haar hoofd naast het zijne op het kussen gelegd en hem bijna in tranen gesmeekt dat niet meer te doen, hij kon zo dood neervallen als die prop in z'n been losschoot. Ze had dat bij een kennis meegemaakt en was daar doodsbenauwd van. Daarna bleef Jaap in bed, hij kon het niet over z'n hart verkrijgen haar nog een keer zo de stuipen op het lijf te jagen.

Na zo'n lange nacht aan bed gekluisterd te zijn geweest, was Jaap 's morgens altijd stilletjes en triest. Op een ochtend brandde hij echter gelijk los. Hij had het die nacht behoorlijk zwaar gehad. Het afgesneden zijn van de mogelijkheid om eruit te stappen en het gevoel dood te gaan van ellende door de acute stop van alcohol en medicijnen, hadden hem naar de keel gegrepen. Vanuit het niets had hij opeens aan 'De tuinman en de dood' moeten denken: "Tegen wil en dank ben ik verdorie toch naar 'Ispahaan' gereisd, terwijl uitgerekend ik de dood met open armen zou ontvangen, maar dan wél thuis." Het kwam er ietwat verongelijkt uit, ik schoot in de lach en Jaap kon toen niet meer achterblijven. Het werd een vrolijke boel. Wat galgenhumor al niet vermag. (nr.39)

In het begin van hun vriendschap had Henk geprobeerd Jaap van de drank af te krijgen. Jaap wilde daar toen wel in meegaan en had geprobeerd te minderen. Pas nu Jaap in het ziekenhuis lag, merkte Henk hoezeer alcohol voor hem de laatste strohalm was. Hij had dat nooit zo doorgehad en verweet zichzelf nu dat hij door er voortdurend op te hameren dat Jaap moest minderen met dat spul, hem er in feite mee gepest had: "Het is eigenlijk het laatste wat die jongen nog heeft en moet ik hem dat dan ook nog afpakken?"

De psychiater nam er z'n tijd voor. Hij kwam pas een week later langs en was binnen een paar minuten weer weg. Ik vroeg een gesprek met hem aan. In dat gesprek stelde hij de zaak meteen op scherp. Hij was er niet van gediend om belazerd te worden en had er eigenlijk geen zin in om zich er verder nog mee te bemoeien. Wat bleek: hij had Jaap gevraagd welke medicijnen hij nu kreeg. Voor zover Jaap wist – daar had hij bij het uitdelen van de medicatie steeds navraag naar gedaan – waren dat alleen de anti-trombosemiddelen geweest. Volgens z'n medicijnkaart echter kreeg Jaap daarnaast ook een flintertje valium. Dat Jaap hem naar beste weten geantwoord had, ging er bij de psychiater niet in. In zijn optiek was Jaap typisch een verslaafde en dat kwam er behoorlijk minachtend uit. Over de Tolvon wilde hij niets horen, hij kende het niet en weigerde het voor te schrijven. Wel was hij bereid Zelmid[19] voor te schrijven, eveneens een nieuw antidepressivum, wat hij toevallig wel kende.

Sinds de polsaffaire had Jaap alleen nog maar telefonisch contact gehad met z'n ouders. Zij wilden hem nu dolgraag bezoeken en Jaap kon daar met goed fatsoen niet meer onderuit. Hij bleef bang dat ze de littekens zouden opmerken. Nu viel het ziekenhuisbandje er gelukkig half overheen en eens moest het er toch van komen. Ook voor hen was het moeilijk. Zij hadden sterk het gevoel gekregen iets fout te hebben gedaan en waren bijna schuchter naar Jaap toe. Hij vond dat heel erg voor hen, maar kon ze niet geruststellen. De waarheid zou het alleen maar erger voor hen maken. Het is bij één bezoek gebleven.

    Omdat ik drie keer per dag een paar uur met Jaap vulde, kwam hij de dag redelijk door. De lege avonduren waren zwaar. Jaap had de beschikking over een eigen telefoon, maar vrienden wilde hij niet lastigvallen met een klaagzang en hij belde 's avonds voornamelijk met mij en met z'n ouders. Met z'n moeder liep dat zelfs in deze omstandigheden een keer op ruzie uit en Jaap was er behoorlijk door van slag. Wat ik later uit z'n woorden op kon maken, was de aanleiding daarvan haar onbegrip geweest over de moeite die hij had met de alcoholstop. Daarmee had ze een te grote druk op hem gelegd. Van haar kant had z'n moeder

---

19 Zelmid werd nog geen jaar later uit de handel genomen vanwege de gevaarlijke bijwerkingen. Tolvon is nog steeds op de markt.

er niets van begrepen dat het op ruzie was uitgedraaid: ze had alleen maar goed willen doen.

    Het liefst zag Jaap eigenlijk alleen mij en af en toe Henk, al stelde hij het wel op prijs als er andere vrienden langskwamen, zeker als dat z'n muziekvriend was. Hij vond het alleen dodelijk vermoeiend dan z'n stand op te moeten houden en om geen missers te maken. Als er een ander op bezoek was en Jaap geen kans had gekregen bij mij z'n hart te luchten over de tussenliggende eenzame uren, hing hij zodra ik thuis was al aan de lijn om dat alsnog in te halen. Als hij moeite had met inslapen – dagelijks dus – was de telefoon al net zo geduldig en hingen we pas op als Jaap dacht moe genoeg te zijn om in slaap te kunnen vallen. Het werd allemaal wat makkelijker voor hem toen hij eindelijk uit bed mocht, al verstapte hij zich prompt en liep een forse verstuiking op.

Het antwoord van Huub op de brief die Jaap hem een paar weken eerder had gestuurd, kwam op een uitgelezen moment en maakten de laatste dagen in het ziekenhuis voor Jaap een stuk draaglijker.
    Enkele citaten eruit:

"Je situatie was ellendig en ik begrijp al jaren niet dat je er nog tegenop kon. Ik geloof dat dat voor je pleit. De kracht die nog in blijkbare hopeloosheid kan bestaan, die je toch elke keer weer in staat stelde om je situatie te lachen en het licht in de duisternis te zien."

"Ik geloof inderdaad ook dat het funest zou zijn als je opgenomen werd. Je bent iemand die jezelf beter maakt door jezelf te spiegelen in woorden van de paar mensen die je echt begrijpen of begrepen."

"Ik geloof niet dat ik naïef meer ben, maar misschien wel af en toe een blinde optimist. Misschien geloof ik dat je nog een tweede of beter een driehonderdste adem hebt, die de motor weer in beweging kan zetten."

"Als ik een advies heb, misschien is het dit: blijf alsjeblieft willen, blijf dromen en blijf de werkelijkheid die je nu kwelt als een vergissing zien."

De brief schudde me wakker en ik herlas het gedicht. De kracht en de capaciteiten van Jaap, in brief en gedicht zo treffend door Huub onder woorden gebracht, hadden nog steeds nergens aan ingeboet. Ik was ze alleen in het zorgen voor Jaap wat uit het oog verloren. Zou Jaap niet ook zo in beeld gevat kunnen worden? Jaap en z'n nichtje waren zielsverwanten, zij zou dat als geen ander kunnen. Jaap begreep meteen waar ik op doelde en beloofde het zelf aan haar voor te leggen. Zij dacht daar wel uit te kunnen komen, het kon even duren, ze moest daar het juiste moment voor afwachten. Dat moment is helaas nooit gekomen.

Gelukkig mocht Jaap na 16 dagen, op de dag voor Kerst, naar huis. Tegen die tijd was hij redelijk gewend aan het ziekenhuisstramien, dronk ter compensatie ladingen automatenkoffie en zat hele dagen in de recreatieruimte, waar hij zo z'n contacten had gevonden.

Van de psychiater kreeg Jaap de benodigde recepten mee en een afspraak voor 6 januari. Samen gingen we afscheid nemen van de rector. Die had het op dat moment erg druk en stelde voor om meteen na de kerst een afspraak te maken; dan had hij alle tijd voor ons. Dat werd een lang gesprek, waarin de twijfels van Jaap rond geloof en de in die hoek verkondigde mening dat zelfdoding een grote zonde was, uitgebreid aan de orde kwamen. De rector wist Jaap op dat punt gerust te stellen. Naar zijn inzicht was straf een uitvinding van de mensen en rijmde dat niet met de God zoals hij hem zag. En hij was niet de enige die er zo over dacht, want tot z'n grote genoegen waren vooral onder de ziekenhuispastores de opvattingen over zelfdoding sterk aan het veranderen. Als Jaap onverhoopt toch niet verder zou kunnen leven, zou hij dat heel erg vinden, maar daar alle begrip voor hebben en Jaap er zeker niet minder door achten. Hij had er alle hoop op dat het komende gesprek met pater Van Kilsdonk Jaap verder zou kunnen helpen. Naar zijn idee had deze man veel meer in z'n mars dan hijzelf. Aan het eind van het gesprek gaf de rector z'n privénummer aan Jaap, zodat hij hem in geval van nood rechtstreeks, of via z'n huishoudster, altijd meteen zou kunnen bereiken.

Om in termen van het geloof te blijven, een gezegend en zegenend gesprek.

Weliswaar net uit het ziekenhuis wilde Jaap de traditie dat wij en m'n moeder op eerste kerstdag bij zijn ouders gingen eten, graag in ere houden. Hij wilde alleen niet te lang blijven, bang dat anders de gesprekken misschien uit de hand zouden lopen. Hij had zich voor niets zorgen gemaakt, het werd een gezellig samenzijn.

De ziekenhuisopname had bij Jaap een fundamentele verandering teweeggebracht. Z'n schilden waren neer. Rancune, frustraties, woede; ze waren verdampt. Jaap was terug bij zichzelf, bij de zachtaardige, begripvolle en vergevingsgezinde man die hij in wezen was. Bijna alsof hij in die twee weken én was herboren én meteen tot volle wasdom was gekomen.

Niet alleen mij viel dat op. Het was puur te danken aan Jaap zelf dat iedereen weer graag en veel kwam. Alsof de periode van voor de opname waarin hij niet meer volwaardig mee had kunnen draaien, er nooit was geweest. Hij deed ook z'n uiterste best iedereen zoveel mogelijk te ontzien en toonde veel openlijker z'n waardering voor ieder klein gebaar.

Dat Jaap het overduidelijk bij iedereen nog steeds heel erg goed deed, bleek wel uit de lading nieuwjaarswensen die we dat jaar kregen. De leukste was de gezamenlijke kaart van Marleen en haar zus, ondertekend met 'pestobject 1' en 'pestobject 2'.

1983

De houding van Jaap richting z'n ouders was eveneens sterk veranderd. Met betrekking tot vroeger verweet hij ze niets meer. Hij was ervan overtuigd geraakt dat ze hun uiterste best voor hem hadden gedaan. Dat dat weinig had opgeleverd, daar konden zij niets aan doen. Hij bleef het verleden wel bij ze aansnijden, maar nu alleen om samen met hen te onderzoeken of daarin aanknopingspunten te vinden waren waarmee hij z'n huidige toestand beter zou kunnen begrijpen en eventueel verder mee zou kunnen komen. Jaap had ze echter al zo lang van alles verweten, dat zij niet zonder meer konden omschakelen en vrijblijvend met hem over het verleden konden praten. Ze bleven er zich schuldig over voelen. In z'n goede momenten probeerde Jaap dit uit hun hoofd te praten. Hij vond het heel erg dat zij met dat schuldgevoel bleven zitten, terwijl hij dat zelf allang niet meer terecht vond.

Op 6 januari was de eerste afspraak met de psychiater van het ziekenhuis. Die gaf Jaap onomwonden te verstaan dat hij er helemaal geen zin in had om zonder verdere behandeling medicijnen voor te schrijven. Hij wilde dat Jaap zich liet opnemen op de afdeling voor alcoholverslaafden. De enige concessie die hij deed, was dat ik mee opgenomen zou kunnen worden om het voor Jaap makkelijker te maken. Jaap wimpelde dat direct af, gooide het gemakshalve op de honden en nam niet eens meer de moeite om uit te leggen waarom opname zo'n probleem voor hem was. Hij was van mening dat als de psychiater zich had verwaardigd om met hem te komen praten in de tijd dat hij in het ziekenhuis had gelegen, hij had kunnen weten hoe moeilijk die periode voor hem was geweest.

Zonder opname was de psychiater nog maar amper genegen eens per maand een recept uit te schrijven, en dan nog alleen onder voorwaarde dat we hem verder niet lastig moesten vallen en geen enkele hulp van hem hoefden te verwachten. Ik vermoedde dat het hem toch nét te ver ging om de behandeling helemaal stop te zetten. Als Jaap niet in zijn ziekenhuis had gelegen, had hij dat zeker wel gedaan. We deden nog een verwoede poging om de Tolvon terug te krijgen; die werkte beter dan de Zelmid. Helaas, wat de boer niet kent, vreet hij blijkbaar echt niet. De psychiater wenste geen navraag te doen bij onze huisarts, zelfs het uitgebreide artseninformatieboekje over de Tolvon dat we uit voorzorg voor hem hadden meegenomen, wilde hij niet eens inzien, laat staan lezen. Hij weigerde categorisch alles. Een recept voor Zelmid en Valium, daar konden we het mee doen.

Jaap werd er langzamerhand gallisch van, dat steeds maar weer de alcohol als het grootste probleem werd gezien. De depressies waren het probleem. Als hij daar vanaf zou kunnen komen, zou het probleem alcohol zich vanzelf oplossen. Jaap beschouwde alcohol als medicijn, waar alle tranquilizers en antidepressiva die hij al jaren te slikken had gekregen qua werking niet tegenop hadden gekund. Hij vond het laf en kortzichtig als een arts dat niet kon toegeven. Jaap was wel zo eerlijk om er rond voor uit te komen dat hij langzamerhand alcoholist was geworden. Druk maakte hij zich daar niet over. Hij nam nog geen borrel als ontbijt, beven deed hij ook niet en hij ging ervan uit dat hij nog steeds sterk genoeg was om een stootje te kunnen velen. Ook ik maakte me over die verslaving niet druk. Jaap kon aan de meest vreemde dingen verslaafd raken en had meermaals bewezen al die verslavingen ook weer te kunnen overwinnen. Ik was ervan overtuigd dat hij dat nu weer zou kunnen. Wel maakten we er ons beiden zorgen over tot hoever zijn lichaam dit nog zou tolereren. Gelukkig hield Jaap van eten en we aten zo gezond mogelijk om de gevolgen van de alcohol nog een beetje in de hand te kunnen houden. En zelfs de enkele keer dat het eten Jaap tegenstond, propte hij het er uit gezondheidsoverwegingen toch in, en ook omdat hij het sneu voor mij vond anders al dat werk voor niets te hebben gedaan.

Naar de afspraak met pater Van Kilsdonk keken we allebei erg uit. Die moest zelf helaas de afspraak nog een keer verzetten naar 12 januari. Om het aan te durven had Jaap van tevoren een borrel genomen. Ik was mee als chauffeur en werd beneden gestationeerd met voldoende boeken om me heen om me de eerste jaren niet te hoeven vervelen. Het werd een lang gesprek. Op de terugweg vertelde Jaap me er het een en ander over. Hij had er wel en niet iets aan gehad. Pater Van Kilsdonk had weinig anders voor hem kunnen doen dan hem aanbieden er voor hem te zijn als hij hem nodig dacht te hebben. Jaap was een beetje teleurgesteld; hij had er meer van verwacht. Hij zei er wel bij dat zijn verwachtingen te hooggespannen waren geweest. Anderzijds had hij het begrip en de geruststellingen van pater Van Kilsdonk wel als heel fijn ervaren. Vooral dat hij hem als een geestelijk volwaardig persoon tegemoet was getreden en niet als moeilijk geval, wiens woorden je niet serieus hoefde te nemen en die je zo gauw mogelijk probeerde af te poeieren. Dat ook pater Van Kilsdonk, net als eerder al Huub en de rector, het met hem eens was geweest dat een opname niets op zou lossen en misschien zelfs meer zou verwoesten, was een fikse opsteker. Zeker in die eindeloze strijd tegen opname, die ook nu weer met die ziekenhuispsychiater was opgelaaid. Want hoe sterk Jaaps gevoel en verstand hem ook zeiden dat hij het zelf bij het rechte eind had, hij hield toch wat twijfels of dat ook echt zo was.

Normaal gesproken was Jaap er niet bepaald op uit om complimentjes te maken: "Daar raak je maar verwend door." Tot mijn verbazing deed hij dat nu wel en hij vertelde, weliswaar zoetzuur grijnzend, dat hij mijn persoontje blijkbaar onbewust, en volledig bezijden de waarheid, nogal in het zonnetje had gezet. Aan het eind van het gesprek had pater Van Kilsdonk zich namelijk behoorlijk lovend over mij uitgelaten en hem erop gewezen erg gelukkig en voorzichtig te zijn met iemand zoals ik. Dat dat lichtelijk overdreven en inderdaad verre bezijden de waarheid was, kon ik alleen maar beamen, maar ik kon hem er wel lekker mee plagen dat hij het niet had kunnen laten om op te scheppen over zijn opvoedkunsten.

Twee dagen later lag er post van pater Van Kilsdonk op de mat. Het bevatte een uitgebreid verslag van zijn gesprek met Jaap en de tekst van een toespraak, die hij in 1979 gehouden had over zelfdoding. In die tekst had pater Van Kilsdonk de voor Jaap meest relevante passages onderstreept, met de waarschuwing erbij dit niet op te vatten als aanmoediging in die richting, maar dat het alleen als herkenning bedoeld was.[20]

Enkele citaten uit dit verslag, waarin pater Van Kilsdonk zijn indruk van Jaap verwoordt:

"Toen Jaap binnen enkele seconden te kennen gaf dat hij een onnoemelijke last aan leed met zich torste, voelde ik even dat ook mijn handkracht en zelfs mijn schouders terugdeinsden voor het gewicht.

Maar Jaap begon zo rustig en doorschijnend te vertellen dat ik mij spoedig geheel nabij voelde aan zijn geschiedenis.

Ondanks zijn waarschuwing dat hij geneesmiddelen had geslikt en een borrel had gedronken, stralen de welsprekendheid en intelligentie onweerstaanbaar."

"Het was in de mond van Jaap een bezwaard levensverhaal. Het kan haast niet erger. Maar toch waren er ogenblikken dat ik, mede door de literaire vormkracht van zijn vertelling, eigenlijk begon te genieten van zijn biografie. En inderdaad van binnenuit begreep, althans vermoedenderwijze, waarom Mimi de veerkracht vindt tot partnership. Er lichten ook in Jaaps persoon een zachtheid en warmte die weldoend zijn, een eerlijkheid en bescheidenheid die nodigen tot nabijheid, een geestigheid zelfs die ook ontspant." [21] [22]

---

20 Zie voor brief en onderstrepingen bijlage 1
21 In de vele jaren later verschenen biografie van pater Van Kilsdonk, opgetekend door Alex Verburg, voegde pater Van Kilsdonk nog een, door mij iets ingekorte herinnering aan dit gesprek toe: "Als hij met duidelijke ontroering het ongeluk vermeldt waardoor zijn enig zusje aan het leven wordt ontrukt, legt hij de nadruk op de tragiek in het bestaan van zijn ouders. Met buitengewone helderheid en inleving vertelt hij mij dit treurspel. Haast alsof hij alleen op bezoek kwam voor hen, voor zijn moeder en zijn vader."
22 Pater Van Kilsdonk is één van de weinigen geweest die de gelijkwaardigheid in onze relatie zag en begreep.

Vanuit het ziekenhuis had Jaap een andere oude vriend gebeld. Die wilde Jaap graag weer een keer zien, maar dan geen vliegbezoek in het ziekenhuis. Op 14 januari kwam hij langs. Jaap had er van tevoren voor gezorgd dat er verder niemand zou zijn en vroeg ook mij ze zoveel mogelijk alleen te laten. Wat ik er later van begreep, was dat Jaap hem wilde voorbereiden op z'n overlijden.

Met z'n muziekvriend had Jaap er in het ziekenhuis al over gesproken. Die kwam sindsdien regelmatig langs. Niet dat diens bezoekjes uitliepen op zware gesprekken. Gewoon gezellig, muziek draaien, grapjes maken en genieten van elkaars aanwezigheid. Fijne middagen, waarop niemand om de problemen heen liep, maar ze niet meer benoemd hoefden te worden.

Langzaamaan ging het op alle fronten beter met Jaap. Hij probeerde van de jenever af te blijven, wat aardig lukte, en hield het bij wijn, wat hij ook zoveel mogelijk binnen de perken trachtte te houden. Hij had gemerkt dat de gedwongen rust in het ziekenhuis hem goed had gedaan. Hij wilde dat zoveel mogelijk doorzetten en dwong zichzelf tot het inlassen van rustpauzes om nog wat verder aan te kunnen sterken.

Jaap sprak beduidend minder over zijn wens eruit te stappen. Eén van de weinige keren dat hij er wel uitgebreider op terugkwam, gaf hij me duidelijk te kennen dat hij dat alleen deed om mij wat te ontlasten, maar waarschuwde me ervoor, dat dit niet betekende dat hij er nu ook anders over dacht. Al leek het erop dat de urgentie ervan iets was verminderd, want op een gegeven moment wilde Jaap graag weten wat de uiterste bewaartermijn van de in huis aanwezige middelen was.

Volgens z'n eigen inschatting zou dat ongeveer drie jaar moeten zijn en zat er een beetje mee in z'n maag, dat hij ze tegen die tijd moest zien te vervangen.

Helaas werd Jaap voor de zoveelste keer die tijd niet gegund en bleef het bij proeven aan een iets makkelijker leven. Quinta, inmiddels zo'n zeven maanden oud, had al een tijdje last van een achterpoot. Wij dachten aan een misstap, dat met rust wel zou slijten. Het werd echter almaar erger en we konden er niet meer omheen dat er echt iets loos was. Op 17 januari toch maar met haar naar de dokter en die wilde er foto's van maken. Nóg waren we niet echt gealarmeerd. Dat kwam pas bij de uitslag van de foto's. Einde rust, Quinta had HD, en wel in zo ernstige mate dat ze binnen een half jaar niet meer zou kunnen lopen. Jaap werd akelig wit toen hij dit hoorde, maar reageerde verder heel nuchter, wat mij overigens dwong er eveneens nuchter onder te blijven. Hij bekeek de foto's nauwkeurig en wilde precies uitgelegd krijgen wat de vooruitzichten waren en met welke andere opties wij nog een kans maakten haar te kunnen behouden. De dierenarts wond er geen doekjes om, opereren begon hij niet aan. De lijdensweg van een maandenlange revalidatie met een ongewis resultaat, weigerde hij een dier aan te doen. Een goede dierenarts, hoe hard zijn boodschap ook mocht zijn.

Thuisgekomen pakte Jaap gelijk naar de fles jenever en sindsdien dronk hij weer net zoveel als voor de ziekenhuisopname. Dat het uitgerekend Quinta moest zijn. Zij was helemaal zijn hond geworden en had een karakter om te zoenen. Dit in tegenstelling tot Guus, die qua karakter niet helemaal spoorde en nog steeds meer op mij gericht was dan op Jaap. Het leek bijna alsof alles waar Jaap van hield dood moest en op een manier die zo hard mogelijk aankwam. Tegen beter weten in, hoopten we stilletjes toch dat we haar konden houden. Het werd echter steeds duidelijker dat ze pijn leed. Ze wilde spelen, maar als we haar daarin lieten gaan, had ze daarna nog veel meer pijn. Het lopen werd moeizaam en soms hipte ze zelfs als een konijn door de kamer.

Nóg wilden we er niet aan en vroegen een aantal hondenkenners naar andere opties. De zenuwen konden doorgesneden worden, dan had ze geen pijn meer, maar zou vrijwel niet meer kunnen lopen. Even dacht Jaap erover dat dan maar te laten doen. Hij zag echter zelf in dat dat veel meer ter wille van hemzelf, dan ter wille van Quinta zou zijn en eigenlijk niet fair was: "Dan toch maar liever een zeer kort maar fijn leven, voordat alles waar zij in dit leven zo van geniet haar afgenomen wordt?" Jaap kwam er niet uit. Ik heb de knoop doorgehakt. Op 4 februari hebben we haar laten inslapen. Henk ging mee, in het idee dat hij ons op moest vangen. Heel lief bedoeld. Niet dat het nodig was, we waren voorbereid en hadden het onder controle. Al reed Jaap op weg naar het dierencrematorium bar en boos slecht. Hem het stuur en daarmee die laatste houvast uit handen nemen, was echter totaal geen optie.

We waren allebei murw geslagen. Het was echter bittere noodzaak vooral voor Jaap, maar ook voor Guus – die ik het zonder de steun van een speelkameraad niet zag redden – om zo snel mogelijk een vervangster voor Quinta te vinden. Ik ging op zoek.

Na Quinta en hoe het haar was vergaan, dorsten we in ieder geval geen pup meer aan. Eerlijk gezegd was ook onze inboedel te ver heen voor nog zo'n ronde. Voor het zusje van Guus, uit hetzelfde nest, werd een nieuw huis gezocht. Beter kon niet en 22 februari gingen we haar ophalen in de Achterhoek. In de weken na Quinta was Jaap dusdanig hard achteruit-gegaan, dat zelfs hij doorhad dat hij niet meer veilig achter het stuur kon gaan zitten en hij liet mij rijden. Normaal zou hij zich dit erg aangetrokken hebben, wat nu restte was bitterheid: "Zelfs dit, waar ik zo trots op was en zo verschrikkelijk graag deed, kan ik niet meer." Z'n moed was finaal weg. De nieuwe hond, Bea, gelijk herdoopt in Berber, kon daar nog maar weinig aan veranderen. Guus daarentegen sprong bijna letterlijk een gat in de lucht toen we met haar thuiskwamen en eiste gelijk al haar aandacht op. Zij liet zich dat maar wat graag welgevallen en zag ons niet meer staan. Tot de volgende ochtend aan toe waren ze niet te stoppen. Als gekken hebben ze samen het hele huis op stelten gezet. Bij Guus voelde Berber zich veilig, naar mensen toe was ze verlegen en gaf ze zich niet makkelijk.[23]

---

23 Pas na een half jaar begon Berber wat los te komen en echt aanhankelijk te worden. Het heeft me heel erg gespeten dat haar dat niet eerder was gelukt.

Jaap heeft nog wel z'n best gedaan om Berber naar zich toe te halen. Die pogingen, intriest om te zien. De eerste keer dat ze met haar kop op z'n voet lag, wilde Jaap dat zo lang mogelijk laten duren en vroeg mij om iets voor hem te pakken. Ja natuurlijk. Henk had het niet door en had commentaar: "Kan je dat zelf niet?" De tranen sprongen in mijn ogen: "Zíe je dat dan niet?"

De avonden waren steeds zwaarder geworden. De worsteling van Jaap: het op de rand hangen en niet zeker weten of dit het juiste moment was. Die continue dreiging. Het was een verademing als bezoekers bleven plakken tot de behoefte aan slaap bij Jaap de overhand kreeg. Ook op de andere avonden lukte het me nog steeds hem dronken en wel in bed te krijgen voor het te ver uit de hand zou lopen. Er 's avonds met Jaap over praten hoe dit aan te pakken had geen zin, hij zat dan al te vast in z'n eigen gedachten en strijd.

Overdag had ik er niet over willen beginnen. De overgebleven goede momenten wilde ik niet ook nog eens voor hem verstoren. Ik moest iets, dan toch maar overdag. Dat viel in goede aarde en dagenlang hebben we van z'n heldere uren gebruik gemaakt om ook hierover samen op één lijn te komen. Dat omstandigheden nooit of te nimmer de doorslag mochten geven, stond op voorhand al buiten kijf. Waar Jaap het meest mee zat, was dat zijn intuïtie hem in de steek liet. Door het voortdurend piekeren over hoe het punt te bepalen waarop het genoeg is geweest, dorst hij daar niet meer op te vertrouwen. Bleef over die van mij. Had ik de kracht om over mezelf heen zo dichtbij te blijven staan? Kon Jaap erop vertrouwen, en dorst hij erop te vertrouwen dat dat me zou lukken? We hielden zielsveel van elkaar en liefde is een raar ding. Andermaal namen we de sprong in het diepe.

We spraken met elkaar af, dat ik in eerste instantie er alles aan zou doen om hem tegen te houden. Oftewel, drank voeren, joints draaien, mensen bellen of suggesties in die richting doen. Lukte dat niet en zou ik aanvoelen dat het goed was, dan zou ik hem niet langer pesten met pogingen hem te stoppen en het verder aan hemzelf overlaten. Voelde het echter op dat moment niet goed, dan zou ik echt alles op alles zetten om hem tegen te houden. Deze afspraak bracht rust. Jaap hield alles zelf in handen, natuurlijk, het ging om hem, en voor het risico dat hij in een opwelling iets zou doen, hoefde hij niet meer zo bang te zijn. En ook niet voor drama's: als hij er echt aan toe was, dan zou hij in alle rust en met mij naast zich, weg mogen gaan. Ook voor mij bracht het rust. Mocht het ooit zover komen was het weliswaar een vrijwel onmogelijke opgave, maar in de tussentijd maakte het me een stuk makkelijker om Jaap veilig door slechte avonden heen te loodsen.

De gevreesde rechtszitting kwam eraan. In de aanloop ernaartoe had Jaap het er meermalen over dat hij zichzelf die ellende niet meer aan wilde doen, dat het voelde als puur zichzelf pesten. Hij bleef erop hopen er voor die tijd aan toe te raken om eruit te stappen. Een paar dagen voor de zitting heeft de advocaat alles nog een keer met Jaap doorgenomen. Jaap wilde het liefst dat hij het woord zou doen. De advocaat leek het beter van niet. Met de belofte dat hij bij het minste of geringste teken dat Jaap het niet meer aankon het direct van hem over zou nemen, wist hij Jaap ervan te overtuigen dat dit de beste strategie was. Z'n trombosebeen en de verstuiking van z'n enkel pal daaroverheen, speelden Jaap nog steeds parten en hij hoopte te kunnen blijven zitten. De advocaat raadde het hem echter af om een stoel te vragen. Te veel van het goede.

Op 7 maart was de grote dag en Jaap was bloednerveus. Op de rechtszitting ging alles boven verwachting goed. Jaap bleef prima overeind en maakte zó'n goede indruk, dat de eis heel laag uitviel. Hij kwam ervan af met een voorwaardelijke ontzegging van z'n rijbewijs en een boete van 300 gulden. Op alle punten veel lager dan verwacht en de advocaat was, zoals hij achteraf tegen Jaap zei, zelfs wat overbluft geweest door die lage eis. Hij vond dat Jaap zich fantastisch had gehouden en de juiste toon had getroffen door geen enkel argument ter verdediging aan te voeren, toe te geven dat hij de fout in was gegaan en alleen dáár dieper op in was gegaan. Uit vrees meer kwaad dan goed te doen, had de advocaat daar geen woord aan durven toevoegen.

Ik had gezien hoe gespannen Jaap was en dat hij zich maar met moeite op de been had weten te houden. Ik bleek de enige te zijn. Het was hem weer eens gelukt alles zo goed te camoufleren, dat zelfs de advocaat en ondanks dat hij wist hoeveel moeite Jaap met de rechtszaak had, niet had gemerkt hoe Jaap het bijna letterlijk uit z'n tenen had moeten halen om dit voor elkaar te krijgen.

De opluchting was groot. Jaap vond dat de advocaat minimaal een enorme bos bloemen had verdiend en die gingen we hem twee dagen later brengen. Hij was zelf niet aanwezig, maar hij stuurde Jaap een dag later een heel sympathiek bedankje.

Omdat we voor het afgeven van de bloemen toch in Alkmaar waren en Jaap nog steeds in een goeie bui was, greep ik mijn kans en sleurde hem mee de stad in om voor hem nieuwe schoenen te gaan kopen, daar was hij hard aan toe. Laat zijn oog nou op een jurkje vallen: kort, okergeel met zwarte boorden en taille. Daar keek hij anders nooit naar, hij was meer van het kritisch keuren achteraf. Jaap dwong me bijna het te passen: het kon zijn goedkeuring wegdragen en hij liep gelijk door naar de kassa. Tegenwerpingen dat we daar eigenlijk het geld niet voor hadden, waren aan dovemansoren gericht.

Tussen de bedrijven door hadden we op 8 maart de maandelijkse afspraak met de psychiater. De keer ervoor had ik al aangegeven dat de Valium die Jaap kreeg, raar werkte. Daar was de psychiater toen niet op in gegaan. Dat had me niet lekker gezeten en ik had het aan oom Geert voorgelegd. Hem verbaasde het niets dat ik de indruk had dat Jaap er raar op reageerde. In z'n eigen praktijk was hij altijd heel voorzichtig geweest met het geven van Valium, juist vanwege de onverwachte en vreemde bijeffecten die het kon geven. Hierdoor gesteund, kaartte ik het opnieuw aan dat deze medicatie en met name de Valium niet goed werkte. Dat sinds Jaap Valium slikte, z'n stemming à la minute om kon slaan en ik nauwelijks de kans kreeg het tij dan nog te keren. Dat Jaap het voorheen altijd aan had voelen komen en mij dan tijdig kon waarschuwen welke kant het op dreigde te gaan, waardoor we afleiding konden gaan zoeken om zo'n bui beter op te vangen. Nadrukkelijk heb ik de psychiater erop gewezen, dat het naar mijn idee een groot risico inhield om met de Valium door te gaan. Hij vond Valium een goed middel. Einde discussie.

Jaap had zelf niet zo veel erg in die verandering en vond de medicijnen over het algemeen wel relaxed werken. Voor hem was het voordeel van de Valium dat hij geen last meer had van de aanlooptijd. Hij maakte zich natuurlijk geen zorgen over een plotselinge, niet meer te stoppen, diepe val in een depressie. Hij zat er gewoon op te wachten. Zoals Jaap het verwoordde was hij op zulke momenten opeens zo uitgeput, dat hij vrijwel niet anders meer kon dan het overgeven, zich niet meer in staat voelend nog enige verantwoordelijkheid te dragen. Dat los moeten laten, was het enige wat hem er zwaar aan viel; hij was daarin altijd tot het uiterste gegaan. De kalme manier waarop hij erover sprak, afwoog wat nog mogelijk was, voor zichzelf toe moest geven dat hij alleen nog de kracht had om zichzelf overeind te houden: hij sprak erover als een wijze oude man. Zo had ik hem nog nooit gehoord en het was voor mij overduidelijk dat Jaap bijna geen dag meer verder kon. Hij had rust gevonden. Rust ook over hoe dat met mijn persoontje verder moest. Van het huis wist ik. Dat had Jaap veiliggesteld. Van Nico wist ik. Daar had Jaap Henk als 'waakhond' voor ingeschakeld. Dat Jaap daarin veel verder was gegaan, wist ik toen nog niet.[24] Het verbaasde me alleen een beetje hoe groot zijn rust hierover was.

---

24 Jaap had dat zó subtiel aangepakt, dat ook Henk pas veel later ten volle ging beseffen waar hij op had aangestuurd en hoe zorgvuldig hij alle voorwaarden had geschapen om ook na z'n dood alles in goede banen te leiden. Op een heel geraffineerde manier had hij aan Henk door laten schemeren dat hij hem wel zag zitten als toekomstig vader van mijn kinderen. Hij kon het, hij had er per slot al drie. Ondanks dat Henk vrijwel nooit iets losliet over z'n huwelijk, had Jaap daar blijkbaar zo z'n eigen ideeën over gehad.

Het enige wat Jaap dwars bleef zitten, was dat we geen kinderen hadden gekregen. Hij wist dat ik daarop gehoopt had, maakte zich zorgen over mijn leeftijd en bleef erop aandringen dat ik er na zijn dood zo snel mogelijk aan moest beginnen. Waar Jaap ook nog steeds mee doorging, was slijpen aan mijn naïviteit en hij hield me regelmatig plagerig voor: "Don't do anything I wouldn't do."

Op een avond kreeg Jaap zomaar zin om samen weer eens naar de kroeg te gaan. Daar raakten we aan de praat met een wat oudere, ons onbekende vrouw. Het werd een heel bijzonder en diepgaand gesprek over het leven en over de dood. Jaap hield zich op de vlakte, maar zij had blijkbaar goede voelhoorns en vlak voor ze vertrok, liet ze Jaap heel subtiel weten de moed niet te laten zakken en hoop te blijven houden op betere tijden. Een gesprek waar Jaap nog dagen van nagenoot.[25]

Natuurlijk voelden Jaaps ouders ook wel aan dat het de verkeerde kant opging. Jaaps moeder was er het type niet naar om dat lijdzaam aan te zien en toen ze van één van hun buren iets opving over een kleuterschool die op zoek was naar een fotograaf, dook ze daar gelijk bovenop. Jaap zag het zichzelf niet meer doen, maar wilde haar niet voor het hoofd stoten en had er mee ingestemd dat ze daar vaste afspraken over zou gaan maken. Hij had erg veel medelijden met z'n moeder over wat haar te wachten stond en gunde haar graag die kleine hoop. Hij ging zelfs een nieuwe accu voor z'n flitser kopen om z'n moeder, en ook een beetje zichzelf, nog even in die droom te laten. De buren hadden het mis gehad, de kleuterschool bleek een eigen vaste fotograaf te hebben. Met dat bericht wilde z'n moeder niet bij Jaap aankomen en ze was de eerste de beste crèche binnengestapt met de vraag of zij misschien nog een fotograaf zochten. Ja, en die opdracht had ze wel binnengehaald.

---

25 Het is jammer dat ik haar nooit meer ben tegengekomen. Ik had haar graag hiervoor willen bedanken.

26 maart was het bijna zover. 's Middags ging er al iets mis. Henk kwam langs, eigenlijk alleen om te melden dat hij voorlopig minder vaak zou komen. Het begon z'n vrouw de keel uit te hangen dat hij zo vaak, en vaak heel lang, bij ons zat en hij had haar beterschap beloofd. Daar kwam gelijk al weinig van terecht. Henk merkte welke kant het met Jaap opging, bleef plakken en beloofde Jaap dat hij hem echt niet in de steek zou laten en gewoon zou blijven komen.

In een poging Jaap wat op te beuren, vroeg Henk hem waar hij nog plezier in had, naar uit kon kijken. Dat bleek bedroevend weinig te zijn. Wat autorijden, graag nog een keer bij de Chinees gaan eten, dat was het wel. De rest, ook de honden, zeiden Jaap niet veel meer. Henk ging naar huis en wij naar de Chinees, maar de bui wilde niet zakken. Thuisgekomen stonden er gelukkig al heel gauw twee jongens op de stoep die zo af en toe langskwamen om een drankje en een joint te bietsen. Gewoonlijk leidde dat Jaap genoeg af. Hij kon met ze lachen en ze hielden hem bezig. Jaap wilde hun niet laten merken hoe beroerd hij zich voelde en ging erin mee. Aan mij gaf hij echter in kleine hintjes door dat hij ze nauwelijks nog kon velen. Later op de avond wipte Marleen even langs. Dat deed ze de laatste weken vrijwel dagelijks voor of na haar dienst. Jaap liet haar uit, dat deed hij zelden, en gaf haar een knuffel, wat hij echt nooit deed. Haar reactie "jij geit" deed eindelijk de balans de goede kant op slaan. Lachend kwam Jaap de kamer weer in en kon het daarna voor zichzelf niet meer verantwoorden haar dit hier zo pal overheen aan te doen.

27 maart, zondag. Jaap had met z'n moeder afgesproken om naar het gebouwtje van de crèche te gaan kijken, zodat hij er alvast een eerste indruk van had. Naar wat ik later van z'n moeder hoorde, was dit een vreemd bezoek geweest. Onderweg was Jaap lief, maar dromerig geweest. Hij was erover begonnen hoe ze het zou vinden als hij er niet meer was. Dat had ze weggelachen: "Jij bent er nog als wij krom en kreupel zijn." Ze had zich wel verwonderd over z'n gedrag. Hij leek daar maar stilletjes in de auto te willen blijven zitten en hij deed haar heel sterk

denken aan dat lieve kleine jongetje van vroeger. Terug van die rit, moesten z'n ouders vrijwel gelijk weg om een flat te gaan bezichtigen. Om Jaap meer financiële armslag te kunnen geven, waren ze daarnaar op zoek gegaan. Jaap had weer heel stil en weer zo dromerig bij hen aan tafel gezeten. Uiteindelijk was hij opgestaan en had aarzelend gezegd: "Ik geloof dat ik maar eens moest gaan." Alsof hij zich niet los had kunnen rukken en ze nog niet had willen verlaten. Hun spijt dat ze toen die afspraak niet hebben laten lopen en hem nog wat langer bij zich hadden gehouden, was immens.

Het weinige wat Jaap me over dit bezoek aan z'n ouders vertelde, was dat hij het zo aandoenlijk had gevonden dat z'n moeder zo haar best voor hem deed. Het klonk zo liefdevol, bijna vaderlijk.

28 maart, maandag. De dag begon ogenschijnlijk goed. Het opstaan ging niet al te moeilijk, er kwam al vlug bezoek en aan het eind van de middag vertrok Jaap even naar de kroeg, waar hij gezellig heeft zitten praten. Terug thuis kwam er nog iemand langs. Nadat die weg was dook ik de keuken in. Henk zou 's avonds langs komen en ik wilde dat we dan klaar waren met eten. Jaap riep me terug uit de keuken, hij wilde praten. Hij voelde zich tot op het bot toe beroerd. Een donderslag bij heldere hemel, na een hele dag die goed én gevuld was geweest. Nadat het bezoek vertrokken was, was het voor Jaap over geweest, daarvoor had hij die bui al voelen hangen. We bleven praten tot Henk kwam. Tegen die tijd voelde het voor mij al bijna aan als volkomen hopeloos. Jaap gleed steeds verder van me af: ik kon hem niet meer bereiken, laat staan stoppen. Henk had het direct door. Net als Marleen, die vlak na Henk binnenstapte. Zij moest helaas al gauw door naar haar werk. Ik liet haar uit en bij de deur vroeg ze me dringend haar in geval van nood daar te bellen.

Haar bezoekje en de aanwezigheid van Henk gaven net genoeg lucht om allebei een uitsmijter naar binnen te werken. Jaaps stemming klaarde daardoor iets op, maar dat was helaas van korte duur. Harde aanpak, zachte aanpak, niets hielp. Henk werd boos: "Als je het dan zo nodig wilt doen, schrijf dan in ieder geval een briefje dat jij dit zelf en zonder hulp hebt gedaan. Zij moet daar geen last mee krijgen."

"Daar zit wat in. Zeg maar wat ik op moet schrijven, zolang het maar in niets zweemt naar een afscheidsbrief." Het briefje kwam er. Jaap vroeg zich alleen af of z'n hanenpoten nog wel leesbaar waren.

Ik drong Jaap z'n avonddosering pillen op, bleef joints voor hem draaien en goot er zo veel mogelijk wijn en jenever bij hem in. De pillen hadden geen uitwerking, de joints niet en dronken werd hij al evenmin. Al onze suggesties om dit te stoppen, wees Jaap van de hand. Hij wilde er met niemand meer over praten. Ik mocht niemand bellen en hij hoopte erop dat er geen mens meer langs zou komen. Aangezien hij zo duidelijk aangaf niemand meer te willen zien, stelde ik voor ook Henk te vragen weg te gaan. Jaap was er wat onverschillig over, maar het leek hem toch beter dat maar niet te doen. Zijn aanwezigheid stoorde hem niet, zei hij. Zelf kon ik me niet aan de indruk onttrekken, dat hij Henk alleen liet blijven om mij achteraf op te kunnen vangen. Ieder ander zou hij wel weggestuurd hebben.

Dit was zo anders dan normaal. Jaap was altijd blij geweest met bezoek, juist ook op moeilijke avonden. Dat gaf hem wat afleiding en zoals hij zelf zei, de kans om bij zichzelf na te gaan of hij na hun bezoek nog steeds tot daden over zou willen gaan. Oftewel, of z'n wens voortkwam uit paniek of dat hij er werkelijk aan toe was. Nu was hij er vast van overtuigd er volledig aan toe te zijn.

Toch hebben Henk en ik hem nog even aan het twijfelen weten te brengen. Voor mij de kans om de rector te bellen en hem aan Jaap door te geven. Die was heel bezorgd en vroeg Jaap dringend de volgende dag naar hem toe te komen. Jaap ontspande wat en ik hoopte even door die afspraak weer een dag gewonnen te hebben. Al bleef Jaap op een vreemde manier rustig en was maar niet dronken te krijgen. Het daaropvolgende uur vulden we met muziek en zelfs Jaaps humor stak de kop weer even op.

Het mocht niet zo zijn, Jaap kwam erop terug. Nu wilde híj graag dat ik de rector belde. Voor Jaap hing het van diens oordeel af of dit het eindpunt was. Ik belde en Jaap luisterde mee – wat ik hem vergat te vertellen. De rector vroeg me Jaap vooral te zeggen dat hij hem zou blijven hoogachten, voor wie hij was en voor z'n moed zo'n stap te nemen. Maar bovenal, om Jaap te vertellen hoe zeer hij hoopte hem de volgende dag te zien. Dit was het einde van de rit. Ik wist het. Jaap zei het: "Dit was het dan."

De emoties hadden de hele avond als een zware deken over ons heen gelegen. Geen van drieën hadden we daar nog aan toegegeven. Tot na dit laatste gesprek met de rector. De deken werd me te zwaar. Ondanks dat ik voelde dat Jaap eigenlijk al aan zijn reis begonnen was, zocht ik zijn bescherming. Hij schonk me de tijd om dicht tegen hem aan even op adem te komen, voordat hij de conclusie trok dat verder wachten zinloos was en het er nu maar van moest komen. Met lood in m'n schoenen ging ik naar boven om de pillen te halen.

Jaap wilde zelf z'n ouders bellen om te vertellen wat er aan het gebeuren was, en om afscheid van ze nemen. Om te voorkomen dat ze zouden pogen in te grijpen, wilde hij dat pas doen nadat hij alle pillen binnen had. Geen van ons had er rekening mee gehouden dat die pillen zo vlug zouden werken. Jaap kwam niet verder dan hen te vertellen wat hij had gedaan. Toen gleed hij al weg en moest ik de telefoon overnemen. Natuurlijk had ik me het liefst alleen op Jaap gericht. Maar z'n ouders waren er ook nog. Die waren in paniek en woedend dat ik die pillen niet afgepakt had. Voor hen was het niet te vatten dat ik met zo'n actie, met zo'n ultiem verraad, Jaap rechtstreeks naar de trein gedreven zou hebben. Zich door iedereen volslagen verlaten voelend, zou hij daar niet meer bang voor zijn geweest en zou akelig eenzaam gestorven zijn. Die consequenties en dat ik hem dat nooit of te nimmer aan had kunnen of willen doen, wilden zij niet horen. [nr.40]

Ik had geen tijd meer, moest en wilde alleen nog maar bij Jaap zijn, en brak het gesprek af. De hoorn liet ik naast de haak liggen, nu geen storingen meer. Onmiddellijk 'The Logical Song' van Supertramp opgezet, keihard, in de hoop dat het nog tot Jaap door zou dringen. Z'n ouders zouden zeker een arts of de politie gaan bellen. Ik hoopte op wat tijd voordat die op de stoep zouden staan. Toen er daadwerkelijk een arts – een dienstdoende en mij onbekend – voor de deur stond, wilde ik hem eigenlijk niet binnenlaten, gelijk beseffend dat ik daar niets tegenin te brengen had. Evenmin tegen zijn eis om de muziek op een laag pitje te zetten. Wel heb ik hem direct Jaaps levenstestament, non-reanimatieverklaring en briefje onder de neus geduwd. Jaap wilde per se niet in het ziekenhuis wakker worden en het was nu mijn taak alles op alles te zetten om dit te voorkomen. Daar rekende Jaap op en zijn vertrouwen in mij om dit voor hem tot een goed einde te brengen, wilde ik nooit of te nimmer beschamen, voor niemand niet.

De arts had er flink de smoor over in dat hij bij zo'n situatie betrokken werd. Hij zei ronduit dat hij beter niet gebeld had kunnen worden. Nu voelde hij zich ondanks alle tegenwerpingen, toch verplicht iets te ondernemen en belde de behandelend psychiater. Na veel aandringen, heen en weer bellen en allerlei bezwaren aan de andere kant van de lijn, kreeg de arts eindelijk z'n toestemming om Jaap naar het ziekenhuis over te laten brengen. Dit had minstens een kwartier, zo niet langer geduurd. De tegenzin van de psychiater om hier z'n vingers aan te branden was overduidelijk, maar kwam nu uitstekend van pas. Ik voelde en zag dat Jaap al overleden was. Er viel een steen van m'n hart. Het was volbracht. Het gesprek van de artsen was nog net niet beëindigd en het kon gelijk nog even doorgegeven worden aan de psychiater, met een dikke middelvinger mijnerzijds erbij.

Van even de tijd krijgen om bij Jaap te zijn, om tot bezinning te komen, was geen sprake meer. In één moeite door belde de arts de politie. Hij was daartoe verplicht en weer zei hij, wachtend op verbinding, dat al die rompslomp niet nodig was geweest, als hij er niet bij was geroepen. Ik vroeg naar onze eigen huisarts, die wist van de hoed en de rand en had ik hier vele malen liever bij gehad. "Die is op vakantie, ik ga even naar buiten," en de arts liep de kamer uit. Voordat de politie kwam moest ik zo snel mogelijk Jaaps ouders inlichten. Dat was aan mij en was ik zonder meer aan Jaap en aan hen verplicht. Als de politie er eenmaal was, zou ik daar hoogstwaarschijnlijk de kans niet meer voor krijgen en ik moest er niet aan denken dat zij dat zouden gaan doen. Ik dorst het niet aan om het botweg per telefoon aan hen door te geven. De kans dat dit Jaaps vader een volgende hartaanval zou bezorgen was groot en daar had Jaap het meest mee in z'n maag gezeten. Er moest iemand naar hen toe om ze op te vangen. Ik kende de naam van hun huisarts, belde hem natuurlijk wakker – het zal toen ongeveer half twee 's nachts zijn geweest – en legde hem de situatie uit. Eerst geloofde hij me niet, bang voor een zeer misplaatste grap. De bij ons dienstdoende arts kwam net op tijd weer binnen om het van me over te nemen en aan z'n collega door te geven dat dit geen grap was en die is meteen naar Jaaps ouders toegegaan.

Het duurde gelukkig even voor de politie kwam. Dat gaf mij de tijd om ook mijn moeder te bellen. En Bert, of hij haar op kon gaan halen. Een kleine misrekening wat Bert betrof. Zodra ik opgehangen had, was hij onderuitgegaan, dorst niet meer in de auto te stappen en had Nico ingeschakeld. Ik had Bert ook gevraagd om Marleen op te vangen na haar nachtdienst. Dat is hem wel gelukt.

De politie kwam, de arts vertrok. Er mocht niets meer aangeraakt worden, alles was bewijs. Zelfs Jaap mocht ik niet meer aanraken en al helemaal niet mijn eigen glas, terwijl ik snakte naar een slok wijn. Ze waren bars en hoogst onvriendelijk. De honden moesten uit de weg. Die heb ik de tuin in gestuurd, maar per omgaande weer naar binnen gehaald, die hoorden bij Jaap, daar moesten ze het maar mee doen. Alle papieren werden minutieus bekeken, ook het handgeschreven briefje van Jaap, dat Henk hem had gedicteerd. Afscheidsbrieven waren er niet. Z'n ouders zelf bellen om afscheid te nemen, ja; overdreven 'laatste woorden', geen denken aan. Het was lastig uitleggen aan vreemden, dat Jaap altijd van mening was geweest dat zoiets het intrappen van een open deur was en dat als iemand het niet begreep, diegene pech had gehad.

Henk hield zich op de achtergrond. Zorgde voor de kleine noodzakelijkheden, steunde mij bij wat er gebeuren moest en wist alles een beetje in het nuchtere en het redelijke te houden. Wij werden de gang in gesommeerd vanwege vingerafdrukken nemen of zoiets. Ze wilden dat we direct meegingen naar het bureau om een verklaring af te leggen. Henk kwam er niet onderuit. Ik weigerde pertinent Jaap achter te laten met alleen vreemden om zich heen. Met opvang voor de honden als excuus, mocht ik uiteindelijk blijven tot m'n moeder er was.

In de tussentijd belden Jaaps ouders. Die wilden komen, maar dat moest ik ze helaas sterk ontraden. Door al die boze agenten in huis was de sfeer om te snijden. Daarbij was de kans om even alleen met Jaap te zijn miniem en misschien zouden zelfs zij hem niet eens mogen aanraken. Bovendien, op die bewuste sinterklaasavond toen Jaap bij hen in slaap was gevallen, waren ze er al overstuur van geraakt hoe hij er toen bijzat, levend en wel. Zoals Jaap er nu bijzat, zag het er zelfs voor mij, die aan heel wat gewend was, vreselijk uit. Hoe schokkend moest het dan wel niet voor hen zijn.

M'n moeder kwam en ik kon er niet meer onderuit. Ik moest Jaap in haar handen achterlaten en naar het bureau. Nico stond erop mij te brengen. Toen ik in z'n auto stapte, reed net de lijkwagen voor om Jaap op te halen. Het was dat ik m'n hoofd erbij hield en kon beseffen dat ik het moest overgeven. M'n enige geruststelling was dat m'n moeder goed voor Jaap zou zorgen. Op het politiebureau waren ze onverwacht heel vriendelijk. Ze hielden me daar weliswaar tot vijf uur in de ochtend vast, maar na uitleg van Jaaps voorgeschiedenis en de toestand waarin hij die avond had verkeerd, begrepen ze het wel een beetje. Ze zouden de levensbeschrijving van Jaap nog op komen halen, maar dat is nooit gebeurd, er waren blijkbaar geen openstaande vragen meer.

Henk hadden ze wel het vuur na aan de schenen gelegd. Vooral over het handgeschreven briefje van Jaap is hij lang doorgezaagd.

Nico was op me blijven wachten en bracht me thuis. M'n moeder stopte me in bed. De schouwarts had er blijkbaar vaart achter gezet. Toen ik een paar uur later wakker werd, lag er op Jaaps kussen een briefje van m'n moeder:

"Jaap is vrij"

Het afscheid

Voor ik goed en wel beneden was, kwam de begrafenisondernemer al langs. Jaap had altijd gezegd dat hij thuis opbaren niet nodig vond, te veel rompslomp. Na het bruuske los moeten laten, voelde het voor mij echter helemaal niet goed dat Jaap eenzaam en alleen in een achterafgebouwtje lag. Mijn eerste vraag was dan ook of Jaap zo gauw mogelijk weer naar huis mocht komen, naar z'n eigen veilige plek bij mij en de dieren. Hij maakte er meteen werk van. Helaas en tot haar spijt, kon de schouwarts hier echter geen toestemming voor geven. De grote hoeveelheid medicijnen in Jaaps lichaam maakten dat onmogelijk, gevaarlijk zelfs. We konden wel gelijk naar Jaap toe. De begrafenisondernemer zat er een beetje mee dat het mortuarium op de begraafplaats verbouwd werd en het er nogal een rommeltje was. Hij bood daar bij voorbaat al uitgebreid z'n excuses voor aan. Dat was nergens voor nodig geweest. Jaap lag naakt en vredig tussen de puinhopen, mooier had niet gekund, het maakte de dood vriendelijk en benaderbaar.

Een paar uur later waren wij weer bij Jaap. Het eerste wat mijn moeder opviel was dat z'n gezicht veranderd was. Er lag nu een zweem van een glimlach rond z'n mond, als in z'n goede tijden van weleer. Bij navraag bleek dat nog niemand met Jaap bezig was geweest. Het kon dus niet anders dan een spontane verandering zijn. Het stelde mij nog meer gerust en gaf m'n moeder het vreemde gevoel dat hij wellicht Argus teruggevonden had.

Jaaps ouders waren er nu ook. Voor hen was het de eerste keer dat ze Jaap terugzagen en die spontane verandering hebben ze niet meegekregen. Buiten stonden we nog even met elkaar te praten. Hun huisarts was lang gebleven, wat ze zeer waardeerden. Maar daarna – zij stipten het heel voorzichtig aan en verweten niemand iets – was Sven, die hen nog van vroeger kende, ze voortdurend blijven bellen en gezien de situatie hadden ze het niet aangedurfd de stekker eruit te trekken. Wat erg! Het liefst was ik ter plekke door de grond gezakt. Gelukkig waren oom Geert en z'n vrouw meteen gekomen en wachtten hen thuis op.

Hoe had dit kunnen gebeuren? De enige die ik gebeld had was Bert. Schoorvoetend gaf hij toe dat Sven bij hem had gezeten toen ik belde en natuurlijk meegekregen had dat er iets ernstigs was gebeurd. Bert zat er vreselijk mee in z'n maag dat hij z'n mond niet had kunnen houden. Sven was daarna door niemand meer te stoppen geweest. Bert had het echt geprobeerd.

De kist, de kaart en al die andere te nemen beslissingen: Jaaps ouders lieten dat het liefst aan mij over. Voor mij was het echter van wezenlijk belang dat zij meebeslisten. Ze lieten zich gelukkig overhalen, kwamen bij de bespreking zitten, maar gaven mij alsnog in alles de vrije hand.

De rouwkaart – overigens het enige waar ze niet gelijk helemaal in meegingen. Ik wilde de titel van Huubs gedicht, 'Light among the ruïns', erop zetten. Jaaps vader had daar wat moeite mee. Hij was meer voor kort en krachtig, zonder poespas. Het kwam er toch op.

Jaaps kleding. Die had ik al klaargelegd. Witte broek, blits overhemd en z'n favoriete leren trouwhesje. Zo kon hij de hele wereld aan.

Begraven of cremeren. Daar had Jaap lang over nagedacht. Wat hij zo node bij Corrie had gemist, een plek om naar toe te gaan, had hij mij willen besparen. Na lang wikken en wegen en pas na mijn suggestie om z'n urn bij te laten zetten in het graf van Argusje, was hij voor cremeren gegaan.

Wanneer. Voor mijn gevoel overleed Jaap op maandag 28 maart, officieel echter op dinsdag 29 maart. In dat jaar, 1983, het begin van de Paasweek. De zaterdagen deden toentertijd nog niet mee qua begrafenissen en dergelijke, en tweede Paasdag evenmin. Zonder allerlei gedoe van het moeten aanvragen van uitstel, bleef de vrijdag over: Goede vrijdag, 1 april. Voor Jaaps ouders een dag met een diepere betekenis, wat ze iets van troost gaf. Voor Jaap een laatste kwinkslag. Als hij nog enig benul van data en Christelijke feestdagen had gehad, zou hij hiervoor gekozen hebben.

Tot slot het lijstje dat Jaap me had gedicteerd. Wie welkom was op zijn crematie en dat daardoor de kaarten pas achteraf verstuurd mochten worden. Jaaps ouders vonden het moeilijk, maar begrepen het waarom. En begrepen ook, dat Jaap hen voor de familie had willen vrijwaren en dat dit hem de minst crue oplossing had geleken.

De rector had ik op het eerste het beste stille moment natuurlijk gelijk al gebeld en meteen daarna pater Van Kilsdonk. Nu alles was geregeld, ben ik iedereen gaan bellen die op het lijstje van Jaap stond. Het werden er meer. Jaap was de laatste maanden zó veranderd, zó mild geworden, dat ik er zeker van was hier goed aan te doen. Het fijne van het zelf de mensen bellen was dat het wederzijds wat troost gaf en zij niet overvallen werden door een rouwkaart.

Tijd voor de verdere invulling. Mijn eigen kleding. Dat kon niet anders dan het jurkje zijn dat Jaap nog geen maand geleden voor me had uitgezocht. Of het ook paste bij de gelegenheid? Geen idee, mijn probleem niet.

De muziek. Jaap had, in geval dat, gestaan op 'Dogs' van Pink Floyd, opdat het eindelijk tot iedereen door zou dringen hoe hij de wereld om zich heen vaak had gezien. 'The Logical Song' van Supertramp had er na enig aandringen mijnerzijds bij gemogen. Dat was te weinig en Jaaps muziekvriend kwam met 'All along the Watchtower' van Jimmy Hendrix. Daar was Jaap vroeger helemaal gek van geweest en het werd het openingsnummer. Voor het slotakkoord, mocht er tijd over zijn, deed ik er het album 'Love over gold' van de Dire Straits bij, gesloopt door Quinta en de vervanging ervan door Jaap grijsgedraaid toen het fout met haar afliep.

Op de dag van de crematie mocht Jaap nog een paar uur naar huis komen. Uren waarin ik non stop muziek voor hem draaide. Niet alles kon aan bod komen, daar was de tijd helaas te kort voor. Iedereen die voor Jaap belangrijk was geweest, had ik uitgenodigd om langs te komen. Een van de eersten die kwamen, was helemaal overstuur en durfde niet naar Jaap toe. Hij lag zó tevreden, bijna sereen, in z'n kist dat, naar mijn gevoel, niets anders dan hem zelf zien haar kon helpen. En dat deed het. Jaaps ouders kwamen en wij verkasten even naar boven, hen alle ruimte gevend nog even bij Jaap te zijn.

Via de vrienden die ik uitgenodigd had, was het bericht ook in de kroeg terecht gekomen. Het huis begon vol te lopen met de mensen die Jaap daar tegen waren gekomen en op hem gesteld waren geraakt. De oude kroegbaas stapte binnen en had bijna gelijk weer rechtsomkeer gemaakt om bloemen te gaan halen. Door de spanning had hij daar geen seconde aan gedacht. Het lukte me om hem dat uit z'n hoofd praten: Jaap hield niet van bloemen, hij kon beter een borrel op hem nemen, dat zou hij meer waarderen. Het voelde heel goed dat hij er was. Jaap was nogal op hem gesteld geweest. De vriend die Jaap na de polsaffaire als eerste in de kroeg tegen het lijf was gelopen en aan wie hij toen had opgebiecht wat er gebeurd was, kwam binnen met nog iemand uit de kroeg, mij onbekend. Ze begrepen helemaal niets van wat er was gebeurd. Ze hadden die bewuste dag nog met Jaap zitten praten, heel gezellig en Jaap vol humor. Uit niets was gebleken dat hij er zo slecht aan toe was geweest. Ik heb hun, en anderen die er erg veel moeite mee hadden, het waarom proberen uit te leggen: dat Jaap vele malen intensiever had geleefd dan wie ook; dat hij zich opgeleefd en geestelijk hoogbejaard had gevoeld; dat je, triest genoeg, zelf moet stoppen als je lijf, ondanks al die slopende jaren, categorisch blijft weigeren er voor jou een punt achter te zetten.

Ook de rector kwam langs om afscheid te nemen. Hij had andere afspraken en kon tot z'n spijt niet mee naar de crematie. Pater Van Kilsdonk kwam vrijwel tegelijk met hem aan. Hij had wel de tijd om mee te gaan en bood aan een toespraak te houden, wat Jaaps ouders en ik met beide handen aannamen. Ondanks alle drukte in huis kregen pater Van Kilsdonk en Jaaps ouders toch nog even de gelegenheid om ongestoord met elkaar te praten.

Niet alle familieleden van Jaap hadden zich af laten schepen. Diegenen onder hen waar Jaap bijzonder op gesteld was geweest, hadden zich niet aangesproken gevoeld. Gelukkig maar, zowel voor Jaaps ouders als voor mij. Ik had het al pijnlijk genoeg gevonden om deze boodschap van Jaap door te moeten geven.

De enige wanklank die ochtend was de vrouw van Henk. Aan condoleren kwam ze nauwelijks toe. Tot mijn verbijstering begon ze meteen haar nood te klagen bij Jaaps ouders. Over hoe zwaar ook zíj het de afgelopen maanden had gehad, met een man die haar voortdurend alleen had laten zitten en liever bij Jaap was geweest. Pater Van Kilsdonk greep gelukkig subtiel maar effectief in en ontzette hen. Daarmee Henk de kans gevend haar zo snel mogelijk af te voeren.

Op het laatste moment realiseerde ik me pas dat er voor m'n moeder niemand was die haar op kon vangen. Dat ging mij niet lukken. Gauw haar onvolprezen buurvrouw gebeld. Die was er binnen een half uur. Zij overzag de situatie, zag dat arme Lotje helemaal over haar toeren was, vroeg waar ze onze dierenarts kon vinden, nam Lotje onder de arm en weg was ze weer. Ze kwam terug met een gekalmeerde Lotje en ontfermde zich de rest van de tijd over m'n moeder, die ze na afloop mee terug naar huis nam.

De crematie was in Schagen. Henk reed m'n moeder en mij er in onze eigen auto naartoe. Guus en Berber waren mee. Wij waren de eerste volgwagen, m'n moeder keek achterom en fluisterde opeens: "Ik durf te wedden dat Jaap nu de grootste lol heeft. Het is hem gelukt. Hij rijdt voorop en wij volgen hem als makke schapen." Ze kende hem te goed. Voor Jaaps ouders vond zij het verschrikkelijk, niet voor hem. Voor hem was ze intens blij dat het over was en bewonderde zijn moed om die ultieme keuze te durven maken.

Toen we de aula binnenkwamen stond de kist voor grote ramen die uitzicht boden over een zee van narcissen. De toespraak van pater Van Kilsdonk was warm. Begrip, respect en troost, dat is mij ervan bijgebleven. Daarna was het mijn beurt:

"Het is vreemd. Jaap was niet gelovig, maar het gedicht van een vriend én dominee en de gesprekken met pater Van Kilsdonk en de rector van het ziekenhuis hebben hem veel rust en troost gegeven".

Na deze korte inleiding heb ik het gedicht van Huub voorgedragen en vervolgde met:

> *"Jaap heeft zelf de nu volgende songs gekozen.*
> *De eerste song, 'Dogs' verwoordt hoe hij*
> *de wereld om zich heen vaak ervoer.*
> *De tweede song, 'The Locigal Song', drukt uit*
> *hoe hij zich 's nachts, als hij niet kon slapen, vaak voelde.*
> *Graag had hij dat u poogt beide teksten te verstaan*
> *en te begrijpen, zodat u ook hem beter begrijpen zal".*

Ik gaf het woord door aan Jaap zelf. Het werd de 'The Logical Song', een kleine misser van de geluidsman. Nadat Jaaps vader iedereen had bedankt voor hun aanwezigheid, was het slotwoord weer aan Jaap met 'Dogs'. Dat was althans de bedoeling geweest, maar andermaal ging de geluidsman de mist in. Met het oog op de klok, zette hij in plaats daarvan het kortere eerste nummer van die elpee op: 'Pigs On The Wing'.

Na afloop hoorde ik in de koffiekamer uit onverwachte hoeken dat naast de toespraak van pater Van Kilsdonk, met name de 'The Logical Song' heel veel duidelijk en acceptabel had gemaakt, en ook verwijten richting Jaap over zijn daad hadden doen wegvallen. Die misser van de geluidsman had goed uitgepakt. [nr.41]

Het was een lange dag geweest. Op Henk en Jaaps muziekvriend na, was iedereen vertrokken. In de voorbije jaren hadden hij en Jaap wel eens samen gitaar gespeeld. Ondanks dat z'n vriend daar verder in was gegaan, had hij zich er door Jaap nooit toe laten verleiden om een stukje solo te spelen. Nu pakte hij Jaaps gitaar en begon te spelen. De best denkbare dagsluiting. Het kon niet lang genoeg duren.

Daarna

De afgelopen dagen had het gevoeld alsof Jaap me voortdurend had bijgestaan om alles in goede banen te leiden, troost te bieden waar nodig en drama op grote afstand te houden. Een steun in de rug, om nu voorzichtig aan op eigen benen te gaan staan.

M'n moeder kwam helpen met het schrijven van de kaarten en bleef een paar dagen. Dat kwam mooi uit; Sven stond op de stoep. Als hij dat nodig vond, kom dan maar binnen. Hij brandde gelijk los: "Hoe Jaap hem dit had kunnen aandoen. En dan had hij hem ook nog eens die verschrikkelijke nieuwjaarskaart gestuurd, één van de meest pornografische foto's die Jaap ooit gemaakt had. Open en bloot en de hele trap had ervan meegenoten." Ik kon dit verhaal nauwelijks geloven en haalde m'n schouders er maar over op. Het zal, of het zal niet. Zijn rancune was er weliswaar ooit groot genoeg voor geweest, maar afgelopen Oud en Nieuw zeker niet. Het zou in de twee jaar daarvoor geweest kunnen zijn, maar dan nog zag ik Jaap geen postzegel opzoeken en naar de brievenbus gaan. Alhoewel, je wist het nooit bij hem en dan was het een juweel van een tegenzet geweest.

Nadat Sven eerst op alle punten bij mij bot gevangen had, hoopte hij op wat meer begrip van m'n moeder, die in de keuken met het eten bezig was. Dat was van de drup in de regen. Als rechtgeaarde onderwijzeres, liet m'n moeder hem zeer gedecideerd alle hoeken van de kamer zien. Hoe hij het in z'n hoofd had gehaald om in de nacht dat Jaap overleed ettelijke keren Jaaps ouders te bellen. En dat gedoe over die foto. Als het al waar was, wat ook m'n moeder ernstig in twijfel trok, dan zou hij dat er zelf wel naar gemaakt hebben. Als hij verstandig was, moest hij hier voorlopig z'n gezicht maar niet meer laten zien. Sven droop voor de laatste keer af.

Zodra onze huisarts terug was van vakantie, ging ik naar hem toe en nam de ongebruikte slaapmedicatie mee. Dat was iets tussen hem en Jaap en verder niemand. Ook ik stond daar buiten.

Het heeft nog even door m'n hoofd gespeeld of ik een klacht zou indienen tegen die laatste psychiater. Hij had al mijn waarschuwingen in de wind geslagen, geweigerd de medicatie aan te passen en toen het fout ging, had hij ook nog eens de consequenties ervan niet willen dragen. Er zat echter één groot 'maar' aan. Juist doordat hij die consequenties niet had willen dragen, had hij er onbedoeld toe bijgedragen dat Jaap rustig thuis heeft mogen sterven. Ergens wilde ik niet dat hij ooit te weten zou komen dat hij ons daarmee keurig in de kaart had gespeeld. Die lol gunde ik hem niet en ik heb het erbij laten zitten. Die psychiater mag nog van geluk spreken dat m'n schoonouders dit allemaal niet meegekregen hebben. Zij stonden er heel anders in en m'n schoonmoeder kennende, had zíj hier weldegelijk werk van gemaakt.

Nu Jaap er niet meer was, hoefde oom Geert, in ieder geval naar mij toe, geen blad meer voor de mond te nemen. Dat leverde een verhelderend gesprek op. Oom Geert bleek al die jaren wel degelijk beseft te hebben hoe groot het risico van een opname was. Dat Jaap dan door had kunnen slaan en volledig gek had kunnen worden. Dat had hij vaker zien gebeuren. Er was ook een kans geweest dat Jaap daaruit had weten te komen. Omdat hem dat voor Jaap nog de enig overgebleven mogelijkheid had geleken, was hij daar toch altijd op blijven aandringen. Was dat z'n enige reden? Of had hij wellicht z'n zuster niet af willen vallen? Daar heb ik maar niet naar gevraagd.

Oom Geert benoemde nog een ander risico, waar wij zelf nooit bij stil hadden gestaan. Het risico namelijk, dat Jaap zodra hij weer bij zinnen was gekomen zichzelf alsnog zo snel mogelijk had gedood. Ook dát had oom Geert vaker pal na ontslag zien gebeuren. Volgens hem konden al dit soort overwegingen het voor een psychiater soms erg moeilijk maken om een opname door te zetten. Hij was nu blij dat het Jaap bespaard was gebleven.

Waarom oom Geert nooit zo eerlijk tegenover Jaap was geweest? Ook daar heb ik verder maar niet naar gevraagd. Het had Jaap zoveel steun kunnen geven. Praktisch gezien: in zijn verzet tegen opname zou het hem de opening hebben geboden om een beter gefundeerde discussie met z'n behandelaars aan te gaan over de voor en tegens ervan. Maar veel belangrijker: de erkenning dat zijn voorgevoelens aangaande opname reëel waren. Dat waren de gedachten die gelijk bij me opkwamen en ze meteen als niet meer ter zake doende terzijde schoof. Dit zou Jaap oom Geert nooit verweten hebben, wetend dat die aan handen en voeten gebonden was geweest en binnen die kleine marge naar beste kunnen en weten gehandeld had. Integendeel, omdat oom Geert de moed had getoond zijn twijfels nu met mij te delen, zou zijn respect voor hem, net als het mijne, hierdoor alleen maar groter zijn geworden.

Een paar weken later belde m'n schoonvader op. Z'n vrouw was naarstig op zoek naar foto's van Jaap, maar had er bitter weinig gevonden en of ik er misschien nog een paar voor haar had. Ik beloofde hem de negatieven door te gaan spitten. Los van de nooit afgedrukte trouwfoto's die Sjoerd had gemaakt, verwachtte ik verder weinig te vinden. Jaap had zich niet graag laten fotograferen: "Dat brandt alleen maar een gat in het negatief." Wonder boven wonder vond ik er vele.

Een goede reden om meteen de doka in te gaan. Alles stond al klaar en toen ik, zoals vrijwel iedere dag, gebeld werd door eerst de ene en daarna de andere bezorgde moeder heb ik allebei nog braaf beloofd het niet te laat te maken. Ik ben daarna de doka ingedoken en zat daar zo intens te genieten van iedere beeltenis van Jaap die in het ontwikkel-bad tot leven kwam, dat ik de hele nacht door ben gegaan.

Het waren soms zeer moeilijk af te drukken negatieven geweest, maar ondanks m'n gebrekkige ervaring was het me wonderwel gelukt om goede afdrukken te krijgen. En dat op een enkel proefstrookje na, zonder enige verspilling van fotopapier. Sjoerd was razend benieuwd naar de trouwfoto's. Ik was wat benauwd voor z'n ongezouten kritiek, hij was per slot de vakman. Die kritiek kwam niet. Integendeel, Sjoerd was stomverbaasd over de resultaten. Hij suggereerde zelfs dat ik 'hulp' moest hebben gehad, want zijn negatieven waren geen makkie geweest, dat wist hij zeker. Sjoerd ging nog een stapje verder en vroeg me wat negatieven af te drukken die niets met Jaap te maken hadden, om te zien of dat misschien de kwaliteit zou beïnvloeden. Nu was ik stomverbaasd. Sjoerd, de Friese nuchterheid zelve, de laatste van wie ik een hint in die richting verwacht zou hebben.

Nu het er niet meer toe deed, kreeg ik prompt steeds meer last van m'n menstruatie. Het was nog niet zo pijnlijk als vroeger, maar zover wilde ik het niet laten komen en vroeg de huisarts weer om de pil. Lyndiol wilde hij me liever niet meer geven, te zwaar en te veel nadelen. Hij nam er de tijd voor om me uit te leggen welke dat waren. Vermindering van libido was daar één van. Al onze moeilijkheden op dat vlak hadden dus simpelweg aan de pil gelegen en hadden heel eenvoudig opgelost kunnen worden.

De artsen die wij geraadpleegd hadden, hadden de problemen elders neergelegd en niet bij de pil, die was nooit ter sprake gekomen. Hun mening had ons altijd zo logisch in de oren geklonken, dat het daarom nooit bij ons is opgekomen het ten overvloede ook nog eens aan onze nieuwe huisarts voor te leggen.

Het idee was om de urn bij te laten zetten in het graf van Argusje. De begrafenisondernemer heeft daar navraag naar gedaan; het mocht van overheidswege en de beheerder van de dierenbegraafplaats had er ook geen bezwaar tegen. Het enige waar m'n schoonouders tegen aan bleven hikken was de afstand. Ze waren er bang voor dat dan het onderhoud van het graf, zeker op de lange duur of door veranderende omstandigheden zou verwateren. Om die reden hadden ze bij Corrie bewust gekozen voor verstrooiing, zij mocht niet eindigen in een vergeten graf. Net zomin als Jaap nu en daarom hebben we er uiteindelijk voor gekozen om Jaap bij te laten zetten op de urnen begraafplaats hier in het dorp, op een prachtig stil plekje tegen de duinrand aan.

Het was mogelijk om Argusje op te laten graven en alsnog te laten cremeren. Het was helaas echter ten strengste verboden de as in Jaaps graf bij te zetten. Zelfs de begrafenisondernemer die ter wille van laatste wensen menig regel wist te omzeilen, kon hier geen achterommetje in vinden. Om nog iets van Argusje bij Jaaps graf te hebben, heb ik de conifeertjes die bij Argusje stonden bij Jaap geplant.

M'n schoonouders en ik hebben samen de steen uitgezocht. We zijn voor de keuze van m'n schoonvader gegaan. Het werd een dikke, min of meer ronde gepolijste plak graniet, met alleen Jaaps naam en leeftijd – 30 jaar – erop. Geen gereken, geen franje.

Het graf van Jaap is een plekje geworden waar wij alle drie vaak en graag even langs gingen. Jaap had gelijk gehad, een plek om naartoe te gaan verzachtte veel, ook voor z'n ouders.

Jaap had de staat van Henks huwelijk inderdaad goed ingeschat. Exact zes weken na Jaaps overlijden kwam diens vrouw mij mededelen dat nu de rouwperiode voorbij was en ik als alleenstaande vast niet alle kamers meer in gebruik had. Daar kon Henk er best wel één van huren. Het hotel waar meer alleenstaande mannen uit het dorp onderdak hadden gevonden was haar te duur en ze wilde hem de deur uit hebben. Ik kon Henk moeilijk op straat laten staan en een aantal weken later trok hij bij me in. Met name de moeders waren blij dat er iemand bij me kwam wonen en op me paste.

Dat Henk en ik een goede match waren, had Jaap ook goed ingeschat. Henk gaf me alle ruimte om op adem te komen, de afgelopen jaren te verwerken en er zoveel mogelijk over op te schrijven. Ook gaf hij me alle vrijheid om mezelf verder te ontwikkelen op het creatieve vlak. Van zijn kant vond Henk bij mij de ruimte om zich te ontworstelen aan de hem opgelegde patronen. De overtollige kilo's vlogen eraf, de neksteun kon de kast in en de bohemien in hem kwam weer tot leven.

Het werd wel een stuk stiller in huis. Enkele vrienden, waaronder Bert en Marleen, bleven trouw langskomen, maar zonder de bijna charismatisch te noemen aanwezigheid van Jaap was de loop er verder snel uit.

Voor m'n schoonouders bleef het vooralsnog moeilijk te verteren dat ik niet had ingegrepen. Desondanks bleef het contact tussen ons net zo veelvuldig als voorheen, met iedere dag een belletje en minstens één keer in de week ging ik even naar ze toe. Het duurde maanden voor die ban brak. De eerste aanzet daartoe was mijn droom over Jaap, in de nacht voor mijn verjaardag. Een droom waarin hij me meenam op zijn weg naar de dood en waarin hij me een glimp liet zien van wat hij aan het einde van die weg gevonden had. Plotsklaps verscheen er in mijn droom een heel ander beeld: Jaap en mijn broer, zittend in het zand. Alsof Jaap me wilde laten weten, dat hun onmin in zand geschreven was en hij het niet als verraad zou zien als ik de banden met m'n broer weer aan zou willen halen. Want natuurlijk miste ik m'n broer, zeker nu. Ik schrok wakker en heb de droom gelijk, in één vaart doorschrijvend, op papier gezet. Later die dag heb ik een kopie ervan aan m'n schoonouders gegeven.[26]

Voor m'n schoonmoeder was het deze droom die haar over de drempel hielp. Niet lang daarna droomde m'n schoonvader, die nog nooit van z'n leven bewust had gedroomd, dat Jaap hem belde om even te melden dat alles goed met hem ging. Dat was zo levensecht geweest, dat hij zich bijna niet voor kon stellen dat hij het echt alleen maar had gedroomd. Toen kon ook hij het loslaten. En toegeven dat ook zij voor Jaap geen uitweg meer hadden gezien.

Hun kracht om opnieuw overeind te komen, voor iedereen open te blijven staan, hun liefde voor elkaar die dwars door alle ellende heen alleen maar groter werd. Jaap had zijn kwaliteiten duidelijk niet van een vreemde gehad.

---

26 Zie bijlage 2

Lotje heeft Jaap niet lang overleefd. Ze begon eigenlijk gelijk al te dementeren en voordat ik dat goed en wel doorhad was het te laat, ze stak zomaar de weg over. Ook Guus kon het gemis op den duur niet aan. Hij begon door te slaan. Voor een herder was hij heel groot, één bonk spieren, geen gram vet en woog 36 kilo. Ik was nog geen 20 kilo zwaarder en als hij vol in de aanval ging, kon ik dat nauwelijks mannen. Om ongelukken te voorkomen hebben we de hulp van een deskundige ingeroepen. Met zijn hulp hebben we voor Guus iemand kunnen vinden die wel stevig genoeg in z'n schoenen stond en hem een stabiele basis kon geven. Guus is de enige hond geweest waar ik ooit op deze manier afscheid van heb moeten nemen.

De diepe indruk die het zoontje van Bert op Jaap had gemaakt, bleek wederkerig. Enkele maanden later nam Bert hem een keer mee. Vraagt die kleine opeens aan mij of Jaap nu dood was, waar hij was en of ik hem nu ook nooit meer zag. Op die vragen had dat kleine hoofdje, waar de wereld om hem heen maar moeizaam in doordrong, heel lang zitten broeden voor hij ze kon en durfde stellen. Een ode.

Begin 1984 had ik de levensgeschiedenis van Jaap op papier staan. Al schrijvend was ik al een aantal in het oog springende punten tegengekomen, die heel misschien zouden kunnen leiden tot het promotieonderzoek waar Jaap zo op had zitten vlassen. Tussen de portretten die Jaap had gemaakt zaten er een paar die daar wonderwel bij aansloten. Niet goed wetend hoe toen, hoe verder, ben ik teruggegaan naar het beroepskeuze-instituut en heb de psycholoog die Jaap had begeleid om raad gevraagd. Ik heb hem de hele handel voorgelegd en hij greep gelijk naar de portretten: "Zo in beeld gebracht zijn het mensen die je graag zou willen leren kennen." [nr.42] Daar moest ik bijna van blozen. Op grond van de levensgeschiedenis – hij was toentertijd de enige aan wie ik het heb laten lezen – gaf hij me voldoende aanwijzingen en tips richting literatuur om er verder mee aan de slag te kunnen gaan. Dat resulteerde in een werkhypothese over het ontstaan en het wezen van zowel depressiviteit als geheel, als de depressies op zich, zoals die zich bij Jaap hadden voorgedaan. De nadruk lag daarbij op hoe Jaap zijn denkvermogen in had gezet om zich staande te kunnen houden. De levensgeschiedenis was hier de leidraad in, maar nooit geschreven of bedoeld als doel op zich.

Met deze werkhypothese en een reeks aan ideeën over een mogelijke voortgang, ben ik in 1986 naar de toenmalige specialist op dit gebied gestapt. Daar strandde het. Niet vanwege de door mij opgestelde werkhypothese; die vond hij weldegelijk interessant genoeg om verder onderzoek naar te gaan doen. Het ging om de positie die ik dan in zou gaan nemen op de universiteit. Als onbezoldigd assistent in opleiding (AIO) zou ik door de andere, wel voor hun brood daar werkende AIO's, met scheve ogen aangekeken worden, met alle nare bijeffecten van dien. Om daar tegen opgewassen te zijn, moest je een hele dikke huid hebben en hij had sterk de indruk dat ik die niet had. M'n schoonvader had me al op dat gevaar gewezen en ook hij had het me sterk afgeraden om me in die slangenkuil te begeven. Zij kenden beiden die wereld maar al te goed. Ik nam hun advies ter harte en het is jammer genoeg bij deze hypothese gebleven. Ik had Jaap dat bordje in de tuin met alleen mijn titel en zijn achternaam erop zo van harte gegund.

Voordat ik met mijn werkhypothese de boer op ging, had ik het aan m'n schoonouders laten lezen. M'n schoonvader kwam er later op terug. Hij nam me mee naar z'n studeerkamer, waar we voor het eerst samen uren hebben zitten praten over Jaap en over hoe hij daar zelf in had gestaan.

M'n schoonvader omschreef Jaaps denken als 'jezuïtisch denken' en legde dat als volgt uit: "Een soort magisch en animistisch denken – wat volgens hem ook kinderen sterk doen – dat gebaseerd is op een geloof in iets dat niet verder onderzocht wordt en als basis dient voor een verder strikt logische redenering. De enige manier om dat onderuit te halen is het uitgangspunt aanvallen, maar geloof is sterk en weinig vatbaar voor logica. Ingaan tegen de redenering zelf is zinloos. Die is zo strikt logisch dat

die niet te ondermijnen valt en je dat bij voorbaat al verliest."
M'n schoonvader vertelde me dat Jaap er als kind al heel sterk in was om op basis van zulke heel irrationele gehechtheden en overtuigingen sluitende redeneringen op te zetten. Maar dat Jaap ook bereid was geweest bij anderen zo'n uitgangspunt te respecteren. Als voorbeeld haalde m'n schoonvader een sessie van de gezinstherapie aan, waarin het ter sprake was gekomen dat hij geloof hechtte aan bepaalde getallen. Hij was daarop aangevallen door de therapeut, maar had de steun van Jaap gekregen. In hoeverre m'n schoonvader van mening was dat Jaap deze manier van denken nooit was ontgroeid, liet hij in het midden, hoewel het voorbeeld dat hij in verband hiermee gegeven had en zijn interpretatie ervan, wel in die richting duidde. Jammer genoeg ben ik daar niet verder op ingegaan, ondanks dat ik zijn zienswijze op de manier van denken van Jaap niet goed kon rijmen met hoe ik die ervaren had en daarvan uitgaande, zou de situatie tijdens die therapiesessie ook anders geïnterpreteerd kunnen worden: namelijk dat Jaap hem niet zozeer uit respect voor zijn uitgangspunt verdedigd had, maar veeleer omdat hij sowieso heel beschermend naar z'n vader toe was geweest.

In dit verband kwam ook de rugziekte van Jaap nog even ter sprake. Hoe Jaap in de ogen van m'n schoonvader daar in het begin zeer irrationeel en violent op gereageerd had, zo erg zelfs dat m'n schoonvader die tijd liever vergat.

Bijna verontschuldigend ging m'n schoonvader verder over wat hij zag als z'n eigen tekortkomingen richting Jaap. Tekortkomingen, die zo diep verankerd lagen in zijn wezen dat hij onmachtig was geweest daar enige verandering in te brengen. Ter verklaring vergeleek hij zichzelf met een Deense dog – zo voelde hij zich ook vaak, zei hij – die én groot én onhandig is. Door zo groot te zijn werd je nooit aangevallen, bovendien was hij altijd de slimste van de klas geweest en was ook geestelijk nooit aangevallen. Daardoor kende hij het simpelweg niet om je te moeten verdedigen. Qua onhandigheid van de Deense dog drukte m'n schoonvader het zo uit, dat die zonder nadenken zijn poot legt waar hij wil. Dat kan wel eens in een rozenperk zijn, zonder dat hij beseft dat dat schade oplevert. In zijn geval, dat hij zonder opzet dreunen uitdeelde en dat Jaap daar ontzettend veel moeite mee had gehad. Hij wist dat hij voor Jaap het toppunt van redelijkheid was geweest en daar klopte dit onbewust uitdelen van dreunen niet bij, waarvan hij zelf, ook achteraf, vaak niet door had gehad dat hij het had gedaan. De keren dat Jaap hem daarop had aangevallen, had hij zich ook nog eens nooit verdedigd. M'n schoonvader begreep heel goed dat het Jaap soms hels had gemaakt en dat hij door zo te reageren zo onaantastbaar voor hem was geweest.

Om het na Henks pensionering financieel te kunnen bolwerken, zijn we drie jaar later getrouwd. Wat ik daar wel erg moeilijk en ook pijnlijk aan vond, was dat ik de achternaam van Jaap en van het gezin waarin ik zo liefdevol was opgenomen en waar ik me zo thuis voelde, niet langer kon blijven dragen. Mede daardoor keerde ook m'n eigen familieloze meisjesnaam weer overal in terug.

Aan Jaaps wens dat ik kinderen zou krijgen heb ik helaas niet kunnen voldoen. Jaaps pech reikte wel erg ver: er was bij mij een weeffoutje ingeslopen. Een beetje veel te laat om daar achter te komen, het had Jaap en mij heel wat moeite kunnen besparen.

Met het vinden van een baan ging het al niet veel beter. Bij de WAO-vereniging liep het op z'n end en na vele sollicitaties en evenzovele afwijzingen – te hoge opleiding, te weinig specialisatie, te veel ervaring (met de 'verkeerde kant'), te weinig ervaring – gaf ik het op en ik ging een blauwe maandag chocolaatjes inpakken. Tot ik iets beters vond. Bij een stomerij annex kledingreparatie zochten ze iemand voor twee middagen in de week. Ideaal, ik ben er vele jaren blijven werken. Tenminste één opleiding was niet voor niets geweest.

Toen ook Stoffel overleed, kon Berber dat niet meer aan: ze bleef zich hele dagen onder de tafel verschuilen. Na het een week aangekeken te hebben, zijn we spoorslag naar het asiel gegaan en hebben daar een vriendje voor haar gevonden, Jasper.

Henk ging opeens hard achteruit. Van onderzoeken wilde hij niets weten. Pas toen hij er niet meer onderuit kon, kreeg ik hem naar een specialist. Nog geen paar dagen later durfde hij na het wakker worden opeens wel zijn angsten te tonen. Prompt vergat ik die laatste zware maanden met hem, waarin hij tegen beter weten in voor mij de sterke man had willen blijven. Diezelfde avond gaf zijn hart het op. De dienstdoende arts verordonneerde me een ambulance te bellen, dat voelde al niet goed, zo was het ook geen leven meer voor hem. Gelukkig kon ik ze afbellen. Op de kop af negen-en-een-half jaar na Jaap, op dinsdag 29 september 1992, overleed ook hij. Henk is zeventig jaar geworden.

Onze eigen huisarts, nog steeds dezelfde, was deze keer niet op vakantie en kwam meteen. Hij kwam naast me zitten op de rand van Henks bed en vertelde me dat de specialist hem die middag doorgegeven had dat Henk Amyotrofische Laterale Sclerose (ALS) had. Hij vond het voor Henk een zegen dat hem die wetenschap bespaard was gebleven. En ook een zegen, dat z'n hart het als eerste had opgegeven.

Op vrijdag en in Schagen – op beide stond ik – zou het afscheid zijn. De middag ervoor kwam Henk weer naar huis.

De muziek had hij zelf al uitgekozen. Bij het afscheid van Jaap was bij hem het kwartje gevallen hoe belangrijk dat was. Het eerste waar hij aan had gedacht was 'Hit The Road Jack'. In de Big Band had hij dat altijd met heel veel plezier gespeeld. In dit verband was de tekst: 'and don't you come back no more, no more' cynisch en komisch tegelijk – Henk was geen makkelijke – maar toch echt iets te ver over de top. Na mijn veto hierover koos Henk voor 'The Lion Sleeps Tonight' van The Nylons – ook close harmony lag hem na aan het hart. In die provocatie kon ik wel helemaal meegaan. De rest moest klassiek zijn. 'Air' van Bach was daarin zijn absolute favoriet: dat had hij zelf vaak in kerken gespeeld.

Tijdens de wake in onze laatste nacht samen, vond ik er de woorden bij:

> *Nog eenmaal zorgeloos ontwaken.*
> *Nog eenmaal swingend in dit leven staan.*
> *Nog eenmaal droomloos gaan slapen,*
> *Met de muziek nog zachtjes aan.*

Zo'n vijf maanden voor z'n overlijden was Henk er ineens over begonnen waarom ik eigenlijk nooit geprobeerd had om m'n naam officieel te laten wijzigen. De naam van mijn vader ging niet, dat was nog steeds een alias. Henk vond het sowieso meer terecht dat ik dan voor mijn moeders naam zou kiezen. Hij had steeds meer aangedrongen en een maand later had ik een verzoek daartoe ingediend. Het zou ongeveer zes maanden duren voor ik daarop een antwoord kon verwachten.

De nacht voor de crematie had ik nauwelijks geslapen en toen alles achter de rug was, ben ik gelijk m'n bed ingedoken. In de tussentijd was de post langs geweest. Twee maanden eerder dan verwacht, was uitgerekend op deze dag uit naam der Koningin mijn achternaam officieel gewijzigd in die van mijn moeder. Een nieuw begin, volledig blanco.

Door m'n broer was ook onze achterneef Kees meer in beeld gekomen. In het jaar dat Henk overleed, was zijn huwelijk gestrand en had hij in Zaandam een grote vrijstaande, maar totaal verwaarloosde dijkwoning uit 1903 gekocht, met voldoende bedrijfsruimte om zijn werk in de jachtbouw voort te kunnen zetten. Tijdens één van z'n weinige bezoeken aan Nederland zag m'n broer hoe groot de impact van Henks ziekte was en riep de hulp van Kees in. Die woonde bij wijze van spreken om de hoek en zelf moest hij terug naar Spanje, van waaruit hij weinig voor mij kon betekenen. Kees was onbetaalbaar. Bij iedere abrupte achteruitgang van Henk versierde hij à la minute de juiste aanpassing.

Na het overlijden van Henk kon ik vrijwel meteen bij Kees aan de slag als manusje van alles. Kees en ik hadden ons van jongs af aan tot elkaar aangetrokken gevoeld. We waren toen ieder ons weegs gegaan. Die aantrekkingskracht was op al die wederzijds verkeerde momenten dat we elkaar tegenkwamen, altijd voelbaar gebleven. We hadden allebei een lange en alleszins waardevolle weg afgelegd en waren er eindelijk klaar voor om samen verder te gaan, in een open relatie, met ieder ons eigen huis en plek.

Bij al m'n ouders, zeker bij m'n moeder die altijd al erg op Kees was gesteld, was hij van harte welkom. Het was echter frappant dat Kees bij m'n schoonvader tegen hetzelfde opliep als Jaap. Ze mochten elkaar heel graag, maar verstonden elkaar niet.

Jaap en Kees. Kop en munt. Bij de weinige keren dat zij elkaar tegen waren gekomen – te vluchtig voor een vriendschap – was er iedere keer weer wederzijds een vreemd soort van herkenning geweest. Elkaars gelijken in geest, in hun strijd met het leven, in hun oprechtheid en eerlijkheid, in hun warmte naar anderen toe, en – ieder op z'n eigen gebied – in hun perfectionisme.

Berber is veertien geworden. Een paar maanden na haar dood was ik met Jasper op weg naar Kees. Boven de weilanden verscheen plotsklaps een prachtige, bijna complete regenboog. Alsof de hemel jubelde van geluk en mij daar vrijelijk in liet delen met de hond die naast me lag en met de man die op me wachtte. Had ik dit niet mogen voelen? Het werd in ieder geval gelijk afgestraft. 's Middags mocht Jasper mee naar de jachtwerf, waar hij lekker kon rondscharrelen. Het werk was klaar en meestal was Jasper dan allang weer terug bij de auto. Deze keer niet en hij was nergens meer te vinden. Hij moet door iemand meegenomen zijn. Vijfentwintig kilometer verderop, bij een tankstation langs de snelweg, is hij hoogst waarschijnlijk uit hun auto ontsnapt. Dat heeft hij niet overleefd.

 M'n schoonmoeder begon zowel lichamelijk als geestelijk te kwakkelen en m'n schoonouders verhuisden naar een serviceflat voor senioren in Amsterdam. Of de piano meeging was een twijfelpunt. Wel / niet; het werd wel. Bij de flat hing hij al op zeven hoog in de takels te bungelen, het 'juiste' moment voor m'n schoonmoeder om te bedenken dat hij eigenlijk toch te veel ruimte innam. De verhuizers lagen dubbel van de lach: "Zullen we hem daar dan maar laten hangen?"

 "Nou nee, haal hem toch maar naar binnen."

 Net als voorheen belden wij elkaar nog steeds vrijwel dagelijks en ging ik minstens één keer in de week bij ze langs. Die ene keer dat ik een week had overgeslagen – wat ik ruimschoots aangekondigd had, maar m'n schoonmoeder alweer vergeten was – klaagde zij erover dat ze mij zo weinig zagen. Direct gevolgd door een verontschuldigend glimlachje: "Sorry, maar we worden hebberig."

M'n schoonmoeder kreeg de ziekte van Kahler. Tijdens haar laatste martelende week in het ziekenhuis zijn m'n schoonvader, Kees en ik nauwelijks van haar zijde geweken en we waren bij haar toen ze op 1 juni 1995 stierf. Op de dag af was ze achttien jaar lang mijn schoonmoeder geweest.

Voor het eerst kreeg ik van m'n schoonvader zijn bij z'n kinderen beruchte, maar o zo liefkozend bedoelde pijnlijke kneepje in m'n wang. Een groots gebaar, blozend en in dank aanvaard. Terug in hun woning kwam voor Kees de fles whisky op tafel. Ook dat kende ik alleen uit het verhaal van Jaap over de nacht van Corrie.

Het moeten uitspreken van een dankwoord had m'n schoonvader voor z'n kinderen nog wel gekund, voor z'n vrouw kon hij het niet meer aan en had het aan mij toevertrouwd. De uitvaart van m'n schoonmoeder was sereen. Als laatste muziekstuk had m'n schoonvader voor het dubbelconcert voor twee violen van Bach gekozen, wat zij en Corrie vele malen samen hadden gespeeld. Voordat de muziek werd ingezet, sprak ik het dankwoord uit:

> *Geachte aanwezigen*
> *Zoals mijn schoonvader op de kaart*
> *zo treffend onder woorden bracht:*
> *"Zij had haar naasten zeer lief".*
> *Dat zovelen gekomen zijn en sommigen van zo ver,*
> *laat eens te meer blijken*
> *hoe wederkerig deze liefde was en is.*
> *Uit naam van haar man en haar gezin,*
> *waar ik deel van uit heb mogen*
> *maken, dank ik u hiervoor.*

Lieve mevrouw Stam, ik hoop dat wij allen u in ons hart,
in onze gedachten,
in ons handelen, nog vele malen mogen ontmoeten.
Als laatste groet een samenspel van twee violen,
van moeder en dochter.
Lieve moeders, reis in vrede

Na een half jaar zonder hond en geen lente gezien te hebben, dorst ik het weer aan. In het asiel vonden we Bram: Kees had een radar voor problematische honden. Dat heeft hij geweten, Bram heeft het hem niet makkelijk gemaakt. Er kwam er nog één bij, Tara, ook gevonden door Kees. Zij was een Samojeed, oud, maar in voor alles. Een vrouwelijke Argus in het wit. Na haar kwam Sivar, de oude Samojeed van de vrouw van Kees – ze waren uit elkaar, maar nooit gescheiden – bij mij wonen. Na een leven lang meegedraaid te hebben op haar werk, kon Sivar het rustige leven thuis nu dat gestopt was, niet meer aan. Nadat ook hij was overleden, kwam Kees aanzetten met Saartje, een boerenfok. In de kroeg gevonden. Een – weliswaar heel vrolijke – draak voor mij, een schat voor hem. Nadat ik Bram veel te vroeg moest laten inslapen vanwege een niet te behandelen nekhernia, vond eerst ik, en daarna Kees steeds weer een volgend moeilijk plaatsbaar vriendje voor Saar.

Op 28 maart 1999 was ik, zoals altijd op Jaaps sterfdag, bij m'n schoonvader op bezoek geweest. Later die avond belde hij me nog een keer. Vrolijk nam ik op, was hij wat vergeten? Zijn stem klonk anders, onzeker, zo kende ik m'n schoonvader helemaal niet: of hij niets fout had gezegd, zich verkeerd had uitgedrukt over Jaap, mij daarmee pijn had gedaan? Ik kan slechts hopen dat ik hem gerust heb kunnen stellen. Twee-en-een-halve dag later kreeg ik een telefoontje van de manager van de serviceflat. Mijn schoonvader was half liggend op bed gevonden en was al geruime tijd dood. Had z'n hart het in die inktzwarte nacht van 28 op 29 maart begeven? Of had hij er zelf voor gekozen om in juist die nacht z'n vrouw en kinderen te volgen? Niet belangrijk meer. Ook hij was eindelijk verlost.

Wetend dat hij dit van mij zou verwachten en gesterkt door zijn vertrouwen in mij dienaangaande, nam ik het dankwoord op me. De zaal zat bomvol. De ceremonie van de Vrijmetselaren was indrukwekkend. Evenals de daarbij aansluitende aria 'In diesen Heil'gen Hallen kent man die Rache nicht' uit 'Die Zauberflöte' van Mozart, die op het wensenlijstje van m'n schoonvader had gestaan. Er volgden vele toespraken. Allen getuigden van hechte vriendschap en diep respect. Daarna was het mijn beurt:

Geachte aanwezigen,
Mijn schoonvader vertrouwde er ongezegd
op dat ik de woorden zou vinden
de laatste ceremonie die wij met hem mogen
delen waardig af te sluiten.
Dierbaar, zeer dierbaar was hij ons allen
die hier naartoe zijn gekomen
voor een laatste gesprek, voor zijn laatste antwoord,
verwoord in de aria van Sarastro.
De fles is leeg, het glas gespoeld
At night
When all the world's asleep
The questions run so deep
For such a simple man
De liefde en zorg van Jaap, Corrie en
bovenal Josien brachten
de verlossing en leidden hem heel zacht in de dood.
Ik dank u uit zijn naam dat u hem tot
hier heeft willen vergezellen.
Ik dank u, vader, dat ik bij u heb mogen schuilen.
Ik dank u, en ik dank uw hoeders.
Weer klinken de violen en ik laat u opnieuw
'in liefde bloeiende',
vol vertrouwen met hen gaan.

Blijkbaar had ik met mijn toespraak een snaar geraakt. De tot dan toe plechtige stilte werd doorbroken door een eerst aarzelend, maar allengs luider wordend applaus, uitgroeiend tot een staande ovatie, een hommage aan de man naast wiens kist ik stond.[27]

Mijn moeder begon te dementeren. Het lukte me om haar in 1998 los te weken uit haar huis en haar onder te brengen in een vlak bij mij gelegen serviceflat, met alles erop en eraan. Twee jaar later viel ze van een stoel – ze probeerde de gordijnen met een wasknijper beter te laten sluiten – en brak daarbij haar heup. In de korte tijd dat ze in het ziekenhuis lag, liep ze doorligwonden op die niet meer wilden helen. Hoe ze die plekken het beste kon ontzien was haar gewoon niet meer duidelijk te maken. M'n broer kwam over uit Spanje en heeft ruim een maand voor haar gezorgd. Daarvoor en daarna hebben Kees en ik het samen gedaan, totdat ze op 14 februari 2001 overleed. De honden en ik waren bij haar. Kees was na zijn nachtwake net op weg naar huis en maakte gelijk rechtsomkeert. Samen hebben we haar gewassen, haar mooiste pyjamaatje aangetrokken en haar voorzichtig in haar kist gelegd. Daarna zijn we naar Amsterdam gegaan, naar de wekelijkse zangavond in één van de kroegjes op de Zeedijk. Uit volle borst meezingend hebben we daar haar bevrijding gevierd.

Woorden hadden haar altijd meer geraakt dan muziek. Voor één van haar laatste verjaardagen had ik een gedichtje voor haar geschreven en ze was er erg verguld mee geweest. Ik paste het iets aan en gaf het haar mee als laatste groet:

Moge na het helende sterven
De dood gelijk de ochtend zijn
In wier bedauwde lucht en zachte licht
Ook de herinnering aan die lange zwarte nacht vervaagt

---

27 In die jaren was applaudisseren bij zo'n gelegenheid nog 'not done'.

Eenentwintig jaar nadat ik bij Kees begon met het schoonmaken van z'n 'hok', is op 8 februari 2014 ook hij overleden. Een massief hartinfarct, waar hij gelukkig zelf niets van meegekregen heeft, werd hem fataal. De avond ervoor was hij opvallend relaxed geweest, genietend van de rust, van het samenzijn, het niets moeten. Dat overkwam hem niet vaak. Kees moest de volgende ochtend al vroeg in Zaandam zijn, maar wilde niet weg. Liever stond hij wat eerder op. Een zoen en: "We bellen straks." Dat 'straks' is nooit gekomen, er stonden twee agenten voor de deur, heel vriendelijke deze keer. Mijn vriendin en buurvrouw werd er door hen bijgehaald en met haar steun ben ik die eerste dagen heelhuids doorgekomen. Kees is zesenzestig jaar geworden. Hij kreeg net z'n AOW, na jaren sabbelen, lonkte de financiële armslag.

Vanwege die lonkende financiële armslag had ik eindelijk de biografie van pater Van Kilsdonk besteld. Op diezelfde laatste dag samen had de boekhandel het boek binnengekregen en ik was het gelijk gaan halen. Het lag nog op tafel, met op de kaft de beeltenis van de pater. Het voelde bijna alsof hij even voor mij was teruggekomen. Het boek is daar tot troost en steun vele maanden blijven liggen. Lezen dorst ik het niet. Al helemaal niet nadat mijn broer – hij was direct overgekomen – er een passage over Jaap in had gevonden.[28]

Het enige waar Kees het weleens over had gehad, was dat hij net als zijn vader in Westgaarde gecremeerd wilde worden. Er waren nog twee dingen waar ik geen seconde over na hoefde te denken: Kees moest op z'n minst zo snel mogelijk z'n geliefde petje op en wat ik aan moest trekken. Net als Jaap, had ook Kees – hij bemoeide zich daar al evenmin ooit mee – nog geen maand daarvoor een jurkje voor me gekocht.

De muziek was lastig. Alleen 'I have to say I love you in a song' van Jim Groce dat vaak door de werkplaats schalde, en

---

28 Zie bijlage 1

'Time Flies' van Via Con Dios, waar we allebei iets mee hadden, waren direct in me opgekomen. Ook de teksten van beide songs waren in meerdere opzichten nu zeer toepasselijk.

In plaats van een wake – dat zou Kees nooit gewild hebben – heb ik iedereen gevraagd naar zijn huis te komen en bloemen mee te nemen. In de grootste mand van Saartje hebben we samen een imposant bloemstuk opgebouwd. Een gedenkwaardige avond, het had zijn goedkeuring kunnen wegdragen.

Die nacht heb ik, zittend in zijn bed, gepoogd nog iets van een toespraak in elkaar te draaien. Maar het was een rommeltje in m'n hoofd en daar kun je – net zoals het Kees ook vaak overkwam, maar daar had hij dan altijd mij nog voor gehad – niets meer in terugvinden. Zelfs niet dat de twee gedichten waar hij zichzelf helemaal in herkend had, voor het grijpen lagen en precies verwoordden waar ik zelf de woorden niet voor kon vinden.

Op 14 februari, op de sterfdag van mijn moeder bij wie Kees van kinds af aan een veilige haven had gevonden, moesten ik, Saartje en Norah – onze laatste aanwinst – afscheid van hem nemen. Een nichtje van Kees had ook iets voor hem op papier gezet. Halverwege de ceremonie kwam ze naast me staan en nam het gelukkig even van me over.

De crematie van Kees had een zeer toepasselijk staartje. De tijden waren duidelijk veranderd. De urn van Jaap had ik zelfs niet eens aan mogen raken. Nu kon ik na zes weken de as op komen halen. Ik werd ontvangen door een keurig in het pak gestoken meneer. Type uitgestreken en niet bepaald vriendelijk. Hij ging de as halen en kwam terug met twee tasjes. In de ene zat de urn met de as van Kees, in de andere zat een grijze koker. Hij verwittigde mij dat het bij wet verboden was om dieren en mensen samen te cremeren. Dit crematorium was nu besmet, hij stelde daar de desbetreffende uitvaartverzorgster aansprakelijk voor en moest het eigenlijk onder de aandacht van justitie te brengen. Ik dacht: "Hoe schitterend toepasselijk", maar hield me van de domme en m'n gezicht in de plooi.

Wat was er nou gebeurd? We hadden aan de uitvaartverzorgster gevraagd of we Kees een aantal dingen mee mochten geven. De vrouw van Kees wilde hem het door haar aan hem geschonken houten Boeddhabeeld meegeven, ik het tuig van Sivar en de as van zijn twee poezen. De uitvaartverzorgster had zich omgedraaid: "Wat ik niet zie, kan ik niet weten" en had daarna de kist gesloten. Ik had er alleen nooit bij stilgestaan dat de urntjes van de katten weliswaar van maar eenmaal gebakken klei waren, maar daardoor wel bestendig waren geworden voor de veel hogere temperatuur van de crematoriumoven. Eén deksel was zelfs nog helemaal gaaf, inclusief de erop geschilderde naam. Dat, en de overige brokstukken van de urntjes waren tussen de as gevonden.

Het werd nog lachwekkender. Na het afscheid hadden we tuinlieden met de bloemenmand naar het strooiveld zien lopen. M'n broer was naar ze toegegaan en had ze gevraagd wat ze daarna met die mand gingen doen. Weggooien was zonde en dat vonden zij ook.

Ze zouden hem bewaren en als de as opgehaald kon worden, moesten we er maar naar vragen. Ik vroeg er nu naar. De 'stijve' had daar niets over meegekregen, maar zou voor me uit rijden naar de loods van de tuinlieden. Daar kon hij me met goed fatsoen niet onaangekondigd achterlaten en voelde zich verplicht om op zijn keurig gepoetste schoenen dwars door de modder heen te baggeren om navraag te doen. Een vrouw in werkkleding kwam ons tegemoet. De hartelijkheid en het medeleven straalden van haar af. Een verademing, eindelijk iemand met het hart op de juiste plek. De 'stijve' vertrok met gezwinde spoed; daar was ook zij verre van rouwig om: zolang het goed voelde kon toch alles en ze sloeg een arm om me heen. Ik had nogal opgezien tegen deze rit, maar ging fluitend naar huis. Mooier had dit alles niet bij Kees, en bij ons als onverbeterlijke doe-het-zelvers, kunnen passen. Wat zou Kees hiervan genoten hebben.

De trein denderde door. Zowel het pand zelf, als de huurders op 1 en 2 hoog waren mijn grootste zorg. Kees was een heel betrokken huisbaas geweest en dat betaalde zich uit. Met wat heen en weer schuiven bleef het pand bewoond en beschermd tegen inbraak.

Het pand lag me zeer na aan het hart. Vrijwel zonder hulp van buitenaf hadden Kees en ik het samen van binnen en van buiten totaal gerenoveerd en de zolder uitgebouwd. Natuurlijk waren we dingen tegengekomen waar we geen van beide enig sjoege van hadden gehad. Maar zodra Kees vroeg: "Kunnen we dat niet zelf dan?", wist ik al hoe laat het was. Dat werd zoeken naar informatie en heel veel uitproberen. Het is ons altijd gelukt het toch zelf voor elkaar te krijgen. En zo leer je nog eens wat onderweg.

Eer de erfbelasting rond was, de werkplaatsen en het magazijn waren leeggehaald, het pand waar nodig was opgepoetst, en per etage was verkocht, was ik bijna twee jaar verder. Jaren waarin de vrienden van Kees me voortdurend met raad en daad terzijde hebben gestaan. Ons Samojeedje Norah – Kees noemde haar altijd 'ons cadeautje' – heeft die eindstreep helaas net niet gehaald. Saartje, onze oudste, was toen bijna 18. Als zij er ook niet meer was, zou ik wel verder zien.

Ik kocht écht alleen maar een lampje op Marktplaats – eenzelfde als dat ik ooit voor Kees had gevonden en waar hij heel zuinig op was geweest, maar ik helaas had moeten achterlaten in één van de appartementen. Met de lamp kwam echter een hond mee. Hij heette Tibor, nog net geen Tibert, zoals Jaap de kat van z'n ouders had gedoopt, al lag het er akelig dicht tegenaan. Ging hij er zich ook nog eens mee bemoeien. Dan nog, een Hannoveraanse zweethond, te groot, te sterk, te jong – zeven jaar – en helemaal mijn type niet. Zelfs de dierenarts raadde me het me sterk af. Echter ongezien afwijzen voelde een beetje als verraad. Daarna was het vechten tegen de bierkaai. Vanaf de allereerste ontmoeting stond het voor Tibor vast dat hij met mij meewilde. Zijn bazen en Saartje – ze heeft maar heel kort van zijn gezelschap mogen genieten – dachten er al net zo over. Zij kregen het gelijk aan hun kant en Kees had geen betere hond op mijn pad kunnen sturen. Eindelijk kwam de trein, krakend weliswaar, tot stilstand. Want binnen anderhalve maand brak Tibor puur per ongeluk m'n knie.

Een andere hond gooide hem tegen me aan en z'n kop was nogal hard. Aan die maandenlange rust was ik blijkbaar bout toe.

Tibor
30 kilo liefde
30 kilo angsten en demonen
30 kilo het goed willen doen
30 kilo worsteling om alsjeblieft niemand pijn te doen
30 kilo keer op keer de mist in gaan
30 kilo spijt
30 kilo in vrijwel alles het evenbeeld van Kees

Hij gaf me de tijd om toe te groeien naar afscheid nemen, naar een leven zonder Kees. Voor hem heb ik het stokje er niet bij neergegooid. Met hem naast me dorst ik het eindelijk aan om de biografie van pater Van Kilsdonk te gaan lezen. Daarna, en mede gesterkt door de aanmoediging van Alex Verburg – de schrijver van de biografie, met wie ik contact had gezocht naar aanleiding van de passage over Jaap – dorst ik het, met hem naast me, ook eindelijk aan om zelf van datgene wat ik ooit over Jaap op papier had gezet, een beter lopend verhaal te gaan maken. Een laatste belofte die ik nog niet had ingelost.

Tibor is slechts twaalf jaar oud geworden, z'n nieren gaven het op. Ik was bijna aan het eind van dit verhaal. Om mezelf de kans te geven het af te maken, en ook nog iets te gaan doen met het fotoarchief van Jaap, dwong ik mezelf na een maand binnen zitten om in beweging te komen. Ik vond Lisa, elf jaar oud en helemaal van zichzelf.

De enige van de oude garde met wie de vriendschap in de loop der jaren niet is verwaterd, is Marleen. Het is dwars door onze wederzijdse goede en slechte tijden heen, uitgegroeid tot een gouden vriendschap. Aan haar is dan ook het laatste woord of mijn schrijfsel ermee door kan.

Een laatste vraag

Alle opvalligheden bij elkaar:
het weten zonder te weten, de dromen,
het afdrukken van de foto's, de naamswijziging,
kleding die al klaar lag, de data,
de biografie van pater Van Kilsdonk, Tibor.
Zou het dan toch kunnen?
"There are more things in heaven and earth, Horatio,
than are dreamt of in your philosophy."
Het citaat, dat de vader van Corrie
en Jaap zijn kinderen meegaf
in de bijbel, die hij hen op hun 18de verjaardag schonk.

Een laatste opmerking

Met Jaap heb ik vrede, altijd gehad. Nog altijd niet met de vele behandelaars – de goeden zeker niet te na gesproken; die is Jaap op zijn weg gelukkig ook tegengekomen en ben ik nog steeds dankbaar voor hun inzet, begrip en moed – die niet wilden luisteren, die Jaap niet aandurfden en hem lieten stikken. Schijtlijsters, die niet verder konden of dorsten kijken dan hun aangeleerde regeltjes. Die niet konden tippen aan de moed van onze beide huisartsen, die door hen vies in de steek zijn gelaten. Die niet konden tippen aan het begrip en het inlevingsvermogen van geestelijke herders. Die niet konden, dorsten en wilden inzien, dat Jaap er niet op uit was hen onderuit te halen, hun alleen om hulp vroeg. Die simpelweg te bang waren voor zijn scherpe geest, waarvan zij, zelfs met het geringste beetje inzicht in wie Jaap was, hadden kunnen weten dat hij dat nooit of te nimmer tegen hen gebruikt zou hebben. Schaam je diep dat jullie iemand die zoveel in z'n mars had, uit onmacht, onwil en angst voor je eigen hachje, voor de wereld verloren hebben laten gaan.

Het is niet gezegd dat dit anders had kunnen aflopen, maar zelfs een poging daartoe was voor velen van jullie zelfs te veel gevraagd.

Waag het mij erop aan te spreken
dat ik Jaap de verlossende middelen aanreikte
toen hij geen stap meer verder kon.
Ik lust je rauw.

Kanttekeningen

Op basis van de kenmerkende eigenschappen van Jaap en de aard van de problemen waar hij mee kampte, heb ik voor mijn werkhypothese zijn manier van denken als uitgangspunt genomen. In de loop der jaren kregen begrippen als hoogbegaafd en hoogsensitief meer bekendheid. Er werden theorieën over opgesteld en er werd meer onderzoek naar gedaan. Op grond van die informatie werd het interessant om de hoge intelligentie van Jaap als uitgangspunt te nemen en dat leidde tot verrassende inzichten, waarmee een allezins begrijpelijk beeld geschetst kan worden van waar Jaap tegenaan liep.

Aangezien de levensgeschiedenis van Jaap, tegen de oorspronkelijke opzet in, de hoofdmoot van deze exercitie is geworden, zal ik voor expliciete voorbeelden grotendeels volstaan met verwijzingen.

Om te beginnen een overzicht van de kenmerkende eigenschappen van Jaap:
- Qua intelligentie: voor zover nagegaan kon worden ruim voldoende om iedere gewenste universitaire studie aan te kunnen.
- Qua manier van denken: op meerdere niveaus tegelijkertijd (bewust) met diverse probleemstellingen bezig zijn (dat ging altijd door) / ijzersterk geheugen bijvoorbeeld in discussies / drang om alles te beredeneren en te kunnen beredeneren / zwart-witdenken / filosofisch.
- Qua taalgebruik: zeer taalgevoelig / humoristisch / ironisch / soms cynisch.
- Qua opvattingen: grote eerlijkheid / sterk verantwoordelijkheidsgevoel / groot plichtsbesef / groot normbesef, bijna moralistisch te noemen / sterk rechtvaardigheidsgevoel / sterk schuldbesef / niets was voor Jaap vrijblijvend.

- Qua aard: bijna charismatisch te noemen persoonlijkheid / perfectionist / zeer kritisch, ook op zichzelf / sterk hechtend aan mens, dier en materie/ vasthoudend / rancuneus als iets niet uit te praten viel / sociaal zeer vaardig / hulpvaardig / heel kwetsbaar / overgevoelig / sterke emoties.

Hoogbegaafd/hoog-intelligent

Zowel voor hoogbegaafd als voor hoog-intelligent wordt uitgegaan van een IQ boven de 130. Alles wijst erop dat Jaap daar ruimschoots aan voldeed. Of Jaap hoogbegaafd of hoog-intelligent was, laat ik verder in het midden, dat onderscheid is in dit kader niet van wezenlijk belang.

Lianne Obbink en Gerdiene van den Berg geven in hun afstudeerscriptie *'Hoogbegaafdheid bij jongvolwassen studenten'* (2017) een klein overzicht van de theorieën die in de loop der jaren rond hoogbegaafdheid ontwikkeld zijn:
- Renzulli (1977) ziet hoogbegaafdheid als een synthese tussen intelligentie, creativiteit en motivatie.
- In 1972 werden in het Marland Report nog twee andere psychologische kenmerken van hoogbegaafden genoemd, namelijk verhoogde innerlijke ervaring en verhoogd bewustzijn (Kooijman- van Thiel, 2008, p. 36).
- Volgens Mönks is bovendien voldoende sociale competentie een noodzakelijke voorwaarde om van hoogbegaafdheid te kunnen spreken.
- In het model van Kooijman-van Thiel wordt de hoogbegaafde in relatie tot de maatschappij weergegeven (2008, p. 63-68). Een hoogbegaafde is hoog-intelligent, autonoom en bezit een rijkgeschakeerd gevoelsleven. De omgeving wordt op hoogsensitieve manier waargenomen. Richting die omgeving is de hoogbegaafde nieuwsgierig en gedreven, wat zich uit in scheppingsgerichtheid. Het samenspel tussen de hoogbegaafde en zijn omgeving, de maatschappij, wordt geduid als intens, complex, snel en creatief.

- Het model van Duran voor hoogbegaafdheid is opgesplitst in twee pilaren: de cognitieve kenmerken en de persoonskenmerken. De cognitieve kenmerken zijn volgens Duran (2011) intelligentie en creatief denkvermogen. Als persoonskenmerken worden rechtvaardigheidsgevoel, perfectionisme, kritische instelling en hoogsensitiviteit genoemd.

Van hoogbegaafdheid wordt gesproken als zowel cognitieve- als persoonskenmerken aanwezig zijn (Buijsen-Duran, 2016, p. 20).

E.J. van Houten-van den Bosch plaatst in haar artikel *'Hoogbegaafde leerlingen onder orthopedagogische aandacht'* enkele verschillen tussen hoogbegaafdheid en hoog-intelligent naast elkaar:

Hoog-intelligent	Hoogbegaafd
Leren op dezelfde manier als gemiddeld intelligente kinderen, maar dan sneller en makkelijker.	Kennen de antwoorden, maar hebben daarbij ook vele vragen.
Houden van taal, van woorden.	Hebben vaak een ongewone, complexe vocabulaire.
Passen zich zonder problemen aan de bestaande lesmethoden aan, hebben geen moeite met inoefenen en herhalen van de lesstof.	Zijn eigengereider en hebben meer moeite met aanpassen aan de schoolse situatie.
Houden van formeel leven.	Genieten veeleer van informeel leven.
Conformeren zich aan de volgorde waarin de meeste schoolboeken zijn samengesteld.	Leren liever vanuit concepten en zijn meer gebaat bij probleemgestuurd leren.

Van Houten-van den Bosch zet een paar vraagtekens bij het onderscheid tussen beide, want ook bij hoog-intelligenten doen zich enkele van de aan hoogbegaafden toegeschreven kenmerken voor. Als zodanig noemt zij het verschil dus relatief. Ten aanzien van specifieke problemen neemt zij hetzelfde standpunt in, daar de verschillen op dat vlak tussen hoogbegaafd en hoog-intelligent niet empirisch zijn onderzocht.

De in de theorieën vermelde kenmerken worden in een aantal onderzoeken verder gespecificeerd. De duidelijkste omschrijving ervan vond ik in een artikel van Maurice van Werkhooven, getiteld *'Het leren van gymnasiumleerlingen'* (2015). In dit artikel staan de resultaten vermeld van een onderzoek dat uitgevoerd is door 'Het Antwerpse Centrum voor Begaafdheidsonderzoek'. Uitgangspunt voor dat onderzoek zijn de ideeën van Jozeph Renzulli, die in zijn *'Three Ring Concept'* voor hoogbegaafdheid uitgaat van drie grootheden: intelligentie – creativiteit – doorzettingsvermogen. (Sternberg voegt hier overigens later ook nog wijsheid aan toe als element van hoogbegaafdheid.) Renzulli stelt tevens dat een leerling die én een hoog IQ heeft én meerdere wegen kan benutten én weet van aanpakken en doorzetten, begaafd of hoogbegaafd is. Een kind met slechts een hoog IQ noemt hij niet hoogbegaafd of begaafd, maar hoog-intelligent.

Het onderzoek richt zich met name op hoe die begaafdheid zich dan uit. Genoemd worden:
- Een snelle taalontwikkeling die al opvalt op jonge leeftijd. *[vgl.nr.1 blz.16]*
- Wiskundig inzicht dat al op jonge leeftijd merkbaar is. *[Oplossen van technische problemen vond Jaap wel leuk, maar je moest het niet voortdurend doen. Hij vond het te beperkt. Het leven zelf stelde veel belangrijker vragen waar je meer moeite voor moest doen en waar je niet vrijblijvend mee om kon gaan.]*
- Een goed ontwikkeld geheugen.
- Een sterk concentratievermogen dat hoogbegaafden toestaat om meerdere dingen tegelijk goed te doen.
- Interesse in complexe onderwerpen op vroege leeftijd.

- Perfectionisme en het stellen van hoge verwachtingen aan zichzelf. Dat betekent niet dat hoogbegaafden perfecte studenten zijn, wel dat zij hoge verwachtingen stellen aan prestaties die zij zelf belangrijk vinden. Dit kan leiden tot grote faalangst, wanneer ze niet kunnen beantwoorden aan de eisen die ze aan zichzelf stellen. *[vgl.nr.8 blz.30]*
- Een kritische instelling tegenover volwassenen (leraren inbegrepen). Vaak zijn begaafde kinderen niet in staat om die kritiek op een goede manier te verpakken en over te brengen, waardoor het 'brutaal' over kan komen.
- Hoogsensitiviteit. Zij nemen dan bijvoorbeeld bepaalde (subtiele) nuances waar in de lichaamstaal van anderen.
- Een apart gevoel voor humor. *[vgl.nr.39 blz.276]*
- Een (sterk) bewustzijn, bijvoorbeeld op het gebied van leven en dood, al op zeer jonge leeftijd.

Obbink en Van Den Berg voegen aan bovenstaande lijst een paar punten toe:
- Hoogbegaafde jongvolwassenen hebben over het algemeen een hoog rechtvaardigheidsgevoel en vinden eerlijkheid belangrijk. *[vgl.nr.4 blz.22, nr.34 blz.233 en nr.37 blz. 251]*
- Hoogbegaafde jongvolwassenen kunnen ook in het sociale bijzonder snel leren en zijn goed in het categoriseren van de interactie. Ze zijn over het algemeen buitengewoon sociaal, zowel in de frequentie – hoe vaak je het aangaat – als in de intensiteit ervan. *[vgl.nr.32 blz.189]*

Kenmerkend in gesprekken onderling, is het hoge tempo, de humor en dat de gesprekken van de hak op de tak gaan. *[vgl. nr.27 blz.147]*

In verband hiermee is de uitkomst van een onderzoek van Hanneke Rosanne van der Kolk naar taalvaardigheid en sociale vaardigheden interessant. Haar onderzoek wees uit, dat een meer ontwikkelde taalvaardigheid gerelateerd is aan beter ontwikkelde sociale vaardigheden van kinderen in het basisonderwijs.

- Over het algemeen hebben hoogbegaafden een grote belangstelling voor vele zaken en ook specifiek voor de meer levensbeschouwende. De term 'helicopterview' (overstijgend kijken) wordt hiermee in verband gebracht.

De zeven hoogbegaafde studenten die door Obbink en Van Den Berg in het kader van hun onderzoek uitgebreid werden geïnterviewd, noemden allemaal als kenmerk op:
- Snel verbanden kunnen leggen.
- Alles onthouden en gesprekken woordelijk kunnen terughalen. *[vgl.nr.15 blz.73]*

Enkelen van de studenten noemden nog twee andere interessante punten:
- Drie van hen gaven aan dat zij wat makkelijker aanvoelen waar je een gesprek heen moet sturen om het interessanter te maken, er meer diepgang in te krijgen.
- Vijf van hen gaven aan dat hoogbegaafdheid niet per se slimmer denken inhoudt, maar vooral anders denken.

En dat sluit weer aan bij wat Peter Spelbos in zijn artikel *'Problemen bij hoogbegaafdheid'* daarover vermeld: "Hoogbegaafden denken simultaan, op meerdere niveaus tegelijk, en kunnen daarom complexe zaken makkelijk ontleden. Ze denken lateraal en nevenschikkend, in beelden, en zijn daarbij zowel analytisch als creatief ingesteld – en daar hoeven ze weinig voor te doen." *[vgl. nr.17 blz.86]*

De problemen waar hoogbegaafden tegenaan kunnen lopen

In een aantal artikelen worden die problemen uitgebreider beschreven en meerdere ervan vertonen grote overeenkomsten met de problemen waar Jaap mee kampte, namelijk: hallucinaties (in z'n jeugd) / faalangst / fobieën / overgevoelige huid / angst zich te binden / angst voor verlies / verslavingen / depressies / zelfvernietigingsdrang / opgebrand zijn.

Obbink en Van Den Berg vermelden er drie (voor zover ze tot problemen hebben geleid), die typerend zijn voor en gerelateerd zijn aan hoogbegaafdheid, namelijk perfectionisme, depressie en hooggevoeligheid. (Titre, 2009).

Zij benoemen vervolgens de valkuilen voor hoogbegaafden, die onder andere naar voren kwamen in de interviews die ze gehouden heeft:

- Het omdraaien van het dag-nachtritme.
- Verslavingsgevoeligheid. *[vgl.nr.26 blz.134]*
- Perfectionisme. Hoogbegaafden zijn extra kritisch op hun eigen prestaties. Mensa (2017) schrijft op haar site:

"Hoogbegaafden lijden in werkelijkheid aan een minderwaardigheidscomplex. Uit onderzoek bleek dat hoe hoger het IQ, hoe kritischer mensen zijn over hun eigen talenten, en hoe meer ze deze onderschatten." *[vgl.nr.21 blz.100 en nr.30 blz.166]*

- Faalangst. Hoogbegaafden zullen hun leven lang de lat voor zichzelf (te) hoog leggen, en dat doen ze al van jongs af aan. *[vgl.nr.3 blz.19]*
- Een laag zelfbeeld. Wanneer een hoogbegaafde jongvolwassene arrogant is, heeft hij niet tot nauwelijks problemen met het zelfbeeld. Gezien het feit dat de meeste hoogbegaafden dit niet zijn, heeft het grootste deel van de hoogbegaafde jongvolwassenen wel problemen met het zelfbeeld. Er is een gebrek aan zelfinzicht, zo komt uit de interviews naar voren, waardoor ze niet goed weten wat ze in huis hebben. Positieve ervaringen worden vaak niet opgeslagen, ofwel: "Ze vergeten wat ze wel weten en weten wat ze niet weten". (Van Kooten)
- Altruïsme: het sterk op de ander gericht zijn, waarmee ze zichzelf uit het oog kunnen verliezen.
- Al heel jong in een burn-out raken. Hiervoor worden verschillende oorzaken genoemd. Vanwege de intensieve manier van leven, hun sensitiviteit, maar ook de mate waarin ze zichzelf aanpassen, weten wat er van hen verwacht wordt en daaraan

willen voldoen, met als gevolg dat ze van zichzelf vandaan raken. *[vgl.nr.10 blz.34]*
- Het moeilijk grenzen kunnen stellen. Ook dat is een belangrijke oorzaak waardoor hoogbegaafde jongvolwassenen in een burn-out terecht komen. *[vgl.nr.31 blz.171]*

Zij halen tevens Nauta & Ronner (2007) aan, die in hun boek *'Ongeleide projectielen op koers'* over de valkuilen voor hoogbegaafden de volgende, meer overkoepelende uitspraken doen:
"Vaak zijn het juist de kwaliteiten die valkuilen worden. Wanneer een hoogbegaafde ergens in vastloopt, valt hij terug in datgene waar hij goed in is. Wanneer hoogbegaafden erkenning missen uit hun omgeving, heeft dit negatieve gevolgen voor het omgaan met hun emoties. Vaak sluiten ze zichzelf af voor hun emoties, of er wordt op een destructieve wijze uiting aan gegeven. In de meeste gevallen zie je wanneer er problemen ontstaan bij een hoogbegaafde, dat er tegelijkertijd sprake is van een hoge mate van rationalisatie. Het kan ook andersom, dat iemand helemaal overspoeld wordt door zijn eigen emoties. In alle voorbeelden die in het boek genoemd worden zijn de personen het contact kwijt met de eigen kracht en inspiratie, met als gevolg dat zij ook het contact kwijtraken met de omgeving. Veel hoogbegaafden hebben moeite met het voelen van hun emoties, zowel de positieve als de negatieve emoties."
[Jaap trachtte emoties zoveel mogelijk uit te schakelen, omdat hij dat onbetrouwbare richtsnoeren vond, maar hij onderzocht ze wel zeer grondig. Hij had ervaren dat puur emotionele oplossingen geen poot hadden om op te staan.]

De valkuilen en typerende problemen nader bekeken

Het omdraaien van het dag-nachtritme:
In de literatuur is hier verder niets over te vinden. Bij Jaap waren de oorzaken duidelijk aanwijsbaar. Het niet stil kunnen leggen van z'n gedachten, de rust van de nacht (minder prikkels) en in de laatste maanden het opzien tegen de volgende dag.

Verslavingsgevoeligheid:
De hierboven aangehaalde onderzoeken naar hoogbegaafdheid richten zich vrijwel uitsluitend op kinderen en jongvolwassenen, waar dit probleem minder speelt. Echter gezien de ervaringen van Jaap, kan het voor voortijdige schoolverlaters en voor volwassenen inderdaad een enorme valkuil zijn. Denk hierbij bijvoorbeeld alleen al aan het rustgevende effect van hasjiesj, voor Jaap één van de beste manieren om z'n diverse gedachtestromen sterk in te perken.

Perfectionisme, faalangst en een laag zelfbeeld:
Deze zijn zo nauw met elkaar verbonden, dat die beter gezamenlijk onder de loep genomen kunnen worden.

Marianne van Overbeek maakt in haar artikel *'Faalangst onder hoogbegaafde leerlingen'* een onderscheid tussen positieve en negatieve faalangst. Met positieve faalangst wordt een angst om te falen bedoeld waardoor een kind juist heel alert wordt en optimaal gaat functioneren. Met negatieve faalangst wordt bedoeld de angst om slecht te presteren, te falen. In de praktijk blijkt nog wel eens dat een faalangstig kind de neiging heeft om moeilijke situaties uit de weg te gaan en soms zelfs een aversie tegen het studeren ontwikkelt. Het bedenken van uitvluchten om het werk uit te stellen is meestal het gevolg van perfectionisme. Het kind is bang om niet aan zijn eigen hoge verwachtingen te kunnen voldoen en wil mislukking vermijden (de Bruin, & de Greef, 1993). Vermijding en faalangst liggen dan ook dicht bij elkaar. *[vgl.nr.23 blz.105]*

Over de oorzaken van faalangst zegt Van Overbeek het volgende:

"Volgens Dumont (1985) en Hermans et al. (1991) kan de oorzaak van faalangst gelegen zijn in een overgevoeligheid in hun persoonlijkheidsstructuur (als aanleg), waardoor kinderen overmatig reageren op redelijk normale omstandigheden, gebeurtenissen en relaties. Op school zien we deze kinderen onder hun niveau presteren, hun motivatie en interesse verliezen, concentratieproblemen krijgen en dagdromen. Problemen in het gezin vormen een verhoogd risico, maar leiden niet altijd tot emotionele problemen bij het kind. Door onzekerheid, het gemis aan zelfvertrouwen en de angst om fouten te maken, maakt het kind juist fouten, waardoor het in een vicieuze cirkel terecht komt. Vaak kunnen faalangstige kinderen beter presteren bij eenvoudige leertaken en taken zonder een tijdlimiet, maar dit gaat bij hoogbegaafde kinderen meestal niet op. Dit omdat zij de neiging hebben minder alert te zijn in situaties waarin ze zich vervelen en niet uitgedaagd worden. Op momenten dat er dan wel wat van ze gevraagd wordt, kan het gebeuren dat ze niet geleerd hebben zich in te spannen en ergens moeite voor te doen, maar ook dat ze te weinig ervaring hebben gehad in het niet direct beheersen van iets. Krijgen ze dan een keer een tegenslag te verwerken, dan raken ze direct van streek. Dit vergroot dan weer de faalangst. Met name perfectionistische kinderen lopen dit risico."

Van Overbeek stipt een paar punten aan die faalangst kunnen oproepen:
- Hoogbegaafde kinderen zijn zich bewust van hun tekortkomingen en raken eerder gekwetst als gevolg van perfectionisme. Vooral bij negatief faalangstige kinderen verschilt het beeld dat ze van zichzelf hebben en het ideale zelfbeeld – hoe ze graag willen zijn – nogal eens. Ze vergelijken alles wat ze weten met hetgeen er over een bepaald onderwerp te weten valt en ontdekken dan dat ze tekortschieten. Bovendien hebben ze de neiging succeservaringen toe te schrijven aan externe factoren en bij slechte resultaten de oorzaak te zoeken in een gebrek aan capaciteiten. [vgl.nr.29 blz.155]
- Hoogbegaafde kinderen schatten de moeilijkheidsgraad van een taak niet altijd juist in, waarbij de stelling 'hoe moeilijker de taak, hoe faalangstiger het kind' niet altijd opgaat. Te eenvoudige opdrachten kunnen een struikelblok zijn wanneer ze moeilijker worden ingeschat. Ze kunnen soms al veel verder met hun gedachtegang zijn, waardoor ze het meest voor de hand liggende niet noemen en veronderstellen dat

die oplossing niet bedoeld werd, omdat die wel erg simpel was. *[vgl.nr.5 blz.23]*
- Meestal gaat men ervan uit dat het geven van complimenten het gevoel van eigenwaarde versterkt, maar bij faalangstige kinderen kan dit een valkuil zijn. Ze zijn vaak overgevoelig voor kritiek en hebben veel zelfkritiek, maar ze zijn ook bang voor complimenten.
[vgl.nr.19 blz.91]

Altruïsme:
Een valkuil waar Jaap door zijn grote betrokkenheid bij mensen meerdere malen ingetrapt is.

Het moeilijk grenzen kunnen stellen met een burn-out tot gevolg:
Mijns inziens ligt dit vrijwel in het verlengde van altruïsme.

Al heel jong in een burn-out raken:
In een artikel van Toon Taris, Irene Houtman & Wilmar Schaufeli *'Burn-out: de stand van zaken'* (2013), wordt het als volgt omschreven: "Burn-out is een syndroom van extreme vermoeidheid (uitputting), afstand nemen van het werk (distantie) en weinig vertrouwen in het eigen kunnen (verminderde competentie). Als werk gerelateerd fenomeen onderscheidt burn-out zich van vergelijkbare psychische problematiek als depressie en overspannenheid." (Onder werk wordt hier ook studie verstaan.)

Overspannenheid en een burn-out liggen dicht bij elkaar. Het onderscheid tussen beide wordt door B. Terluin en J.J. Strik in hun artikel *'De patiënt met stress-gerelateerde klachten'* (2019) als volgt beschreven: "Als de patiënt het niet meer aan kan en sociaal disfunctioneert, is er sprake van overspanning. Burn-out is een vorm van overspanning waarbij de klachten minstens zes maanden bestaan en uitputting op de voorgrond staat."
[Zie verder bij 'Ziekte van Scheuermann']

Depressie:
Met betrekking tot de relatie tussen depressiviteit en hoogbegaafdheid halen Obbink en Van den Berg een citaat aan van Webb, Amend, Webb en Goerss: "Het idealisme, dat een ander kenmerk van hoogbegaafdheid is, brengt gevoelens van teleurstelling met zich mee die naar binnen of naar buiten keren. Dit kan leiden tot een diagnose op het gebied van antisociale gedragsstoornis of depressiviteit."

In een artikel van het Instituut Hoogbegaafdheid Volwassenen (IHBV) d.d. november 2013 wordt er het volgende over gezegd: "Depressiviteit blijkt bij hoogbegaafden nogal eens te maken te hebben met grote levensvragen en vragen rond zingeving."

L.B. Alloy en L.Y. Abramson kwamen in hun boek *'Judgment of contingency in depressed and nondepressed students: sadder but wiser?'* tot opmerkelijke inzichten rond dit thema, waarbij aangetekend moet worden dat hun onderzoek zich niet specifiek gericht heeft op hoogbegaafde studenten. Echter, ervan uitgaand dat de gemiddelde student die aan hun onderzoek heeft deelgenomen een behoorlijk IQ heeft, wil ik hun inzichten hier toch vermelden. Hiervoor grijp ik terug op een uittreksel van hun boek in de Journal of Experimental Psychology (1979).

Uitgangspunt voor Alloy en Abramson waren voorspellingen vanuit de sociale psychologie over het verband tussen subjectieve en objectieve onvoorziene omstandigheden. De eerste was dat depressieve mensen de mate van onvoorziene omstandigheden tussen hun reacties en de resultaten daarvan, onderschatten in verhouding tot de objectieve mate van die onvoorziene omstandigheden. De tweede was dat, uitgaande van de hulpeloosheidstheorie, niet-depressieve mensen de mate van onvoorziene omstandigheden tussen hun reacties en de resultaten daarvan zouden overschatten in verhouding tot de objectieve mate van die onvoorziene omstandigheden. In alle vier de experimenten waren de oordelen van depressieve studenten over onvoorziene omstandigheden verrassend nauwkeurig. Niet-gedeprimeerde studenten daarentegen overschatten de mate van onvoorziene omstandigheden tussen hun reacties en resultaten wanneer niet-conforme resultaten frequent en/of gewenst waren en onderschatten de mate van onvoorziene omstandigheden wanneer voorwaardelijke resultaten ongewenst waren. De voorspellingen werden dus bevestigd voor niet-depressieve studenten, maar niet voor depressieve studenten. *[vgl.nr.33 blz.194]*

Hoogsensitief

Gezien de opvallende gevoeligheden van Jaap op allerlei gebied en zijn fobieën – waar hij zelf al vraagtekens bij zette, omdat die afweken van het gebruikelijke patroon – lijkt dit op hem van toepassing te zijn en zou het een en ander ook begrijpelijker maken.

In de geraadpleegde artikelen over hoogbegaafdheid komt hoogsensitiviteit al een aantal keer kort ter sprake:
- Obbink en Van den Berg vermelden hooggevoeligheid als zijnde typerend voor en gerelateerd aan hoogbegaafdheid.
- Werkhooven zegt hierover: "Hoogbegaafden die ook hoogsensitief zijn, kunnen soms zeer gevoelig zijn voor bepaalde textielsoorten of geluiden. *[vgl.nr.24 blz.116]*

Deze hoogsensitiviteit kan leiden tot een verschil tussen wat het hoogbegaafde kind kan begrijpen en wat het emotioneel kan verwerken, en dat kan leiden tot angstgevoelens". *[vgl.nr.2 blz.16]*
- Volgens de empirische evidentie voor Dabrowski's 'Theorie van Positieve Desintegratie' hangt hoogbegaafdheid samen met een verhoogde responsiviteit van het centrale zenuwstelsel op stimuli (sensory over-responsivity).
- Spelbos noemt dit 'overprikkeling' en zegt daarover: "Omdat bij hoogbegaafden de fysieke zintuiglijke waarneming zeer goed is ontwikkeld – in de zin dat prikkels direct worden doorgeleid naar de juiste plekken in de hersenen – hebben ze over het algemeen minder behoefte aan veel prikkels."

In enkele onderzoeken specifiek gericht op hoogsensitiviteit, wordt er het volgende over gezegd:

Paulien Froeyman neemt in haar proefschrift *'Hoogsensitief: Meerwaarde of Beperking?'* (2012/2013) de theorieën van Aron en Aron nader onder de loep. In 1997 introduceerden Elaine en Arthur Aron in hun artikel *'Sensory Processing Sensitivity and Its Relation to Introversion and Emotionality'* het begrip 'Sensory Processing Sensitivity', dat ze ook een alternatieve naam gaven: 'High Sensitivity', of 'Hoogsensitiviteit'. Zij stelden dat hoogsensitiviteit een aangeboren persoonlijkheids- of temperamentskenmerk is, waarbij mensen externe (sensorische) en interne (emotionele) stimuli grondiger verwerken. Elaine Aron gaat daar in haar boek *'Psychotherapy and the highly sensitive person: improving outcomes for that minority of people who are the majority of clients.'* dieper op in en onderscheidt de volgende vier onderliggende kenmerken, die alle aanwezig moeten zijn vooraleer men kan spreken van hoogsensitiviteit:

Diepgaande Verwerking:
Volgens Aron het centrale, meest belangrijke kenmerk, dat verwijst naar een algemene bedachtzaamheid, ruwweg het tegenovergestelde van impulsiviteit. Het gaat echter om meer dan alleen meer tijd nemen om beslissingen te nemen: volgens Aron zou het zich bijvoorbeeld ook uiten als consciëntieusheid, een rijke verbeelding, levendige dromen en een complexe innerlijke belevingswereld. Diepgaande verwerking houdt eveneens in dat hoogsensitieve personen zich sterk bewust zijn van de gevolgen van hun handelen.

Overstimulatie:
Dit verwijst naar de neiging om sterke autonome arousal (snelle hartslag, zweten) te vertonen in stresserende situaties. Dit leidt er ook toe dat de cognitieve activiteit afneemt en de prestatie slechter wordt. Hoewel alle mensen autonome arousal vertonen in sterk stresserende situaties, zou dit bij hoogsensitieve personen sneller en vaker gebeuren. Voorbeelden van stresserende situaties

zijn onder andere het bezoeken van drukke shoppingcentra, het afleggen van examens, en spreken in het openbaar. Deze hogere autonome arousal zou er dan voor zorgen dat hoogsensitieve personen deze situaties zullen proberen te vermijden, of andere coping strategieën zullen ontwikkelen om hen te helpen omgaan met overstimulering. Froeyman zet hier een kanttekening bij. Afhankelijk van de interpretatie kan dit beschouwd worden als intense negatieve emotionele reacties (Emotionele Intensiteit) of negatieve reacties op stimuli met een sterke intensiteit (Sensorische Sensitiviteit). De nood voor overstimulatie als een apart kenmerk is dus in twijfel te trekken.

Emotionele Intensiteit:
Dit houdt volgens Aron in, dat hoogsensitieve personen over het algemeen intensere emotionele reacties zouden hebben. Dit kan zich onder andere uiten in het vermijden van gewelddadige films of zeer gevoelig zijn voor kritiek. Zij benadrukt echter dat die intense reacties zowel positief als negatief zijn. Aron merkt hierbij op dat het meemaken van een ongelukkige jeugd ervoor kan zorgen dat de negatieve emoties de overhand krijgen.

Sensorische Sensitiviteit:
Hoogsensitieve mensen zouden zich sterker bewust zijn van subtiliteiten in de omgeving en ook sneller geïrriteerd geraken door onschadelijke stimuli zoals ruwe stoffen, lawaai of onaangename geuren. Aron ziet hierin drie facetten: het hebben van een lage pijngrens, het opmerken van subtiele verschillen, en het vertonen van een lage tolerantie voor stimuli met een hoge intensiteit. Andere onderzoeken lijken echter uit te wijzen dat sensorische detectie en sensorisch ongemak niet noodzakelijkerwijs met elkaar verbonden zijn.

Volgens Aron en Aron geven hun studies heel wat ondersteuning voor hun theorie. De terugkerende correlaties tussen hoogsensitiviteit, neuroticisme en introversie lijken aan te tonen dat hoogsensitiviteit een verwant maar uiteindelijk apart kenmerk is. Verder lijkt de relatie van hoogsensitiviteit met neuroticisme sterker te zijn dan de relatie van hoogsensitiviteit met introversie.

Froeyman stelt daar tegenover dat het nog niet duidelijk is hoe deze vier kenmerken met elkaar verbonden zijn. Volgens Elaine Aron zijn dit vier uitingen van eenzelfde dieperliggend kenmerk. Vanuit andere onderzoeksbenaderingen vond zij slechts twee verbanden terug.

Het eerste verband is dat tussen sensorisch ongemak, algemeen negatief affect en angst. Dat kan ook gezien worden als een verband tussen Arons kenmerken 'sensorische sensitiviteit' (maar dan enkel het facet van ongemak ten gevolge van te intense stimuli) en 'emotionele intensiteit' (maar dan enkel het facet van intense negatieve emoties). Daar zijn significante correlaties tussen gevonden.

Het tweede is het verband tussen diepgaande verwerking (in de vorm van openheid voor ervaringen) en sensorische detectie (Evans & Rothbart, 2007; Strelau, 2008). Een scherpere sensorische detectie lijkt dus verwant te zijn aan verbeelding, nieuwsgierigheid en creativiteit.

Het lijkt volgens Froeyman dus waarschijnlijker dat Arons 'hoogsensitieve personen' mensen zijn met een specifieke configuratie van verschillende temperaments- of persoonlijkheidstrekken. Een hoogsensitief persoon zou dan iemand zijn met veel verbeelding, zelfreflectie en nieuwsgierigheid, met hoge scores voor zowel negatief en positief affect, en met een sterke sensorische gevoeligheid, zowel in negatieve (sensorisch ongemak) als positieve (sensorische detectie) termen.

Belangwekkend is dat Froeyman hierbij ook vermeldt dat een onderzoek naar Sensory Over-Responsivity heeft aangetoond dat dit laatste kenmerk vaak last met zich meebrengt (Ben-Sasson et al., 2009; Carter et al., 2011).

Florian Rothenbücher gaf in zijn proefschrift *'Sensory Processing Sensitivity (SPS) and Attentional Bias'* (2016/2017) een meer plastische omschrijving van wat Elaine Aron ontdekt had over hoogsensitiviteit:

"Op basis van een reeks van studies ontdekte Aron dat een bepaalde groep mensen bijzonder sterke emoties ervaart en buitengewoon empathisch en plichtsbewust is. Het is alsof hun filter meer doorlaat van wat er rondom hen heen gebeurt en al die indrukken hen als het ware overspoelen. Waar anderen een beschermlaagje tegenover de buitenwereld hebben, is dit veel dunner of bijna afwezig bij hoogsensitieven. Ze zijn net zoals een ei zonder schaal. Als gevolg daarvan raken ze makkelijker overbelast. Hersenscans toonden aan dat emotionele centra in de hersenen van hoogsensitieve personen sterker worden geactiveerd."

Deze laatste omschrijving, een ei zonder schaal, is vrijwel identiek aan de uitleg die de antroposofisch arts annex acupuncturist gaf over wat Jaap mankeerde. Alleen de terminologie was iets anders: hij noemde het scheuren in de aura en koppelde dat tevens aan de verslavingsgevoeligheid van Jaap, daar drank en drugs je minder gevoelig maken voor invloeden van buitenaf. *[vgl.nr.25 blz.130]*

Of je nu spreekt van scheuren in de aura of een ei zonder schaal, het verklaart in ieder geval veel, zoals onder andere de sterk op fobieën lijkende angsten van Jaap en waarom hij daar soms wel en dan weer geen last van had, zijn empathisch vermogen, zijn plichtsbewustheid.

Als ik alleen al uitga van de omschrijving waar Froyman tot slot op uitkomt, zou ik zonder meer durven stellen dat Jaap hoogsensitief was. En er zijn meer overeenkomsten met de kenmerken die Aron geeft:
- Diepgaande verwerking: Jaap deed niet anders.
- Overstimulatie: de faalangst van Jaap, de fobieën.
- Emotionele intensiteit: Jaap was zeer gevoelig voor kritiek en de negatieve emoties hebben inderdaad de overhand gekregen, met name na het verongelukken van zijn zusje.
- Sensorische sensitiviteit is een punt van twijfel. Jaap had een hoge pijngrens en ook bijvoorbeeld totaal geen last van

harde muziek: eerder hoe harder hoe beter. Van andere soorten van stimuli met een hoge intensiteit, zoals bijvoorbeeld klassieke muziek, drukte op openbare plekken, de uitlaatgassen en het benauwende van de smalle straten in de stad, had hij echter wel veel last.

Misdiagnosen bij hoogbegaafdheid

Het is Jaap meer dan eens overkomen en aangezien het in de huidige tijd nog steeds een heikel punt is, wil ik daar graag nogmaals de aandacht op vestigen. *[vgl.nr.13 blz.52 in voetnoot en nr.16 blz.83]*

Dit is wat ik er in de door mij geraadpleegde artikelen over hoogbegaafdheid over vond. Ondanks dat ze, weliswaar in andere bewoordingen, ongeveer hetzelfde zeggen, citeer ik ze toch allemaal. Het waren en zijn nog steeds noodkreten die gehoord en geciteerd moeten worden, in de hoop dat hier eindelijk meer aandacht voor komt. In volgorde van jaren:

2004. Spelbos citeert hier James Webb, Edward Amend en anderen (2004): *'Misdiagnosis and Dual Diagnoses of Gifted Children and Adults: ADHD, bipolar, OCD, Asperger's, depression, and other disorders.'*

"Deze veel voorkomende verkeerde diagnosen komen voort uit onwetendheid onder professionals over specifieke sociale en emotionele kenmerken van hoogbegaafde kinderen, die vervolgens ten onrechte door deze professionals worden beschouwd als tekenen van pathologie. Existentiële depressie of leerstoornis, wanneer aanwezig bij hoogbegaafde kinderen of volwassenen, vereist bijvoorbeeld een andere aanpak omdat nieuwe dimensies worden toegevoegd door de component hoogbegaafdheid. Toch wordt de hoogbegaafdheidscomponent meestal over het hoofd gezien door het gebrek aan opleiding en begrip door zorgverleners (Webb & Kleine, 1993). Ondanks wijdverbreide mythes van het tegendeel, lopen hoogbegaafde kinderen en volwassenen een bijzonder psychologisch risico vanwege zowel interne kenmerken als situationele factoren. Deze interne en situationele factoren kunnen leiden tot interpersoonlijke en psychologische problemen voor hoogbegaafde kinderen, en vervolgens tot verkeerde diagnosen en onvoldoende behandeling."

2008. In de boekbespreking door J.G.B.M. Rohlof van *'Ongeleide projectielen op koers'* van N. Nauta en S. Ronner, stond dit citaat: "Het aanzetten tot onderzoek bij deze groep wordt node gemist. Een sterk punt is de connectie die Nauta en Ronner maken met verschillende psychiatrische diagnosen: aandachtstekortstoornis met hyperactiviteit (adhd), autisme, borderlinepersoonlijkheidsstoornis, depressie, en ook met verschijnselen als hoog-gevoeligheid en burn-out. De auteurs geven aan hoe hoogbegaafden soms lijken op individuen met deze stoornissen, en er ook weer van verschillen."

[Een conclusie waar Jaap een 'lichtend voorbeeld' van was.]

2013. Het IHBV zegt daarover in een artikel over misdiagnosen: "Hoogbegaafdheid gaat soms samen met kenmerken van adhd, autisme, depressie en/of persoonlijkheidsproblemen. Zulke diagnosen kunnen juist zijn, maar worden soms ook ten onrechte gesteld. De kans op een onjuiste diagnose is het grootst bij mensen met grote verschillen in vaardigheden op verschillende levensgebieden ('asynchroniteit') en bij mensen bij wie de hoogbegaafdheid niet of pas laat is ontdekt en/of niet goed is begeleid. Wetenschappelijk onderzoek op dit gebied is er nauwelijks. Helaas wel veel schrijnende ervaringen."

Meer in de vorm van een waarschuwing en mede als advies, geven zij nog drie andere redenen van een misdiagnose:
- Hoogbegaafdheid kan degene die de diagnostiek doet op het verkeerde been zetten. Je bent bijvoorbeeld zo slim dat je de regie van het gesprek overneemt (men zegt dat je 'manipuleert'). *[Of, zoals in Jaaps geval, je legt je problemen zo goed geformuleerd en zo onderkoeld op tafel, dat de ernst van de problemen te makkelijk onderschat kan worden.]* [vgl.nr.11 blz.42, nr.12 blz.48 en nr.14 blz.54]

- Tegelijk ben je vaak (te) eerlijk en kunt geen dingen achterhouden. Dat levert vaak misverstanden op. *[Dat overkwam Jaap ook meer dan eens.]*
- Depressiviteit blijkt bij hoogbegaafden nogal eens te maken te hebben met grote levensvragen en vragen rond zingeving. Het ten onrechte toeschrijven van levensproblemen aan een persoonlijkheidsstoornis kan iemand totaal op het verkeerde been zetten en daardoor zeer beschadigend zijn. Dan heeft de betrokkene meestal meer baat bij counseling of coaching dan bij therapie. *[vgl.nr.35 blz.241]*
- Vaak weet je diep van binnen allang dat je hoogbegaafd bent, maar heb je nooit de link gelegd tussen je hoogbegaafdheid en je klachten en/of beperkingen. Realiseer je dat je die door je hoogbegaafdheid goed hebt kunnen compenseren en camoufleren. *[Die link heeft Jaap zelf en allen die nauw bij hem betrokken waren, helaas nooit kunnen leggen, die informatie was toen nog niet voorhanden. Het zou hem zeker heel erg geholpen hebben.]*

2017. Het is nog steeds niet gehoord, want Obbink en Van den Berg stellen opnieuw vast dat de belangrijkste oorzaak van veel misdiagnosen van hoogbegaafdheid een tekort aan kennis lijkt te zijn. Zij wijten het eraan dat hoogbegaafdheid niet in de DSM staat en dat daarnaast de psychiatrie er ook geen belangstelling voor heeft.

Verslaving

Een andere reden voor misdiagnosen kan, althans volgens mij, het gebruik – of misbruik als het uit de hand loopt – van alcohol en drugs zijn. De verslaving, of wat daarvoor doorgaat, wordt als het probleem gezien en niet wat er de aanleiding toe was om naar die middelen te grijpen.

Het simpelweg doorvragen naar het waarom van het gebruik, hoe het bij diegene werkt en wat het voor hem of haar oplevert, zou op zich al een grote stap in de goede richting kunnen zijn. Niet alleen dat het een opening biedt om voor de onderliggende problemen een andere oplossing te zoeken of eventueel medicatie daarvoor aan te bieden, maar ook zou het zomaar kunnen blijken dat de werking van die middelen, net als bij Jaap, vrijwel contra is aan het algemene beeld ervan en soms zelfs beter werkt dan de meer geëigende medicatie. Wat daarbij tevens zwaar meetelt, is dat die middelen vrijwel onmiddellijk werken en (voor een verstandige gebruiker) beter te doseren zijn.

De verwoestende werking van alcohol en drugs is evident, die van medicijnen minder, maar zijn er ook bepaald niet vrij van. Het blijft kiezen tussen twee kwaden.

[Alleen wanneer Jaap drugs niet als medicijn gebruikte – dat is slechts twee keer gebeurd – werd hij net als ieder ander gewoon dronken c.q. stoned. [vgl.nr.18 blz.88]

Therapie suggesties

Het IHBV gaf in het stuk over misdiagnosen al de volgende suggestie: counseling of coaching werkt bij depressieve hoogbegaafden beter dan therapie. S. Ronner doet in haar artikel 'Een talent voor valkuilen' nog een aantal suggesties:

1. Denken: goede uitleg doet wonderen, veel hoogbegaafden hebben grote behoefte aan iets begrijpen voordat ze iets willen doen. Benut zijn of haar vermogen tot het maken van een heldere probleemanalyse vanuit verschillende perspectieven en vandaar uit tot het vinden van oplossingen. Zijn of haar analyses zijn soms verrassend. Soms ook verrassend eenzijdig, maar een goed onderbouwde aanvulling daarop werkt! *[Een dergelijke wijze van benadering werkte bij Jaap het beste, met de waarschuwing erbij om zo weinig mogelijk het initiatief over te nemen, dat kan averechts werken. Zolang ik me daar bij Jaap maar aan hield, werkte het goed en hielp het hem][vgl.nr.22 blz.104]*

2. Voelen: laat hoogbegaafden aan den lijve ervaren wat ze voelen. Juist het contact tussen gevoel en verstand kan een hoogbegaafde weer in zijn/haar energie brengen. Werk met creatieve vormen. Laat hoogbegaafden beelden (foto's, kaarten) zoeken of zelf creëren (tekeningen, gedichten) die passen bij hun gevoel. En werk bijvoorbeeld met rolwisselingen, waarbij de hoogbegaafde cliënt steeds van perspectief wisselt. *[Voor Jaap werkte het goed om zelf iets te creëren. Bij hem was dat de fotografie en een geslaagde foto was één van de weinige dingen waar hij onverdeeld tevreden over kon zijn][vgl.nr.20 blz.94 en nr.42 blz.313]*

3. Zijn: gebruik de autonomie. Zet de hoogbegaafde vooral ook zelf aan het werk met gerichte opdrachten en een duidelijk tijdslimiet.

4. Waarnemen: breng overgevoeligheden in kaart, zoek samen naar effectief coping-gedrag in die situaties. *[Een manier van benaderen die ook ik zonder meer kan aanraden. Het hielp Jaap stapje voor stapje over z'n ergste fobieën heen.]*

5. Willen en doen: werk aan haalbare doelen zonder de creativiteit in te perken. Laat niet terugschakelen naar een lagere versnelling (aanpassen aan de omgeving), maar omschakelen, dat wil zeggen: het talent inzetten op verschillende niveaus: inhoud, relatie, proces. *[vgl. nr.28 blz.150]*

Ziekte van Scheuermann

Lichamelijk gezien vrij recht toe recht aan. Psychisch gezien zijn er wat vraagtekens bij te plaatsen die ik niet onvermeld wil laten.

De tweede orthopeed die Jaap behandeld heeft, had al enige notie van de eventuele psychische gevolgen, gezien zijn opmerking daarover toen Jaap een korset aangemeten kreeg. *[vgl.nr.7 blz.29]*

De orthopeed Dr. M.J. Kingsma zei in een college dat hij gaf over de ziekte van Scheuermann (1970), hierover het volgende:

"Eén belangrijk aspect van deze aandoening heb ik tot nu toe buiten beschouwing gelaten; dat zijn de psychogene factoren. Het was Verbeek in de Orthopedische Kliniek te Amsterdam namelijk opgevallen dat zoveel kinderen die aan de ziekte van Scheuermann lijden probleemkinderen zijn; zij hebben moeilijkheden. Vaak delen zij ons mede dat zij zich slap en naar voelen en nergens meer zin in hebben. Hun ouders vertellen dat het kind veranderd is en zo moeilijk is geworden. De hoofdzuster op de afdeling beklaagt zich erover dat de patiënten met de ziekte van Scheuermann zo onhandelbaar zijn en zo weinig ontzag voor autoriteit hebben. Het is ons bij de anamnese en bij het nagaan van de sociale factoren en familieanamnese opgevallen, dat in het gezin waaruit de patiënt komt de moeder vaak een dominerende en belangrijke invloed heeft. *[zoals bijvoorbeeld bij Jaap het geval was]*.

Ik wil stellen dat aan de klinische verschijnselen van de ziekte van Scheuermann in het actieve stadium moet worden toegevoegd: psychische symptomen. Het is natuurlijk mogelijk dat het hier een toevallig samengaan betreft. De ziekte komt omstreeks de puberteit voor, dit is tevens de leeftijd waarop zich veelvuldig problemen voordoen. Het is ook mogelijk dat het kind door zijn ziekte niet in optimale conditie is en dat het daarvoor tegen de gebruikelijke moeilijkheden minder goed opgewassen is dan een normaal kind. Een verder verschijnsel van zeer veel belang is, dat tijdens onze behandeling van de ziekte van Scheuermann de psychische verschijnselen minder werden. Naar aanleiding van deze waarnemingen hebben Verbeek en ik ons de vraag gesteld of de ziekte van Scheuermann niet gerekend moet worden tot de psychosomatische aandoeningen. Men zou zich kunnen voorstellen dat het kind een psychisch probleem heeft waaronder het gebukt gaat en dat dit tot uiting komt in anatomische veranderingen in de wervel. De beschreven groeistoornis is dan te zien als een symptomatische aandoening op basis van een psychosomatische stress. Het is een werkhypothese, die ik gaarne wil voorleggen aan huisartsen, kinderartsen, psychiaters, psychosomatici, in de hoop dat zij deze theorie op zijn waarde willen toetsen."

Deze werkhypothese – die voor zover ik na heb kunnen gaan nooit tot enig verder onderzoek heeft geleid – is des te opmerkelijker, omdat de kinderpsychiater al in 1967 tot een zelfde vraagstelling kwam, toen hij Jaap onder behandeling had. *[vgl.nr.9 blz.33]*
Er zou in het geval van Jaap, gezien zijn intelligentie en gevoeligheid afgezet tegen de valkuilen ervan, inderdaad een kern van waarheid in kunnen zitten. Jaaps ouders zouden dan onbewust de vinger wel eens exact op de zere plek gelegd kunnen hebben, met hun veronderstelling dat Jaap, meemakend hoe z'n moeder Corrie opjutte en de wrijving die daardoor tussen moeder en dochter ontstond, er toen vermoedelijk bang voor is geworden dat ook hém dit te wachten stond. *[vgl.nr.6 blz.25]*

Wat de oorzaak ook is geweest dat Jaap deze ziekte opgelopen heeft, het is wel duidelijk dat hij daardoor overspannen is geraakt, wat niet voldoende is onderkend, en hij vervolgens wat nu een burn-out wordt genoemd heeft gekregen. *[vgl.nr.8 blz.30]*

Suïcide en de weg ernaartoe

Een rode draad in de levensgeschiedenis van Jaap. Dat kan niet onbesproken blijven en aan de hand van een aantal artikelen loop ik die rode draad in kort bestek langs.
Over suïcide en euthanasie wordt heel veel gesproken (en geoordeeld). Over euthanasie is inmiddels min of meer een consensus bereikt. Over suïcide lopen de meningen nogal uiteen en de taboesfeer rondom suïcide en het hebben van suïcidale gedachten is moeilijker te doorbreken. Een teveel aan heilige huisjes houdt dat nog steeds in stand. Toch is het van essentieel belang dat taboe te slechten en meer begrip te kweken. Met goede preventie en mocht dat niet baten met een 'goede' afloop, valt nog een wereld te winnen. Een menswaardig sterven bespaart

niet alleen degene die deze zware weg aflegt veel onnodig leed, maar ook zijn nabestaanden.

In een artikel, geschreven door Martin Bouwman voor de NVVVE (1980), is René Diekstra aan het woord en die doet daar een rake uitspraak over: "Als iemand zo'n stap wil nemen, vind ik dat hij dat zorgvuldig moet doen en zijn naasten erop voor moet bereiden. Het heeft altijd ernstige gevolgen voor een nabestaande, maar de mate waarin hangt af van de wijze waarop 'het contract met hen' wordt beëindigd." *[vgl.nr.41 blz.306]*

In datzelfde artikel zegt Diekstra dat hij zelfdoding niet uitsluitend ziet als een wanhoopsdaad of een bevlieging, maar ook als een keuze. Het kan in zijn ogen soms een reëel antwoord zijn op een uitzichtloze situatie en als therapeuten dan vinden dat je daar keihard tegen in moet gaan en de argumenten van de patiënt minder zwaar moet laten wegen, getuigt dat volgens hem van therapeutische grootheidswaan.

Qua preventie wordt er een goede suggestie gedaan door Ad Kerkhof, Kees van der Meer, Marga van der Meer-Medendorp, Derek de Beurs en Remco de Winter in hun artikel *'Is de huisarts machteloos bij suïcidale patiënten?'* (2020):

"De betrokkenheid van de huisarts kan wonderen verrichten, soms al door één enkel telefoontje, of enkele gesprekken. Het gaat er in essentie om dat hij vanuit zijn persoonlijke betrokkenheid bij patiënten en hun naasten contact maakt met de patiënt, de naasten zo mogelijk betrekt bij de behandeling en de veiligheid en continuïteit van zorg garandeert."

Op grond hiervan, bevelen ze aan dat het goed zou zijn als iedere huisarts in contact staat met een onafhankelijke psycholoog of psychiater, om af en toe mee te kunnen overleggen wanneer de huisarts zich machteloos voelt. Dat geeft de huisarts de mogelijkheid om even op het eigen handelen te reflecteren.

Waar dit artikel verder niet op in gaat, is dat de huisarts vaak degene is die medicatie voorschrijft en ook op dat gebied zou het goed zijn als de huisarts af en toe overleg zou kunnen plegen met een psychiater. *[vgl.nr.36 blz.244]*

Karin Postelmans gaat in haar artikel *'Hulp bij zelfdoding voorkomt zelfdoding'* (2006) al een stapje verder en stelt dat serieus ingaan op een verzoek van hulp bij zelfdoding op zich niet strijdig is met het ideaal van suïcidepreventie. Dikwijls eindigt zo'n verzoek namelijk niet met de dood, maar met het accepteren van hulp bij leven. Zij baseert zich daarbij op uitspraken van Kerkhof: "Een diepgaande discussie over alle voors en tegens van zelfdoding met de patiënt maakt het mogelijk de irrationele elementen te bespreken." Kerkhof erkent dat soms – "in zeldzame gevallen, laat dat heel duidelijk zijn" – behandeling geen baat heeft. Voor hen, vindt Kerkhof, moet hulp bij zelfdoding beschikbaar zijn in de vorm van een door een arts verstrekte dodelijke medicatie. "Een paar keer per jaar komt dat voor. Het is niet meer dan humaan om daarvoor noodmaatregelen te treffen. Het voorkomt bovendien dat gewelddadige methoden uit wanhoop worden toegepast, met gruwelijke gevolgen voor onschuldige omstanders." *[vgl.nr.40 blz.296]*

Het draait niet alleen om preventie. Vanuit de praktijk rond euthanasie komen signalen dat de zekerheid eruit te mogen stappen als het te zwaar wordt, patiënten rust geeft en soms de kracht om het veel langer vol te houden dan zij zelf ooit voor mogelijk hadden gehouden. In een artikel voor Kerknet *'Euthanasie is geen recht'* (2021) ziet Bert Vanderhaegen dit als een zeer bizar gegeven. Euthanasie als therapeutisch middel? Maar hij moet toegeven dat het in de praktijk soms wel zo werkt en het mensen rust geeft te weten dat als ze vinden dat ze het niet meer aankunnen, zij zelf kunnen beslissen dat het einde moet komen.

Datzelfde gaat in een aantal gevallen ook op voor mensen die na aan suïcide toe zijn. In haar column *'Zelfmoord gaat niet op recept'* (2000), weet Karin Spaink dat goed te verwoorden: "Na een eerste mislukte zelfmoordpoging met aspirines leerde ik later – de gedachte aan zelfmoord blijkt een onvervreemdbaar deel van mij – over andere, effectievere methoden. Het opmerkelijke is: die kennis hélpt. De wetenschap dat ik zelfmoord kan plegen als ik dat onontkoombaar acht, heeft me nadien al meermalen door langdurige depressies heen gesleept: het kan namelijk altijd nog. Te weten dat er een uitweg is, maakt donkere periodes aanzienlijk draaglijker." Zij trekt daar de conclusie uit: "Du moment dat iemand daadwerkelijk weet hoe eventueel een einde aan zijn leven te maken, wordt het relatief makkelijker om onder ogen te zien wat hem dan nog wél aan het leven bindt."

Dat het dit effect kan hebben, overkwam de psychiater Bram Bakker. In het programma 'Kijken in de ziel' (2009) haalt hij een geval aan van een patiënt die leed aan zware depressies en er een eind aan wilde maken. De middelen daartoe waren al voorhanden, hij zocht alleen iemand die bereid was zijn afscheidsbrief te ontvangen, om te voorkomen dat zijn familie hem pas weken later en onvoorbereid dood aan zou treffen. De huisarts van de patiënt ging mee in diens doodswens, maar kon dit niet op zich nemen en had hem daarvoor naar Bram Bakker doorgestuurd. De patiënt had ook hem weten te overtuigen en ze spraken een dag af waarop die afscheidsbrief bij Bram Bakker in de bus zou liggen. Die brief kwam niet. Twee weken later belde Bram Bakker de patiënt op. Het ging goed met hem. De avond voordat hij uit het leven zou stappen was hij naar de kroeg gegaan en was daar een psychiater tegen het lijf gelopen die een andere vorm van therapie had voorgesteld. Daar was hij op ingegaan. De patiënt heeft het nog een jaar langer volgehouden.

[Ook op Jaap had het, althans tijdelijk, min of meer hetzelfde effect.][vgl.nr.38 blz.273]

Conclusies

Gezien het hoge IQ van Jaap en de vele overeenkomsten tussen zijn kenmerkende eigenschappen en de kenmerkende eigenschappen horend bij hoog-intelligent c.q. hoogbegaafd en hoog-sensitief, kan met vrij grote zekerheid de conclusie getrokken worden dat Jaap in ieder geval hoog-intelligent was en hoog-sensitief.

Het lijkt er tevens sterk op, dat de problemen waar Jaap mee kampte hiermee in verband hebben gestaan. In de onderzoeken worden ze namelijk niet alleen allemaal genoemd als zijnde typerend voor hoogbegaafde en/of hoog-sensitieve personen, maar de in de onderzoeken vermelde aanleidingen tot die problemen komen eveneens sterk overeen met hoe die problemen bij Jaap zijn ontstaan. Zelfs de therapie suggesties die vermeld worden, sluiten rechtstreeks aan bij de wijze waarop het voor Jaap het beste werkte. Het is echter geen makkelijke opgave voor de therapeut, ook voor hen zijn de valkuilen legio.

Het verband met de ziekte van Scheuermann die Jaap in zijn vroege puberjaren velde, is minder evident, maar niet uit te sluiten, want zowel de orthopeed Dr. Kingsma als de kinderpsychiater die Jaap behandeld heeft, vroegen zich al lang geleden af of deze groeistoornis niet evengoed gezien kon worden als een symptomatische aandoening op basis van een psychosomatische stress.

In de tijd van Jaap (1952 – 1983) was er nog niets bekend over de eventuele valkuilen voor zeer intelligente en overgevoelige kinderen. Jaap had de pech dat hij beide was. Zijn ouders onderkenden dit wel – ze zaten per slot beiden in het onderwijs – maar zij hadden de kennis niet voorhanden om hem op die gebieden, ook op de langere termijn, goed te kunnen begeleiden en te behoeden voor de valkuilen. Het grootste struikelblok werd Jaaps overgevoeligheid en zowel zijn ouders als de artsen die zij inschakelden, wisten nog niet hoe daar in combinatie met zijn intelligentie op de juiste manier mee om te gaan. Twee van de artsen die Jaap behandeld hebben, hadden daar al enige notie van, maar ook hen ontbrak het nog aan antwoorden. Ook in Jaaps verdere leven zijn er op onze huisartsen na, maar weinig psychiaters of therapeuten geweest die enig inzicht hadden in hoe Jaap in elkaar stak, met als absolute dieptepunten de eerste en de laatste psychiater bij wie Jaap onder behandeling is geweest.

Hen ontbrak het toentertijd aan kennis. Dat valt ze moeilijk te verwijten. Die kennis is er nu wel. Ouders en leerkrachten werken ermee en in de orthopedagogiek is er aandacht voor. Het is echter intriest te moeten constateren dat het in de geestelijke gezondheidszorg nog steeds aan die kennis ontbreekt en dat het levensverhaal van Jaap na zoveel jaar nog steeds aan actualiteit niets ingeboet heeft. Het valt hun nu wel degelijk te verwijten dat zij stug op de oude voet doorgaan en dat zij degenen die door hun rijke geest in de problemen komen, nog steeds aan hun lot overlaten.

Gelukkig is er wel iets meer beweging gekomen in de opvattingen over suïcide en in de preventie ervan. Over dat laatste deed Kerkhof de goede suggestie om de huisartsen die daarbij betrokken zijn, beter te ondersteunen vanuit de GGZ. Een suggestie die de GGZ zich niet alleen op dit vlak ter harte zou moeten nemen. Aan ondersteuning van de vele huisartsen die zorg dragen voor al die psychiatrische patiënten die zij zelf niet in behandeling kunnen of willen nemen, schort eveneens het nodige.

Literatuur

Alloy, Lauren B. & Abramson Lyn Y.: *Judgment of contingency in depressed and nondepressed students: sadder but wiser?* Journal of Experimental Psychology, General, Vol. 108, No. 4, pp.441–485. 1979.

Aron, Elaine & Aron, Arthur: *Sensory Processing Sensitivity and Its Relation to Introversion and Emotionality.* Journal of Personality and Social Psychology, 73(2), pp.345–368. 1997.

Aron, Elaine: *Psychotherapy and the highly sensitive person: improving outcomes for that minority of people who are the majority of clients.* Routledge, New York 2010.

Ben-Sasson, A. & Carter, A. S. & Briggs-Gowan, M. J.: *Sensory over-responsivity in elementary school: Prevalence and social-emotional correlates.* Journal of Abnormal Child Psychology, 37(5), pp.705–716. 2009.

Bouwman, Martin: *Al te vaak staan bij zelfmoord de problemen centraal die de hulpverlener er mee heeft.* René Diekstra, hoogleraar klinische psychologie, over de hulp bij zelfmoordpogingen en suïcide. Welzijns Weekblad, 32/33, 5ᵉ jrg. 15-08-1980.

Bruin-de Boer, Alja de & Greef, Els de: *Hoog-intelligente kinderen in het basisonderwijs.* De Ruiter/Educatieve Partners, Gorinchem 1993.

Buijsen-Duran, Yvonne: *Talent-Vaardig. Methode voor het aanleren van vaardigheden bij (hoog)begaafde kinderen.* Pp. 20. Praktijk Hoogbegaafd Roosendaal 2016.

Carter, A. S. & Ben-Sasson, A. & Briggs-Gowan, M. J.: *Sensory over-responsivity, psychopathology, and family impairment in school-aged children.* Journal of The American Academy of Child and Adolescent Psychiatry, 50(12), pp.1210–1219. 2011.

Dabrowski, Kazimierz: *Theorie van positieve Desintegratie.*
Dumont, Prof. J.J.: *Leerstoornissen.* Deel 1: *Theorie en model.* Rotterdam: Lemniscaat 1985
Duran, Yvonne: *Het model Duran.* https://hoebegaafd.jimdo.com/ho%C3%ABg-begaafd heid/duran/. 2011.
Froeyman, Paulien: *Hoog-sensitief: Meerwaarde of Beperking? Een Conceptueel Onderzoek naar het Construct Hoogsensitiviteit.* Masterproef Klinische Psychologie, Universiteit Gent 2012/2013.
Hermans, Hubert J.M. & Bergen, Theo C.M. & Eijssen, René W.: *Motivatie op school. Minder faalangst. Meer verantwoordelijkheid.* Zwets & Zeitlinger, Lisse 1991.
Houten-van den Bosch, E.J. van & Kuipers, J. & Peters, W.A.M.: *Hoogbegaafde kinderen.* Spraak, Taal en Leren, nr. 12 pp.223/224.
Houten-van den Bosch, E.J. van: *Hoogbegaafde leerlingen onder orthopedische aandacht.* In: *Interventies in de orthopedagogiek,* onder red. van B.F. van der Meulen, C. Vlaskamp, K.P. van den Bos, pp.66-79. Serie ORTHO, Lemniscaat, Rotterdam 2005.
IHBV (Instituut Hoogbegaafdheid Volwassenen): *Hoogbegaafd en meer dan dat.* 2013.
Kerkhof, Ad & Meer, Kees van der & Meer-Medendorp, Marga van der & Beurs, Derek de & Winter, Remco de: *Is de huisarts machteloos bij suïcidale patiënten?* Nederlands Tijdschrift voor Geneeskunde (NTvG), 164: D5058. 2020.
Kingsma, Dr. M.J.: *De ziekte van Scheuermann.* Klinische lessen, Rijks Universiteit Groningen. Nederlands Tijdschrift Geneeskunde, 114 nr.37, pp.1517-1522. 12-09-1970.
Kolk, Hanneke Rosanne van der: *De Relatie tussen Taalvaardigheid, Sociale Cognitie en Sociale Vaardigheden bij Kinderen in het Basisonderwijs.* Masterscriptie Orthopedagogiek, Universiteit Leiden, 27-12-2014.
Kooijman- van Thiel, Maud: *Hoogbegaafd. Dat zie je zó!* Pp.36. OYA Productions, Ede 2008.

Kooten, Dineke van: Emmaüs Coaching
Mensa Nederland: *Anders zijn*. www.mensa.nl/anders-zijn. 2017.
Mönks, Franz: hoogleraar Universiteit Nijmegen, oprichter Centrum voor Begaafdheidsonderzoek en de ECHA (European Council for High Ability).
Nauta, Nox & Ronner, Sieuwke: *Ongeleide projectielen op koers*. Pearson Benelux B.V., Amsterdam 2007.
Obbink, Lianne & Berg, Gerdiene van den: *Hoogbegaafdheid bij jongvolwassen studenten*. Afstudeerscriptie Sociale studies, Christelijke Hogeschool Ede, in opdracht van Emmaüs Coaching, 7-06-2017.
Overbeek, Marianne van: *Faalangst onder hoogbegaafde leerlingen*. (Katholieke Universiteit Nijmegen, Centrum voor begaafdheidsonderzoek). Talent, augustus 2001.
Postelmans, Karin: *Hulp bij zelfdoding voorkomt zelfdoding*. *https://www.nemokennislink.nl* /publicaties/hulp-bij-zelfdoding-voorkomt-zelfdoding/, 09-08-2006.
Renzulli, Joseph S.: *The Enrichment Triad Model: a Plan for Developing Defensible Programs for the Gifted and Talented*. Research article, first published 01-09-1976.
Renzulli, Jozeph: *Three Ring Concept*.
Rohlof, J.G.B.M.: Boekbespreking: *Ongeleide projectielen op koers. Werken en leven met hoogbegaafdheid*. Van N. Nauta & S. Ronner. Tijdschrift voor Psychiatrie 50 nr. 7, pp. 451. 2008.
Ronner, Mw. drs. S.: *Een talent voor valkuilen*. Psychopraktijk, jrg. 2, nr. 2, april 2010.
Rothenbücher, Florian Udo: *Sensory Processing Sensitivity (SPS) and Attentional Bias*. Masterproef Psychologie & Educatiewetenschappen, Vrije Universiteit Brussel 2016/2017.
Spelbos, Peter: *Problemen bij hoogbegaafdheid*. IDEE Psychologisch bureau: Spaink, Karin: *Zelfmoord gaat niet op recept*. In: Het Parool, Amsterdam, 06-03-2000.

Titre, R.: *Psychologische problemen gerelateerd aan hoogbegaafdheid bij adolescenten*. Bachelor-these, Universiteit van Amsterdam, 16-6-2009.

Taris, Toon & Houtman, Irene & Schaufeli, Wilmar: *Burn-out: de stand van zaken*. Tijdschrift voor Arbeidsvraagstukken, (29) 3, pp. 241-257. 2013.

Terluin, B. & Strik, J.J.: *De patiënt met stress-gerelateerde klachten*. In: *De dokter en de patiënt met stress-gerelateerde klachten*, onder red. van: Dr. Henriëtte van der Horst & Prof. Dr. Jim van Os, pp.143-153. Bohn Stafleu van Loghum, Houten 2019.

Vanderhaegen, Bert & Liégeois, Axel: *Euthanasie is geen recht*. Kerknet, 31-12-2015.

Verbraak, Coen: *Depressie*. Afl. in de serie: *Kijken in de ziel* van de R.V.U., 25-8-2009.

Verburg, Alex: *Pater Van Kilsdonk. Raadsman in delicate zaken. Memoires*. Atlas Contact, Amsterdam/Antwerpen 2013.

Webb, James T. & Amend, Edward R. & Webb, Nadia E. & Goerss, Jean: *Misdiagnose van hoogbegaafden. Handreikingen voor passende hulp*. Kon. Van Gorcum, Assen 2013.

Webb, James & Amend, Edward & anderen: *Misdiagnosis and Dual Diagnoses of Gifted Children and Adults: ADHD, bipolar, OCD, Asperger's, depression, and other disorders*. Great Potential Press, Inc. Tuscon, Arizona, V.S. 2004.

Werkhooven, Maurice van: *Het leren van gymnasiumleerlingen*. APS leren inspireren: www.mauricevanwerkhooven.nl: het-leren-van-vwo-plus-gymnasium-leerlingen. Maart 2015.

Bijlage 1
De berichten van pater Van Kilsdonk

```
Studentenpastorie
eter de Hoochstraat 61
1071 ED Amsterdam
tel. 020 - 71 61 54
```
13 januari 1983

Lieve Mimi en Jaap,

    Het was gisteravond een ontmoeting die ik niet licht vergeten zal. Ofschoon het niet de eerste keer was dat ik iemand op mijn kamer ontving of zelf ergens op bezoek was, heb ik toch meestal de spanning alsof ik voor het eerst een mens ontmoet. Die schroom, haast die angst maakt mij eigenlijk mensenschuw.

    Ik wist natuurlijk in het geheel niet met welke boodschap of met welke verwachting jullie naar mijn huis kwam. Toen Jaap binnen enkele seconden te kennen gaf dat hij een onnoemelijke last aan leed met zich torste voelde ik even dat ook mijn handkracht en zelfs mijn schouders terugdeinsden voor het gewicht.

    Maar Jaap begon zo rustig en zo doorschijnend te vertellen dat ik mij spoedig geheel nabij voelde aan zijn geschiedenis. Ten overvloede waarschuwde Jaap mij voor een illusie. Zijn taal was qua structuur en woordkeus zo helder en verzorgd dat mijn eerste indruk was: wat een ontelligente jongen! Jaap zei: ja maar ik heb geneesmiddelen geslikt en zelfs nog een borrel gedronken om alle drempelvrees te overwinnen.

    De waarschuwing was nuttig, ook al ben ik er wel aan gewend om de grootste angsten en pijnen te vermoeden achter een welsprekend verhaal. Maar de welsprekendheid en intelligentie stralen onweerstaanbaar.

    Kort na de lagere school zijn er al in je ontwikkeling de nodige versperringen opgetreden. Een euvel in het groeiproces van je rug heeft op allerlei manieren je opleiding geblokkeerd.

Dat moet des te meer je zelfwaardering ondermijnd hebben, omdat de vader van Jaap een talentvolle en hardwerkende "intellectueel" is en tot dusver wetenschappelijk medewerker aan de subfaculteit Engels van de U.v.A. En vervolgens ook omdat in je taal een aanleg tot studie doorklinkt. Door een studentenpastoraat van meer dan 30 jaren ben ik zeer getraind in de taxatie van iemands wetenschappelijke aanleg.

In het leven van je ouders is een geweldige knak opgetreden door het dodelijk ongeval van een dochtertje, een van de twee kinderen, die op de leeftijd van 13(?)jaren omkwam. Deze knak is met name je moeder nooit meer te boven gekomen. Ze blijft tot nu toe gebroken achter, verdoofd tot onverschilligheid of verhard tot bitterheid, waarmee ze haar teleurstelling soms zelfs op jou verhaalt.

Ofschoon je dus weinig steun kunt ontlenen aan je ouderlijk huis, zeker aan je moeder, zijn je ouders wel bereid om in niet onbelangrijke mate jullie financieël te steunen, zowel in de aankoop van een eigen huis in Castricum, rijkelijk in het groen, alsook in de verwerving van een auto, ook nadat een vorig exemplaar door foutief gebruik in de prak was gereden. Misschien is deze niet karige steun toch wel het uitdrukkingsmiddel van hun trouw en genegenheid jegens hun zoon en zijn vrouw, ook al ontbreken voor die gevoelsrelatie de uitbundigheid en de souplesse van taal die een menselijke verstandhouding zo voedzaam en verkwikkend kunnen maken. Natuurlijk is het maar aan een kleine minderheid van ouders gegeven om te beschikken over de tederheid van spraak en gebaar die onweerstaanbaar is.

Mimi heeft de studie psychologie voltooid, maar kreeg nog niet meer dan een werkkring van vier betaalde uren. Deze beperking heeft het voordeel dat ze veel thuis kan zijn. En ook nog dat ook Jaap haar kliënten in eigen huis kan opvangen, te woord staan en soms ook begeleiden.

Wat mij in het ganse verhaal opviel was dat Jaap op geen enkel punt een tekort aan steun en nabijheid vaststelde van de kant van Mimi. Integendeel, dat hij met rustige dankbaarheid sprak over de huwelijksrelatie, die toch door zijn gezondheid onder zware druk stond. De ongeschiktheid tot arbeid, de behoefte aan alcohol, de aantasting van het gestel van Jaap, tot in zijn potentie toe, dat alles vermag de toewijding van Mimi niet uit te hollen. Ik kreeg het gevoel dat Jaap aan haar uithoudingsvermogen ook op langere termijn niet twijfelt. Die veerkracht van Mimi is in jullie zijn en samenzijn een factor van onschatbare betekenis, een vaste peiler die voor sommige bruggen net voldoende is om haar voorgoed te schragen. Bij het weggaan viel het lamplicht van de kleine gang recht op het gelaat van Mimi en ik zag hoe fijngevormd en hoe vol van karakter haar gezichtstrekken zich aftekenden. Maar niet alleen haar gezicht, meer nog het verhaal van Jaap maakte op mij een fascinerende indruk.

De moeder van Mimi stelde vroeger zich wat afwerend op tegenover Jaap. Maar schijnt nu geheel te zijn toegegroeid naar jullie als paar...

Van de inhoud van het gesprek op mijn kamer herinner ik mij vooral twee hoofdpunten. Al vaak heeft zich van Jaap zulk een neerslachtigheid meester gemaakt dat het verder leven zonder meer ondragelijk schijnt. Niet al te zelden heb ik in mensen zo'n gebeuren van innerlijke verscheurdheid en angst meegemaakt. Die gevoelens heb ik ook wel ooit beschreven. Bijv. in een toespraak die ik hierbij insluit. Aan de ernst van dit doodsverlangen, ja deze doodsbehoefte valt niet te twijfelen. Het is natuurlijk duidelijk dat ik jullie deze tekst niet toevertrouw als aanmoediging in deze richting, maar alleen als herkenning. Soms kan de herkenning er toe bijdragen enige relativeringskunst in de hand te werken.

De poging om het leven te beëindigen, onlangs uitgevoerd op de pols-ader mislukte. Zulke mislukkingen kunnen een geweldige pijngevoel aanrichten. Maar nu de behoefte aan het niets wat aan het wijken is, mede tengevolge van antidepressiva, zou ik toch van geluk spreken. Maar dat geluk is vooral voelbaar in mij, nu ik jullie heb leren kennen.

Een tweede, niet onbelangrijk punt uit de inhoud van ons

gesprek was de vraag of opname in een psychiatrisch verpleeghuis
zin zou hebben. Ik kan begrijpen, ja billijken dat Jaap het
succes dat inrichtingen boeken niet al te hoog aanslaat. Als
ik voor het standpunt van Jaap begrip, ja beaming voel,
geschiedt dat op basis van enige ervaring.

Het eigen huis, in winter en vooral zomer door natuur
omlijst, de nabijheid en ondersteuning die Mimi biedt, het
speels vertier met de huisdieren, waarmee jullie steeds vitaler
vergroeien, de enkele gewaardeerde huisvriend, zijn krachtiger
factoren om de verdunde levenslust te voeden dan de bescherming
die de muren van een inrichting geven, met enkele niet
onwelwillende verplegers en een paar haastige artsen. Zeker
zo lang in Mimi de kracht niet wegvloeit om zulk een belast
samenzijn te dragen.

Het was in de mond van Jaap een bezwaard levensverhaal.
Het kan haast niet erger. Maar toch waren er ogenblikken dat
ik, mede door de literaire vormkracht van zijn vertelling,
eigenlijk begon te genieten van zijn biografie. En inderdaad
van binnenuit begreep, althans vermoedenderwijze, waarom Mimi
de veerkracht vindt tot partnership. Er lichten ook in Jaaps
persoon een zachtheid en warmte die weldoend zijn, een eerlijkheid
en bescheidenheid die nodigen tot nabijheid, een geestigheid
zelfs die ook ontspant.

Als jullie mij opzochten met de hoop dat ik zou beschikken
over een of ander wondermiddel om iemands depressie te bezweren,
dan heb ik je teleurgesteld laten gaan. Ik zei dat ook vierkant
tegen Jaap. Maar ik denk wel dat er nog iets van een wondermiddel
zit in je zelf, zeker in relatie tot elkaar. Het zal voor mij
een genoegen zijn om bij tijd en wijle iets van jullie te horen.
Per telefoon, per brief of vis-à-vis.

Dag Mimi, dag Jaap.

J. van Kilsdonk S.J.

De door pater Van Kilsdonk onderstreepte gedeelten in de tekst van de lezing, die hij meestuurde met bovenstaande brief. Deze lezing, getiteld: 'Ach olijven, je smaakt me niet meer – amandelbomen, je bloeit niet meer voor mij' had hij een paar jaar eerder in de Amsterdamse Amstelkerk gehouden en is op 12 oktober 1979 gepubliceerd in het weekblad 'De Tijd'.

Bij het overnemen van die onderstrepingen, bleken sommigen ervan te veel uit de context te worden getrokken. Om het geheel toch begrijpelijk te houden, heb ik af en toe wat delen uit die context eraan toegevoegd.

"In de cijfers over zelfmoord gaat het verschil tussen stad en platteland voor Nederland niet meer op, en beoefenaars van de vrije beroepen, met een opmerkelijke vrijheid van inzicht, werkindeling en inkomen, haken in groter getalen af dan eenvoudige loontrekkers. De hevige stijging in de laatste jaren van zelfmoord bij jonge mensen en haast nog veelzeggender, ook bij vrouwen ... Voor de snelle beweging van jeugdigen en vrouwen naar de vrijheid om eenling te zijn met eigen rechten moet blijkbaar een dure prijs worden betaald."

"De groep mensen die het levenseinde zoekt en in feite ook vindt én de groep die zoiets poogt, discreet of luidruchtig, liggen niet per se in elkaars verlengde. In de tweede groep draagt deze poging het karakter van een appel. We krijgen de indruk dat in vele gevallen zo'n snuffelen aan de rand van het dodenrijk niet een poging is om te sterven, maar juist om te leven."

"Op het ogenblik echter dat de mens de dood bedenkt en uitvindt als een van de wegen van de vrijheid, daar wordt een beslissende stap verder gezet. Hoezeer ook het leven niet anders is dan absurd, stompzinnig, toch moet de mens de mogelijkheden van zichzelf en van zijn bestaan volledig uitputten. In de oudheid was het vooral Seneca, wijsgeer uit de Stoa te Rome, en vooral van Paulus, die in zijn brieven aan Lucilius aan de dood als keuze haar adelbrieven heeft gegeven en er niet alleen het filosofisch probleem, maar ook de filosofische daad bij uitmuntendheid in ziet: "Het leven voldoet je? Leef! Het leven voldoet je niet? Je kunt daarheen terug vanwaar je gekomen bent!""

"Maar van het legioen, van hun platgestampte menselijkheid begrijpen wij niet veel. In hen speelt zich geen soeverein, laat staan filosofisch gebeuren af, gaapt eerder een afgrond van angst en verbijstering. Geen rede of keuze, allerwegen onmacht en duister, waarin de roerselen van de vrijheid verstijven. Niet Hitler of Nero waren de hel. "Een hel was het hart," zegt Gorter. Het is heel zeker: in onze huidige cultuur wemelt het van mensen van wie een beklemmende zwaarmoedigheid en droefgeestigheid het hart dichtsnoeren: een stille woede tegen anderen die omslaat in een stille woede tegen zichzelf."

Over de zelfdoding van een vrouw:
"Hoe beschikt de dood over natuurtalent als plastisch chirurg! Haar aangezicht, gisteren nog door angst versleten, herkrijgt de schoonheid en de ontspanning van de eerste huwelijksjaren.
Ik denk dat een achterblijver die zoekt naar een verklaring, naar een verhaal dat veel of alles zou verhelderen, bijna steeds wordt bekoord door een te gemakkelijke rationaliteit. Ik denk dat de dynamiek in deze doodswens ondoorgrondelijk blijft. De verschrikking die het geeft om te leven is even duister als de woekering van kanker. *Zwart was het hart,*" zingt met evocatie zonder weerga Herman Gorter bij de verdrinkingsdood van Anna Witsen."

Over de zelfdoding van een man, wiens vrouw vijf jaar daarvoor zichzelf van het leven benam:
"In de drie maanden na haar dood deed hij dag en nacht niets anders dan een dossier samenstellen om zijn onschuld te bewijzen. Toen hij die bewezen had, nam hij een dodelijke hoeveelheid slaappillen in. Hij overleefde, kwam tot rust. Drie

jaar later raakt hij opeens in een agressieve waan: hij sluit zich op, draait 's nachts voor het open dakvenster een hemelbestormende muziek. Het is Milly die het hoort, mompelt hij. Hij wordt opgenomen. Na een maand teruggekeerd, doolt hij nog weken door de stad, verbleekt, afwezig, een vreemde voor zichzelf ... en iedereen. Dan ontstaat er plotseling een volstrekte rust en helderheid. De tientallen conflicten, die hij heeft geschapen, probeert hij op te lossen, vraagt om vergeving, delgt alle schulden. Twee dagen later hangt ook hij zich op."

"Haken zoveel mensen af in verlatenheid, zonder vriend of ouder? Ik denk het niet. Natuurlijk, aandacht, warmte, koestering, het spel van de tederheid, het zijn alle wegen om de zware crisis vóór te zijn. Maar als die crisis sluipend en verrassend zijn omsingeling voltooit, schijnt óók nabijheid te gaan behoren tot de olijven die niet meer smaken. Ook een "behandeling" als psychoanalyse blijkt in dat uur door vele droefgeestigen niet anders te worden beleefd dan als een prothese. Vele depressieve mensen begrijpen alles, ook wel van die kreukel, maar begrip lost niets op."

"Waarom zeg ik dit alles? Haast als een boutade! Niet om de toewijding van velerlei clinici te ontmaskeren of te ontmoedigen. Maar om te getuigen: wij mensen kunnen niet veel vakwerk verrichten waar het de diepste lagen van een sterveling betreft. Ik denk dat uit de biografie van drie op de vier blijkt dat ze op een bepaald crisismoment niet meer in staat waren de toewijding te herkennen en te genieten. Het is evengoed de vraag hoe en hoeveel ouders, vrienden of levenspartners moeten leven met het verlies én met het nooit geheel te genezen besef: ik was het antwoord niet."

"Het meest bedreigd zijn burgers voor wie prestatie en ordening boven alles gaat. Ambitieuze en gewetensvolle mensen, die aan zichzelf en anderen de hoogste eisen stellen. Het is een klimaat waarin kunst nogal verkommert. Het zijn mensen, mannen vooral, die niet werken om te leven, maar eerder leven om te werken. Natuurlijk is het al te schematisch om te zeggen: iedere samenleving heeft de ziekten, of ook de angst, die ze zelf verdient of oproept. Maar zonder twijfel is het grote aantal angsten en zelfmoorden wel de prijs die wij moeten, ja misschien ook wel willen betalen voor al de mogelijkheden en zegeningen van een prestatiemaatschappij."

"Wel zou het kunnen zijn dat in een cultuur, waarin de wat naïeve gebaren van lofprijzing en dankzeggingen geheel verlammen, en waarin bijna alle zingende stemmen wegebben, het klimaat droefgeestiger wordt. Maar misschien is het zó dat er een oorspronkelijke nooddruft hunkert aan spiritualiteit, een nooddruft die misschien al te geruisloos wordt verdrongen of verstikt in onze cultuur, vooral onder de meest talentvollen. Wel lijkt het me sterk als deze factor van de verdrongen spiritualiteit niets met de levensangst van velen te maken zou hebben."

"Somtijds zou – ook uit de zuigkracht van de afgrond – een hese stem, in de richting van jouw Oneindigheid, nog net op psalm 18 willen bijten, met meer smaak dan op rattenkruit.
　　Dan nog, dan nog, klamp ik mij vast aan jou ..."

Studentenpastorie
P. de Hooftstraat 61.
Amsterdam Z
t. 716 154

Paaszaterdag 1983

Lieve Mimi

Het is natuurlijk duidelijk dat over leven en dood van Jaap niet dan met weemoed en deernis te spreken valt. Eigenlijk kan niemand peilen hoeveel pijn, vooral van binnen uit ontspringend, sommige mensen te doorstaan hebben, denkij die hoeveelheid leed zich binnen de eigen huid afspeelt.

Wel is het zeker dat als iemand nabij is geweest aan de innerlijke en uiterlijke ellende van Jaap en aan deze kwellingen meelijdend en /dragend heeft deelgenomen, jij het bent. Ik heb verbeeld gestaan bij de waarneming hoe lang en hoe eerlijk jij hem op de weg van het leven hebt voortgetild. Dat hij met honderd waardigheid

heeft kunnen sterven, is ook te danken aan
het vertrouwen dat jij in hem stelde en dat hij
stelde in jou. Zijn gedachtenis zij gezegend. Ook en
vooral door jouw toewijding.

    Dat ik op de hoogte gesteld werd
van Jaap's dood en uitgenodigd werd om
afscheid van hem te nemen te Schagen, heb ik ervaren als een belevring van diepe menselijke inhoud. Aan Jaap de laatste eer te mogen
bewijzen, betekende voor mij de deelname
aan het laatste ogenblik van een kunstzin,
maar terzelfdertijd, als daad van vriendschap,
en loutering en vertroosting. Voor mijzelf wel.

        De ouders van Jaap waren mij geheel
onbekend. Eugene's mensenschuw, was ik bedoeld
voor een zeer persoonlijke ontmoeting. Maar boven alles
wat ik verwachtte klikte het gesprek met
de moeder van Jaap zeer hevig en weldoend, nadat
ik eerst in wat juister toren van gedachten
had gewisseld met vader, waarbij moeder toeluisterde.

        Indien je ons de zeer stellige indruk zou hebben
dat moeder behoefte heeft aan voortzetting van dit gesprek,
en mij dit ter ore houdt komen, dan zou ik niet aarzelen naar
begrip uit geest te komen. Op dit ogenblik zal het zaak zijn om, na
zoveel jaren van spanning, elkaar te helpen en te genezen zowel
door stilte als door tastende kommunikatie.
Verbonden aan jou en aan Jaap heb ik sterke gevoelens van eerbied.
Dag lieve Mimi. Veel zegen. J. van Kilsdonk S.J. en onderdenk-
                                                          pastor

Uit: 'Pater Van Kilsdonk. Raadsman in delicate zaken. Memoires.' door Alex Verburg. 2013

"Ik denk aan Jaap, uit Schagen. Ik heb hem niet gekend in de jaren dat hij een bloeiende, onverwelkte jongen moet zijn geweest. Zoals zijn ouders hun zoon ooit hebben gekend en genoten, zo, met die glans, staat hij mij niet voor ogen.

Jaap zoekt mij thuis op, dertig is hij. Zijn vrouw heeft hem gebracht, zij wacht in de auto. En Jaap vertelt mij over zijn leven, nauwkeurig en uitvoerig. Het gesprek bereikt een ongewone oprechtheid en het levensverhaal wordt volledig doorschijnend. Hij beschrijft de fysieke tegenslagen in zijn jeugd, al de versperringen op de weg van scholing en opleiding en de verslavingen waaraan hij soms ten prooi valt.

Als hij met duidelijke ontroering het ongeluk vermeldt waardoor zijn enig zusje aan het leven wordt ontrukt, legt hij de nadruk op de tragiek in het bestaan van zijn ouders, die na het ongeluk voorgoed verdoofd en verlamd zijn in hun levensontplooiing. Met buitengewone helderheid en inleving vertelt hij mij dit treurspel. Haast alsof hij alleen op bezoek kwam voor hen, voor zijn moeder en zijn vader.

Zijn vrouw, met wie hij sinds vijf jaar samen is, beeldt hij uit met een erkentelijkheid waaraan niet één enkele beperking of voorwaarde verbonden is. Zij is voor zijn lichaam en voor zijn geest als handen en voeten, meer nog, de ziel van zijn ziel. Zij blijkt een mateloze artiest te zijn in ondersteuning en toewijding. Volstrekt onconventioneel. Doortastend, zonder hem ooit te vernederen. Van haar kunstzinnige trouw ontgaat aan de geest van Jaap niets. Dat zij een hulp is, veel meer dan aan hem gelijk.

Lichaam en voorkomen van Jaap hebben zichtbaar veel geleden, ook in fysieke harmonie en bloeiende vormen. Vooral bij een eerste ontmoeting vallen zo'n verwelking en slijtage me op. Maar gaandeweg in het gesprek krijgt zijn gezicht een ontspannen blik en schijnt zijn gestalte iets te hervinden van de veerkracht waarmee hij het leven begon. Jeugdig, alsof iets terugkeerde van de oorspronkelijke schoonheid.

Als hij na anderhalf uur is uitgesproken, neemt hij zelf het initiatief om afscheid te nemen. Wat beschaafd en bescheiden, denk ik.

'Wat spreek je een verzorgd Nederlands,' zeg ik, 'en een welgevormde taal.' Hij ziet dat ik ontroerd ben over zoveel verscholen vitaliteit, zoveel geknakte levenskracht.

Het is een paar maanden later, maart 1983. Al weet Jaap zich door vele lieve mensen omringd, zijn ziel is zo belast en benauwd dat hij niet anders kan dan snuffelen aan de poort van de dood, om die tenslotte toch open te stoten. Niet uit wrok, nee, even erkentelijk als machteloos. Jaap wenste niemand anders de dood toe dan zichzelf.

'Requiem aeternam dona eis, Domine,' zingt de oude liturgie.

Geef aan deze lieve jongen bestendige rust.

Rust ja, en Licht."

Bijlage 2
Het letterlijke transcript van de droom,
zoals ik hem die nacht opgeschreven heb

Kwamen ergens vandaan moesten terug naar het boerderijtje. Jaap reed was nacht. Hele nacht doorgereden in dorpje groepje kinderen tegengekomen. hebben we iets gegeven, iets mee gedaan, was daar licht. Slechte weg erg donker weg kwijt. Veel gelachen onderweg ondanks weg kwijt. Komen in havendorpje aan. Moet Geerlo zijn maar heet iets anders. Is nu ochtend gaan restaurant in drinken koffie ik wil kaart zien waar we zijn en hoe we op de boerderij moeten komen krijg hem wel van afstand te zien maar te ver weg om iets goed te onderscheiden n.l. mensen tafeltje verderop hebben zo'n kaart maar is net te ver weg, daar staat wel een route op aangestreept in 't zwart. Kan ook net niet lezen hoe dorpje heet waar we nu zijn. Ik vraag aan ober om kaart. Jaap staat opeens op en zegt ik ga naar de burgemeester om geld voor de tram te vragen naar Santpoort. loopt zo weg. Ik ga helemaal verbouwereerd achter hem aan vraag waarom rit bracht ons wel niet waar we moesten zijn maar we hebben toch plezier gehad onderweg ik had hem toch niets verweten over het verkeerd rijden, we hadden er samen toch steeds om gelachen. Hij is opeens erg veranderd, onzeker, maar zeker van wat hij wil, lief kwetsbaar maar onaantastbaar, kijkt door me heen. Als ik vraag wat ik dan moet haalt hij schouders op. Hij gaat weg ik verslagen terug. Vraag waar gemeentehuis is ren daarheen. Hij staat daar in de rij. Ik draai me naar tegenover gelegen V.V.V. om te vragen naar plaatsnaam en hoe op boerderijtje te komen (honden zitten daar al de hele dag alleen) hij komt uit de rij ook naar V.V.V. wordt daar formulier voor hem ingevuld gaat weer terug naar rij en gaat naar binnen probeer ook uit te vinden in wat voor rij hij staat maar kan om onbekende reden alleen bij een andere korte rij aansluiten bij ander loket waar je aan de balie wordt geholpen terwijl lange rij steeds iemand naar verdwijnt heb ik niets aan loop plaatsje in maar keer terug naar V.V.V. Jaap staat aan andere kant van vierkante balie als waar ik moet zijn ik vraag aan juffrouw over Jaap. Ze zegt je moet je geen zorgen maken hij wordt heel goed opgevangen laat foto's zien van Jaap in restaurant met bij hem man en meisje meisje zit naast hem met arm om hem heen. Ze zegt hé die ken ik niet, doelend op de man op de foto maar over het meisje zegt ze kijk maar daar staat hij nu mee te praten hij heeft erg veel aanhankelijkheid liefde strelen nodig en dat geeft ze hem. Laat hem maar daar. Opeens is er een foto van hem en Henk (mijn broer) in zand en zegt Jaap me dat hij ook met Henk in Santa Margarita is geweest bij m'n vader. Ik vraag wanneer dan, want je bent niet weg geweest in al die jaren. Antwoord ja maar we hebben poot aangespeeld en niet alles wat ik deed wist je we reden het in 10 uur. Jaap heeft in restaurant iets over z'n ouders gezegd omdat ik daarnaar vroeg, maar ik weet niet meer precies wat. Voor zover ik heel vaag weet iets van ik zal het ze zelf wel laten weten.

Meisje dat met hem bezig was had licht blond halflang haar heel mooi lief gezicht, intens met hem bezig.

Naamplaatje was "Geerde". Meisje wat mij hielp bij het V.V.V. leek sterk op meisje wat met Jaap bezig was.

(voelt voor mij als boodschap dat ik Jaap niet terug moet willen hebben, dat hij goed verzorgd is en als een heel fijn verjaardagsgroet/boodschap van hem)

De auteur

Mimi Giltaij is geboren in 1949 en groeide samen met haar broer op in een éénoudergezin. Zij studeerde psychologie en de vervolgstudie beroepskeuze. Later volgde ze een coupeuse-opleiding. In haar werk deed ze ervaring op in het afnemen van diepte-interviews en het begeleiden van gespreksgroepen. Haar hobby's zijn lezen, fotografie, beeldhouwen, kleding maken, meubels opknappen en klussen. Daarnaast hebben haar honden altijd een belangrijke rol gespeeld in het leven van Mimi en haar partners. In de loop van haar leven heeft ze er vele gehad; op dit moment nog twee. Tijdens haar studie ontmoette Mimi haar eerste man die negen jaar later uit het leven stapte. Zijn diepe depressies, zijn charismatische persoonlijkheid en de zoektocht naar hulp brachten haar tot het schrijven van haar boek Met mij …

De uitgeverij

**Wie ophoudt
beter te worden
is opgehouden
goed te zijn!**

Op basis van dit motto zoekt uitgeverij novum steeds nieuwe manuscripten! Ondertussen zijn wij in Nederland, Duitsland, Oostenrijk en Zwitserland dé specialist voor nieuwe auteurs.

Elk manuscript dat wij ontvangen wordt gratis door onze redactie beoordeeld.

Meer informatie over onze uitgeverij en over onze boeken kunt u op online vinden onder:

w w w . n o v u m p u b l i s h i n g . n l

novum UITGEVERIJ VOOR NIEUWE AUTEURS

Beoordeel dit boek op onze website!

www.novumpublishing.nl